21 世纪高等院校财经管理系列实用规划教材

管理学实用教程

主　　编　张润兴
副主编　尹卫华　李　翼　卓素燕
参　　编　孙文霞　常健聪

北京大学出版社
PEKING UNIVERSITY PRESS

内 容 简 介

本书以目前普遍接受的管理过程学派的思想为基础,以管理的四大职能——计划、组织、领导、控制为主线进行了编写,共分 11 章。本书通过新颖的构思、简练的内容、多元的模块、丰富的案例,引发学生思考,突出可读性、实用性的特点。

本书既可作为应用型本科相关专业的教材,也可作为各类社会组织实际工作者的培训教材和参考用书。

图书在版编目(CIP)数据

管理学实用教程/张润兴主编. —北京:北京大学出版社,2013.3
(21 世纪高等院校财经管理系列实用规划教材)
ISBN 978-7-301-22218-8

Ⅰ. ①管… Ⅱ. ①张… Ⅲ. ①管理学—高等学校—教材 Ⅳ. ①C93

中国版本图书馆 CIP 数据核字(2013)第 036406 号

书　　　名:	管理学实用教程
著作责任者:	张润兴　主编
策划编辑:	王显超　李　虎
责任编辑:	魏红梅
标准书号:	ISBN 978-7-301-22218-8/C・0885
出版发行:	北京大学出版社
地　　　址:	北京市海淀区成府路 205 号　100871
网　　　址:	http://www.pup.cn　新浪官方微博:@北京大学出版社
电子信箱:	pup_6@163.com
电　　　话:	邮购部 010-62752015　发行部 010-62750672　编辑部 010-62750667　出版部 010-62754962
印　　刷　者:	北京虎彩文化传播有限公司
经　　销　者:	新华书店

787 毫米×1092 毫米　16 开本　22.75 印张　520 千字
2013 年 3 月第 1 版　2022 年 1 月第 8 次印刷

定　　　价:48.00 元

未经许可,不得以任何方式复制或抄袭本书之部分或全部内容。
版权所有,侵权必究
举报电话:010-62752024　电子信箱:fd@pup.pku.edu.cn

丛 书 序

我国越来越多的高等院校设置了经济管理类学科专业,这是一个包括经济学、管理科学与工程、工商管理、公共管理、农业经济管理、图书档案学 6 个二级学科门类和 22 个专业的庞大学科体系。2006 年教育部的数据表明,在全国普通高校中,经济类专业布点 1518 个,管理类专业布点 4328 个。其中除少量院校设置的经济管理专业偏重理论教学外,绝大部分属于应用型专业。经济管理类应用型专业主要着眼于培养社会主义国民经济发展所需要的德智体全面发展的高素质专门人才,要求既具有比较扎实的理论功底和良好的发展后劲,又具有较强的职业技能,并且又要求具有较好的创新精神和实践能力。

在当前开拓新型工业化道路,推进全面小康社会建设的新时期,进一步加强经济管理人才的培养,注重经济理论的系统化学习,特别是现代财经管理理论的学习,提高学生的专业理论素质和应用实践能力,培养出一大批高水平、高素质的经济管理人才,越来越成为提升我国经济竞争力、保证国民经济持续健康发展的重要前提。这就要求高等财经教育要更加注重依据国内外社会经济条件的变化,适时变革和调整教育目标和教学内容;要求经济管理学科专业更加注重应用、注重实践、注重规范、注重国际交流;要求经济管理学科专业与其他学科专业相互交融与协调发展;要求高等财经教育培养的人才具有更加丰富的社会知识和较强的人文素质及创新精神。要完成上述任务,各所高等院校需要进行深入的教学改革和创新。特别是要搞好有较高质量的教材的编写和创新工作。

出版社的领导和编辑通过对国内大学经济管理学科教材实际情况的调研,在与众多专家学者讨论的基础上,决定编写和出版一套面向经济管理学科专业的应用型系列教材,这是一项有利于促进高校教学改革发展的重要措施。

本系列教材是按照高等学校经济类和管理类学科本科专业规范、培养方案,以及课程教学大纲的要求,合理定位,由长期在教学第一线从事教学工作的教师编写,立足于 21 世纪经济管理类学科发展的需要,深入分析经济管理类专业本科学生现状及存在的问题,探索经济管理类专业本科学生综合素质培养的途径,以科学性、先进性、系统性和实用性为目标,其编写的特色主要体现在以下几个方面:

(1)关注经济管理学科发展的大背景,拓宽理论基础和专业知识,着眼于增强教学内容与实际的联系和应用性,突出创造能力和创新意识。

(2)体系完整、严密。系列涵盖经济类、管理类相关专业以及与经管相关的部分法律类课程,并把握相关课程之间的关系,整个系列丛书形成一套完整、严密的知识结构体系。

(3)内容新颖。借鉴国外最新的教材,融会当前有关经济管理学科的最新理论和实践经验,用最新知识充实教材内容。

(4)合作交流的成果。本系列教材是由全国上百所高校教师共同编写而成,在相互进行学术交流、经验借鉴、取长补短、集思广益的基础上,形成编写大纲。最终融合了各地特点,具有较强的适应性。

(5)案例教学。教材具备大量案例研究分析内容,让学生在学习过程中理论联系实际,特别列举了我国经济管理工作中的大量实际案例,这可大大增强学生的实际操作能力。

（6）注重能力培养。力求做到不断强化自我学习能力、思维能力、创造性解决问题的能力以及不断自我更新知识的能力，促进学生向着富有鲜明个性的方向发展。

作为高要求，财经管理类教材应在基本理论上做到以马克思主义为指导，结合我国财经工作的新实践，充分汲取中华民族优秀文化和西方科学管理思想，形成具有中国特色的创新教材。这一目标不可能一蹴而就，需要作者通过长期艰苦的学术劳动和不断地进行教材内容的更新才能达成。我希望这一系列教材的编写，将是我国拥有较高质量的高校财经管理学科应用型教材建设工程的新尝试和新起点。

我要感谢参加本系列教材编写和审稿的各位老师所付出的大量卓有成效的辛勤劳动。由于编写时间紧、相互协调难度大等原因，本系列教材肯定还存在一些不足和错漏。我相信，在各位老师的关心和帮助下，本系列教材一定能不断地改进和完善，并在我国大学经济管理类学科专业的教学改革和课程体系建设中起到应有的促进作用。

刘诗白
2007年8月

刘诗白 现任西南财经大学名誉校长、教授，博士生导师，四川省社会科学联合会主席，《经济学家》杂志主编，全国高等财经院校资本论研究会会长，学术团体"新知研究院"院长。

前　言

　　管理学是一门系统研究管理活动的基本规律和一般方法的综合性的交叉学科。改革开放30多年来，我国学者在大量引进国外先进管理学教材的基础上，结合国内企业管理实践，编写出了大量优秀的管理学教材。版本越来越多，篇幅越来越长，内容越来越丰富。但是，广大的初学者面对琳琅满目的书籍却无从选择。一本优秀的管理学教材，应该能及时地更新内容、创新风格，既能寓基本原理于其中，又能紧跟时代前沿；既能紧密结合管理实践，又能引爆管理思维、彰显管理个性。因此，本书的编写小组结合多年的企业管理实践和一线管理学课程教学经验，力求为学生编写一本体系比较完整、内容注重创新、突出应用、强化案例、引导学生思考的应用型教材，做到好读易教，突出风格创新、内容创新、案例教学、突出应用的特色。

　　本书的核心内容是被国内外学者和企业人士普遍认可的管理四大职能——计划、组织、领导、控制。各种各样的组织是管理活动的平台与载体，离开组织谈管理将无从谈起，所以本书加入"组织与管理"这一章；管理是一门科学，有必要告诉读者管理学的来龙去脉，所以本书加入"管理思想的演进"这一章；随着网络时代的到来，世界经济一体化进程加快，环境对管理效率和效果的影响毋庸置疑，所以本书加入"管理环境"这一章；席卷全球的金融危机迫使管理者不得不思考组织究竟应该坚持什么样的道德底线、承担什么样的社会责任，所以本书加入"管理道德与社会责任"这一章；决策属于计划职能的范畴，但西蒙曾说过，管理就是决策，可见决策对管理者是至关重要的，所以本书将决策独立成章；如何通过激励调动员工的积极性、挖掘员工的潜力是所有管理者每天都要思考的问题，所以本书将激励从领导职能中独立出来；沟通是管理者最日常的管理活动，没有沟通就不可能开展管理工作，所以本书将沟通独立成章。

　　同以往的管理学教材相比，本书具有以下特色。

　　(1) 学生易于学习掌握。每个知识点通过大量的举例让学生更好地理解知识的含义。

　　(2) 可读性、趣味性强。本书最大的特点是加入知识链接、特别提示、管理故事、管理寓言等模块，每章前面有导入案例，后面有案例应用分析和阅读材料，既拓展了学生的知识面，又增加了趣味性。

　　(3) 富有启发性。特别提示、管理寓言和最后的名人名言都在紧扣知识的同时启发学生思考。

　　(4) 教师易于引导和教学。丰富的模块设计可以方便教师展开课堂讨论，并引导学生课后思考。

　　(5) 配套有同步习题和案例应用分析。每章后面都有同步复习题，覆盖本章所有重要知识点，并附有案例应用分析方便教学。

　　本书主要面对两类读者：一是毕业后拟从事管理工作的经济管理类专业本科生；二是社会组织中已经拥有比较丰富的实践工作经验，想通过系统学习管理学原理以提高管理水平的从业人员。对于在校大学生，建议从第一章起按顺序循序渐进地进行学习；对于组织中的从业人员，由于已经学习过管理学的相关基础知识，或者已经拥有相关的管理实践经验，读者也可挑选其中某一章节学习。在本科教学中，本书可作为32～72学时的管理学教材使用，建议每章结束做适当的小结、复习和练习。编者特意为本书编写了配套的复习题，以供学生自学和巩固所学知识。

　　本书由张润兴确定章节结构和编写大纲，编写第2章、第3章、第5章、第8章、第9章及所有章节后习题，并负责最后的编稿工作；尹卫华编写第6章；李翼编写第4章；卓素燕编写第7章、第11章；孙文霞编写第1章；常健聪编写第10章。

　　本书在编写过程中借鉴了很多中外学者的研究成果，已在书末列出主要参考文献，在此向有关作者表示衷心的感谢！本书的出版得到了北京大学出版社和上海建桥学院商学院领导的大力支持和帮助，在此表示衷心的感谢！

　　由于编者水平有限，本书难免有不足和疏漏之处，敬请广大读者批评指正！

编　者

2013年1月

本书课程思政元素

本书课程思政元素从"格物、致知、诚意、正心、修身、齐家、治国、平天下"的中国传统文化角度着眼,再结合社会主义核心价值观"富强、民主、文明、和谐、自由、平等、公正、法治、爱国、敬业、诚信、友善"设计出课程思政的主题,然后紧紧围绕"价值塑造、能力培养、知识传授"三位一体的课程建设目标,在课程内容中寻找相关的落脚点,通过案例、知识点等教学素材的设计运用,以润物细无声的方式将正确的价值追求有效地传递给读者。

本书的课程思政元素设计以"习近平新时代中国特色社会主义思想"为指导,运用可以培养大学生理想信念、价值取向、政治信仰、社会责任的题材与内容,全面提高大学生缘事析理、明辨是非的能力,把学生培养成为德才兼备、全面发展的人才。

每个课程思政元素的教学活动过程都包括内容导引、展开研讨、总结分析等环节,在课程思政教学过程,老师和学生共同参与其中。在课堂教学中,教师可结合下表中的内容导引,针对相关的知识点或案例,引导学生进行思考或展开讨论。

《管理学实用教程》课程思政元素汇总

分类	页码	内容导引 (案例或知识点)	展开研讨 (思政内涵)	思政落脚点
正心 齐家	3	组织的含义	1. 如何理解组织的含义? 2. 如何正确理解组织的目标?	责任与使命 价值观 企业文化
格物 致知 治国	13	管理技能	1. 如何正确理解不同管理者层次与技能之间的关系? 2. 如何正确理解概念技能对高层管理者的重要性?	科学精神 专业与国家 国之重器
格物 正心 治国	26	管理实践、管理思想、管理理论之间的关系	1. 如何正确理解三者之间的逻辑关系? 2. 如何理解邓小平理论的形成过程?	求真务实 四个自信 基本国情 改革开放
格物 致知	32	法约尔的一般管理思想	1. 如何正确评价法约尔的思想? 2. 为什么法约尔会把"技术活动"作为企业经营活动之首?	辩证思想 科技发展 实事求是
格物 正心 治国	39	X-Y理论	1. 如何正确理解X-Y理论? 2. 如何对比"人之初性本善""人之初性本恶"与X-Y理论?	辩证思想 文化自信 文化传承
格物 诚意 修身	44	权变管理理论	1. 如何正确理解管理中的"权变"思想? 2. 权变理论的内涵是什么?	适应发展 创新意识 爱祖国
正心 治国	56	社会环境	1. 企业需要考虑哪些外部环境因素? 2. 讨论环境是如何影响企业管理的。	大局意识 大国风范 时代精神

续表

分类	页码	内容导引 （案例或知识点）	展开研讨 （思政内涵）	思政 落脚点
修身 齐家	62	组织文化的功能	1. 组织文化有哪些功能？ 2. 企业如何合理利用组织文化的功能提高管理效率？	职业规划 企业文化
正心 修身	80	伦理、道德的含义	1. 如何正确理解企业的伦理、道德？ 2. 企业如何正确处理企业伦理与盈利之间的关系？ 3. 国家在处理贪腐方面有哪些举措？	规范与道德 公平正义 价值观 个人管理
正心 平天下	88	道德管理的特征	1. 道德管理有哪些特征？ 2. 企业应该如何处理与利益相关者的关系？	环保意识 社会责任 社会公德
格物 平天下	97	管理案例：青岛啤酒"好心有好报"的环保信念	1. 企业如何平衡短期利益与长远利益之间的关系？ 2. 企业如何处理盈利与环保之间的冲突？	辩证思想 环保意识 可持续发展
格物 修身 平天下	111	决策的满意性原则	1. 决策应该遵守的原则有哪些？ 2. 如何正确理解决策的"满意性原则"？	辩证思想 职业规划 中西结合
格物 致知	132	决策树	1. 为什么说决策树属于"风险型决策"？ 2. 如何理解决策的"满意性原则"？	科学素养 努力学习 逻辑思维 实战能力
格物 诚意 正心	142	导入案例：计划的重要性	1. 如何正确理解"运筹帷幄之中，决胜千里之外"？ 2. 如何评价刘邦将头功给了张良而不是韩信？	辩证思想 尊重 文化自信
正心	191	组织结构设计的原则	1. 如何正确理解"原则"的含义？ 2. 组织结构设计中应该遵守哪些基本原则？	法律意识 纪律
格物 致知 正心	206	非正式组织的作用	1. 如何正确理解非正式组织的含义？ 2. 非正式组织有哪些积极和消极作用？	适应发展 专业能力 大局意识
诚意 齐家 修身	216	导入案例：刘邦的感悟	1. 正确评价刘邦与张良、韩信、萧何之间的关系。 2. 分析为什么刘邦能成为大汉开国皇帝，而不是其他人？	包容 团队合作 以史为镜
修身 平天下	231	领导生命周期理论	1. 如何正确理解领导生命周期理论的内涵？ 2. 如何把西方的管理智慧与中国的管理实践相结合？	个人成长 换位思考 爱岗敬业 职业规划 洋为中用
致知 修身 齐家	250	复杂人假设	1. 如何正确理解"复杂人"假设？ 2. "复杂人"假设对管理者有什么启示？	适者生存 个人成长 爱岗敬业 集体主义 沟通协作

续表

分类	页码	内容导引 （案例或知识点）	展开研讨 （思政内涵）	思政 落脚点
诚意 正心 治国	293	管理故事：周总理巧对美国记者挑衅	1. 沟通的技巧有哪些？ 2. 讨论周总理的沟通技巧。	爱祖国 四个自信 民族自豪感
正心 治国 平天下	319	事前控制、事中控制和事后控制	1. 如何正确理解事前控制、事中控制、事后控制的优缺点？ 2. 评价疫情期间，中外的疫情控制差别。	制度自信 大国风范 人类命运共同体

目 录

第1章 组织与管理 1
- 1.1 组织 2
  - 1.1.1 组织的内涵 2
  - 1.1.2 组织的类型 4
  - 1.1.3 新型组织的特点 6
- 1.2 管理者与管理 6
  - 1.2.1 管理者 7
  - 1.2.2 管理的含义 9
- 1.3 管理职能 10
  - 1.3.1 管理职能概述 10
  - 1.3.2 管理职能研究的沿革 10
  - 1.3.3 管理职能的内容 11
  - 1.3.4 管理职能的变化和社会环境的关系 12
- 1.4 管理技能与管理者角色 13
  - 1.4.1 管理技能 13
  - 1.4.2 管理者角色 14
- 本章小结 16

第2章 管理思想的演进 24
- 2.1 管理实践、管理思想与管理理论 25
  - 2.1.1 管理实践、管理思想与管理理论的含义 25
  - 2.1.2 管理实践、管理思想与管理理论之间的关系 26
- 2.2 管理理论的形成与发展 27
  - 2.2.1 早期管理实践 27
  - 2.2.2 早期管理思想 27
  - 2.2.3 古典管理理论 30
  - 2.2.4 行为管理理论 36
  - 2.2.5 现代管理理论 41
- 本章小结 46

第3章 管理环境 53
- 3.1 管理环境概述 54
  - 3.1.1 外部环境 55
  - 3.1.2 社会环境 56
  - 3.1.3 任务环境 58
  - 3.1.4 内部环境 60
  - 3.1.5 组织文化 60
- 3.2 管理环境分析 66
  - 3.2.1 环境的不确定性分析 66
  - 3.2.2 利益相关者分析 68
  - 3.2.3 SWOT 分析 70
- 本章小结 72

第4章 管理道德与社会责任 79
- 4.1 伦理道德 80
  - 4.1.1 伦理、道德的含义 80
  - 4.1.2 伦理道德与经济运行 82
  - 4.1.3 管理的伦理道德问题 84
- 4.2 5种道德观 86
  - 4.2.1 功利主义道德观 86
  - 4.2.2 权利至上道德观 87
  - 4.2.3 公平公正道德观 87
  - 4.2.4 社会契约道德观 87
  - 4.2.5 推己及人道德观 87
- 4.3 道德管理的特征和影响管理道德的因素 88
  - 4.3.1 道德管理的特征 88
  - 4.3.2 影响管理道德的因素 89
- 4.4 改善伦理道德行为的途径 92
- 4.5 组织的社会责任 95
  - 4.5.1 社会责任的含义 95
  - 4.5.2 组织社会责任的体现 95
- 本章小结 98

第5章 决策 104
- 5.1 决策概述 105
  - 5.1.1 决策的含义 105

5.1.2 决策分类 106
　　5.1.3 决策的原则 109
5.2 决策制定过程 113
5.3 决策的影响因素及决策方法 117
　　5.3.1 决策的影响因素 118
　　5.3.2 定性决策方法 120
　　5.3.3 确定活动方向的决策方法 125
　　5.3.4 选择活动方案的决策方法 128
本章小结 135

第6章 计划 141

6.1 计划概述 142
　　6.1.1 计划的含义与作用 142
　　6.1.2 计划的特征 145
　　6.1.3 计划的误区 148
　　6.1.4 计划的类型 149
　　6.1.5 影响计划有效性的因素 151
6.2 计划编制的过程 153
6.3 计划的方法 156
　　6.3.1 目标管理 156
　　6.3.2 滚动计划法 159
　　6.3.3 进度计划法 161
　　6.3.4 项目管理 165
本章小结 166

第7章 组织 172

7.1 组织职能与组织结构 173
　　7.1.1 组织构成要素 173
　　7.1.2 管理中的组织职能 176
　　7.1.3 组织结构 178
　　7.1.4 组织结构的理论基础 181
7.2 组织结构设计 188
　　7.2.1 组织结构设计的任务及主要工作 188
　　7.2.2 组织结构设计的原则 191
　　7.2.3 常见组织结构的类型 193
　　7.2.4 影响组织设计的因素 199
7.3 非正式组织 204
　　7.3.1 非正式组织的基本特征 204
　　7.3.2 非正式组织与正式组织的关系 205
　　7.3.3 非正式组织的作用 205
　　7.3.4 正确对待非正式组织 207
本章小结 208

第8章 领导 215

8.1 领导概述 216
　　8.1.1 领导的概念 216
　　8.1.2 领导与管理 217
　　8.1.3 领导者的作用 218
　　8.1.4 领导者的影响力构成 218
8.2 领导理论 220
　　8.2.1 领导特质理论 220
　　8.2.2 领导行为理论 222
　　8.2.3 领导权变理论 227
本章小结 234

第9章 激励 241

9.1 激励概述 242
　　9.1.1 激励的内涵 242
　　9.1.2 激励的过程 243
　　9.1.3 激励的作用 244
9.2 人性的假设 245
　　9.2.1 经济人假设 246
　　9.2.2 社会人假设 247
　　9.2.3 自我实现人假设 248
　　9.2.4 复杂人假设 250
9.3 激励理论 251
　　9.3.1 内容型激励理论 251
　　9.3.2 过程型激励理论 258
　　9.3.3 行为修正型激励理论 261
9.4 当代激励理论的综合 265
本章小结 266

第10章 沟通 273

10.1 沟通概述 275
　　10.1.1 沟通的内涵 275
　　10.1.2 沟通过程 280

　　　　10.1.3 沟通类型 282
10.2 正式沟通与非正式沟通 285
　　　　10.2.1 正式沟通与非正式沟通的
　　　　　　　 含义 285
　　　　10.2.2 公司内部的正式沟通与
　　　　　　　 非正式沟通 285
10.3 沟通改进 290
　　　　10.3.1 影响沟通的因素 290
　　　　10.3.2 改进沟通的途径 291
10.4 冲突与谈判 294
　　　　10.4.1 冲突的概念 294
　　　　10.4.2 冲突的发展过程 295
　　　　10.4.3 冲突产生的原因 296
　　　　10.4.4 解决冲突的谈判沟通 297
　　　　10.4.5 谈判策略 299
本章小结 301

第 11 章　管理控制 308

11.1 管理控制概述 310
　　　　11.1.1 管理控制的内涵 310
　　　　11.1.2 管理控制的目标 313
　　　　11.1.3 管理控制的内容 315

11.2 管理控制的分类 319
　　　　11.2.1 事前控制、事中控制和
　　　　　　　 事后控制 319
　　　　11.2.2 集中控制与分散控制 321
　　　　11.2.3 直接控制与间接控制 322
　　　　11.2.4 市场控制、制度控制和
　　　　　　　 文化控制 323
11.3 管理控制的步骤 325
　　　　11.3.1 拟定控制标准 325
　　　　11.3.2 衡量实际工作绩效 328
　　　　11.3.3 纠正偏差 329
11.4 管理控制的方法 330
　　　　11.4.1 预算控制法 330
　　　　11.4.2 比率分析法 334
　　　　11.4.3 盈亏平衡分析法 334
　　　　11.4.4 审计控制法 335
　　　　11.4.5 程序控制法 336
　　　　11.4.6 全面质量管理 336
11.5 有效控制的原则 338
本章小结 341

参考文献 347

第 1 章 组织与管理

教学目标

通过本章的学习，了解组织的内涵、类型和特点；掌握管理和管理者的含义；掌握管理的 4 种职能；同时，掌握管理者必备的技能及管理技能与管理者层次之间的关系；掌握管理者的 3 个方面的 10 种角色。

教学要求

知识要点	能力要求	相关知识
组织	(1) 理解组织内涵 (2) 区分组织类型 (3) 理解新型组织特点	(1) 组织内涵 (2) 组织类型 (3) 新型组织的特点
管理者与管理	(1) 理解管理者含义及与操作者的区别 (2) 理解管理的含义	(1) 管理者 (2) 管理
管理职能	(1) 理解什么是管理职能 (2) 熟悉管理职能历史沿革 (3) 运用管理职能分析管理实践 (4) 理解管理职能之间的关系	(1) 管理职能概述 (2) 管理职能研究沿革 (3) 管理职能内容 (4) 管理职能的变化及与社会环境的关系
管理技能与管理者角色	(1) 理解管理技能的含义及管理技能与管理层次之间的关系 (2) 运用管理角色分析实际问题	(1) 管理技能 (2) 管理者角色

> 没有组织就没有管理，而没有管理也就没有组织。管理部门是现代组织的特殊器官，正是依靠这种器官的活动，才有职能的执行和组织的生存。
> ——彼得·德鲁克

基本概念

组织　组织分类　新型组织　管理　管理职能　管理者　管理者分类　管理者角色　管理技能

 **导入案例**

组织与管理的关系

某地有一生产传统工艺品的企业，伴随着我国的对外开放逐渐发展壮大起来。销售额和出口额近10年来平均增长15%以上，员工也由原来的不足200人增加到2 000多人。但企业还是采用过去的类似直线型的组织结构，企业一把手王厂长既管销售，又管生产，是一个多面全能型的管理者。最近，企业发生了一些事情，让王厂长应接不暇。其一，生产基本是按订单生产，基本由王厂长传达生产指令。碰到交货紧时，往往是王厂长带头，和员工一起挑灯夜战。虽然按时交货，但质量不过关，产品被退回，并被索赔。其二，以前企业招聘人员人数少，所以王厂长一人就可以决定了。现在每年要招收大中专学生近50人，还涉及人员的培训等问题，以前的做法就不行了。其三，过去总是王厂长临时找人去做后勤等工作，现在这方面工作太多，临时找人去做，已经做不了了，而且也做不好了。凡此种种，以前有效的管理方法已经失去作用了。

 点评：组织与管理相辅相成。

组织为管理的发展提供了物质基础和肢体框架，是管理得以顺利推进的保障；管理为组织的发展注入了不竭的动力和新鲜的血液，是组织得以持续发展的动力和力量。

1.1　组　　织

管理工作跟组织活动密不可分，各种各样的组织是管理的平台与载体，离开组织管理将无从谈起。

1.1.1　组织的内涵

1. 对组织的不同理解

人们生活在各种各样的组织中，如学校、企业、工会、部队、慈善机构等都是人们参与社会活动的不同组织形式，组织已经成为社会的基本单元和基础。虽然，组织的应用非常普遍，但人们却很难给予它一个明确而统一的定义，大家对组织概念的理解多种多样。

 知识链接

在古汉语中，组织一词是指将丝麻织成布帛，如《吕氏春秋·先己》高诱注"夫组织之匠，成文于手"；还可以指诗文的造句构辞，如唐代诗人孟郊《出东门》诗"一生自组织，千首大雅言"。而组织的希腊文原义则是指和谐、协调。

官僚组织模式的创始人马克斯·韦伯认为组织是一种通过规则对外来者的加入既封闭又限制的社会关系，它意味着一个正式的有意形成的职务或者职务机构。

还有些学者对组织进行了名词和动词之分。作为名词的意思组织是指一个有机的工作群体，代表观点：格罗斯与埃策尼认为组织是人类为了达到某种共同目标而特意建构的社会单元，如企业、军队、学校、教会、监狱等都是组织；詹姆斯·D·穆尼认为组织是每一种人群联合起来为达到某种共同的目标的形式；切斯特·巴纳德指出组织就是有意识地协调两个或者两个以上的人的活动力量的协作系统。

作为动词的意思组织则是指将众多的人组织起来，协调其行为，以实现某个共同目标，代表观点：法约尔认为组织是指为企业的经营提供所有需要的原材料、设备、资本、人员；斯蒂芬·P·罗宾斯把组织定义为对人员的一种精心安排，以实现某些特定的目的；理查德·L·达夫特指出组织是指配置组织资源以实现战略目标。

系统理论学派的重要代表人物弗里蒙特·卡斯特和詹姆斯·E·罗森茨韦克对组织下的定义："组织是：①有目标的，即怀着某种目的的人群；②心理系统，即群体中相互作用的人群；③技术系统，即运用知识和技能的人群；④有结构的活动整体，即在某种特定的关系模式中一起工作的人群。"

2．组织的含义

本书所讲的，作为管理的载体和平台的组织是指作为名词的组织，因而将组织定义为组织是由一群人组成的、有明确目标的、具有系统性结构的实体。

特定的目标、一群人员和系统化的结构构成了组织的三要素，如图1.1所示。

图1.1　组织三要素

该定义从以下4个方面揭示了组织的含义。

(1) 组织通过协调合作个体力量来共同解决问题。组织的产生是由于个人缺乏足够的能力、时间、力量与持久性，而使个人无法满足自身的某些需求和欲望，这时就需要依赖其他人的帮助。当多个人把力量整合在一起，就可发现大家所做的比任何一个单独做的还多，且有时效性，这也就产生了组织的概念。例如，最大的组织——社会即可视为调配每个人的活动，而使其内部的每一分子都能满足其需求的一个实体。因此，组织就是通过个体力量的协调与合作来共同解决问题的。这正如巴纳德所说"组织是一种有意识的协调两人以上的活动或力量的合作体系"。

(2) 组织个体之间具有共同的目标。组织为了要使互相协调能够有所帮助，必须要有努力的目标或目的的存在，此目标或目的为协调力量的各分子所接受，组织所有的活动都会围绕这个目标而展开，并且承担一定的社会功能。例如，大学工商管理学院的共同目标是为社会培养企业管理的实践和理论人才，这个目标是所有该专业教师和学生共同认可的，并以这个目标来指引教师的教育工作和学生的学习活动。

(3) 组织的效率来自专业分工与合作。在一个大组织中，又包含着许多更小的组织。例如，社会组织内有经济的、政治的、宗教的及政府的各种组织，而一般企业组织内有司掌营销的、生产的、财务的、人事的等组织。这种组织的分化是由劳动分工而产生的，专业化的分工可以提高工作的效率。因此，一个组织群体，如果想有效地达成其目标，就必须在协调合作的原则下，分工做事，最终完成整个组织的终极目标。

(4) 组织离不开管理。组织的各个组在分工与协调的过程中，如果没有某些方式的控制、领导、限制和管理，则人与人之间、部门与部门之间的分工合作就不易达成。协调本身就意味着一个小单元归属于某种权力的指挥管辖，以达成共同的目的。因此，组织为能协调其各部门和个人的分工，需要有一个权力阶层，确定要完成的工作，限定和分派权责，并建立关系，使人员能有效达成目标的过程。

1.1.2 组织的类型

组织可以从不同的角度分成不同的类型，常见的组织类型有以下几种划分方法。

1. 正式组织和非正式组织

按内部是否有正式分工关系，组织可分为正式组织和非正式组织。如果一个社会组织内部存在正式的组织任务分工、组织人员分工和正式的组织制度，那么它就属于正式组织，如政府机关、军队、学校、工商企业等都属于正式组织。正式组织是为了有效实现组织目标而规定组织成员之间的职责范围和相互关系的一种结构。而如果一个社会组织的内部既没有确定的机构分工和任务分工，没有固定的成员，也没有正式的组织制度等，而是人们在共同工作或活动中，由于具有共同的兴趣和爱好，以共同的利益和需要为基础而自发形成的团体，这种组织就属于非正式组织。非正式组织可以是一个独立的团体，如学术沙龙、文化沙龙、业余俱乐部等，也可以是一个存在于正式组织之中的无名而有实的团体。这是一种事实上存在的社会组织，这种组织现在正日益受到重视。在一个正式组织的管理活动中，应特别注意非正式组织的影响作用。对这种组织现象的处理，将会影响到组织任务的完成和组织运行的效率。

阳贡公司的非正式组织

阳贡公司是一家中外合资的高科技公司，其技术在国内同行业中居于领先水平。该公司有员工100人左右，其中的技术、业务人员绝大部分是近几年毕业的大学生，其余为高中学历的操作人员。目前，公司员工中普遍存在着对公司的不满情绪，辞职率也相当高。员工对公司的不满始于公司筹建初期，当时公司曾派遣一批技术人员出国培训，这批技术人员在培训期间结下了深厚的友谊，回国后也经常聚会。在出国期间，他们合法获得了出国人员的学习补助金，但在回国后公司领导要求他们将补助金交给公司，于是矛盾出现了。技术人员据理不交，双方僵持不下。公司领导便找这些人反复谈话，言辞激烈，并采取一些行政制裁措施给他们施加压力。少数几个人曾经出现了犹豫，却遭到其他人员的强烈批评，最终这批人员当中没有一个人按公司领导的意图行事，这导致双方矛盾日趋激化。最后，公司领导不得不承认这些人已经形成了一个非正式组织。由于没有法律依据，公司只好作罢。由于这件事导致公司内耗相当大，公司领导也因为这批技术人员"不服从"上级而非常气恼，对他们有了一些成见，而这些技术人员也知道领导对他们的看法。于是，陆续有人开始寻找机会跳槽。一次，公司领导得知一家同行的公司来"挖人"，公司内部也有不少技术人员前去应聘，为了准确地知道公司内部有哪些人去应聘，公司领导特意安排两个心腹装作应聘人员前去打探，并得到了应聘人员的名单。谁知，这个秘密不胫而走，应聘人员都知道自己已经上了"黑名单"，于是后来都相继辞职。

2. 小型组织、中型组织和大型组织

按规模，组织可分为小型组织、中型组织和大型组织。例如，同是企业组织，就有小型企业、中型企业和大型企业之分；同是医院组织，就有个人诊所、小型医院和大型医院之分；同是行政组织，就有小单位、中等单位和大单位之分。按这个标准进行分类是具有普遍性的，不论何类组织都可以作这种划分。以组织规模划分组织类型，是对组织现象的表面的认识。

3. 实体组织和虚拟组织

组织的最初形态就是表示一种有形的实体组织。从实体角度看，组织是为了实现某一共同目标，经由分工与合作，以及不同层次的权力和责任制度而构成的人群集合系统，即实体组织。随着社会的发展特别是网络的普及，目前出现了一种新的组织类型，即虚拟组织。虚拟组织与以往的实体组织相比有以下特点：一是组织结构虚拟化，虚拟组织一般不再具有法人资格，组织形式网络化，管理的幅度大大扩展；二是构成人员虚拟化，虚拟组织的人员的归属不再具有唯一性和确定性，组织人员具有高度的可流动性；三是办公场所虚拟化，虚拟组织一般不再有固定的办公场所，员工可以依据自己的条件自行安排办公场所；四是核心能力虚拟化，虚拟组织的核心能力不再像传统企业那样取决于企业内部的各种既定条件，而主要取决于通过网络组织形式对于组织外部各种条件的组织和利用而形成的网络核心能力。因此，相对于实体组织，虚拟组织的核心能力具有高速度、低成本等特性。

4. 文化型组织、经济型组织和政治型组织

按社会职能，组织可分为文化型组织、经济型组织和政治型组织。文化型组织是一种人们之间相互沟通思想、联络感情、传递知识和文化的社会组织，如各类学校、研究机关、艺术团体、图书馆、艺术馆、博物馆、展览馆、纪念馆、报刊出版单位、影视电台机关等都属于文化型组织。文化型组织一般不追求经济效益，属于非营利组织。而经济型组织是一种专门追求社会物质财富的社会组织，它存在于生产、交换、分配、消费等不同领域，如工厂、银行、财团、保险公司等社会组织都属于经济型组织。政治型组织是一种为某个阶级的政治利益而服务的社会组织，如国家的立法机关、司法机关、行政机关、政党、监狱、军队等都属于政治型组织。

5. 营利性组织、非营利性组织和互利组织

营利性组织是指经工商行政管理机构核准登记注册的以营利为目的，自主经营、独立核算、自负盈亏的具有独立法人资格的单位，如企业、公司及其他各种经营性事业单位。非营利性组织是指不以营利为目的的组织，其目标通常是支持或处理个人关心或者公众关注的议题或事件。非营利性组织所涉及的领域非常广，包括艺术、慈善、教育、政治、宗教、学术、环保等。非营利性组织的运作并不是为了产生利益，这一点通常被视为这类组织的主要特性，其具体表现形式大致分为3类：第一类是行政部门的服务性单位，第二类是行政主管部门与民间资金相结合组成的单位，第三类是自治性的民间组织。互利组织是指由志愿者或相关成员组成的，帮助成员提高利益的组织，如一些政治团体、农村合作社、商业协会、俱乐部等。随着老龄化社会的到来，成立的越来越多的社区老年互助合作社就是典型的互利组织。

1.1.3 新型组织的特点

为适应现代社会发展对组织的需要,彼得·圣吉提出了学习型组织,进而发展出多种新型组织结构(具体内容见本书后续章节)。总的来看,这些新型组织一般具有两大特点。

1. 分立化

分立化一般可分为两种形式:一种是横向分立,另一种是纵向分立。横向分立就是企业将一些有发展前途的产品分离出来,成立独立的公司,选派有技术、懂管理的人去经营。纵向分立是指企业不仅仅从事多品种经营,而且对同一种产品也进行上、下游分离。

实行分立化组织机构具有四大优点:一是增加了各公司的自主权,同时也增强了各公司的进取精神;二是减少了公司管理层次,精简了机构,提高了工作效率;三是信息传递快,使得相关组织具有较强的灵活性,进而使其具有较强的应变能力;四是公司内部各部门之间是平等关系,没有所谓的上下级关系,这对提高组织内部彼此之间的配合度、协调度和工作效率具有极大的积极作用。

2. 柔性化

组织结构柔性化的典型组织形式是临时团队和重新设计等。组织结构柔性化的目的是使一个组织的资源得到充分利用,增强组织对组织环境动态变化的适应能力,它表现为集权和分权的统一、稳定和变革的统一。

组织结构柔性化突出表现为集权和分权的统一。柔性化与一味强调分权的做法不同,避免了过度分权所带来的消极影响;柔性化组织结构在进行分权的同时,要求实行必要的集中。集权在企业管理中是指企业的最高管理层(者)确定整个企业、整个组织的战略发展方向,并且明确规定上级和下级之间的权限关系,管理权集中在最高管理层(者)的手中;而分权是指企业高层管理者将一些权力下放给企业中、下级管理部门和一线生产经营人员,使其具有处理一些突发性事件的权力。集权和分权统一的关键是上级和下级之间有着顺畅的交流沟通渠道,能够使信息上通下达,必要时能够适当地调整组织内部各层级间的权限结构,确保组织的各项具体活动与组织战略目标的实现之间形成有机的联系。

组织结构柔性化还表现为稳定和变革的统一。为了适应组织结构不断变革的需要,将组织结构分为两个组成部分:一个部分是稳定的组织机构,也是组织结构中的基本组成部分,这主要是为了完成组织的一些经常性任务;另一个部分是组织结构的补充部分,这主要是为了完成一些临时性的任务,如各种项目小组、临时工和咨询专家等。

尽管柔性化是集权和分权的统一、稳定和变革的统一,但柔性化更为充分地体现在组织结构的权力下放和不断变革上,其目的就是为了向下级更多地授权和分散经营,增强企业的生存能力和市场反应能力。

1.2 管理者与管理

管理定义自古就有,但什么是管理,从不同的角度出发,可以有不同的理解,而且至今也没有一个公认的、统一的定义。

1.2.1 管理者

组织中有两种活动，即操作和管理，与此相对应把员工分为两大类：没有管理岗位，主要从事操作性工作的员工，称为操作者；拥有管理岗位，主要从事管理性工作，而相对较少地从事具体操作的员工，称为管理者。本书研究的对象是管理者，而非操作者。

1. 管理者的定义

管理者是指在一个组织中，根据环境的变化，合理分配组织中的各种资源，协调组织内部各项活动，与组织中的其他成员一起实现组织在一定时期的既定目标的人。

可以从以下几个角度来理解管理者这一概念。

(1) 谈到管理者必须指明具体的组织。

离开具体的组织泛泛地评价一个管理者没有任何意义。例如，同样是总经理，可以是某世界500强企业的总经理，也可以是社区某个小公司的总经理。

(2) 管理者的工作是分配资源和协调活动。

资源是稀有的，所以要合理分配，才能让资源发挥最大作用。组织是由很多人组成的，这些人各不相同，又要求这些各不相同的人共同努力去实现组织共同的目标，这就需要有人来协调这些人的活动，保证活动顺畅地进行。

(3) 管理者是具有相应的职位和权力的人。

管理者的职权是管理者从事管理活动的资格。一般来说，管理者的职位越高，其管理权力也就越大。但一个成功的管理者除了运用职位所赋予其的权力以外，还特别注意发展个人魅力，充分发挥个人影响力，从而成为一名具有权威的管理者。

(4) 管理者是负有一定责任的人。

一定职位的权力和责任是对等的，一个职位有多大的权力，同时就必须承担多大的责任。对任何组织中的各级管理人员的权和责都必须做出明确的规定，没有责任的权力，必然会导致管理者用权不当，没有权力的责任也是空泛的，管理者将无法承担责任。

权力和责任就像一对孪生兄弟，同步消长，权力越大，责任也就越重。但从根本上来说，对管理者而言，责任比权力更本质，权力是尽到责任的手段，责任才是管理者真正的本质要求和象征。管理者的与众不同，是因为他是一位责任者，而不是权力的拥有者。如果管理者没有尽到自己的责任，那就意味着他已经失职，意味着他放弃了管理。

(5) 管理者的本职工作是让其他人一起努力。

管理者不是要事必躬亲、事无巨细地亲力亲为，因为管理者的时间、能力、精力等毕竟是有限的，不可能完成所有的工作。因此，聪明的管理者应该通过科学的管理手段调动人们的积极性，让所有人都行动起来，共同努力实现组织的目标。

2. 管理者的分类

按照不同的分类标准，可以将管理者进行不同的分类。

1) 按照管理者在组织中所处的层次划分

(1) 基层管理者。其主要职责是直接指挥和监督现场作业人员，保证完成上级下达的各项计划和指令。他们主要关心的是具体任务的完成情况。

(2) 中层管理者。中层管理者的作用承上启下，其主要职责是正确领会高层的指示精神,创造性地结合本部门的工作实际,有效地指挥各基层管理者开展工作。中层管理者注重的是日常管理事务。

(3) 高层管理者。高层管理者对组织负全责,主要侧重于沟通组织与外部的联系和决定组织的大政方针。高层管理者注重良好环境的创造和重大决策的正确性。

2) 按照管理者的管理范围大小划分

(1) 综合管理者。综合管理者是指其管理范围涉及组织某个层次的方方面面,而不是局限在某个专业领域,如总经理、董事长、厂长、校长等。

(2) 专业管理者。专业管理者是指其管理范围仅限于某一个专业领域,如销售部经理、人力资源部经理、生产副总、专业主任等。

3. 未来管理者应具备的能力

时代在发展,环境在变化,这对管理者提出了新的要求。面对未来,管理者除了要具备传统的能力以外,还需具备以下能力,以适应变化的环境。

1) 创新能力

创新能力是管理者能够运用其自身所具有的知识和能力,在其管理领域中不断提供具有经济价值、社会价值、生态价值的新思想、新理论、新方法和新发明的能力。创新是中华民族进步的灵魂,是当今经济竞争的核心。当今社会的竞争,与其说是人才的竞争,不如说是人才的创新能力的竞争。

管理者必须适应时代发展的要求,适时提高并加强自身的创新能力。因此,管理者应该努力做到不断拓展自身兴趣爱好、对环境保持敏锐的洞察力、具有系统思维和辩证的思维能力、充满自信,同时充满勇气、敢于面对困境。

2) 转化能力

转化能力是优秀的管理者将有利于组织进一步发展的创意转化为可操作的具体工作方案的能力。

管理者要具有较强的转化能力,就必须不断加强自身的综合能力、移植能力、改造能力、重组能力和创新能力。

3) 应变能力

应变能力是管理者用创新的方法解决因环境的变化而导致的管理过程中出现的一些非程序性的问题的能力。应变能力是管理者快速反应能力的表现之一,是管理者创造能力的集中表现。

管理者在管理过程中,要不断提高并加强自身的应变能力,就应该努力做到能够不断应对变化的对策和策略,能够在复杂的环境中审时度势、随机应变,能够在不断发展变化中辨明方向,持之以恒。

4) 组织协调能力

管理者的组织协调能力首先表现为管理者对组织内部人员的培养并发展忠于组织发展的团队精神,在这种精神的带动下,组织全体成员能够不计名利报酬、积极主动地争取组织最大的成功;其次,管理者能够有效地根据组织在不同发展阶段的要求配置组织不同资源,并能够让各种资源在各自的位置上正常地运作;最后,管理者能够协调个体与组织整体发展。

1.2.2 管理的含义

从字面上看，管理有管辖、处理、管人、理事等之意，即对一定范围的人员及事务进行安排和处理。但是这种字面的解释是不可能严格地表达出管理本身所具有的完整含义。长期以来，许多中外学者从不同的角度出发对管理做出了不同的解释，其中较有代表性的有以下几个。

哈罗德·孔茨等(1998)对管理下的定义是"由一个或更多的人来协调其他人的活动，以便收到个人单独活动所不能收到的效果而进行的各种活动。因此，管理就是设计一种良好的环境，使人在群体里高效率地完成既定目标"。

斯蒂芬·P·罗宾斯(2004)对管理下的定义是"和其他人一起并且通过其他人来切实有效地完成活动的过程"。

帕梅拉·S·路易斯、斯蒂芬·H·古德曼和帕特丽夏·M·范特(1998)对管理下的定义是"切实有效地支配和协调资源，并努力达到组织目标的过程"。

加雷思·R·琼斯、珍妮弗·M·乔治和查尔斯·W·L·希尔(2003)对管理下的定义是"对资源进行计划、组织、领导和控制，以便快速、有效地达到组织目标的过程"。

徐国华等的《管理学》(1998)一书，对管理下的定义是"通过计划、组织、控制、激励和领导等环节来协调人力、物力和财力资源，以期更好地达成组织目标的过程。"

杨文士和焦叔斌等的《管理学原理》(2004)对管理下的定义是"组织中的管理者，通过实施计划、组织、人员配备、指导与领导、控制等职能来协调其他人的活动，使其他人同自己一起实现既定目标的活动过程"。

周三多的《管理学》(2000)对管理下的定义是"组织中的如下活动或过程：通过信息获取、计划、组织、领导、控制和创新等职能的发挥来分配、协调包括人力资源在内的一切可以调用的资源，以实现单独的个人无法实现的目标"。

被尊为"大师中的大师"、"现代管理学之父"的现代管理大师彼得·德鲁克(1999)对管理的论述是"管理是一门学科，这首先就意味着，管理人员付诸实践的是管理学而不是经济学，不是计量方法，不是行为科学。无论是经济学、计量方法还是行为科学都只是管理人员的工具。但是，管理人员付诸实践的并不是经济学，正如一个医生付诸实践的并不是验血那样；管理人员付诸实践的并不是行为科学，正如一位物理学家付诸实践的并不是显微镜那样；管理人员付诸实践的并不是计量方法，正如一位律师付诸实践的并不是判例那样。管理人员付诸实践的是管理学"。

上述定义都从不同侧面、不同角度对管理进行了界定，这些定义都从不同角度揭示了管理某一方面的职能或者属性，都具有一定的科学性。在借鉴上述有关管理定义的基础上，本书将管理界定为在特定的环境下，管理者为了实现组织的目标，对其所能支配的各种资源进行有效的计划、组织、领导和控制等一系列活动的过程。

这个定义包含以下4层含义。

(1) 管理是服务于组织目标的一项有意义、有目的的活动。管理的目的并不是来源或决定于管理机构或人员自身，而只能是隶属和服务于具有特定使命和目标的组织。管理是任何组织不可或缺的，但绝不是独立存在的。管理不具有自己的目标，不能为管理而进行管理，而只能是实现管理服务与组织目标。

(2) 管理的过程是由一系列相互关联、连续进行的工作活动构成的。这些工作活动包括计划、组织、领导、控制等，并成为管理的基本职能。

(3) 管理工作的有效性要从效率和效果两个方面来评判。有效性集中体现在是否使组织花费最少的资源投入而取得最大的且最合乎需要的成果产出。效率涉及组织是否"正确地做事"（即"怎么做"）的问题。产出一定、投入最少，或者投入不变、产出最多，意味着组织具有较为合理的投入产出比，具有比较高的效率。效果涉及组织是否"做正确的事"。现代社会中，"做什么"比"怎么做"往往更加重要。管理的任务就是获取、开发和利用各种资源来确保组织和效果双重目标的实现。

(4) 管理工作是在一定的环境条件下开展的，环境既提供了机遇和机会，也构成了挑战或威胁。正视环境的存在，一方面，要求组织为创造优良的社会物质环境和文化环境而努力；另一方面，管理的理念和方法必须因环境条件的不同而随机应变。

1.3 管理职能

不同的管理者在组织中从事不同的工作内容，甚至千差万别。例如，有的人在制订计划，有的人在与其他员工沟通，有的人在激励下属，有的人在检查计划执行情况，有的人在监控业务运行状况，有的人在整合组织所需要的各种资源等。但透过各不相同的表象，可以提炼出管理者普遍从事的一些最基本、最常规的工作内容，这些内容就是管理职能。

1.3.1 管理职能概述

管理是人们在社会生活中的一项实践活动，是一种行动。通过对管理实践的总结发现，管理者在实践管理过程中，往往采用具有程序性的，在管理内容上具有某些共性的管理行为，如计划、组织、领导、控制等。人们对这些管理行为加以系统的归纳，逐渐形成了管理职能。随着实践的发展，这一概念逐渐被人们普遍认同和接受。本书中，将管理职能定义为管理者在管理过程中行使的各项行为内容的概括，它反映了人们在长期的管理工作中对其一般过程和基本内容所做的理论概括。

1.3.2 管理职能研究的沿革

正确地确定管理职能对任何组织而言都是极其重要的，但一般组织活动需要具有哪些管理职能，应该如何确定一个组织的管理职能？古今中外的管理者至今没有一个统一的说法和明确的定义。

在理论界，最早系统提出管理职能的是法国的亨利·法约尔。法约尔从"办公桌前的总经理"出发，把企业整体作为研究对象。他认为，管理就是计划、组织、指挥、协调、控制。

在法约尔之后，中外许多学者根据社会环境的新变化，对管理的职能进行了进一步的探究，有了许多新的认识。但当代管理学家对管理职能的划分，大体上没有超出法约尔的范围。

古利克和厄威克就管理职能的划分，提出了著名的管理七大职能。他们认为，管理有七大职能：计划、组织、人事、指挥、协调、报告、预算。

哈罗德·孔茨和西里尔·奥唐奈里奇把管理的职能划分为计划、组织、人事、领导和控制。人事职能的包含意味着管理者应当重视利用人才，注重人才的发展及协调人们的活动，这说明当时管理学家已经注意到了人的管理在管理行为中的重要性。

20 世纪 60 年代以来，随着系统论、控制论和信息论的产生及现代技术手段的发展，管理决策学派形成，使得决策问题在管理中的作用日益突出。西蒙等人在解释管理职能时，突出了决策职能。西蒙认为组织活动的中心就是决策。制订计划、选择计划方案需要决策；设计组织结构需要决策；人事管理等也需要决策；选择控制手段还需要决策。西蒙还认为，决策贯穿于管理过程的各个方面，管理的核心是决策。

美国学者米和希克斯在总结前人对管理职能分析的基础上，提出了创新职能，突出了创新可以使组织的管理不断适应时代发展的论点。

何道谊的《论管理的职能》依据业务过程把管理分为目标、计划、实行、检馈、控制、调整 6 项基本职能，加之人力、组织、领导 3 项人的管理方面的职能，系统地将管理分为九大职能。

1.3.3 管理职能的内容

在总结实践经验和借鉴前辈学者关于管理职能概括的基础上，本书提出当代环境下企业管理职能的内容应该包括计划、组织、领导、控制。

1. 计划

计划是管理的首要职能。计划是指为未来的组织活动确定目标，并为实现这一目标预先决定为什么做、做什么，以及如何做的一个工作过程。计划工作一般包括 3 个方面的内容，即确定目标、预测和决策。

2. 组织

制订出切实可行的计划后，就要组织必要的人力和其他资源去执行既定的计划，也就是要进行组织工作。组织工作是指为了有效地实现计划所确定的目标而在组织中进行部门划分、权力分配和工作协调的过程。也就是明确为了实现目标和计划需要完成哪些任务，为了完成这些任务需要设置哪些部门、哪些岗位，每个部门和岗位的职责、职权分别是什么，不同的部门、不同的岗位之间有什么关系。

3. 领导

每个组织都是由人力资源和其他资源有机结合而成的，人是组织活动中唯一具有能动性的因素。管理的领导工作就是管理者利用职权和威信施展影响，激励下属、调动下属的积极性和能力，指导下属的活动、推动下属的工作，协调下属的行为、解决下属之间的冲突，选择最有效的沟通渠道及营造良好的组织气氛等。本书在后面将安排两章分别来阐述其中的激励与沟通。

4. 控制

在实现目标和计划的过程中，总会出现意想不到的事情，这是因为制定目标时不可能考虑得十全十美，而且环境的变化有时无法预测和把握，再者在执行时总是会有失误。为了保证事情按照既定的计划进行，就必须对实际工作进行监控、比较和纠正，使实际与目标保持一致，这就是控制。

1.3.4 管理职能的变化和社会环境的关系

1. 管理职能随着社会环境的发展变化而变化

实践证明，管理职能的变化和社会环境的变化有密切的关系。在法约尔时期，也就是过程管理阶段，市场竞争并没有今天这样激烈，企业生存发展的外部环境变化也不大，在这样的条件下，企业管理者的主要任务是做好一定阶段的计划、组织和领导工人生产产品。在过程管理阶段之后、行为科学理论出现之前，人们往往对管理的活动侧重于对技术因素及物的因素的管理，管理工作中强调实行严密的计划、指挥和控制。20 世纪 20 年代，在哈佛大学教授梅奥进行了霍桑实验之后，管理者才开始重视管理过程中人的因素，人事、信息沟通、激励职能开始提出。因此，管理界诞生了行为科学理论。20 世纪 50 年代以后，特别是 60 年代以来，随着现代科学基础的发展和新兴学科的出现、发展，管理职能中出现了创新职能和决策职能等新的职能。其中决策学派的代表人物赫伯特·西蒙认为决策贯穿于管理的全过程，管理的核心是决策。不仅不同层次的管理者需要并拥有决策权，而且决策分布在各项管理的全过程。由此，人们将决策职能从计划职能中划分出来。20 世纪 70 年代，世界环境发生巨变，为适应环境的变化，管理学家提出了创新职能，创新职能的提出适应并推进了当时管理实践的发展。

可以预见，随着科学技术的不断发展和社会生产力水平的提高，管理职能的内容和重点也会有新的变化。

2. 管理职能应随着组织的不同而不同

管理的行为主体之一是组织，而组织是随着时间的发展而变化的。由此可知，组织环境的变化引起组织的构成要素，如组织内管理主体、管理客体发生变化，则管理行为和管理职能也必然随之发生变化。在特定环境下，组织的目的是不会发生较大改变的，通常都是把组织的所有者的利益作为组织目的。组织环境、管理主体、管理客体却会因组织内外环境的不同而不同，如工厂管理与商店管理、大型跨国公司的管理与微型私营企业的管理等都具有很大的差异性，因而也就会使得管理方式和管理手段有很大的不同，最后，管理职能也就不同。例如，对于军人，命令应当是最佳的职能，而对于现代高素质的人才，激励、鼓励也许是应当采用的职能。

3. 管理职能并不能描述管理过程

在实践发展中，管理的各项职能往往都是糅合在一起的，很难将某一项或者某几项职能完全区分出来。一般来说，一项管理工作首先是决策，其次是制订计划，在此基础上组织实施计划，最后是协调控制。但在实践中，管理者往往不是按照严格的顺利先行使什么、后行使什么，而是可能几项职能同时进行，也可能只行使其中的一项或者两项职能。

因此，管理学者提出的这些管理职能只是描述了管理活动的一般过程，对具体领域中的具体管理活动不一定适合，这还需要具体问题具体分析。

1.4 管理技能与管理者角色

为了提高管理效率，管理者必须具有各种各样的管理技能。同时，管理者在不同的场合可能代表不同的利益群体、为了不同的目的，需要扮演不同的角色。那么管理者究竟应该拥有哪些管理技能，扮演哪些角色？下面将详细讨论。

1.4.1 管理技能

不同的管理者拥有不同的技能，如业务经理需要懂得谈判技巧，总经理需要敏锐的洞察环境的变化，车间主任需要对生产技术了如指掌。根据罗伯特·卡茨的研究，管理者所拥有的技能不外乎三大类：技术技能、人际技能和概念技能。

1. 技术技能

技术技能(technical skills)是指熟悉和精通某特定专业领域的知识，如司机可以开车、教师可以授课、会计可以做账、工人可以操作机床等。

2. 人际技能

人际技能(human skills)是指管理者应具有良好的人际沟通能力，拥有高超的人际沟通能力能让对方心甘情愿地按照自己的意愿办事，如激励员工、安慰下属、平息纠纷等能力。

3. 概念技能

概念技能(conceptual skills)是指管理者对复杂环境和管理问题进行观察、分析、抽象和概念化的能力；对全局性的、战略性的、长远性的重大问题处理与决断的能力；对突发性紧急处境的应变能力等。概念技能的核心是一种观察力和思维力。

不同层次的管理者对 3 种技能的要求是不同的，如图 1.2 所示。

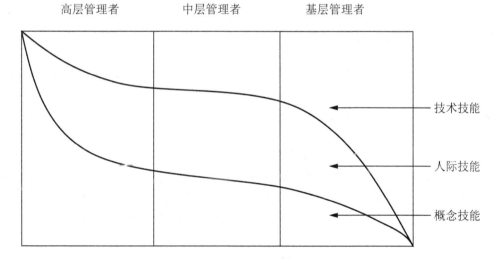

图 1.2　管理技能与管理层次的关系

由图 1.2 可知，3 种技能在不同管理层次中的要求不同，概念技能由高层向低层的重要性逐步递减；技术技能由高层向低层的重要性逐步增加；人际技能对不同管理层的重要程度区别不十分明显，但比较而言，高层要比低层相对重要一些。

1.4.2 管理者角色

20 世纪 70 年代，经理角色学派的创始人亨利·明茨伯格在《管理工作的本质》一书中解释说"角色这一概念是行为科学从舞台术语中借用过来的。角色就是属于一定职责或者地位的一套有条理的行为"，并将经理的工作分为 10 种角色。这 10 种角色又分为三大类，即人际关系方面的角色、信息传递方面的角色和决策方面的角色。

在国际管理界，加拿大管理学家亨利·明茨伯格的角色是叛逆者。他是最具原创性的管理大师，在管理领域常提出打破传统及偶像迷信的独到见解，是经理角色学派的主要代表人物。

明茨伯格 1939 年 9 月 2 日出生于加拿大的一个普通家庭。父亲是一家生产女装的小公司的管理者。当明茨伯格还是个孩子时，他就想知道父亲在办公室里做些什么。高中毕业以后，因为喜欢拆开东西(他坦承很少能把它们恢复原样)，明茨伯格进入位于蒙特利尔的麦吉尔大学攻读机械工程学，成绩为中等偏上。毕业后，他在加拿大国家铁路公司(Canadian National Railways)从事操作研究工作。其间，他的兴趣逐渐转向人们如何工作上。

1908 年 MBA 教育在哈佛商学院诞生，战后逐渐兴起，到 20 世纪 60 年代开始走红。也就在那个时候，明茨伯格在叔叔杰克的鼓励下，到麻省理工学院攻读管理学，他的人生轨道也由此改变。拿到博士学位后，明茨伯格回到了麦吉尔大学任教。

明茨伯格的第一本著作《管理工作的本质》曾经遭到 15 家出版社的拒绝，但是，现在这本著作已是管理领域的经典。明茨伯格在管理领域 30 年，发表过近 100 篇文章，出版著作 10 多本，是管理学界独树一帜的大师。

1. 人际关系方面的角色

人际关系方面的角色直接产生于管理者的正式权力，管理者在处理与组成成员及其他利益相关者的关系时，就是在扮演着人际关系方面的角色。人际关系方面的角色又包括挂名首脑角色、领导者角色、联络者角色。

1) 挂名首脑角色

管理者作为组织的经理，是正式的权威，是一个组织的象征。因此，管理者要在工作中履行这方面的职责。例如，管理者有时出现在社区的集会上，接待重要的客户，参加某些职员的婚礼，与重要客户共进午餐等。这时，管理者就是行使挂名首脑的角色，虽然有时很多职责可能都是些日常事务，但它们对组织能否顺利运转起着非常重要的作用。

2) 领导者角色

管理者是一个组织的正式领导，要对组织成员的发展和成长负责，这一点就构成了领导者的角色。在一个组织中，管理者通过负责雇用和培训职员，负责对员工进行激励和引导，进而协调整个组织成员共同努力实现组织的目标。

3) 联络者角色

管理者除了和组织内部人员、工作小组一起工作，还要和外部利益相关者保持良好的关系和联络。这些联络通常都是通过参加外部的各种会议，参加各种公共活动和社会事业来实现的。联络者角色是专门用于建立管理者自己的外部信息系统的。为此，要求管理者必须对组织的重要问题保持着敏锐的洞察力，灵活地在组织内外建立良好的关系。

2. 信息传递方面的角色

信息传递方面的角色包括监控者角色、信息传播者角色、发言人角色。

1) 监控者角色

管理者通过持续关注组织内外环境等各个方面的变化从而收集到对组织发展有利的信息。管理者往往是通过接触下属、个人关系网等方式获取相关信息，根据这种信息，管理者可以有效地识别组织的潜在危机和威胁。

2) 信息传播者角色

组织在发展过程中，有时会需要管理者通过其外部个人联系获得信息。在管理过程中，管理者必须分享并分配信息，适时地将外部信息传递到企业内部，把内部信息传递给组织中更多的人。当下属之间缺乏信息交流沟通的条件时，管理者应该懂得通过适当的渠道适时地把信息传递给下属。

3) 发言人角色

管理者应该适时地把组织的一些信息传递给组织之外的人，特别是那些对企业发展有重大影响的人。这些信息包括关于本组织的发展计划、政策和发展成果等。例如，首席执行官可能要花大量时间与有影响力的人接触甚至周旋，要向董事会和股东汇报财务状况，同时还要代表组织履行相关社会责任等。

3. 决策方面的角色

决策方面的角色包括企业家角色、危机处理者角色、资源分配者角色、谈判者角色。

1) 企业家角色

管理者应该在其职权范围之内充当本组织变革的发起者和设计者。同时，管理者应该有能力随着内外部环境的变化组织资源，善于寻找和发现有利于本组织发展的新机会。

2) 危机处理者角色

管理者必须善于处理冲突或者解决突发问题，如平息客户的怒气、与不同的供应商进行商业谈判，或者解决组织内部员工之间的争端、冲突等。在危机的处理中，时机是非常重要的，而且这种危机很少在例行事务中提前表现和被发现，大多数是一些突发的紧急事件。在实际管理过程中，每位管理者必须花大量时间对付突发事件。实践证明，没有哪个组织能够事前考虑和预料到每个突发事件。

3) 资源分配者角色

管理者负责在组织内部决定将哪些组织资源用于哪些项目；此外，管理者还负责设计组织的结构，即决定分工和协调工作的正式关系的模式，分配下属的工作。组织中，重要决策在被执行之前，都要首先获得管理者的批准和首肯，这样才能确保组织内部的决策是相互联系的。

4) 谈判者角色

管理者要花大量的时间进行有关组织发展的谈判，其谈判的对象包括员工、供应商、客户，以及其他利益相关者。谈判是管理者不可推卸的工作责任，而且还是工作的主要部分。

这 10 种角色在实践中形成一个整体，在任何情况下，人际的、信息的和决策的角色都是不可分离的，这三者之间相互联系、密不可分。这 10 种角色表明，管理者从组织角度来看是一位全面负责的人，但事实上却要担任一系列的专业化工作，既是通才又是专家。

此外，本书还要特别说明，这 10 种角色虽然是整体、不可分离，但并不是说所有的管理者都给予每种角色同等程度的关注。每位管理者应该根据自身所处岗位及其职务发展的需要不同，给予不同的侧重。

本 章 小 结

本章主要介绍了组织和管理的相关理论和发展，以及两者对现代企业发展的重要意义和作用。首先，对组织的定义进行界定，并对组织分类和新型组织的特点进行概述。其次，介绍了管理、管理者的含义，以及管理者的分类和未来管理者应该具有的素质。再次，对管理的职能进行界定和描述，在综合前人研究成果的基础上提出计划、组织、领导、控制 4 大管理职能。然后介绍了管理者必备的技术技能、人际技能和概念技能这三大技能，以及不同层次管理者对 3 种技能的不同要求。最后，借助明茨伯格的管理者角色理论对管理者应该具备的三大类 10 种角色进行了描述。

名人名言

通常情况下，我会问自己 3 个问题：我是否清晰地告诉了对方他的目标？我是否给了对方足够的时间和资源来实现这一目标？我是否对其进行了必要的培训？结果我发现，90%的时候，问题都是出在我自己身上，或者说我至少应该对问题负一部分责任。

——迈克尔·阿伯拉肖夫

管理无小事。

——张瑞敏

希望外界不要用阶级斗争的眼光来看新浪董事会及管理层。

——段永基

一个首席执行官的任务，就是一只手抓一把种子，另一只手拿一杯水和化肥，让这些种子生根发芽，茁壮成长——让你周围的人不断地成长、发展，不断地创新，而不是控制你身边的人。你要选择那些精力旺盛、能够用激情感染别人并且具有决断和执行能力的人才。把公司的创始人当成一个皇帝，从长远来说这个公司是绝对不会成功的，因为它没有可持续性。

——杰克·韦尔奇

管理是一种实践，其本质不在于"知"而在于"行"；其验证不在于逻辑，而在于成果；其唯一权威就是成就。

——彼得·德鲁克

一、复习题

1. 判断题

(1) 管理总是离不开某个集体或是组织，离开组织谈管理将无从谈起。　　　　　　　　（　　）

(2) 每一个组织都有一个明确的目标来表示。（　）
(3) 每一个组织都是由两个或两个以上的人员组成的。（　）
(4) 每一个组织都拥有一种系统性的结构，用以规范和限制成员的行为。（　）
(5) 组织是一种由人们(两个或两个以上的人员)组成的、具有明确目标和系统性结构的实体。（　）
(6) "中国人民大学"属于非正式组织。（　）
(7) "红十字会"属于营利性组织。（　）
(8) "红十字会"属于非营利性组织。（　）
(9) 判断管理者是否为基层管理者，关键要看其下属中是否有管理者。（　）
(10) 基层管理者的下属中，全是操作者，而不可能有管理者。（　）
(11) 部门经理一定是高层管理者。（　）
(12) 法约尔认为，管理者的角色有三大类10种。（　）
(13) 管理者在驾驭混乱的局面时所扮演的角色是领导者角色。（　）
(14) "寻求和获取各种内部和外部信息，以便透彻地理解组织与环境"，这指的是管理者的监控者角色。（　）
(15) 高层管理者必须具备高超的技术技能。（　）
(16) 基层管理者必须具备高超的技术技能。（　）
(17) 高层管理者必须具备高超的概念技能。（　）
(18) 基层管理者必须具备高超的概念技能。（　）

2. 单选题

(1) 由人们(两个或两个以上的人员)组成的、具有明确目标和系统性结构的实体。这句话阐述了(　)概念。
　　A．控制　　　　　B．计划　　　　　C．组织　　　　　D．管理

(2) 学生社团属(　)。
　　A．正式组织　　　B．非正式组织　　C．A、B都对　　　D．A、B都不对

(3) "中国人民大学"属于(　)。
　　A．正式组织　　　B．非正式组织　　C．A、B都对　　　D．A、B都不对

(4) 通过提供产品或服务来获取利润的某企业，属于(　)。
　　A．营利性组织　　B．非营利性组织　C．互利组织　　　D．都不是

(5) 由志愿者或者相关成员组成的，以帮助成员提高利益的组织，如商业协会、社区合作社等，属于(　)。
　　A．营利性组织　　B．非营利性组织　C．互利组织　　　D．都不是

(6) 在一个组织中，根据环境的变化，合理分配组织中的各种资源，协调组织内部各项活动，与组织中的其他成员一起实现组织在一定时期的既定目标的人。这是对(　)概念的阐述。
　　A．组织　　　　　B．领导　　　　　C．管理者　　　　D．管理

(7) 在特定的环境下，管理者为了实现一定的目标，对其所能支配的各种资源进行有效地计划、组织、领导和控制等一系列活动的过程。这句话说明了(　)的概念。
　　A．组织　　　　　B．领导　　　　　C．管理者　　　　D．管理

(8) 组织为了达到某些特定的目的，就必须清晰地定义这些目的及达到目的的手段，提前对所要进行的组织活动做必要的打算、谋划和安排。这是指管理的(　)职能。
　　A．计划　　　　　B．组织　　　　　C．领导　　　　　D．控制

(9) 管理者告知他人未来活动的方向，并通过沟通、激励等手段同他人一起或者通过他人去完成组织目标。这是指管理的(　)职能。
　　A．计划　　　　　B．组织　　　　　C．领导　　　　　D．控制

(10) 管理者要承担设立评价标准、衡量工作绩效、矫正偏差等工作。这是指管理的(　)职能。
　　A．计划　　　　　B．组织　　　　　C．领导　　　　　D．控制

(11) 寻求和获取各种内部和外部信息，以便透彻地理解组织与环境。这指的是管理者的(　　)角色。
　　A．领导者　　　　B．监控者　　　　C．信息传播者　　D．发言人
(12) 将从组织内外部或上下级那里获取的信息传递给组织内外的其他成员。这指的是管理者的(　　)角色。
　　A．领导者　　　　B．监控者　　　　C．信息传播者　　D．发言人
(13) 负责激励下属、人员配备、培训及有关的职责。这是指管理者的(　　)角色。
　　A．领导者　　　　B．企业家　　　　C．谈判者　　　　D．资源分配者
(14) 负责分配组织的各种资源，制定和批准所有有关的组织决策，调度、授权、开展预算活动，安排下级工作。这是指管理者的(　　)角色。
　　A．领导者　　　　B．企业家　　　　C．谈判者　　　　D．资源分配者
(15) 管理者代表组织与工会进行集体合同谈判。这是指管理者的(　　)角色。
　　A．领导者　　　　B．企业家　　　　C．谈判者　　　　D．资源分配者
(16) 管理者掌握与运用某一专业领域内的知识、技术和方法的能力。这句话指的是(　　)。
　　A．技术技能　　　B．人际技能　　　C．概念技能　　　D．领导技能
(17) 管理者应该有高超的处理人事关系的能力。这句话指的是(　　)。
　　A．技术技能　　　B．人际技能　　　C．概念技能　　　D．领导技能
(18) 管理者观察、理解和处理各种全局性的复杂关系的抽象能力。这句话指的是(　　)。
　　A．技术技能　　　B．人际技能　　　C．概念技能　　　D．领导技能
(19) 基层管理者和其他层次管理者相比，应该具备更加高超的(　　)。
　　A．技术技能　　　B．人际技能　　　C．概念技能　　　D．领导技能
(20) 高层管理者和其他层次管理者相比，应该具备更加高超的(　　)。
　　A．技术技能　　　B．人际技能　　　C．概念技能　　　D．领导技能

3．多选题

(1) 根据组织形成的目的不同，可以将组织划分为(　　)。
　　A．营利性组织　　B．非营利性组织　C．互利组织
　　D．正式组织　　　E．非正式组织
(2) (　　)特点属于传统组织的特点。
　　A．稳定的　　　　B．永久性职位　　C．命令导向
　　D．等级森严　　　E．顾客导向
(3) (　　)特点属于新型组织的特点。
　　A．稳定的　　　　B．永久性职位　　C．动态的
　　D．参与导向　　　E．顾客导向
(4) 按照管理者所处的组织层次，将管理者划分为(　　)。
　　A．高层管理者　　B．中层管理者　　C．基层管理者
　　D．综合管理者　　E．专业管理者
(5) 明茨伯格认为，管理者的角色有三大类角色，分别是(　　)。
　　A．人际关系方面的角色　　　　　　B．信息传递方面的角色
　　C．决策方面的角色　　　　　　　　D．谈判者
　　E．领导者
(6) 明茨伯格认为，管理者的角色有三大类10种角色，其中的人际关系方面的角色分别是(　　)。
　　A．挂名首脑角色　B．领导者角色　　C．联络者角色
　　D．监控者角色　　E．信息传播者角色
(7) 明茨伯格认为，管理者的角色有三大类10种角色，其中的信息传递方面的角色分别是(　　)。
　　A．挂名首脑角色　B．领导者角色　　C．发言人角色
　　D．监控者角色　　E．信息传播者角色

(8) 明茨伯格认为，管理者的角色有三大类 10 种角色，其中的决策方面的角色分别是(   )。
    A. 挂名首脑角色   B. 企业家角色
    C. 危机处理者角色   D. 资源分配者角色
    E. 谈判者角色
(9) 罗伯特·卡茨发现管理者需要 3 种基本的技能，分别是(   )。
    A. 技术技能   B. 谈判技能   C. 人际技能
    D. 领导技能   E. 概念技能
(10) (   )技能属于技术技能。
    A. 工人操作机床   B. 董事长制定企业战略
    C. 司机会开车   D. 教师会制作 PPT
    E. 部门经理懂得处理好上下级关系

4. 简答题
(1) 组织的概念是什么？如何理解？
(2) 管理的概念是什么？如何理解？
(3) 管理者必备的技能有哪些？各自的含义是什么？不同层次管理者与不同技能之间存在什么样的关系？

5. 论述题
(1) 论述管理的四大职能及四大职能之间的逻辑关系。
(2) 论述管理者层次与管理技能之间的关系。

二、案例应用分析

杨立斌的烦恼

杨立斌是一家房地产公司负责销售的副总经理，他把公司里销售业绩最好的业务员王兰提拔起来当销售部经理。王兰善于察言观色、能说会道，因而跟客户的关系搞得相当好。即使客户最后不买房，她也跟人家客客气气。"买卖不成仁义在嘛"是她常说的一句话。可是到了销售部经理的岗位上后，王兰在这个岗位上做得并不好。下属说王兰对员工态度粗暴，一味强调销售业绩，而且员工在工作上几乎得不到她的指点和帮助，稍有不满就拿扣薪水相威胁。为此，王兰的下属对她很不满。然而，王兰自己也不满意这项工作。以前做业务员时，她做成一笔交易就可以立刻拿到奖金。可当了销售部经理后，她做得是好是坏取决于下属的工作。在她眼里，下属又笨又懒又散，并且不争气，难以调教。有时候自己做成了几笔漂亮的交易，既听不到上司的表扬，也得不到下属的恭维，让她很没有成就感。还有就是，她的奖金要到年终才能定下来。另外，自从当了销售部经理后，王兰在市区买了一幢价格昂贵的住房，开着奥迪 A6，并把几乎全部收入都用在生活开销上。王兰和过去判若两人，杨立斌感到十分困惑："是自己看错人了，还是王兰变化太大了？"

问题：
(1) 用本章所学理论分析出现这样的情况的原因。
(2) 试给杨立斌一些建议。
(3) 如果你是杨立斌，你会给王兰什么样的建议？

 阅读材料

诸葛亮集权管理究析

"事必躬亲"的背后反映出诸葛亮握权太多，忽略了整个团队的作用。诸葛亮无时不在工作，却找不到分忧的人。原因是多方面的：一是眼下确实没有冒尖的人才；二是他没有看到下属的能力，不敢把权力下放；三是虽然短暂放了权，却又不放心，一心只想控制。而这些原因直接导致了"蜀中无大将"，蜀汉的失败也是必然的。

诸葛亮是不是一个好领导？

诸葛亮可谓是一代英杰，赤壁之战等广为世人传诵之作，莫不显示其超人智慧和勇气。然而他却日理万机，事必躬亲，乃至"自校簿书"，终因操劳过度而英年早逝，留给后人诸多感慨。诸葛亮虽然为蜀汉"鞠躬尽瘁，死而后已"，但蜀汉仍最先灭亡。这与诸葛亮的不善授权不无关系。试想，如果诸葛亮将众多琐碎之事合理授权于下属处理，而只专心致力于军机大事、治国之方，"运筹帷幄，决胜千里"，又岂能劳累而亡，导致刘备白帝城托孤成空，阿斗将伟业毁于一旦？

从诸葛亮身上，我们可以将阻碍授权的认知因素归纳为对下属不信任、害怕削弱自己的职权、害怕失去荣誉、过高估计自己的重要性等。但是问题是集权就能有效解决上述问题吗？"条条大路通罗马"，只要问题能够有效解决，领导大可不必处理具体烦琐事务，而应授权下属来全权处理。也许在此过程中，下属能够创造出更科学、更出色的解决办法。难道只有把权力控制在自己手中才能避免失控吗？事实上，只要保持沟通与协调，采用类似关键会议制度、书面汇报制度、管理者述职等手段，失控的可能性其实是很小的。

曾经有一家公司的总经理，一天到晚忙个不停，有朋友善意提醒他要授权，没料到他大叹苦经，说自己在工作中也实施了授权，不过作为公司一把手，自己肯定是不放心的，所有决策的过程还依旧掌握在自己手中，实施授权后，下属在工作中仍旧会不断地向自己咨询每一个细节，结果自己还是很累。

显然，管理人员如果缺乏有效的授权技巧，工作是不可能轻松的，也不见得会有什么大的成效。要做一名称职的管理人员，就是要做一名称职的协调员。一方面要为员工营造一个良好的工作氛围，工作上要帮助与支持下属；另一方面要统筹全局，着力协调好人员之间、部门之间的关系。

可以用以下公式概括领导的精髓：领导＝决策＋授权。领导不简单地等同于一般的管理，领导属战略思维，领导思考的应是全局性的、综合性的问题。领导的真正作用在于恰当处理组织的协调问题，发挥组织成员的潜能。为了调动组织全体成员的积极性和创造性，齐心协力完成组织目标，领导要善于决策，善于授权。

从诸葛亮的失败看领导者定位。

"功盖三分国，名成八阵图。江流石不转，遗恨失吞吴。"在这首诗中，诗人杜甫对诸葛亮的敬仰与惋惜之情跃然纸上。千百年来，诸葛亮作为智慧与道德的双重象征留在中国人心目中，他未出茅庐，先知三分天下；他草船借箭，火烧赤壁，赚荆州，取成都，夺汉中，形成三分天下中的蜀汉基业；他忘我工作，积劳成疾，直至病死军中，他的"鞠躬尽瘁，死而后已"成为后世人们为官的最高准则。

然而，诸葛亮不仅没能实现匡复汉室的理想，而且蜀汉集团还是三国中最先破产的一个。诸葛亮是个有得有失的人物，他的"得"在于他的"小我"，是作为个人的诸葛亮；他的"失"在于他的"大我"，是作为一人之下、万人之上的诸葛亮。借用西汉初年评价萧何的一句话，蜀汉的霸业真是"成也孔明，败也孔明"。

诸葛亮之败，败在错位。用今天的话说，就是没有明确领导者的定位。

领导者的定位，就相当于把握着梯子，不仅要确定靠到哪一面墙才是对的，还要让别人相信自己的选择是正确的，愿意沿着梯子向上，直到"手可摘星辰"。除了需要敏锐的判断力和战略的眼光外，用好人才，充分授权，选好接替自己的人，恐怕是领导者最重要的任务。

现在就来分析诸葛亮在用人、授权和育人这3个方面做得如何。

1. 用人

用人之道，是领导才能的最重要组成部分，是领导者实施领导过程的重要工作。正确用人必须实现能者上、平者让、庸者下、劣者汰，达到"人尽其才，才尽其用"。

例如，马谡才气过人，有一定的军事理论知识，是个不可多得的参谋人才。建兴三年(公元225年)，诸葛亮征南中，马谡为其献计："夫用兵之道，攻心为上，攻城为下，心战为上，兵战为下，愿公服其心而已。"诸葛亮采纳马谡的计策，七擒孟获，平定南方，使南方多年不敢复反。马谡还曾献计离间魏帝与司马懿，为蜀汉暂时除去一心腹大患。

但马谡虽然跟随诸葛亮多年，却一直仅是高参，从未担任过主将，他精于战略，但拙于战术，也有言过其实的缺点，刘备向诸葛亮指出过这点，说马谡"不可大用"。然而，由于诸葛亮与马谡有着深厚的个人交情，诸葛亮不仅对刘备之言不以为然，而且一意孤行，建兴六年(公元228年)，诸葛亮一出祁山，时有宿将魏延、吴懿，诸葛亮力排众议，令马谡为先锋，统军在前，与魏将张郃战于街亭，为郃所破，士卒离散。诸葛亮如果能接受大家的意见，令魏延等为先锋，可能不至于会有街亭之败。街亭之败，不仅使蜀汉遭到重创，断送了首次北伐，也断送了一位良好的参谋人才。

马谡这样一个善出奇计的谋士在街亭惨败，从表面看是马谡无知所致，而实质上是诸葛亮用人不当所致。而且事后诸葛亮还反省自己，斩马谡后哭曰："吾想先帝在白帝城临危之时，曾嘱吾曰：'马谡言过其实，不可大用。'今果应此言。"他想到的仍然只是把庸才当成了人才用，始终没有明白自己用人失当才是失街亭的根本原因。

2．授权

在团队协作中，时常有这样一个现象，很多领导者看到员工做工作不如自己，总是忍不住要加以指点，甚至越俎代庖。殊不知，这种指点在团队成员看来已经成了一种干涉。每个人都有自己的空间，领导者过多的干涉会挤压这种空间，员工有可能变得消极、怠惰、唯命是从，失去主观能动性，团队更不会有战斗力可言。

诸葛亮为蜀汉丞相，工作勤勤恳恳，"自校簿书"，"罚二十以上亲览"，以致积劳成疾，过早离开人世。诸葛亮在上后主的《自贬疏》中道："街亭违命之阙，箕谷不戒之失，咎皆在臣授任无方。"诸葛亮对手司马懿评价诸葛亮说："孔明食少事烦，其能久乎！"

而在西汉时期，陈平任左丞相，皇帝刘恒一日问，全国一年审决了多少案件，全国 年的财政收支有多少，右丞相周勃答不出来。刘恒问陈平，陈平说："这些事有人主管。"刘恒问："谁主管？"陈平答道："陛下要了解司法问题，可以问廷尉；陛下要了解财政收支，应该问治粟内史。"刘恒追问："如果什么工作都有人主管，那么你管什么？"陈平答："宰相者，上佐天子，理阴阳，顺四时，下遂万物之宜；外镇抚四夷诸侯，内亲附百姓，使卿大夫各得任其职也。"皇帝听了十分满意。

陈平、诸葛亮是当时的高官，作为领导者，一个重要职责是"授权原则"，把精力集中在重要事务，下属获得一定的职权和责任，就能独立地发挥自己的才能并取得成就，在成就感的激励下取得更大的成就。一个优秀的领导者不一定要在各个方面都比别人强，而在于具有调动下属积极性的能力。不授权的领导不仅对领导者自身不利，其下属还会感到自己不被信任，独立创造力不能得到发挥，因而会失去工作的积极性，这种领导方式还会失去发现人才、培养人才的机会。

因此，领导者不妨暂时把自己比员工多出的那些能力束之高阁，把更多的精力用于拓展员工的发挥空间，激发其创造性，赋予下属充分的职权，同时创造出每一个人都能恪尽职守的环境。

当企业处在起步期，往往呈现出一个三角形的状态，领导者就像站在顶端上的将军，发号施令、呼风唤雨，强有力地推动企业朝前发展；但当公司趋向成熟，组织就应该变为一个同心圆，领导者隐含在这个圆形体中，成为"主心骨"，宛如灵魂一般，虽然弱化了自己，但组织更强大了。如此，领导者以个人的"弱治"实现一个组织的"强治"。

诸葛亮鞠躬尽瘁，死而后已，其精神可嘉，其法则不足取。毕竟没有团队的整体战斗力，只有一个诸葛亮是很难实现"天下计"的。管理层如果能施行黄老之术，让团队达到"无为胜有为"的状态，那么收获的将不仅是充裕的时间和精力，还有整个团队的和谐及坚强的战斗力。

3．育人

培养人才是领导的重要职责，正如松下幸之助所说："松下首先是生产人，其次才是生产电器。"培养人才，对于被培养人而言是一种激励，有利于加强下属的参与管理，将烦琐的较小的工作交给下属完成，领导可抽出更多时间从事组织的战略及策略研究。

蜀汉初期，诸葛亮所领导的集团还勉强算是一支实力比较雄厚的人才队伍，有五虎上将关羽、张飞、赵云等人，又有魏延、王平等人，然而，由于诸葛亮长期的亲力亲为，蜀汉的人才梯队最终没有形成，最后诸葛亮指定降将姜维为帅，也只因朝中无能人不得已而为之，正所谓"蜀中无大将，廖化为先锋"。

诸葛亮非常清楚蜀汉人才状况，但并没有引起诸葛亮对培养人才的高度重视。

第一，未选拔任用才能超过自己之人。虽然诸葛亮从下层提拔了蒋琬、董允、杨洪等人物，但这些人比诸葛亮更谨小慎微，更没有开拓进取的精神。《三国志》的作者陈寿评论：蒋琬、费祎"咸承诸葛亮之成规，因循而不革"，姜维"羁旅，明断不周，终致陨毙"。

第二，不给人才改过自新的机会。第一次北伐，失街亭而斩马谡。第四次北伐，李严(后改名李平)负责督运粮草，北伐由于劳师远征，得汉中并未得民，粮草皆得从险难的蜀道运送，加上天雨，李严运粮不济，情有可原。可诸葛亮厉斥李严"受恩过量，不思忠报，横造无端，危耻不办"，并撤销李严一切职务。

第三，不锻炼人才。仅以诸葛亮第一次用兵博望坡为例，诸葛亮以"恐关、张二人不肯听吾号令"为由向刘备"乞假剑印"而掌握军政大权，之后的战术分工更是让常人琢磨不定，张飞只管"纵火烧之"，关羽则"放过中军"，"纵兵袭击后军"，关平、刘封负责"预备引火之物"，赵子龙领受绝对不抵抗的命令"只要输，不要赢"，刘备原来的师爷孙乾则是"安排功劳簿"，这种战术完全漠视民主决策及将帅锻炼精神，取而代之的是诸葛亮个人智慧的垄断。这种习惯导致了后来蜀汉政权内部对诸葛亮的绝对依赖，广大谋士及将士缺乏谋略的锻炼，难以为蜀汉政权造就和培养后续人才。

第四，公开嫉妒下属或同事才能。嫉妒别人才能，特别是比自己高明的人，是人的一种本性，但是领导不能嫉妒下属或同事才能，即使有这种心思，应将其变成忧患意识，努力提高自己的能力，特别是领导能力，因为领导不需要亲自冲锋陷阵，只要能驾驭下属即可。但诸葛亮却不能善待有才能特别是有可能一方面或多方面超过自己的人才，像李严、魏延等有才有功之人，都遭到排斥、打击甚至被杀戮。

与之相反的是清代的曾国藩，他培养接班人的标准是发现优秀人才，用人所长加以重点长期培养，因势顺导，四处开花。

左宗棠这个人不懂礼貌，见谁损谁；也不知天高地厚，与人写信，不署自家姓名，只署"小亮"，自作多情地以为自己是诸葛亮。但曾国藩看中了左宗棠的才气，有意纳入接班人体系，使左宗棠有机会发展，让他归隐举人做到了闽浙总督。

李鸿章最初是曾府里的幕僚，可曾国藩发现了李鸿章所具有的超常洞察力，于是将其纳入重点培养对象。在重大事情上，曾国藩常常找李鸿章出谋划策并对其进行有意训练。正是曾国藩竭尽心思的发现、培养，李鸿章才有机会走到大清王朝的高层管理岗位。

诸葛亮之败，败在定位。《道德经》曰：知人者智，自知者明；胜人者力，自胜者强。能够成为领导者的人，往往都是能人，是能人往往就会有一种难以抑制的一试身手的念头，然而，成功的领导者都是能清醒地认识自己定位的人，都是把握梯子方向的人，而不是在所有方面都是最强的人。正如汉高祖刘邦所说：谈到运筹帷幄之中，决胜千里之外，我不如张良；镇守国家，安抚百姓，供给粮饷，保持运粮道路畅通无阻，我不如萧何；统率百万大军，战必胜，攻必可，我不如韩信。这3位都是人中豪杰，而我能任用他们，这就是我之所以能取得天下的原因。但是遗憾的是，项羽至死也没有找到自己失败的原因，把失败的原因归结于"天亡我，非用兵之罪也"。项羽是公认的英雄，而刘邦则是公认的成功者。

因此，领导者应该牢记：不需要做最强者，而要让最强者为自己工作；不要成为英雄，而要成为成功者。

🔍 管理启示

1. 选准对象，视能授权

诸葛亮伐北，街亭失守，过不在马谡，而在于诸葛亮弃魏延而用马谡为先锋，是授权者选择对象不当所致。在选择授权对象时一定要坚持德才兼备的原则，既要考察授权对象的政治素质，又要考察授权对象的实际才能。有德无才难担重任，有才无德贻误事业，两者不可偏废。选定授权对象后，应注意根据其能力大小和个性特征适当授权。对于能力相对较强的人，宜多授一些权力，这样既可将事办好，又能培养锻炼人；对于能力相对较弱的人，不宜全部授予重权，以免出现大的失误；对于性格明显外倾性的人宜授权让他解决人际关系及部门之间沟通协调的事情；对于性格明显内倾性的人宜授权他分析和研究某些具体问题；对于黏液质和抑郁质的人宜授权让其处理带有持久性、细致性、严谨性的工作。

2. 授以全权，权责一体

古人云：将在外，军令有所不受。这是因为只有亲临一线的人才通晓当时、当地的具体情况，才能根据具体情况灵活地做出相应的决策，所以授权必须授以全权，必须保证被授权者的权力与责任相一致，即有多大的权力就应担负多大的责任，做到权责一体。只有这样，被授权者行动起来才有准则，才能根据客观变化的条件和环境等因素及时做出应变措施，以免贻误商机。也只有这样，授权者检查、督促才有标准，才不至于左手授权、右手制肘。

3. 授之以权，信任为本

刘备临终授给了李严主管军事的权力，但诸葛亮对李严总是怀疑，担心让一个降将在重镇统率大军会出现变故，于是"事必躬亲"，非但李严的才智未能得到发挥，两人的关系也由此产生了裂痕。作为企业的领导者，既然授权，就应以信任为本，放手让下属工作。怀疑是让被怀疑人最感到伤害自尊心的事。历史上原本忠心耿耿的人往往因被怀疑而起谋反之心的大有人在，在今天的日常工作中一个人原本干劲十足，往往会因为被怀疑而一下子泄气，导致工作受挫、事业受损的教训也绝非罕见。领导者的职责在于明确下属的任务和目标，至于如何去实现，则正是要求下属充分发挥主观能动性的地方，不应由领导者"躬亲"。当然，信任并不等于放任，授权后，领导者的责任还在，为了使下属很快地适应工作，作为领导者有必要从旁加以指导；对于下属由于缺乏经验所造成的失误，领导者要勇于承担领导责任，帮助其找到失误的原因，鼓励其继续前进，为下属工作创造一个宽松的环境，以便更好地调动其积极性。

4. 授之有据，一授到底

一般来说，领导者应以手谕、备忘录、授权书、委托书等书面形式授权，这样做的好处：既可有效地限制被授权者做出超越权限的事情；又可避免被授权者将其处理范围内的事上交，凡事以请示为由推卸责任；既可借此为证，以免出现其他部门和个人"不买账"的现象，又可防止授权者将已授之权置于脑后，仍然放不开手。授权要一授到底，不要稍有偏差就将权收回。否则，一是容易使被授权者产生授权者授权却又不放心的感觉，觉得自己并不受信任，产生被欺骗感，从而影响正常工作情绪；二是这样做的结果客观上等于授权者向其他人宣布了自己在授权上有严重失误；三是一旦收回权力后授权者负责处理此事的效果会更差，产生的副作用更大。授权者一定要注意，一旦选准了授权对象，即使被授权者一段时间表现欠佳，也应通过适当指导或创造一些有利条件让其以功补过，切忌马上收权。

领导者合理运用授权艺术，还要谨防步入误区。其一，要谨防"弃权"，授权绝非"弃权"，不能为图轻松、享乐而放弃重大决策权、检查监督权、协调奖惩权。其二，要谨防"越权"，要防止某些被授权者超越所授权限先斩后奏、斩而不奏，甚至设好圈子迫使授权者就范。其三，要谨防"反授权"，不要在授权给下属后，又揽回了下属职权内的事务，反被下属牵着鼻子走。

第 2 章　管理思想的演进

教学目标

通过本章的学习，熟悉管理实践、管理思想、管理理论之间的关系；了解西方早期管理思想的代表人物和主要观点；掌握古典管理理论、行为科学理论、现代管理理论的主要代表人物及其理论要点。

教学要求

知识要点	能力要求	相关知识
西方早期管理实践	(1) 西方早期管理思想的概括和理解能力 (2) 西方早期管理思想的运用能力	(1) 亚当·斯密的劳动价值论和分工理论 (2) 罗伯特·欧文的改革思想 (3) 查尔斯·巴贝奇劳动分工的效益思想和劳资合作思想
古典管理理论	(1) 泰罗、法约尔、韦伯的管理理论的理解 (2) 泰罗、法约尔、韦伯的管理理论的实际运用	(1) 泰罗的科学管理理论 (2) 法约尔的经营管理理论 (3) 韦伯的行政组织理论
行为科学理论	(1) 霍桑试验结论的理解 (2) 人性理论的理解和应用	(1) 人际关系学说 (2) X 理论和 Y 理论 (3) Z 理论
现代管理理论	(1) 现代管理理论内容的理解 (2) 权变管理理论的灵活运用	(1) 数理理论 (2) 系统管理理论 (3) 决策管理理论 (4) 权变管理理论 (5) 经验主义理论 (6) 管理过程理论

第2章 管理思想的演进

> 你可以从别人那里得来思想，你的思想方法，即熔铸思想的模子却必须是你自己的。
>
> ——拉姆

 基本概念

管理实践　管理思想　管理理论　古典管理理论　行为管理理论　现代管理理论　科学管理理论　经营管理理论　行政组织理论　人际关系学说　霍桑试验　X-Y 理论　Z 理论　数理理论　决策理论　系统理论　权变理论

 **导入案例**

思想源于实践

很久很久以前，人类都还赤着双脚走路。有一位国王到某个偏远的乡间旅行，因为路面崎岖不平，有很多碎石头，刺得他的脚又痛又麻。回到王官后，他下了一道命令，要将国内的所有道路都铺上一层牛皮。他认为这样做，不只是为自己，还可造福他的人民，让大家走路时不再受刺痛之苦。但即使杀尽国内所有的牛，也筹措不到足够的皮革，而所花费的金钱、动用的人力，更不计其数。虽然根本做不到，甚至还相当愚蠢，但因为是国王的命令，大家也只能摇头叹息。一位聪明的仆人大胆地向国王提出谏言："国王啊，为什么您要劳师动众，牺牲那么多头牛，花费那么多金钱呢？您何不只用两小片牛皮包住您的脚呢？"国王听了很惊讶，但也当下领悟，于是立刻收回成命，采用这个建议。据说，这就是"皮鞋"的由来。

 点评：善于思考才能解决问题。

所谓管理实践，就是管理中需要解决的问题，而管理思想就是在思考如何解决这些问题的过程中逐渐形成的。有些棘手的难题，也许换个角度思考，问题就迎刃而解了。

2.1 管理实践、管理思想与管理理论

管理是人类不可或缺的社会实践活动，在此过程中存在着不以人的意志为转移的客观规律。人们经过漫长的社会生产实践活动，经过无数次的成功与失败，在管理实践中发现、归纳出一系列反映管理活动过程中客观规律的管理思想和管理理论，逐步建立了系统化的管理理论体系。人们又把这些理论应用到管理实践中，指导管理实践，再以管理活动的效果来衡量管理过程中所用的理论和方法是否行之有效、是否正确，从而使管理理论和方法得到不断的丰富与发展。

2.1.1 管理实践、管理思想与管理理论的含义

管理实践是指人们在管理过程中需要解决的一个又一个难题。人类的管理实践自从有了人类的活动就开始出现。原始社会中工具落后，资源匮乏，一个部落如何分配仅有的食物问题，就是当时人们必须要解决的一个难题。在人类社会发展的不同阶段，需要解决不

同的难题，人类会面临不同的管理实践。同样的难题，在人类社会的不同时期、不同地域，解决的思路、方法可能并不一样。

管理思想是人们在漫长而重复的管理活动中逐步形成的。面对不同管理实践中的难题，人们会尝试用各种各样的方法去解决，在不断的尝试过程中，某些想法、方法就会逐渐稳定下来，成为解决该类难题普遍认可和接受的想法、方法。一旦这样的想法、方法稳定下来，在以后遇到类似问题，或者别人遇到类似问题时，都会被模仿、学习、修正，这样的想法、方法就逐渐形成了管理思想。

人们把各种管理思想加以归纳总结，就形成了管理理论，管理理论是系统化的管理思想。当管理思想不断地解决管理实践中的难题，这些管理思想就会被人们归纳总结、系统化而形成管理理论。管理理论一旦形成，就会被用来指导管理实践，并在管理实践中不断被修正和完善。

特别提示

播种思想，收获行动；播种行动，收获习惯；播种习惯，收获性格；播种性格，收获命运。可见，命运是由思想决定的，思想有多远，人们才能走多远。

2.1.2 管理实践、管理思想与管理理论之间的关系

管理思想产生于管理实践，管理思想一旦出现，就会反过来影响管理实践；管理思想系统化后形成管理理论，管理理论是管理思想的反映；管理理论的作用体现在运用于管理实践中去解决管理实践中的问题，而管理理论是否一直有效，需要在管理实践中验证，实践是检验真理的唯一标准。这三者之间的关系如图 2.1 所示。

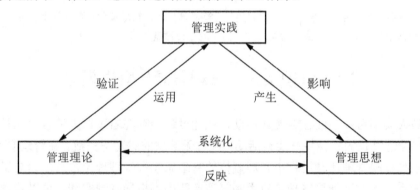

图 2.1　管理实践、管理思想与管理理论之间的关系

特别提示

没有引发任何行动的思想都不是思想，而是梦想。

——马丁

2.2 管理理论的形成与发展

管理实践伴随着人类的出现而出现，在世界文明发展的历史长河中，管理思想也是自古就有，但形成一套比较完整的管理理论，则经历了一段漫长的历史发展过程。

2.2.1 早期管理实践

人类的管理实践，大约已有超过 6 千年的历史。在原始社会，人们以渔猎为生，因为工具落后，渔猎效率低下，生存受到极大地挑战，所以有限的食物如何合理地分配，成为当时每天都面临的难题。人类文明发展到现在，一些世界奇迹是如何完成的，依然是个谜，如古埃及的金字塔、古巴比伦的空中花园、中国的万里长城等。金字塔是一个特别有趣的例子，每一座金字塔的建造要占用多达 10 万工人，历时 20 年。是谁告诉每一个工人该做什么？是谁协调这些工人的工作？是谁确保有足够的石头在恰当的时刻被运送到恰当的地方？是谁组织这么多人的饮食起居？答案只能是管理者。不管在那个年代人们怎么称呼管理者，都要有人计划该做什么，组织人员和材料从事工作，领导和指挥人们并施加某种程度的控制，以确保每一件事情都能按计划完成。

1841 年 10 月 5 日，在美国马萨诸塞州至纽约的西部铁路上，两列火车迎头相撞，造成近 20 人伤亡。事件发生后，舆论哗然，公众对铁路公司老板低劣的管理工作进行了猛烈的抨击。为了平息公众的怒气，在马萨诸塞州议会的推动下，这个铁路公司不得不进行管理改革。铁路公司老板交出了企业管理权，只拿红利，另外聘请具有管理才能的人员担任企业领导。这是历史上第一次在企业管理中实行所有权和管理权的分离。这种分离对管理有重要的意义：①独立的管理职能和专业的管理人员正式得到承认，管理不仅是一种活动，还是一种职业；②随着所有权和管理权的分离，横向的管理分工开始出现，这不仅提高了管理效率，也为企业组织形式的进一步发展奠定了基础；③具有管理才能的人员掌握了管理权，直接为科学管理理论的产生创造了条件，为管理学的创立和发展准备了前提。

2.2.2 早期管理思想

随着人类社会的发展，西方出现了促进管理思想及理论迅速发展的三大基础：自由经济、工业革命、大型企业组织。在这之前，人们对企业的管理都是凭经验进行的、随意的，管理效率低下，特别是马萨诸塞州车祸事件后，人们开始思考如何在自由经济、工业革命、大型组织普遍出现的背景下提升管理效率的问题。这一时期的代表人物有亚当·斯密、罗伯特·欧文、查尔斯·巴贝奇等。

1. 亚当·斯密

亚当·斯密是英国古典政治经济学的代表人物，1776 年发表其著作《国民财富的性质和原因的研究》(简称《国富论》)，首次系统地阐述了政治经济学，成为以后西方经济学发展的鼻祖。

知识链接

亚当·斯密(1723—1790)是经济学的主要创立者。1723年亚当·斯密出生在苏格兰法夫郡的寇克卡迪。亚当·斯密的父亲也叫亚当·斯密,他是律师,也是苏格兰的军法官和寇克卡迪的海关监督,在亚当·斯密出生前几个月去世;母亲玛格丽特是法夫郡斯特拉森德利大地主约翰·道格拉斯的女儿,亚当·斯密一生与母亲相依为命,终身未娶。1776年,亚当·斯密发表其著作《国富论》。这部划时代的著作一经出版,立刻轰动了世界。

亚当·斯密的研究主要集中在两个方面,即劳动价值论和劳动分工论。

1) 劳动价值论

亚当·斯密认为,劳动是国民财富的源泉,各国人民每年消费的一切生活日用必需品的源泉是本国人民每年的劳动。这些日用必需品供应情况的好坏取决于两个因素:一是这个国家的人民的劳动熟练程度、劳动技巧和判断力的高低;二是从事有用劳动的人数和从事无用劳动人数的比例。同时他还指出,劳动创造价值是工资和利润的源泉,并经过分析得出结论:工资越低,利润就越高;工资越高,利润就会越低。这揭示了资本主义经营管理的中心问题和剥削本质。

2) 劳动分工论

亚当·斯密认为,分工可以提高劳动生产率,分工的益处主要有以下3个方面。

(1) 提高了劳动熟练程度和劳动效率。

(2) 减少了由于变换工作而损失的时间。

(3) 有利于创造新的劳动工具和改进设备。

当然,分工在当时也存在弊端,那就是抹杀人性,让工作变得枯燥乏味,过度的劳动分工会让工人厌倦工作反而降低工作效率。

除此之外,亚当·斯密在研究经济现象时,还提出了一个重要论点:经济现象是基于具有利己主义目的的人们的活动所产生的,即"经济人"观点。他认为,人们在经济行为中,追求的完全是私人利益,但是,每个人的利益又为其他人的利益所限制,这就迫使每个人必须顾及其他人的利益。因此,就产生了相互的共同利益,进而产生和发展了社会利益,社会利益是以个人利益为基础的。这种认为人都要追求自己的经济利益的"经济人"观点,正是资本主义生产关系的反映,它对于古典管理思想和理论的形成有重要影响。

2. 罗伯特·欧文

罗伯特·欧文(1771—1858)是19世纪初英国卓越的空想社会主义者、企业管理的改革家。从1800年开始,他在苏格兰新纳拉克经营一家纺织厂,在这个工厂里,他实行了前所

未有的试验,推行了许多改革办法。他改善了工厂的工作条件:①把长达十几个小时的劳动日缩短为10.5小时;②严禁未满9岁的儿童参加劳动;③提高工资;④免费供应膳食;⑤建设工人住宅区,改善工作和生活条件;⑥开设工厂商店,按成本出售职工所需必需品;⑦设立幼儿园和模范学校;⑧创办互助储金会和医院,发放抚恤金等。这些改革的目标是探索既能改善工作生活条件,又有利于

工厂所有者的方法。其结果确实改善了工人的生活,也使工厂获得了优厚的利润。罗伯特·欧文这一系列改革的指导思想体现了他对人的因素的重视。他认为,人是环境的产物,对人的关心至少应同对无生命的机器的关心一样多。

欧文的管理理论和实践突出了人的地位和作用,实际上是人际关系和行为科学理论的思想基础,对以后的管理产生相当大的影响,有人称他为"人事管理之父"。

3. 查尔斯·巴贝奇

知识链接

1812年查尔斯·巴贝奇协助建立了分析学会,其宗旨是向英国介绍欧洲大陆在数学方面的成就。该学会推动了数学在英国的复兴。

1814年和1817年先后获得文学学士和硕士学位。

1815—1827年在伦敦从事科学活动,1827—1828年在欧洲大陆考察工厂。

1828—1839年期间在剑桥大学任卢卡斯数学教授(原为伊萨克·牛顿的教席)。

查尔斯·巴贝奇(1792—1871)是英国数学家、发明家和科学管理的先驱。他参观访问了英国许多不同的工厂,1832年出版代表作《论机器和制造业的节约》,其中对作业的操作、有关各项技术及每一道工序的成本等进行了分析。他是工时研究的先行者,曾经使用秒表记录生产大头针所需的操作动作和实践。他详尽阐述了劳动分工提高工效的原因、利润分配制度等问题。

他进一步发展了亚当·斯密关于劳动分工的利益的思想,分析了分工能提高劳动生产率的原因。他指出,这些原因有如下几个方面。

(1) 节省了学习所需要的时间。生产中包含的工序越多,则所需要的学习时间越长。例如,一个工人无需从事全部工序而只做其中少数工序或一道工序,就只需要少量的学习时间。

(2) 节省了学习中所耗费的材料。因为在学习中都要耗费一定的材料。实行劳动分工后,需要学习的内容减少了,所耗费的材料也相应地减少了。

(3) 节省了从一道工序转变到另一道工序所耗费的时间。而且由于分工后经常做某一项作业,肌肉得到了锻炼,就更不易疲劳。

(4) 节省了改变工具所耗费的时间。在许多手艺中,工具常常是很精细的,需要进行精密的调节。调节这些工具所占的时间相当多,分工后就可以大大节省这些时间。

(5) 由于经常重复同一操作,技术熟练,工作速度可以加快。

(6) 分工后注意力集中于比较单纯的作业,能改进工具和机器,设计出更精致适用的工具和机器,从而提高劳动生产率。

在劳资关系方面,他强调劳资协作,强调工人要认识到工厂制度对他们有利的方面。这也同泰罗在几十年后发表的论点很相似。他提出一种固定工资加利润分享的制度,认为这种制度有以下好处:①每个工人同工厂的发展和利润的多少有直接的利害关系;②每个工人都会关心浪费和管理不善的问题;③能促使每个部门改进工作;④鼓励工人提高技术和品德,表现不好者减少分享的利润;⑤由于工人同雇主的利益一致,能消除隔阂,共求繁荣。

2.2.3 古典管理理论

管理学上通常把在19世纪末至20世纪三四十年代产生与发展的管理理论称为古典管理理论。这一时期的管理理论主要是以泰罗的科学管理理论、法约尔的一般管理理论、韦伯的古典组织理论为代表。这些关于管理的不同理论是基于其研究人员不同的背景和兴趣，从各自不同的角度对管理所做出的解释，但其共同点都是从各自的角度研究如何提高管理效率。

1. 泰罗的科学管理理论

弗雷德里克·泰罗(1856—1915)是美国的工程师、发明家、科学管理理论的代表人物。泰罗出生在美国费城，18岁进费城的一家工厂学习制作模具，4年之后到费城钢铁厂工作，由于他工作刻苦、表现突出，他从一个普通的车间杂工开始干起，先后被提拔为车间主任、技师、工长、维修组长、设计室主任和总工程师。

1881年，泰罗25岁那年开始进行工人劳动时间和工作方法的研究，1898—1901年受雇于宾夕法尼亚某钢铁厂进行咨询工作，主要完成了著名的搬运生铁实验和铁铲实验，这为科学管理理论的创立提供了坚实的实践基础。1901年他退休，开始从事无偿的咨询和演讲活动，宣传他的科学管理理论。

1911年，他发表了《科学管理原理》一书，奠定了科学管理理论基础，标志着科学管理理论的正式形成。泰罗也因此被西方管理学界称为"科学管理之父"。泰罗对管理理论的主要贡献是，认为一切管理问题都可以而且应当通过科学的方法来加以解决，从而否定了靠经验办事的传统管理思想，把管理从经验上升为理论。

泰罗的科学管理理论的主要内容包括以下几个方面。

1) 工作定额与标准化

泰罗提出要用科学的观测、分析方法对工人劳动过程中的操作方法、使用的工具、劳动和休息的时间，以及机器设备的安排和作业环境的布置等进行分析，消除各种不合理的因素，将最好的因素结合起来，从中归纳出标准的操作方法和工人的"合理日工作量"，建立各种明确的规定、条例和标准，使一切制度化、标准化和科学化。

在泰罗之前，工人工作是没有定额的，采用的是计时工资，也就是说，工人每天不管加工多少个工件，只要工作够同样的时间，就享受同样的工资。这属于典型的"大锅饭"，所以效率低下。采取工作定额后，工人每天有了工作目标，如果要获得一天的工资，必须首先完成规定工作定额，所以工作效率提高了。同时，工人加工的工件，不能仅计算数量，还要考查工作质量，即每一个工件都要符合标准，只有符合标准的工件才计入工作定额中。这样，管理者就可以很方便地预测工作结果，控制工作质量，从而提高工作效率。

2) 合理用人

传统的管理对工人不做挑选，随意用工，导致很多工人根本不能胜任工作要求，同时由于没有标准，也无法对工人进行工作培训，工作效率很低。泰罗认为，为了提高劳动生产率，必须为工作挑选"第一流的工人"，即并不是任何人都可以作为工人，要根据工厂工作的要求，对工人进行筛选，符合工厂及工作要求的人才可以当工人。同时他主张按照标准的操作方法对工人进行培训，教会工人科学的工作方法，并使工人的能力同工作相配合。

特别提示

泰罗的"合理用人"的思想其实就是现代培训理论的启蒙。

3) 有差别的计件工资制

实行差别计件工资制度就是对完成和超额完成工作定额的工人，按较高的工资单价支付工资，对完不成工作定额的工人，则按较低的工资单价支付工资，这样就起到了鼓励先进，鞭策后进的作用。例如，工作定额是 100 个，未完成工作定额按照正常工资单价的 80% 支付，刚好完成工作定额，按照正常工资单价支付；完成工作量在 100 个到 150 个之间的 50 个，按照正常工资单价的 120% 支付；完成工作量 150 个到 200 个之间的 50 个，按照正常工资单价的 150% 支付，以此类推。同时，工资支付的对象是工人而不是职位，即根据工人实际工作表现，而不是根据工作类别来支付工资，这样既克服了消极怠工的现象，又调动了积极性。

4) 计划职能和执行职能相分离

为了提高劳动生产率，泰罗主张将计划职能与执行职能分开。泰罗的计划职能实质上就是管理职能，执行职能则是工人的劳动职能。建立专门的计划部门履行计划职能，专门进行标准化研究，制定标准，下达任务，工人按计划生产。

同时，泰罗提出一种"职能工长制"的管理模式。泰罗指出，在传统的组织机构中，一个工长为了完成工作，要承担多种职责，往往力不从心，实行职能工长制，一个工长只承担一个或少数职能，这样，管理者职责明确，生产费用降低，可以提高效率和效益。泰罗设计出 8 个职能工长，其中有 4 个在计划部门，4 个在车间。在计划部门的 4 个职能工长分别承担以下职能：工作命令、工时和成本、工作程序、纪律。在车间的 4 个职能工长分别承担以下职能：工作分派、速度、修理、检验。

泰罗的这种职能工长制是以机械工业为依据而提出的，他认为也适用于其他行业。但是，后来的事实表明，一个工人同时接受几个职能工长的多头领导，容易引起混乱，因而这种职能工长制没有得到推广。但泰罗有关职能管理的思想，为以后企业中职能部门的建立和管理的专业化提供了启发和参考。

特别提示

由于泰罗首次将计划职能与执行职能分离，因此说泰罗是管理学的启蒙名至实归。

5) "例外原则"

泰罗还认为，在规模较大的企业，高层管理者还必须运用"例外原则"。即强调高层管理者应把例行的一般日常事务授权给下级管理者去处理，自己只保留对例外事项或重要事项的决策权和监督权。"例外原则"对于帮助经理人员摆脱日常具体事务，以集中精力对重大问题进行决策监督，是必要而有利的。泰罗提出的这种以"例外原则"为依据的管理控制原则,后来发展成为管理上的分权化原则和事业部制等管理体制。

2. 法约尔的一般管理思想

亨利·法约尔是法国古典管理理论学家,与韦伯、泰罗并称为西方古典管理理论的 3 位先驱,并被尊称为管理过程学派的开山鼻祖。

泰罗的科学管理开创了西方古典管理理论的先河,在其被传播之时,欧洲也出现了一批古典管理的代表人物及其理论,其中影响最大的首推法约尔及法约尔的一般管理理论。

知识链接

亨利·法约尔(1841—1925)出生于法国资产阶级家庭,是著名管理思想家、古典管理理论的杰出代表、矿冶工程师、总经理、管理教授。法约尔曾就读于法国一所矿业学院,于 1860 年作为一名采矿工程师进入法国康门塔里——福尔香包采矿冶金公司工作,并在此度过了其整个职业生涯。法约尔在管理方面的著作主要有《工业管理和一般管理》(1916 年)、《国家管理理论》(1923 年)、《公共精神的觉醒》(1927 年)、《管理的一般原则》(1908 年)等。他一生获得多种奖章和荣誉称号,被称为"经营管理理论之父",他还被誉为"欧洲为确定管理内涵迈出第一步的人"。

法约尔的研究与泰罗的不同在于:泰罗的研究是从工厂管理的一端——"车床前的工人"开始实施,从中归纳出科学的一般结论,重点内容是企业内部具体工作的效率;而法约尔则是从总经理的办公桌旁,以企业整体作为研究对象,创立了他的一般管理理论。他认为,管理理论是"指有关管理的、得到普遍承认的理论,是经过普遍经验并得到论证的一套有关原则、标准、方法、程序等内容的完整体系;有关管理的理论和方法不仅适用于公私企业,也适用于军政机关和社会团体"。因此,他的管理理论被称为"一般管理理论"。

法约尔最主要的贡献在于 2 个方面:从经营职能中独立出管理活动、提出管理活动所需的六大职能和 14 条管理原则。这 2 个方面也是其一般管理理论的核心。

1) 经营活动

法约尔认为,经营和管理是两个不同的概念,管理只是经营的一部分。通过对企业经营活动的长期观察和总结,法约尔提出,所有的工业企业的经营都包括技术、商业、财务、安全、会计及管理六大类基本活动(即六大经营职能)。

(1) 技术活动,指设计、生产、制造和加工等。

(2) 商业活动,指采购、销售和交换等。

(3) 财务活动,指确定资金的来源和使用计划。

(4) 安全活动,指保证员工劳动安全、设备使用安全和财产安全等。

(5) 会计活动,指货物盘点、编制各种会计报表、成本核算和统计等。

(6) 管理活动,指计划、组织、指挥、协调和控制 5 种管理职能。

法约尔认为,任何类型的企业都存在 6 种活动,并特别指出管理活动是一个过程,这个过程由计划、组织、指挥、协调和控制五大管理职能组成。从法约尔开始,管理是一个过程的观点得到普遍的认可,至今为人们所接受。因此,法约尔被公认为是管理过程学派的创始人。

特别提示

法约尔是第一个提出"管理"的概念的,他是现代管理学的鼻祖。

2) 管理原则

法约尔根据自己多年的实践经验,归纳总结出简明扼要的 14 条管理原则。

(1) 劳动分工。分工是有关劳动专业化的古典概念。法约尔认为分工不仅适用于技术工作,也适用于管理工作、职能的专业化和权限的划分。分工能降低操作培训费用,使企业扩大生产规模和降低生产成本。

(2) 权力与责任对等。权力是指下达命令、指挥和要求别人服从的力量,而责任是指承担的职责和任务。权力与责任相互一致,互为因果。若权力大、责任小,就可能滥用职权,以权谋私;若责任大、权力小,就可能无法完成任务。

特别提示

企业中应该做到的不仅是权力与责任的对等,应该是职、责、权、利 4 个对等,任何一个的设计都要考虑与其他 3 个的对等,太多不行,太少也不行。

(3) 纪律严明。法约尔认为,纪律的实质是遵守公司各方达成的协议,职工对组织的服从和尊重。纪律松弛必然是领导不善的结果,而严明的纪律则产生于良好的领导、企业管理当局同职工之间关于规则明确的协议和赏罚的审慎应用。

(4) 统一命令(统一指挥)。法约尔的这条原则同泰罗关于职能工长制的想法正好相反。法约尔指出,一个下属人员在工作中只应接受一个领导者的命令、指挥,这就是"统一指挥"原则。这是一条普遍的、永久必要的原则。统一命令的实质是讲组织机构建立后运转中,一个下级不能接受两个上级的命令。

(5) 统一领导。统一领导是讲组织机构的设置问题,是指一个下级只能有一个直接上级。一项活动有一个领导和按一项计划开展工作。

(6) 个人利益要服从整体利益。整体利益大于个人利益总和,实现组织目标比实现个人目标更重要。因此,在一个组织中,个人或部门利益不能置于整个组织之上。协调个人与组织利益关系的办法有 3 个:一是领导者要做出榜样;二是尽可能签订公平的协议;三是认真地监督。

(7) 人员报酬要公平。法约尔是以"经济人"的观点阐述这一原则的,他指出,人员的报酬是其服务的价格,应该合理,这样才能调动员工的积极性。同时,也要尽量使企业与员工都满意。

(8) 集权。集权是指组织的权力相对集中在高层管理者手中,权力集中的程度依据管理人员的个性、品质、能力,下级的可靠性,企业规模等情况而定。

(9) 等级制度。从最高权力机构到最低层管理人员,其间有不同的等级,即权力等级。下级接受直接上级的领导,上级对直接下级进行指挥。

(10) 秩序。秩序是指每件东西和人都应在恰当的位置上。这样就做到了物尽其用、人尽其才,避免了物资、时间、人才的浪费和损失。

(11) 公平。公平并不排斥刚毅，也不排斥严格，只要一视同仁，规章制度对任何人都是一样的，员工受到平等的待遇就是公平。

(12) 保持人员的稳定。把员工培养成能胜任目前的工作，需要花费时间和金钱。因此，管理当局应采取措施，鼓励员工尤其是管理人员长期为本组织服务。兴旺发达的组织通常都拥有一批稳定的管理人员。

(13) 主动性。鼓励员工在一切工作中充满热情和发挥干劲。

(14) 团结精神。生活在集体中的人员要有合作精神和集体荣誉感，作为管理者在组织内部要努力建立起和谐与团结的气氛，形成一种凝聚力。

特别提示

对过去的、别人的理论一定要用权变的思想、辩证的眼光去学习，用扬弃的理念去运用，因为没有永远正确的理论，也没有放之四海而皆准的理论，任何理论都不可避免地具有时间局限性和地域局限性。

3. 韦伯的古典组织理论

知识链接

马克斯·韦伯(1864—1920)是德国人，出生于德国爱尔福特的一个中产阶级家庭，德国著名的管理学家，现代社会学的奠基人，是古典管理理论在德国的代表人物。他曾3次参加军事训练，因而对军事生活和组织制度有相当多的了解，这对他以后提出的组织理论有较大的影响。他曾担任过教授、政府顾问、编辑、著作家，对社会学、经济学、历史、宗教等许多问题都有自己的观点和独到的见解。他的著作主要有《社会和经济组织理论》(该书为其在管理思想史上奠定了不可动摇的地位)、《新教伦理与资本主义精神》(1905年)。由于在组织理论方面的卓越贡献，韦伯被称为"组织理论之父"。

韦伯在管理思想上的最大贡献是对权力的种类进行了阐述，同时提出"理想的行政组织体系理论"，或称"理想的行政集权制理论"。

1) 权力的种类

韦伯认为组织中的权力有3种纯粹的形式：①合理-合法的权力，它是以组织内部各级领导职位所具有的正式权力为依据的；②传统的权力，它是以传统的不可侵犯的信念，以及执行这种权力的人的地位的正统性为依据的；③超凡的权力，它是以对个人的特殊的、神圣英雄主义或模范品德的崇拜为依据的。韦伯认为，在这3种权力中，只有合理-合法的权力才是理想行政组织的基础。因为传统的权力的效率较差，其领导人不是按能力挑选的，其管理单纯是为了保存过去的传统而行事；超凡的权力过于带有感情色彩，并且是非理性的，依据的不是规章制度，而是神秘的或神圣的启示；只有合理-合法的权力才能保证经营管理的连续性和合理性，能按人的才华用人，并按照法定的程序来行使权力。这是保证组织健康发展的最好的权力形式。

2) 理想的行政组织体系的要素

韦伯认为理想的行政组织体系具有如下特点。

(1) 明确的分工。把组织内所有工作分解，有明确的分工，明确规定每一个职位的权力和责任。

(2) 权力体系。各种职位按权力等级组织起来，下级人员要服从上一级人员的指挥和领导。

(3) 人员考评和教育。组织中人员的作用要根据职务的要求，通过正式的教育培训，考核合格后任命。

(4) 职业管理人员。管理人员有固定的薪金和明文规定的晋升制度，是一种职业管理人员，而不是组织的所有者。

(5) 遵守规则和纪律。组织中包括管理人员在内的所有成员必须严格遵守组织的规则和纪律。避免感情用事、滥用职权，减少摩擦和冲突，确保职权的正确使用。

(6) 组织成员之间的关系。这种关系以理性准则为指导，不受个人情感的影响。组织内部是这样，组织与外界的关系也是这样。不能任意解雇组织中的人员，应鼓励大家忠于组织。

4. 对古典管理理论的评价

1) 古典管理理论的伟大意义

(1) 古典管理理论确立了管理学是一门科学。通过科学研究的方法能发现管理学的普遍规律，古典管理理论建立的管理理论使得管理者开始摆脱了传统的经验和凭感觉来进行管理。

(2) 古典的管理理论建立了一套有关管理理论的原理、原则、方法等理论。古典管理理论提出了一些管理的原则、管理职能和管理方法，并且主张这些原则和职能是管理工作的基础，对企业管理具有很大的指导意义，对总结管理思想史具有极为重要的参考价值。

(3) 古典管理学家同时也建立了有关的组织理论。韦伯提出的官僚组织理论是组织理论的基石，并因此被人们称为组织理论之父。韦伯提出了一种官僚管理体制的设想，而且还就应当建立组织的结构，以及维护这种组织结构的正常运行，提出了一系列的原则。今天企业管理的组织结构虽然变得更加复杂，但是，古典组织理论设计的基本框架仍未失去其存在的意义。

(4) 古典管理理论为后来的行为科学和现代管理学派奠定了管理学理论的基础，当代许多管理技术与管理方法皆来源于古典的管理理论。古典的管理学派所研究的问题有一些仍然是当今管理上所要研究的问题，都是对古典的管理思想的继承和发展。

古典的管理理论是历史上首次用科学的方法来探讨管理问题，实质上反映了当时社会的生产力发展到一定的阶段对管理上的要求，要求管理适应生产力的发展。反过来管理思想的发展、管理技术和方法的进步，又进一步地促进了生产力的发展。

2) 古典管理理论存在的问题

(1) 无人的组织。古典管理理论基于当时的社会环境，对人性的研究没有深入进行，对人性的探索仅仅停留在"经济人"的范畴之内。泰罗对工人的假设是"磨洋工"，而韦伯把职员比作"机器上的一个齿牙"。在古典管理理论中没有把人作为管理的中心，没有把对人的管理和对其他事物的管理完全区别开来；而在现代管理理论中，人是管理研究的中心课题，而正是因为对人性的深入探索，才使得现代管理理论显得丰富多彩。

(2) 静态的组织。古典管理理论对组织的理解是静态的，没有认识到组织的本质。韦伯认为纯粹的官僚体制应当是精确的、稳定的、具有严格的纪律的组织。当代的组织理论家普遍认为，韦伯所倡导的官僚组织体制只适合以生产率为主要目标的常规的组织活动，而不适合从事以创造和革新为重点的非常规的非常灵活的组织活动。法约尔认为："组织一个企业，就是为企业的经营提供所必要的原料、设备、资本、人员。大体上说，可以分为两大部分：物质组织与社会组织。"当时人们认为，组织就是人的集合体。例如，一个企业组织，就认为是经营管理者与职工的集合体；一个医院，就是医生与病人的集合体等。由此可见，法约尔的组织概念还停留在对组织的表象和功能的表述上，并没有抓住组织的本质进行深入的研究。

(3) 封闭的系统。古典管理理论的着重点是组织系统的内部，而对企业外部环境对组织系统的影响考虑得非常少。古典管理理论研究的着重点是企业的内部，把如何提高企业的生产率作为管理的目标，这对企业提高生产率是有相当大的指导意义的。然而任何一个组织系统都是在一定的环境下生存发展的，社会环境在不断变化，企业的生存发展是在不断地和环境变化进行相互作用下前进的，企业的经营管理必须要研究外部环境的因素和企业之间相互适应关系，使管理行为和手段都随着社会环境的变化而变化。这些都是古典管理理论没有进行研究的，由于古典管理理论对组织环境及环境的变化的考虑较少，因此，对管理的动态性未予以充分的认识和关注。

2.2.4 行为管理理论

泰罗、法约尔、韦伯等人开创的古典管理理论，完成了使管理从经验上升为科学的转变，对管理效率的提升起到巨大的推动作用，但是，古典管理理论固有的弊端即无人的组织、静态的组织、封闭的系统导致古典管理理论发展到后期越来越不能适应社会经济的发展。特别是古典管理理论把人看成纯粹的"经济人"、机器的附属物，强调严格的操作程序。这种管理虽然短期内取得了高效率，但同时也促使阶级矛盾与劳资矛盾日益尖锐激化。面临严峻的现实，人们逐渐意识到纯理性文化的局限，人文主义开始抬头，在管理中注重人性、注重个人和群体的文化精神理念迅速地获得人们的认同。于是行为科学理论便产生了，并逐步发展起来。

行为科学理论产生于20世纪20年代至20世纪30年代的美国。行为科学是一门运用心理学、社会学、经济学等学科的理论和方法来研究工作环境中个人和群体的行为规律的科学。资本主义管理学家试图通过行为科学的研究，掌握人们行为的规律，找出对待工人、职工的新手法和提高工作效率的新途径。

行为科学理论的发展包括两个阶段：第一阶段是梅奥通过霍桑试验得出的人际关系理论；第二阶段称为后期行为科学理论，它的研究范围涉及人性理论问题、人的需要、动机和激励理论、领导方式理论和企业中非正式组织及其中的人群关系问题。本章只涉及人际关系理论和部分后期行为科学理论，其他理论将在"领导"、"激励"等相关章节详细阐述。

1. 人际关系理论

人际关系理论是由梅奥在霍桑实验的基础上提出来的。霍桑实验是在美国西方电器公司霍桑工厂进行的，1927—1936年长达9年的实验研究——霍桑实验，真正揭开了作为组织中的人的行为研究的序幕。

第 2 章 管理思想的演进

知识链接

乔治·埃尔顿·梅奥(1880—1949)是美国管理学家，原籍澳大利亚，早期的行为科学——人际关系学说的创始人，美国艺术与科学院院士。他出生在澳大利亚的阿德莱德，20岁时在澳大利亚阿德莱德大学取得逻辑学和哲学硕士学位，应聘至昆士兰大学讲授逻辑学、伦理学和哲学。后赴苏格兰爱丁堡研究精神病理学，对精神上的不正常现象进行分析，从而成为澳大利亚心理疗法的创始人。主要代表著作有《组织中的人》和《管理和士气》。

霍桑实验的初衷是试图通过改善工作条件与环境等外在因素，找到提高劳动生产率的途径。1924—1932年，梅奥先后进行了4个阶段的实验：照明实验、继电器装配工人小组实验、大规模访谈和对接线板接线工作室的研究。但实验结果却出乎意料：无论工作条件(照明度强弱、休息时间长短、工厂温度等)是改善还是取消改善，实验组和非实验组的产量都在不断上升；在实验计件工资对生产效率的影响时，发现生产小组内有一种默契，大部分工人有意限制自己的产量，否则就会受到小组的冷遇和排斥，奖励性工资并未像传统的管理理论认为的那样使工人最大限度地提高生产效率；而在历时两年的大规模的访谈实验中，职工由于可以不受拘束地谈自己的想法，发泄心中的闷气，从而态度有所改变，生产率相应地得到了提高。

霍桑实验的研究结果否定了传统管理理论的对于人的假设，表明了工人不是被动的、孤立的个体，其行为不仅仅受工资的刺激，影响生产效率的最重要因素不是待遇和工作条件，而是工作中的人际关系。据此，梅奥提出了自己的观点——人际关系理论。

1) 工人是"社会人"而不是"经济人"

梅奥认为，人们的行为并不单纯出自追求金钱的动机，还有社会方面的、心理方面的需要，即追求人与人之间的友情、安全感、归属感和受人尊敬等，而后者更为重要。因此，不能单纯从技术和物质条件着眼，而必须首先从社会心理方面考虑合理的组织与管理。

2) 企业中存在着非正式组织

企业中除了存在着古典管理理论所研究的为了实现企业目标而明确规定各成员相互关系和职责范围的正式组织之外，还存在着非正式组织。这种非正式组织的作用在于维护其成员的共同利益，使之免受其内部个别成员的疏忽或外部人员的干涉所造成的损失。为此，非正式组织中有自己的核心人物和领袖，有大家共同遵循的观念、价值标准、行为准则和道德规范等。

梅奥指出，非正式组织与正式组织有重大差别。在正式组织中，以效率逻辑为其行为规范；而在非正式组织中，则以感情逻辑为其行为规范。如果管理人员只是根据效率逻辑来管理，而忽略工人的感情逻辑，必然会引起冲突，影响企业生产率的提高和目标的实现。因此，管理当局必须重视非正式组织的作用，注意在正式组织的效率逻辑与非正式组织的感情逻辑之间保持平衡，以便管理人员与工人之间能够充分协作。

3) 满足员工的社会欲望、提高员工的士气是提高生产效率的关键

在决定劳动生产率的诸因素中，置于首位的因素是工人的满意度，而生产条件、工资报酬只是第二位的。职工的满意度越高，其士气就越高，从而产生效率就越高。高的满意度来源于工人个人需求的有效满足，不仅包括物质需求，还包括精神需求。

4) 存在霍桑效应

存在霍桑效应，即对新环境的好奇与兴趣可以提高员工士气，足以导致较佳的成绩，至少在最初阶段是如此。如何保持霍桑效应是管理者应重点研究的问题。可通过计划、目标、战略构想创造这种效应的持久性。

知识链接

霍桑实验是一项以科学管理的逻辑为基础的实验。从1924年开始到1932年结束，在将近8年的时间内，前后共进行过两个回合：第一个回合是1924年11月—1927年5月，在美国国家科学委员会赞助下进行的；第二个回合是1927—1932年，由梅奥主持进行。整个实验前后经过了4个阶段。

阶段一，车间照明实验——"照明实验"。

照明实验的目的是为了弄明白照明的强度对生产效率所产生的影响。这项实验前后共进行了两年半的时间。然而，照明实验进行得并不成功，其结果令人感到迷惑不解，因而有许多人都退出了实验。

阶段二，继电器装配实验——"福利实验"。

1927年梅奥接受了邀请，并组织了一批哈佛大学教授成立了一个新的研究小组，开始了霍桑的第二阶段的"福利实验"。

"福利实验"的目的是为了能够找到更有效地控制影响职工积极性的因素。梅奥他们对实验结果进行归纳，排除了4种假设：①在实验中改进物质条件和工作方法，可导致产量增加；②安排工间休息和缩短工作日，可以解除或减轻疲劳；③工间休息可减少工作的单调性；④个人计件工资能促进产量的增加。最后得出"改变监督与控制的方法能改善人际关系，能改进工人的工作态度，促进产量的提高"的结论。

阶段三，大规模的访谈计划——"访谈实验"。

既然实验表明管理方式与职工的士气和劳动生产率有密切的关系，那么就应该了解职工对现有的管理方式有什么意见，为改进管理方式提供依据。于是梅奥等人制订了一个征询职工意见的访谈计划，在1928年9月到1930年5月不到两年的时间内，研究人员与工厂中的20 000名左右的职工进行了访谈。

在访谈计划的执行过程中，研究人员对工人在交谈中的怨言进行分析，发现引起工人不满的事实与其所埋怨的事实并不是一回事，工人在表述自己的不满与隐藏在心理深层的不满情绪并不一致。例如，有位工人表现出对计件工资率过低不满意，但深入地了解以后发现，这位工人是在为支付妻子的医药费而担心。

根据这些分析，研究人员认识到，工人由于关心自己个人问题而会影响到工作的效率。因此，管理人员应该了解工人的这些问题，为此，需要对管理人员，特别是要对基层的管理人员进行训练，使其成为能够倾听并理解工人的访谈者，能够重视人的因素，在与工人相处时更为热情、更为关心他们，这样能促进人际关系的改善和职工士气的提高。

阶段四，继电器绕线组的工作室实验——"群体实验"。

这是一项关于工人群体的实验，其目的是要证实在以上的实验中研究人员似乎感觉到在工人当中存在着一种非正式的组织，而且这种非正式的组织对工人的态度有着极其重要的影响。

实验者为了系统地观察在实验群体中工人之间的相互影响，在车间中挑选了14名男职工，其中有9名是绕线工，3名是焊接工，2名是检验工，让他们在一个单独的房间内工作。

实验开始时，研究人员向工人说明，他们可以尽力地工作，因为在这里实行的是计件工资制。研究人员原以为，实行了这一套办法会使得职工更为努力地工作，然而结果却是出乎意料的。事实上，工人实际完成的产量只是保持在中等水平上，而且每个工人的日产量都是差不多的。根据动作和时间分析，每个工人应该完成标准的定额为7 312个焊接点，但是工人每天只完成了6 000～6 600个焊接点就不干了，即使离下班还有较为宽裕的时间，他们也自行停工不干了。这是什么原因呢？研究者通过观察，了解到工人们自动限制产量的理由是，如果他们过努力地工作，就可能造成其他同伴的失业，或者公司会制定出更高的生产定额来。

研究者为了了解工人之间能力的差别，还对实验组的每个人进行了灵敏度和智力测验，发现3名生产最慢的绕线工在灵敏度的测验中得分是最高的。其中1名最慢的工人在智力测验上是排行第一，灵敏度测验排行第三。测验的结果和实际产量之间的这种关系使研究者联想到群体对这些工人的重要性。1名工人可以因为提高他的产量而得到小组工资总额中较大的份额，而且减少失业的可能性，然而这些物质上的报酬却会带来群体非难的惩罚，所以每天只要完成群体认可的工作量就可以相安无事了。即使在一些小的事情上也能发现工人之间有着不同的派别。绕线工就一个窗户的开关问题常常发生争论，久而久之，就可以看出他们之间不同的派别了。

研究者认为，这种自然形成的非正式组织(群体)，它的职能，对内在于控制其成员的行为，对外则为了保护其成员，使之不受来自管理阶层的干预。这种非正式的组织一般都存在着自然形成的领袖人物。至于它形成的原因，并不完全取决于经济的发展，主要是与更大的社会组织相联系。

2. X-Y 理论

管理学中关于人们工作源动力的理论，由美国心理学家道格拉斯·麦格雷戈1960年在其所著《企业中人的方面》一书中提出来的。这是一对基于两种完全相反假设的理论，X理论认为人们有消极的工作源动力，而Y理论则认为人们有积极的工作源动力。

道格拉斯·麦格雷戈是美国著名的行为科学家，他是20世纪50年代末期涌现出的人际关系学派的中心人物之一(其他还有马斯洛、赫茨伯格等人)。

(1) 麦格雷戈出生于1906年。

(2) 1924年他18岁的时候还是一个服务站的服务员，后在韦恩大学取得文学学士学位。

(3) 1935年，他取得哈佛大学哲学博士学位，随后留校任教。

(4) 1937—1964年期间在麻省理工学院任教，他教授的课程包括心理学和工业管理等，并对组织的发展有所研究。

(5) 1948—1954年在安第奥克学院任院长。任院长期间，麦格雷戈对当时流行的传统的管理观点和对人的特性的看法提出了疑问。

(6) 1957年11月号的美国《管理评论》杂志上发表了《企业的人性方面》一文，提出了有名的"X-Y理论"，该文1960年以书的形式出版。

(7) 1964年去世。

1) X 理论

X理论是麦格雷戈对把人的工作动机视为获得经济报酬的"实利人"的人性假设理论的命名。主要观点如下。

(1) 人类本性懒惰，厌恶工作，尽可能逃避；绝大多数人没有雄心壮志，怕负责任，宁可被领导骂。

(2) 多数人必须用强制办法乃至惩罚、威胁，使其为达到组织目标而努力。

(3) 激励只在生理和安全需要层次上起作用。

(4) 绝大多数人只有极少的创造力。

因此，企业管理的唯一激励办法就是以经济报酬来激励生产，只要增加金钱奖励，便能取得更高的产量。这种理论特别重视满足职工生理及安全的需要，同时也很重视惩罚，认为惩罚是最有效的管理工具。麦格雷戈是以批评的态度对待X理论的，他指出：传统的管理理论脱离现代化的政治、社会与经济来看人,是极为片面的。这种软硬兼施的管理办法,其后果是导致职工的敌视与反抗。

2) Y理论

麦格雷戈针对X理论的错误假设,提出了相反的Y理论。Y理论指将个人目标与组织目标融合的观点,与X理论相对立。Y理论的主要观点如下。

(1) 一般人本性不是厌恶工作,如果给予适当机会,人们喜欢工作,并渴望发挥其才能,员工会将工作看成与休息或游戏一样自然的事。

(2) 多数人愿意对工作负责,如果员工对工作做出承诺,他能自我引导和自我控制,普通人也能学会接受甚至寻求责任。

(3) 能力的限制和惩罚不是使人去为组织目标而努力的唯一办法。

(4) 激励在需要的各个层次上都起作用。

(5) 想象力和创造力是人类广泛具有的,而不只是管理者所特有的。

因此,人是"自动人"。激励的办法有4种:①扩大工作范围;②尽可能把职工工作安排得富有意义,并具挑战性;③工作最好引起自豪,满足其自尊和自我实现的需要;④使职工达到自我激励。只要启发内因,实行自我控制和自我指导,在条件适合的情况下就能实现组织目标与个人需要统一起来的最理想状态。

3) X-Y理论的启示

从表面上看,Y理论和X理论是相互对立的,但实际上两者是同一个问题的两个侧面,而不是互不兼容的必选其一的对立关系,一味地强调一个方面显然是片面的。

事实上,X理论和Y理论是统一价值天平上的两个不同终端。管理者不管怎样看待员工,对员工提出目标并进行管理是完全必要的。既要尊重员工,诱导员工自觉地工作,又要制定科学严谨的管理制度,对员工进行一定的纪律约束。在这个价值天平上,一端是X理论式管理,而另一端是Y理论式管理,管理的重心应根据员工素质、公司管理基础和工作特点等条件灵活机动地进行调整。在员工素质比较差、公司管理基础比较薄弱、生产力低下的公司,管理重点应该调整到X理论一端;反之,员工素质较高、公司管理科学规范、生产力较高,应调整到Y理论一端。优秀的管理者应该根据企业的实际状况和员工的素质特点,善于运用这个天平,讲究管理艺术,将员工管理维持在一个高水平上。

 知识链接

X理论的思想类似于"性本恶"的思想,Y理论的思想类似于"性本善"的思想。性本善是孟子的观点,性本恶是荀子的观点。

3. Z理论

日裔美籍学者威廉·大内在比较了日本企业和美国企业的不同的管理特点之后,参照X理论和Y理论,于1981年发表其著作《Z理论:美国企业界怎样迎接日本的挑战》,提出了Z理论,将日本的企业文化管理加以归纳。Z理论强调管理中的文化特性,主要由信任、微妙性和亲密性所组成。根据这种理论,管理者要对员工表示信任,而信任可以激励员工以真诚的态度对待企业、对待同事,为企业忠心耿耿地工作。微妙性是指企业对员工的不同个性的了解，以便根据各自的个性和特长组成最佳搭档或团队，增强劳动率。而亲密性强调个人感情的作用，提倡在员工之间应建立一种亲密和谐的伙伴关系，为了企业的目标而共同努力。Z 理论的主要内容如下。

(1) 企业对职工的雇用应是长期的。
(2) 企业的重大决策应该上下结合制定，鼓励职工参与管理工作。
(3) 实行个人负责制，倡导职工创造性地开展工作。
(4) 企业管理当局要关心职工的生活和工作，努力创造一种融洽的氛围。
(5) 对职工实施全面培训战略。
(6) 对职工进行全方面考核、全过程考核，然后选拔和聘用。
(7) 控制机制要较为含蓄而不正规，但检测手段要正规。
(8) 加强组织文化建设。大内认为，对于一个企业，宗旨是特别重要的，正如每个人具有信念、态度、目标和习惯一样，一个组织也要在一段时间内建立起一种与众不同的个性即组织文化。

X 理论和 Y 理论基本回答了员工管理的基本原则问题，Z 理论将东方国度中的人文感情揉进了管理理论。可以将 Z 理论看作对 X 理论和 Y 理论的一种补充和完善，在员工管理中根据企业的实际状况灵活掌握制度与人性、管制与自觉之间的关系，因地制宜地实施最符合企业利益和员工利益的管理方法。

4. 对行为科学理论的评价

1) 行为科学理论的贡献

(1) 行为科学理论引起了管理对象中心的转变。古典管理理论重点放在对事的管理上，强调使生产操作标准化、工具标准化，建立合理的组织结构和明确的职责分工；而行为科学理论强调要重视人这一因素的作用，应当把管理的重点放在人及其行为的管理上，从而实现管理的预期目标。

(2) 行为科学理论引起了管理方法的转变。古典管理理论采取自上而下的严格的权力、监督管理，把人看成会说话的机器，而没有考虑人的思想情感，造成工人心理上的压力而产生对立情绪；行为科学理论属于人性化管理，采用激励和诱导的方式来调动人的主动性和积极性，借以把人的潜力充分发挥出来以提高工作效率。

2) 行为科学理论的局限性

(1) 无组织的人。行为科学理论过度强调人的作用，而忽视或淡化组织结构、制度、规则的重要性，很容易出现一种无组织无纪律的放羊状态，即所谓的"无组织的人"。

(2) 依然忽视环境对工作效率的影响。行为科学理论依然是着眼于企业内部人员的研究，而没有考虑环境对企业工作效率的影响。而事实上，随着经济社会的发展，企业与环境的关系越来越紧密，越来越复杂，一个不考虑环境对企业影响，只顾埋头拉车的企业，必然会与环境格格不入，导致企业整体效率的下降。

2.2.5 现代管理理论

现代管理理论最早起源于第二次世界大战，20 世纪 60 年代以后有了更迅速发展。这一时期，科学技术得到迅猛发展，科技成果广泛采用，导致了企业生产过程的自动化、连续化，以及生产社会化程度的空前提高。企业规模的扩大、市场竞争的激烈、市场环境的变化多端都对企业管理提出了更高的要求，先前的管理理论已不能有效地指导企业在新形势下的管理，许多研究人员就企业如何在变化的环境中经营进行了多方面的研究，在此基础上形成了一系列不同的理论观点和流派，从而推动了管理思想的新发展。其中的一些管理学派对管理科学的发展有着重大的影响。

1. 数理理论

数理理论是泰罗科学管理理论的继续和发展。它强调以运筹学、系统工程、电子技术等科学技术手段解决管理问题，着重于定量研究，力图利用科学技术工具，为管理决策寻得一个有效数量解。这一理论是在第二次世界大战中产生和发展起来的。当时，英美军队为了解决战争中的一些问题，建立了由各种专家组成的运筹研究小组，取得了巨大的成效。例如，英国通过数学家建立的资源最优分配模型，有效地解决了如何以有限的皇家空军力量来抵抗强大的德国空军的问题。这种成效在战后引起了企业界的关注，特别是当运筹研究专家在战后纷纷到企业就职后，定量研究方法便日益在企业管理中得到推广应用。

1) 数理理论的主要观点

(1) 依靠建立一套决策程序和数学模型以增加决策的科学性、力求减少决策的个人艺术成分。在管理决策中利用数学工具建立数量模型，研究各因素之间的相互关系，决策的过程就是建立和运用数学模型的过程。

(2) 强调用数字说话。寻求将众多方案中各种变数或因素加以数量化，用数量表示最优化的答案，各种可行方案要以经济效果为评价的依据。

(3) 广泛使用电子计算机。现代组织管理涉及的信息量的不断加大。充分利用电子计算机等现代科学技术可使决策建立在准确、及时和充分的信息基础之上。

2) 数理理论的缺点

(1) 数理理论并不能很好地解释和预测组织中成员的行为。

(2) 受到实际情景难以定量化地限制。

(3) 只注重经济效果，忽视社会效果和成本及效率。

(4) 只适用于特定条件下，如战争、突发事件。

2. 系统管理理论

系统管理理论源于一般系统论和控制论，侧重于用系统的观念来考查组织结构和管理的基本职能。代表人物为美国管理学者卡斯特、罗森茨韦克和约翰逊。

1) 系统管理理论的主要观点

(1) 组织本身是一个以人为主体的人造系统，它由许多相互联系的子系统组成。这些子系统包括目标、技术、工作、结构、正式组织与非正式组织、外界因素等。组织系统中任何子系统的变化都会影响其他子系统的变化，系统的运行效果是通过各个子系统相互作用的效果决定的。

(2) 组织是社会大系统中的一个子系统。组织不是一个封闭的人造系统，而是开放的社会技术系统，是更大的社会系统中的一个子系统。因而不可避免地会受到周围环境的影响，但反过来组织也影响环境，且在与环境的相互影响中达到自身的动态平衡。

(3) 管理必须建立在系统的基础上。管理要善于将各种资源要素集合起来，在同一目标下形成一个整体。管理人员必须从组织的整体出发,研究组织各部分之间的关系,研究组织与外部环境的关系,以便做出正确的决策、进行组织与协调。

2) 组织系统的内容

(1) 组织从周围环境中获得这个系统所需要的资源,如材料采购、人才引进、资金融通、政策法规获取等。

(2) 通过技术和管理等过程促进输入物的转化,如生产性企业的生产加工过程,学校的教学科研过程等。

(3) 向环境提供其转换处理后的产品或劳务,如产品销售,服务提供等。

(4) 环境对组织所提供的产品或劳务做出反馈,如客户对企业产品、服务的评价,用人单位对高校学生素质的反馈等。

  特别提示

系统理论提醒人们,每个人都是组织这个系统的子系统。一定要注意自己的言行,因为自己的言行会对别人有影响;同时要注意别人的言行,因为别人的言行反过来会影响到自己。

3. 决策理论

决策理论是在系统理论的基础上,吸收了行为科学、运筹学和计算机科学等研究成果而发展起来的。主要代表人物是美国人西蒙,其代表作为《管理决策新科学》。西蒙因其在决策理论、决策应用等方面做出的开创性研究,获得 1978 年诺贝尔经济学奖。

 知识链接

赫伯特·西蒙(1916—2001)是美国心理学家,卡内基梅隆大学知名教授,研究领域涉及认知心理学、计算机科学、公共行政、经济学、管理学和科学哲学等多个方向。

西蒙学识广博,是现今很多重要学术领域的创始人之一,如人工智能、信息处理、决策制定、问题解决、注意力经济、组织行为学、复杂系统等。他创造了术语 "有限理性" (bounded rationality)和 "满意度" (satisficing),也是第一个分析复杂性架构(architecture of complexity)的人。

西蒙因其贡献和影响在他晚年获得了很多顶级荣誉,如 1975 年的图灵奖、1978 年的诺贝尔经济奖、1986 年的美国国家科学奖章和 1993 年美国心理协会的终身成就奖。

决策理论的观点主要表现在 3 个方面。

(1) 突出决策在管理中的地位。决策理论认为,管理的实质是决策,决策贯穿于管理的全过程,决定了整个管理活动的成败。如果决策失误,组织的资源再丰富,技术再先进,也是无济于事的。

(2) 强调了决策者的作用。决策理论认为组织是决策者个人所组成的系统,所以不仅强调要注意在决策中应用定量方法、计算技术等新的科学方法,而且要重视心理因素、人际关系等社会因素在决策中的作用。

(3) 系统阐述了决策原理。西蒙对于决策的程序、准则、类型及其决策技术等做了科学的分析，并提出用"满意标准"来代替传统决策理论的"最优化标准"，研究了决策过程中冲突的解决方法。

 知识链接

之所以追求"满意原则"，是因为"最优化原则"所要求的 4 个条件都不存在：决策者绝对智慧；决策者掌握与决策有关的全部信息；决策者对决策信息拥有绝对的利用能力；环境稳定。因此，决策者只能根据自己的能力，在可能拥有的信息及对信息的利用能力的基础上，在特定的环境中寻找相对满意的决策方案。

(4) 决策过程的 4 个阶段。决策理论认为决策的过程分为 4 个阶段：一是搜集情报阶段；二是拟订计划阶段；三是选定计划阶段；四是方案评价阶段。

4. 权变管理理论

权变理论是在 20 世纪 70 年代开始形成、发展起来的，其代表人物是美国管理学家卢桑斯及英国学者伍德沃德等人。权变理论认为不存在一成不变的、无条件适用于一切组织的最好的管理方法，因而强调在管理中要根据组织所处的内外环境的变化而随机应变，针对不同情况寻找不同的方案和方法。世界上没有一成不变的、普遍适用的"最佳的"管理理论和方法。权变管理思想是在继承以前各种管理思想的基础上，把管理研究的重点转移到了对管理行动有重大影响的环境上，希望通过对环境的研究找到各种管理原则和理论的具体适用场合。

权变理论在提出以后的几十年内，其理论价值和应用价值日益为管理实践所证明，故而得到了越来越多的人的支持，成为具有重大影响的管理学派之一。其主要观点有以下 3 个方面。

(1) 环境变量与管理变量之间存在着函数关系，即权变关系。这里所说的环境变量，既包括组织的外部环境，也包括组织的内部环境。而管理变量则指管理者在管理中所选择和采用的管理观念和技术。

(2) 在一般情况下环境是自变量，管理观念和技术是因变量。因此，如果环境条件一定，为了更快地达到目标，必须采用与这相适应的管理原理、方法和技术。

(3) 管理模式不是一成不变的，要根据不断变化的环境而有所变革，要根据组织的实际情况来选择最适宜的管理模式。

 知识链接

权变意为灵活应付随时变化的情况，就是因地制宜、随机应变。《文子·道德》中说："圣人者应时权变，见形施宜。"

5. 经验主义理论

经验主义理论的主要代表人物有彼得·德鲁克、欧内斯特·戴尔、威廉·纽曼、艾尔弗雷德·斯隆等。

知识链接

彼得·德鲁克(1909—2005)1909 年 11 月 19 日生于奥地利维也纳，1937 年移居美国，终身以教书、著书和咨询为业。德鲁克一生共著书 39 本，在《哈佛商业评论》发表文章 30 余篇，被誉为"现代管理学之父"。他文风清晰练达，对许多问题提出了自己的精辟见解。杰克·韦尔奇、比尔·盖茨等人都深受其思想的影响。德鲁克一生笔耕不辍，年逾九旬还创作了《德鲁克日志》，无怪乎《纽约时报》赞誉他为"当代最具启发性的思想家"。2005 年 11 月 11 日，德鲁克在加州家中逝世，享年 95 岁。尊为"现代管理学之父"的德鲁克，是这个时代最出色的管理学者。他曾发誓："如果我能活到 80 岁，我要写到 80 岁。"

经验主义理论认为，古典管理理论和行为科学理论都不能完全适应企业管理的实际需要，只有从企业管理的实际出发，研究企业管理的经验，把它加以概括和理论化，然后再用以指导实践，才能提高管理效率和效益。此外，该理论的代表人物还提出了许多论点，如管理的性质、任务和管理者职责的论点、目标管理的思想、企业管理的组织结构的相关问题，用比较的方法研究概括企业的管理经验等。

经验主义理论的研究内容主要集中在以下几个方面。

(1) 管理应侧重于实际应用，而不是纯粹理论的研究。管理学如同医学、法律学和工程学一样，是一门应用学科，而不是纯知识的学科。但管理又不是单纯的常识、领导能力或财务技巧的应用，管理的实际应用是以知识和责任为依据的。

(2) 管理者的任务是了解本机构的特殊目的和使命，使工作富有活力并使职工有成就；处理本机构对社会的影响和本机构对社会的责任。德鲁克认为，作为企业主要管理者的经理，有两项别人无法替代的职责：第一项职责是创造出一个大于其各组成部分的总和的真正的整体，创造出一个富有活力的整体，把投入于其中的各项资源转化为较各项资源的总和更多的东西；第二项特殊职责是在其每一项决定和行动中协调当前的和长期的要求。为此，每一个经理都必须：制定目标和措施并传达给有关的人员；进行组织工作；进行鼓励和联系工作；对工作和成果进行评价；使员工得到成长和发展。

(3) 实行目标管理的管理方法。德鲁克的理论给管理学的最大贡献是他提出任务(或目标)决定管理，并据此提出目标管理法。德鲁克认为传统管理学派偏于以工作为中心，忽视人的一面，而行为科学又偏于以人为中心，忽视了同工作相结合。目标管理则结合以工作为中心和以人为中心的管理方法，使职工发现工作的兴趣和价值，从工作中满足其自我实现的需要，同时，企业的目标也因职工的自我实现而实现，这样就把工作和人性两者统一起来了。目标管理在当今仍是运用最多的管理方法。

特别提示

经验主义理论中的"经验"不是"凭经验"、"拍脑袋"的意思，而是要求管理者不能照搬别人的理论，要从企业管理的实际出发，研究企业管理的经验，把它加以概括和理论化，然后再用以指导实践，才能提高管理效率和效益。

知识链接

经验主义学派的方法可以说在管理理论丛林中较具特色，但也受到了许多管理学家的批评。经验主义学派由于强调经验而无法形成有效的原理和原则，无法形成统一完整的管理理论，管理者可以依靠自己的经验，而无经验的初学者则无所适从，而且过去所依赖的经验未必能运用到将来的管理中。孔茨在他的书中指出："没有人能否认对过去的管理经验或过去的管理工作'是怎样做的'进行分析的重要性。未来情况与过去完全相同是不可能的。确实，过多地依赖过去的经验，依赖历史上已经解决的那些问题的原始素材，肯定是危险的。其理由很简单，一种在过去认为是'正确'的方法，可能远不适合未来的情况。"这段话说明，由于组织环境一直处于变化之中，过分地依赖未经提炼的实践经验和历史来解决管理问题是无法满足需要的。

6. 管理过程理论

管理过程理论的创始人是法约尔，20世纪50年代以后，其主要代表人物是孔茨。该理论的基本观点如下。

(1) 管理是一个过程，即管理者通过与别人一同去实现既定目标的过程。

(2) 管理过程的职能划分。法约尔将管理职能划分为计划、组织、指挥、协调和控制等五大职能。之后，孔茨和奥唐奈里奇将管理职能分为计划、组织、人事、领导和控制五项。而目前国内普遍接受的是管理的四大职能，即计划、组织、领导、控制。

(3) 管理职能具有普遍性，即各级管理人员都执行着管理职能，但侧重点则因管理层次的不同而异。

(4) 管理应具有灵活性，要因地制宜、灵活运用。

本 章 小 结

本章主要介绍了管理实践、管理思想和管理理论之间的关系，西方早期管理实践与管理思想，西方古典管理理论，行为科学里理论，现代管理理论。西方早期管理思想主要介绍了亚当·斯密、罗伯特·欧文、查尔斯·巴贝奇等人的思想观点。古典管理理论主要介绍了科学管理之父泰罗的科学管理理论，其根本目的是提高工作效率，包括要求工作要有定额和标准化、要挑选一流的工人并进行一流的培训、实施有差别化的计件工资、实施"例外原则"等主要观点；经营管理理论之父法约尔的14条管理原则及对经营活动的分类，并第一次提出管理的五大职能即计划、组织、指挥、协调、控制；一般管理理论之父韦伯对权力的划分等管理思想。并归纳了古典管理理论的不足，即封闭的系统、静态的组织、无人的组织。行为科学理论主要介绍了霍桑试验及人际关系理论、X理论、Y理论、Z理论。并总结了行为科学理论的主要不足，即无组织的人、忽视环境的影响。现代管理理论主要介绍了数理理论、系统理论、决策理论、权变理论、经验主义理论、管理过程理论。

 名人名言

深刻的思想就像铁钉，一旦钉在脑子里，什么东西也没法把它拔出来。

——狄德罗

扼杀思想的人，是最大的谋杀犯。

——罗曼·罗兰

第 2 章
管理思想的演进

> 伟大的思想只有付诸行动才能成为壮举。
> ——赫兹
>
> 世上只有两种力量：利剑和思想。从长而论，利剑总是败在思想手下。
> ——拿破仑
>
> 世上最艰难的工作是什么？思想。凡是值得思想的事情，没有不是人思考过的；我们必须做的只是试图重新加以思考而已。
> ——歌德
>
> 语言属于一个时代，思想属于许多时代。
> ——卡拉姆辛

一、复习题

1. 判断题

(1) 自从出现了有组织的人类活动，就有了管理活动。（ ）
(2) 管理理论是对管理思想的提炼与概括，是较成熟、系统化程度较高的管理思想。（ ）
(3) 适度分工可以提高劳动效率。（ ）
(4) 梅奥是古典管理思想的代表人物。（ ）
(5) 法约尔主要的贡献是对"权力"的来源做了研究。（ ）
(6) 梅奥是行为管理理论的代表人物之一。（ ）
(7) 梅奥认为，人是"社会人"。（ ）
(8) 梅奥认为，生产效率主要取决于职工的工作态度和人们的相互关系。（ ）
(9) 梅奥认为，组织中不存在非正式组织。（ ）
(10) 西蒙认为，决策应该追求"最优原则"。（ ）
(11) 决策在任何时候都应该追求"最优原则"。（ ）
(12) 组织是社会这个大系统的一个子系统。（ ）
(13) 管理必须建立在系统的基础之上。（ ）
(14) 在一般情况下环境是自变量，管理观念和技术是因变量。（ ）
(15) 在一般情况下管理观念和技术是自变量，环境是因变量。（ ）
(16) 不存在放之四海而皆准的管理理论。（ ）

2. 单选题

(1) 古典管理思想的代表人物是(   )。
　　A. 亚当·斯密　　B. 泰罗　　C. 梅奥　　D. 欧文
(2) 被称为"科学管理之父"的是(   )。
　　A. 亚当·斯密　　B. 泰罗　　C. 梅奥　　D. 欧文
(3) 被称为"现代经营管理理论之父"的是(   )。
　　A. 亚当·斯密　　B. 泰罗　　C. 梅奥　　D. 法约尔
(4) 管理者通过良好的职业道德提升自己的影响力。根据韦伯的思想这属于(   )的来源。
　　A. 合理-合法的权力　　B. 传统的权力　　C. 超凡的权力　　D. 都不是
(5) 根据韦伯的观点，职位赋予管理者影响别人的权力，这是(   )的来源。
　　A. 合理-合法的权力　　B. 传统的权力　　C. 超凡的权力　　D. 都不是
(6) (   )不是梅奥人际关系理论的内涵。
　　A. 人是社会人
　　B. 要科学地选择和培训员工
　　C. 生产效率主要取决于职工的工作态度和人们的相互关系
　　D. 要重视"非正式组织"的存在和作用

(7) 行为管理理论致命的不足是(　　)。
　　A．无组织的人　　B．无人的组织　　C．封闭的系统　　D．以上都不是
(8) (　　)不属于"现代管理理论"的范畴。
　　A．数理理论　　B．人际关系理论　　C．系统理论　　D．决策理论
(9) 依靠建立一套决策程序和数学模型以增加决策的科学性、力求减少决策的个人艺术成分。这属于(　　)的理论内涵。
　　A．数理理论　　B．人际关系理论　　C．系统理论　　D．决策理论
(10) (　　)不是权变理论的理论内涵。
　　A．环境变量与管理变量之间存在着函数关系，即权变关系
　　B．在一般情况下环境是自变量，管理观念和技术是因变量
　　C．管理模式不是一成不变的，要适应不断变化的环境而有所变革
　　D．组织是社会这个大系统的一个子系统
(11) 人际关系理论将人看作(　　)。
　　A．"经济人"　　B．"社会人"　　C．"复杂人"　　D．"自我实现人"
(12) 人际关系理论认为，生产效率的高低关键取决于(　　)。
　　A．物质条件　　　　　　　　B．工人的工作态度和人际关系
　　C．外界环境　　　　　　　　D．组织制度

3．多选题

(1) (　　)是古典管理思想的代表人物。
　　A．泰罗　　B．法约尔　　C．梅奥
　　D．韦伯　　E．欧文
(2) 法约尔认为管理的要素包括(　　)。
　　A．计划　　B．组织　　C．指挥
　　D．协调　　E．控制
(3) 法约尔认为，企业的经营活动除了技术、安全外，还有(　　)。
　　A．财务　　B．会计　　C．管理
　　D．商业　　E．控制
(4) 韦伯认为，组织中的权力有(　　)。
　　A．合理-合法的权力　　　　B．控制权
　　C．传统的权力　　　　　　D．超凡的权力
　　E．决策权
(5) 古典管理思想突出的不足之处有(　　)。
　　A．无组织的人　　B．无人的组织　　C．封闭的系统
　　D．以上都是　　　E．以上都不是
(6) 梅奥人际关系理论的内涵包括(　　)。
　　A．人是社会人
　　B．要科学地选择和培训员工
　　C．生产效率主要取决于职工的工作态度和人们的相互关系
　　D．要重视"非正式组织"的存在和作用
　　E．里外原则
(7) (　　)属于"现代管理理论"的范畴。
　　A．数理理论　　　　　　　B．人际关系理论
　　C．系统理论　　　　　　　D．决策理论
　　E．权变理论

(8) 数理理论的理论内涵是( )。
   A．强调决策的重要性
   B．依靠建立一套决策程序和数学模型以增加决策的科学性、力求减少决策的个人艺术成分
   C．强调用数字说话
   D．广泛使用电子计算机
   E．重视非正式组织的作用
(9) 西蒙的决策理论的理论内涵包括( )。
   A．重视非正式组织的作用   B．决策应该用数字说话
   C．决策很重要   D．决策者很重要
   E．决策应该追求"满意原则"
(10) 根据系统理论的观点，系统包括( )。
   A．从周围环境中获得这个系统所需要的资源
   B．通过技术和管理等过程促进输入物的转化
   C．向环境提供其转换处理后的产品或劳务
   D．环境对组织所提供的产品或劳务做出反馈
   E．对环境进行评价
(11) 系统理论的理论内涵包括( )。
   A．组织本身是一个以人为主体的人造系统，它由许多相互联系的子系统组成
   B．组织是社会大系统中的一个子系统
   C．管理必须建立在系统的基础上
   D．决策应该追求满意原则
   E．要重视非正式组织的作用

4．简答题
(1) 简述管理实践、管理思想、管理理论之间的辩证关系。
(2) 简述泰罗的科学管理理论的主要内涵。
(3) 评价古典管理思想的贡献和不足。
(4) 简述梅奥的人际关系理论的理论内涵。
(5) 简述系统理论的理论内涵。
(6) 简述权变理论的理论内涵。

5．论述题
(1) 论述决策为什么要追求"满意原则"。
(2) 论述企业管理过程中如何运用权变思想。
(3) 论述系统思想与管理效率的促进作用。

二、案例应用分析

管理理论能否解决实际问题

海伦、汉克、乔、萨利4个人都是美国西南金属制品公司的管理人员。海伦和乔负责产品销售，汉克和萨利负责生产。他们刚参加过在大学举办的为期两天的管理培训班学习。在培训班里主要学习了权变理论、社会系统理论和一些有关职工激励方面的内容。他们对所学的理论有不同的看法，下面是展开的激烈争论。

乔首先说："我认为社会系统理论对我们这样的公司是很有用的。例如，假如生产工人偷工减料或做手脚，假如原材料价格上涨，就会影响到我们的产品销售。系统理论中讲的环境影响与我们公司的情况很相似。我的意思是，在目前这种经济环境中一个公司会受到环境的极大影响。在油价暴涨期间，我们当时

还可以控制自己的公司。现在呢？我们在销售方面每前进一步，都要经过艰苦的战斗。这方面的艰辛你们大概都深有感受吧？"

萨利插话说："你的意思我已经知道了。我们的确有过艰苦的时期，但是我不认为这与社会系统理论之间有什么必然的内在联系。我们曾在这种经济系统中受到过伤害。当然，你可以认为这是与系统理论是一致的。但是我并不认为我们就有采用社会系统理论的必要。我的意思是，假如说每个东西都是一个系统，而所有的系统都可以对某一个系统产生影响，我们又怎么可以预见到这些影响所带来的后果呢？所以我认为权变理论更适用于我们。假如你说事物都是相互依存，那么系统理论又可以帮我们什么忙呢？"

海伦对他们这样的讨论表示有不同的看法，她说："对社会系统理论我还没有很好地考虑。但是，我认为权变理论对我们是很有用的。虽然我们以前亦经常采用权变理论，但是我却没有认识到自己是在运用权变理论。例如，我有一些家庭主妇顾客，听到她们经常讨论有关孩子和怎么度过周末之类的难题，从她们的谈话中我就知道他们要采购什么东西了。顾客也不期望我们'逼'他们去买他们不需要的东西。我认为，假如我们花上一两个小时与他们自由交谈，那么肯定会扩大我们的销售量。但是，我也碰到一些截然不同的顾客，他们一定要我向他们举荐产品，要我替他们在购货中做主。这些人也经常到我这里来，但不是闲谈，而是做生意。因此，你可以看到，我天天都在运用权变理论来对付不同的顾客呢。为了适应形势，我经常都在改变销售方式和风格，许多销售人员都是这样做的。"

汉克显得有些激动地插话说："我不懂这些被大肆宣传的理论是什么东西。但是，有关社会系统理论和权变理论难题，我同意萨利的观点。教授们都把自己的理论吹得天花乱坠，他们的理论听起来很好，但是他们的理论却无助于我们的管理实际。对于培训班上讲的激励要素问题我也不同意。我认为泰罗在很久以前就对激励问题有了正确的论述。要激励工人，就是要根据他们所做的工作付给他们报酬。假如工人什么也没有做，则用不着付任何报酬。你们和我一样清楚，人们只是为钱工作，钱就是最好的激励。"

问题：
(1) 你同意哪一个人的意见？他们的观点有什么不同？
(2) 假如你是海伦，怎么使萨利信服系统理论？
(3) 你认为汉克有关激励问题的看法怎样？他的观点属于哪一种管理理论的观点？

（资料来源：徐国良，王进. 企业管理案例精选精析[M]. 北京：经济管理出版社，2000. ）

阅读材料

中外人性假设综述

在人类的管理活动中。管理的要素主要有人、物、财、信息等。由于人的特殊性，对人的管理是最为重要和关键的。特别是社会发展到今天，人自身的素质得到了空前提高，人们对自身的价值和自身存在的意义比以往任何时候都要更加关注，人的成长和发展对于社会物质财富和精神财富的增长所起的作用与日俱增。因此，"人"这个要素在管理中越来越受到重视。对组织中的"人"采取一定的管理措施和方法，则离不开对人的认识。自古以来。就有对人性的探讨和理解，有的是属于管理学和经济学的范畴，是严格意义上的人性假设理论。有的人性假设理论则超出这些范畴，和伦理学、社会学相联系，可以看成广义上的人性假设理论。这些对人性的深入分析所形成的人性假设理论，成为管理学和经济学的立论基础。基于不同的人性假设理论，管理学史上形成了种种不同的管理方法理论，经济学上则作为分析经济现象的理论前提之一。

随着社会的发展，人们周围的客观世界不断发生着的新变化正影响着人的思想和行为。同时，人们对自身的认识也在深化，人性假设理论在21世纪有了新的进展。从时间跨度和中西方地理因素考虑，可以将人性假设理论划分为西方人性假设观、中国古代人性论和21世纪的当代人性假设新观点。以下从这些分类角度对至目前为止形成的人性假设理论加以综述，使读者对这一理论体系及其新的发展有一个全面的了解。

1. 西方人性假设理论
1) 工具人假设
"工具人"假设是西方最早的人性假设理论,产生于奴隶社会的管理实践之中。

在奴隶社会,奴隶主把奴隶看成会说话的工具和他们的私人财产。在以大机器生产为特征的资本主义初级阶段,资本家则把雇佣工人看成活的机器或是机器的一个组成部分。总之,这些劳动者就像工具一样,任由管理者使唤,其自身价值根本就不可能得到体现,完全是在暴力、强迫之下劳动着的。

2) 经济人假设

随着资本主义经济的萌生和发展,到了18世纪,西方享乐主义哲学者和英国的经济学家亚当·斯密提出了"经济人"假设。他认为人是"有理性的、追求自身利益最大化的人",在管理中强调用物质上和经济上的利益来刺激工人的努力工作。"经济人"思想是社会发展到一定历史阶段的产物,是资本主义生产关系的反映,它的提出标志着社会的巨大进步。

3) 社会人假设

到了20世纪30年代,美国哈佛大学的梅奥等人进行了著名的霍桑实验,实验的意外结果使他们观察到了人性的另一个重要侧面——人不仅仅是关心自己个人的物质利益,还会追求人与人之间的友情、安全感和集体归属感。实验的结论是,组织中人与人之间的关系是决定员工的工作努力程度的主要因素。因此,管理者应当建立和谐的人际关系来促进工作效率和效益的提高。

社会人假设的提出是管理学的重要转折点,开创了"行为科学"学派。

4) 自我实现人假设

自我实现人假设是由美国心理学家马斯洛提出的观点。他认为人的需要是多层次的,人们有最大限度地利用和开发自己的才能的需要,希望能够有机会获得自身发展与成熟,"自我实现"是工作的最大动力。组织给予挑战性的任务才能激发出员工的强烈工作热情。

5) 复杂人假设

20世纪60年代,美国学者埃德加·沙因在综合"经济人"假设、"社会人"假设和"自我实现人"假设这3种西方人性假设的基础上,提出了"复杂人"的观点。他认为人的需要和潜在愿望是多种多样的,而且这些需要的模式随着年龄、在社会中所扮演的角色、所处的境遇和人际关系的变化而不断地发生变化。应当说,沙因的观点弥补了前几种人性假设的缺失,是比较全面的。

6) 文化人假设

20世纪80年代,美国加州大学的日裔美籍学者威廉·大内在他的《Z理论——美国怎样迎接日本的挑战》一书中,从社会和组织文化的角度来考察、分析日美两国企业的不同和利弊,强调要重视人的问题,对员工要信任、亲密,以及一致的组织目标和共同的价值观念,才能使企业获得成功。

文中虽未直接提出"文化人"这一名词,但其文化、价值观决定人的行为的观点,就蕴涵了这个名词的实质性内容。

此外,还有理性人假设、情感人假设、决策人假设等,这些人性假设理论,在西方管理学史上都具有重要的地位。

2. 中国古代"人性善"假设和"人性恶"假设

中国古代的人性假设是从伦理学、社会学的角度来探讨人的本性问题。春秋战国时期,儒家的始祖孔子认为"人之初,性本善",但由于后天所处的不良环境的影响及人的可塑性,才使得善良的面目改变了。因此,要恢复人的善良本性、造福社会,就必须进行道德教化。在具体方法上,他提出了构建"仁、义、智、信"道德规范体系,用于规范人的行为。而后来的荀子则认为"人性本恶",人性中的善是环境影响的结果,是表面的伪装。因此,需要国家加强对人的管理,防止社会混乱。基于这两种截然相反的人性假设观,导致了孔子和荀子分别提出了不同的管理国家的方法。

3. 当代人性假设新进展

1) 利己利他本性假设

"利己利他"本性假设是一般意义上的对人的本性的认识。这种观点认为一个人身上同时具有利己和利他两种倾向，只不过由于文化、教育、情境和管理方式等因素的影响和制约，人们的表现会有所差异。利己性是人们为自己谋取利益的一种行为动机和本能，它是个体生存和发展的基本条件，是人类群体发展的前提之一。利他性是人们为他人和人类群体谋取利益的一种行为动机和本能，它是人类整体得以共同进步的另一个前提。

利他性使得人类社会和人与人之间的关系朝着越来越美好的方向发展。对于管理者来说，人的利己性和利他性都是激励被管理者的驱动力，通过得当的方法，总是可以把被管理者的行为引导到有利于实现管理的目标上来。而片面夸大两者中的一面都会严重影响管理的效果。

2) 创新人假设

早在 20 世纪 30 年代，亚历克斯·奥斯本就把"创新"正式引入管理学理论之中，中国学者(华南师范大学哲学所吴昊)较为完整地论证了这一假设。他认为组织发展有 6 个阶段论，其中最高阶段是组织的创新阶段。这一阶段中组织上下都把提高创新能力作为中心任务，为此，组织建立了一套有利于创新的制度，包括组织结构、激励体制、决策体制、评估体系等。与组织的创新阶段相适应，组织需要"创新人"，"创新人"也离不开组织。一方面，每个人都有创新的潜力，创新是人的本质需要。组织中的成员需要不断学习和吸收新鲜的知识和信息，才能产生新思想，不断提高自己的创新能力，使自身获得更高层次的发展。另一方面，创新是人生意义的最佳显现。创新为人突破种种条件限制，实现人生价值提供了一条最佳途径。因此，组织能够提供组织成员创新所需要的条件，可以改变他们对外在激励因素的依赖性，在满足创新欲的内在需要中形成工作的主动性、获得持久的工作动力。

3) 目标人假设

随着管理实践的发展，有关专家从心理学和管理学两个方面有机的重新思考有关人性的问题。21 世纪初，天津商学院企管系的孙蕾在她发表的文章《"目标人"的人性假设与成就激励》之中，总结了"目标人"假设的理论要点和运用策略。"目标人"假设的论点主要有 4 点：①人们在工作和生活中都有一定的目标，在完成目标的过程中实现工作和生活的意义，并且进一步形成更高级的目标；②这些目标分别与生活、社会关系和发展有关，形成一个 3 个层次的有机目标体系，这 3 个层次的目标在不同的情景下分别成为行为的动力模式；③个体的心理目标主要形成于后天的教育和社会交往之中，受到实践的成功与否和他人态度的影响；④个人所追求的目标体现着个人的价值观，激励着个人的行为。基于目标人的假设，作者提出通过培养员工的成就感、教育员工认同组织目标、采用具有亲和力的领导方式，以及建立组织文化等策略来激励员工。

4) 理性生态人假设

由于在过去的几十年当中，人们总是以经济的发展为重点，认为人的生存必须要依赖一定的产品，形成了不断追求经济增长、鼓励消费、发展科技的生存模式。但是，短短的几十年之后，人们现在所面临的自然环境遭到前所未有的破坏，环境污染、资源短缺等现象已经影响到人类的生存与发展。如果不加以控制和改善，按目前的模式进行经济扩张的话，其后果将会是毁灭性的。

在这样的背景之下，中外诸多专家和学者提出了"理性生态人"假设，并且已经在实践中得到了运用。这一假设反映了人们对人与自然、人与社会、人自身的生理和心理的和谐统一发展的追求，反映了人们对可持续发展观念的认可。理性的生态人有 3 个特征：①有着人与自然和谐相处的自然观；②把生态安全置于首位考虑经济发展问题，注重经济、社会和生态多个层面效益；③追求与竞争者、外部环境共赢的竞争方式。与经济人假设、社会人假设、复杂人假设相对应形成的管理学理论是科学管理理论、行为科学管理理论、现代管理理论。而"生态人"假设的人性假设的提出，以及在管理科学中的广泛应用，必然会推动管理学理论向更高的层次发展。

以上陈述了至目前为止的中外各种人性假设理论，但是人性假设理论不会就此结束发展。随着社会的不断发展和进步，人们的生存状况、思想观念会有新的变化，为了反映和适应这种新的变化，必将产生新的人性假设理论，推动着管理理论进一步向前发展。

(资料来源：http://wiki.mbalib.com/wiki/人性假设.)

第3章 管理环境

教学目标

通过本章的学习，理解组织环境与管理环节的联系与区别；理解一般环境和任务环境的内容；熟悉组织文化的概念及其与环境的关系；掌握环境不确定性分析方法、利益相关者分析方法；运用环境分析方法分析某一个具体组织。

教学要求

知识要点	能力要求	相关知识
管理环境	(1) 理解管理环境内涵 (2) 区分管理环境的分类 (3) 运用相关知识分析具体组织的管理环境	(1) 管理环境 (2) 组织环境 (3) 外部环境：自然环境、社会环境、任务环境 (4) 内部环境：组织文化
环境不确定性分析	(1) 区分影响环境不确定性的两个维度 (2) 区分4种不同的环境不确定性状况 (3) 运用环境不确定性分析方法分析具体组织的环境特点	(1) 环境数量：简单环境、复杂环境 (2) 环境变化程度：稳定环境、不稳定环境
利益相关者分析	(1) 区分影响利益相关者关系的两个维度 (2) 区分4种不同的利益相关者关系状况 (3) 运用利益相关者分析方法分析具体组织的利益相关者特点	(1) 利益相关者关键程度：关键、非关键 (2) 环境不确定性程度：动荡、稳定
SWOT分析	(1) 理解SWOT分析法原理 (2) 运用SWOT分析方法对具体组织的环境特点进行分析	(1) 优势、劣势、机会、威胁 (2) 杠杆效应 (3) 抑制性 (4) 脆弱性 (5) 问题性

> 近朱者赤，近墨者黑。
>
> ——晋·傅玄《太子少傅箴》

 基本概念

管理环境　组织环境　外部环境　内部环境　自然环境　社会环境　任务环境　组织文化　环境不确定性分析方法　利益相关者分析方法　SWOT 分析方法　优势　劣势　机会　威胁

 **导入案例**

孟母三迁

孟子年少时，家住在坟墓的附近。孟子经常喜欢在坟墓之间嬉戏玩耍。孟母见此情景，就觉得这个地方不适合居住，于是就带着孟子搬到市场附近居住下来。可是，孟子又玩闹着学商人做买卖。孟母又觉得此处也不适合孟子居住，于是又搬迁到书院旁边住下来。此时，孟子便模仿儒生学做礼仪之事。孟母认为，这正是适宜孟子居住的地方，于是就定居下来。

 点评：环境影响人的命运。

这则故事虽然有重文轻商的思想，但却生动地说明了良好的人文环境对人成长的影响是重大的。

当今社会，组织所面临的是一个竞争异常激烈、市场行为不断全球化、技术更新更为迅速、区域性贸易组织的作用日益突显的环境。环境的影响因素之多、变化速度之快，令每一个组织都无法逃脱环境变化对自身的影响。未来属于那些能在复杂多变的环境中很好地研究组织环境、抓住环境机会、化解环境危机的组织。本章将讲述组织所面临的环境因素及对环境进行分析。

3.1 管理环境概述

根据系统理论的观点，组织是一个开放的系统，每一个组织都是环境这个大系统的一个子系统，环境中各种因素的变化对组织效率的影响都是毋庸置疑的。只是有些因素对组织的影响是直接的，而有些影响是间接的；有些因素对组织的影响是瞬间的，而有些影响是长远的。组织必须不断地适应环境，管理者必须把各个子系统及其在具体环境中的活动结合起来，加以平衡。

任何组织都是在一定环境中从事活动的，任何管理也都要在一定的环境中进行，这个环境就是管理环境(management environment)。所谓管理环境，是指存在于一个组织内部和外部的、影响组织业绩的各种力量和条件因素的总和。管理环境分为外部环境和内部环境，外部环境也称组织环境，包括一般环境和任务环境。一般环境又分为自然环境和社会环境，社会环境一般包括国际环境、经济环境、技术环境、社会文化环境、法律政治环境。任务环境一般要考虑顾客、供应商、竞争者、监管者、社会特殊利益代表组织等。内部环境有物理环境、心理环境、文化环境等，这些环境因素之间的关系如图 3.1 所示。

第3章 管理环境

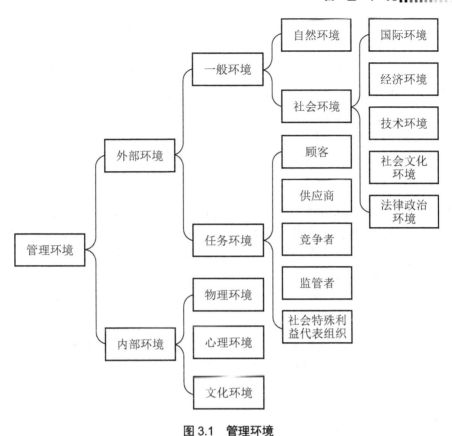

图 3.1 管理环境

3.1.1 外部环境

管理的外部环境也称组织环境(organization environment)，是指存在于组织外部，对组织有影响的所有环境因素。这些因素对组织的影响可能是潜在的；也可能是现实的；可能是直接的，也可能是间接的；可能是短期的，也可能是长远的。组织的外部环境包括两个方面：一般环境和任务环境。

1. 一般环境

一般环境(general environment)是环境的外层，它分布广泛，一般情况下对组织的影响是间接的。一般环境包括自然环境和社会环境。自然环境是社会环境的基础，而社会环境又是自然环境的发展。

特别提示

一般环境一般来说对组织的影响是间接的，但在不同的组织、不同的情况下也未必，如突然的地震导致道路堵塞，对物流配送公司的影响是直接的。

自然环境是环绕在人们周围的各种自然因素的总和，如大气、水、植物、动物、土壤、岩石矿物、太阳辐射等。这些因素是人类赖以生存的物质基础，通常把这些因素划分为大气圈、水圈、生物圈、土壤圈和岩石圈5个自然圈。人类是自然的产物，而人类的活动又影响着自然环境。

社会环境是人类生存及活动范围内的社会物质、精神条件的总和,包括国际环境、经济环境、技术环境、社会文化环境、法律政治环境等宏观因素。社会环境是由人类在自然环境的基础上,通过长期有意识的社会劳动加工和改造了的自然物质、创造的物质生产体系、积累的物质文化等所形成的环境体系,是与自然环境相对的概念。社会环境一方面是人类精神文明和物质文明发展的标志;另一方面又随着人类文明的演进而不断地丰富和发展。社会环境的具体分析将在 3.1.2 节中进行。

2. 任务环境

任务环境(task environment)也称特殊环境(specific environment),与组织更接近,包括与组织进行日常交流、直接影响组织的基本经营和绩效水平的所有方面。一般认为,任务环境包括顾客、供应商、竞争者、监管者、社会特殊利益代表组织等。有关任务环境的具体分析,将在 3.1.3 节中进行。

特别提示

对一个具体的组织而言,组织外部的哪些因素是一般环境因素,哪些是任务环境因素,不能一概而论。不同的目标定位、不同的业务性质、不同的战略选择都可能导致环境性质的变化。

3.1.2 社会环境

社会环境同自然环境一起构成组织的一般环境,都处于组织环境的外层,这些因素随着时间的变化而变化。社会环境一般包括国际环境、经济环境、技术环境、社会文化环境、法律政治环境。

1. 国际环境

国际环境(international environment)不仅包括本国公司在其他国家所享有的机会,还包括发生在国外的事件。国际环境变化为管理者提供新的竞争者、客户和供应商,并决定社会、技术和经济走势。

随着经济全球化的进程,组织之间的国际合作越来越频繁,国际之间的相互影响越来越大。2008 年金融危机波及全球就是一个很好的例证。与国内环境相比,国际环境表现为一个不断变化的、不平衡的发展态势。特别是各种区域性贸易和合作协议的出现,导致国际竞争已经由过去的企业与企业竞争、国家与国家竞争,转化为区域与区域之间的竞争。这些协议包括欧洲联盟、北美自由贸易协定和东南亚国家联盟。2008 年金融危机后,传统的发达国家经济发展放缓,而新兴经济体异军突起,使国际经济格局正在向多极化发展。

知识链接

"金砖四国"这个词是高盛公司的吉姆·奥尼尔于 2001 年首次提出的。"金砖四国"(BRIC)引用了巴西、俄罗斯、印度和中国的英文名称首字母。由于该词与英文中的砖(brick)类似,因而被称为"金砖四国"。南非加入后,其英文单词变为"BRICS",并改称为"金砖国家"。2011 年 4 月,"金砖国家"领导人第三次会晤在中国三亚举行,五国领导人商讨了如何协调应对重大国际问题、如何深化和扩大彼此间合作、如何加强金砖国家合作机制等问题。2012年3月,"金砖国家"领导人第四次会晤在印度新德里举行,提出IMF(International Monetary Fund,国际货币基金组织)亟须实施配额改革。

2. 经济环境

经济环境(economic environment)反映组织所在国家或地区的一般经济状况。经济环境通常包括所在国家的经济制度、经济结构、物质资源状况、经济发展水平、国民消费水平等方面。利率、通货膨胀率、可支配收入的变化、股市指数和经济周期通常可以作为反映经济环境的重要指标。

通常,经济环境因素主要通过对各类组织所需要的各种资源的获得方式和价格水准的影响,以及对市场需求结构的作用来影响各类组织的生存和发展。

价格水准的变化将会明显影响各类组织的投入和产出,劳动力、原材料价格及其他项目成本的上涨,既可能为一些组织的发展创造机会,也可能会导致一些组织走向破产。在不同的经济环境中,市场需求结构是变化的,现在畅销的商品将来不一定仍然畅销,而现在没有市场的产品将来也可能成为畅销商品。

3. 技术环境

技术环境(technological environment)反映组织物质条件的科技水平。技术环境除了包括直接相关的技术手段外,还包括国家对科技开发的投资和支持重点、技术发展动态和研究开发费用、技术转移和技术商品化速度、专利及其保护情况等。

技术环境的变化给组织的管理方式带来了新的革命。20年前,我国许多公司还不知道电脑为何物,而现在,电脑网络、互联网接入、视频会议系统、蜂窝电话、笔记本电脑、ERP(enterprise resource planning,企业资源计划)系统、管理软件、企业主页、电子商务、微博已经成为人们普遍的话题。技术进步改变了组织竞争的性质,改变了组织与顾客的关系,改变了人们工作的方式。特别是无线网络和移动终端的普及,使得工作、生活的方方面面发生了前所未有的变革。微博让任何地方都成为新闻现场,每个人都成为新闻发言人。面对越来越透明、越来越无隐私的社会,管理者必须重新思考管理手段的变革、管理伦理的选择。

4. 社会文化环境

社会文化环境(sociocultural environment)包括一个国家或地区的人口、居民文化水平、宗教信仰、风俗习惯、道德观念、价值观念等。人口结构(人口数、知识结构、性别结构、年龄结构、人口分布、人口素质结构等)和生活方式(家庭结构、教育水平、价值观念等)这两方面的改变影响区域的经济活动,同样也对劳动力的数量和质量、就业机会、需求结构等产生重大影响。例如,老龄化社会的到来给很多城市的管理带来了新的难题,但同时给有志于从事老年人服务的组织和个人提供了机会;又如,上海是一个节奏很快的城市,这种工作、生活的压力,对于一向以休闲、慢生活著称的成都人是难以接受的。

随着经济全球化,人才在区域之间大量流动,一个组织的员工可能来自四面八方,这使文化的冲突不可避免,因而跨文化管理成了管理者必须要思考的问题。

5. 法律政治环境

法律政治环境(legal and political environment)是指一个国家或地区的政治制度、体制、方针政策、法律法规等方面。这些因素常常制约、影响企业的经营行为，尤其是影响企业较长期的投资行为。法律政治环境主要表现在地区的稳定性和政府对各类组织或活动的态度上。地区的稳定性是一个组织在制定长期发展战略时必然要考虑的，特别是招商引资时，是外地客商首选的因素之一。政府通过法律、法令、法规的手段向外界传递其价值导向，表达政府对各类组织和活动的态度。通过政府的价值导向，一个组织可以判断可以做什么、不可以做什么。

改革开放 30 多年，我国组织的国际合作越来越频繁深入，这就要求企业不仅要考虑本国的法律政治环境，同时要关注目标国、目标区域的法律政治环境。

3.1.3 任务环境

任务环境包括一个组织为了生存和发展而必须与之发生关系的其他组织、群体和个人。这些因素对组织的生产经营产生直接的影响，通常用利益相关者一词来描述组织的任务环境。

在一个组织的任务环境中，最重要的因素包括顾客、供应商、竞争者、监管者和社会特殊利益代表组织。

1. 顾客

顾客是指购买组织的产品或服务的特定组织、群体和个人，如企业的客户、商店的购物者、医院的病人、图书馆的读者等。

任何组织之所以能存在，是因为它所提供的产品或服务被别人需要。如果失去了顾客，任何组织都将失去存在的基础。在市场经济环境下，一个失去顾客、产品和服务无人问津的企业，必然走向灭亡。

顾客之所以成为顾客是因为顾客的需求。顾客的需求非常复杂，可能是显而易见的，也可能是潜在和隐藏的，需要企业通过市场调研、需求分析去挖掘顾客潜在的需求；可能是多元的，要求企业想办法去满足其各种各样的需求；可能是变化的，要求企业必须与顾客保持密切的关系，跟踪、掌握顾客需求的变化规律，随时满足其变化后的需求。

因此，顾客与企业的竞争存在两个层次：第一个层次，顾客是否选择企业的产品和服务决定企业是否能存活；第二个层次，顾客的讨价还价能力决定企业生存的质量。

2. 供应商

供应商是指向组织提供其生产经营所需要的各种资源的组织或个人。这里所指的资源不仅包括设备、原材料、资金、人才等，还包括信息、技术、服务、政策、制度等。对大多数组织来说，金融部门、政府部门、股东是其主要的资金供应者，学校、人力资源和社会保障部门、各类人才培训机构、人才市场、职业介绍机构是其主要的人力资源供应者，各类工商企业是其设备、原材料的主要供应者，各类新闻机构、情报信息中心、咨询服务机构、政府职能部门是其主要的信息供应者。

资源的稀缺性决定了一个组织正常生产所需的各种资源不是取之不尽、用之不竭的，不是随叫随到的。一个组织如果没有了资源供应，就不可能存活下去。资源供应是否及时、是否保质保量、是否价格合理、是否稳定等又影响到一个组织是否能高效率地开展生产经营活动。

因此，供应商与企业之间的竞争也表现为两个层次：第一个层次，供应商是否给企业提供各种资源决定企业是否能存活；第二个层次，供应商的讨价还价能力又决定企业生存的质量。

3. 竞争者

一个组织的竞争者是指与其争夺资源、服务对象的人或组织。由于资源是稀有的，任何组织在获取资源的过程中不可避免地与其他组织或个人发生冲突、形成竞争关系。一个组织的竞争者一般有 3 类：现有竞争者、潜在竞争者和替代品生产者。现有竞争者通过直接地抢夺资源和客户与组织竞争；潜在竞争者通过转化为现有竞争者与组织竞争；替代品生产者通过把组织的产品部分或者全部排挤出市场的方式与组织竞争。

对资源的争夺可能来自于不同类型的组织之间，常见的竞争策略是价格竞争，当然也有通过一体化战略来竞争的。对顾客的争夺一般发生在同一类型的组织之间，常见的竞争策略有价格竞争、差异化竞争等，当然也有通过一体化战略来竞争的。

竞争当然也不限于国内，随着世界经济一体化的进程，国内企业不仅面临来自国内的竞争，还将面临来自国外的竞争。这种情况下，各种各样的联合就会出现以提升企业的竞争力，如行业联合、价值链整合、区域联合等。随着时代的发展，传统的竞争越来越被"竞合"，即既竞争又合作的双赢模式所取代。

4. 监管者

监管者主要是指国务院、各部委及地方政府的相应机构，如工商局、税务局、卫生防疫站、烟草专卖局、物价局、无线电管理委员会、公安局、国家安全局等。政府管理部门拥有特殊的官方权力，可以通过制定各种政策法规，对违反政策法规者予以惩罚的方式，对组织可以做什么和不可以做什么，以及可以取得多大的收益进行引导和规范。

有些监管者属于专业领域，如工业和信息化部对于电信业、卫生部对于医药业等，有些监管者面向所有领域，如税务部门、工商部门、公安部门、物价部门、人力资源与社会保障部门等。

政府的政策法规一方面会增加组织的运行成本、限制组织管理者决策的选择余地；另一方面可以通过规范行业行为、限制不良竞争等手段营造一个良好的经济运行环境，从而让所有组织都受益。

5. 社会特殊利益代表组织

社会特殊利益代表组织是指代表着社会上某一部分人的特殊利益的群众组织，如妇女联合会、消费者协会、环保组织等。这些群众组织虽然没有政府部门那么大的权力，但同样可以对各类组织产生相当大的影响。这些群众组织可以通过直接向政府主管部门反映情况，通过各种宣传工具制造舆论以引起人们的广泛关注，从而对各类组织的经营活动施加影响。事实上，有些政府法规的出台，部分是对某些社会特殊利益代表组织所提出要求的回应。

由上述内容可知，任何组织都不是孤立存在的，组织把环境作为自己输入的来源和输出的接受者。管理者必须密切关注各个利益相关者组织的动向,并对这些组织的要求、变化等做出必要的反应。

3.1.4 内部环境

内部环境是组织内部的物质、文化环境的总和,包括组织资源、组织文化等因素,是组织内部的一种共享价值体系。内部环境是组织内部与战略有重要关联的因素,是制定战略的出发点、依据和条件,是竞争取胜的根本。

影响管理活动的组织内部环境包括物理环境、心理环境、文化环境等。

1. 物理环境

物理环境因素包括工作地点的空气、光线和照明、声音(噪声和杂音)、色彩等,它对员工的工作安全、工作心理和行为及工作效率都有极大的影响。物理环境因素对组织设计提出了人本化的要求,防止物理环境中的消极性和破坏性因素,创造一种适应员工生理和心理要求的工作环境,这是实施有序而高效管理的基本保证。

2. 心理环境

心理环境指的是组织内部的精神环境,对组织管理有着直接的影响。心理环境制约着组织成员的士气和合作程度的高低,影响了组织成员的积极性和创造性的发挥,进而决定了组织管理的效率和管理目标的达成。心理环境包括组织内部和睦融洽的人际关系,人事关系,组织成员的责任心、归属感、合作精神和奉献精神等。

3. 文化环境

文化环境是指影响组织正常经营的与文化有关的内部因素,如企业的价值观、企业的行为准则、企业的符号等。一个组织的文化氛围对组织的长远发展具有潜移默化的、深远的影响。现代企业管理对组织文化的重视程度越来越高。接下来的3.1.5将专门讨论有关组织文化的知识。

3.1.5 组织文化

组织文化(organizational culture)可以从广义和狭义两个方面来理解。广义的组织文化是指企业在建设和发展中形成的物质文明和精神文明的总和,包括组织管理中的硬件和软件、外显文化和内隐文化两部分。狭义的组织文化是指组织在长期的生存和发展中所形成的为组织所特有的,且为组织多数成员共同遵循的最高目标价值标准、基本信念和行为规范等的总和及其在组织中的反映。具体地说,组织文化是指组织全体成员共同接受的价值观念、行为准则、团队意识、思维方式、工作作风、心理预期和团体归属感等群体意识的总称。

1. 组织文化的构成

关于组织文化的构成,有多种不同的解释,这里重点介绍三层次观点。按照企业形象识别系统的思想,组织文化从里到外由3个层次构成:理念层、行为层和视觉层。

企业形象识别系统简称CIS,是英文corporate identity system的缩写,直译为企业形象识别系统,意译为企业形象设计,也有些文献中称CI,CI是英文corporate identity的缩写。

企业形象识别系统是指企业有意识、有计划地将企业的各种特征向社会公众主动地展示与传播，使公众在市场环境中对某一个特定的企业有一个标准化、差别化的印象和认识，以便更好地识别并给公众留下良好的印象。

企业形象识别系统一般分为 3 个方面，即企业的理念识别(mind identity，MI)、行为识别(behavior identity，BI)和视觉识别(visual identity，VI)。与企业形象识别系统相对应的组织文化有 3 个层次：组织文化核心层、组织文化行为层和组织文化物质层，如图 3.2 所示。

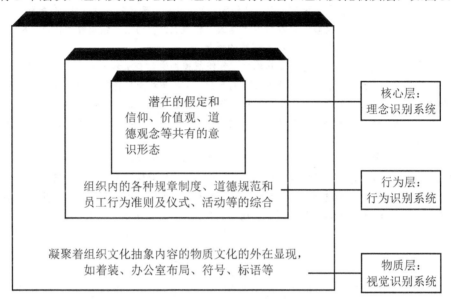

图 3.2　组织文化层次

1) 组织文化核心层

组织文化核心层是指企业在长期生产经营过程中所形成的企业共同认可和遵守的价值准则和文化观念，以及由企业价值准则和文化观念决定的企业经营方向、经营思想和经营战略目标。

组织文化核心层看不见、摸不着，但可以通过了解组织成员对自己行为的解释和归因来感知其存在。组织文化核心层是组织在长期经营活动的过程中逐渐形成的，大多数员工普遍认可的一种价值观和理念。组织文化核心层一旦形成，就会根植于大多数员工的意识深处，潜移默化的影响组织中的大多数成员的言行。

2) 组织文化行为层

组织文化行为层是指企业理念的行为表现，包括在理念指导下的企业员工对内和对外的各种行为，以及企业的各种生产经营行为。行为是思想的外化，一个人有什么样的价值观和理念，就会外化为与之相对应的行为。例如，一个唯利是图的组织核心价值观一定会助长大多数员工为了达到目的不择手段的普遍行为。

3) 组织文化物质层

组织文化物质层是指企业理念的视觉化，即通过视觉可以看得见、摸得着的物质化的东西，如企业形象广告、标志、商标、品牌、产品包装、企业内部环境布局和厂容厂貌等。组织通过这些物质性媒体及方式向大众表现、传达企业理念。

知识链接

组织文化划分为4个层次，即物质层、行为层、制度层和精神层。

物质层是组织文化的表层部分，是组织创造的组织的物质文化，是一种以物质形态为主要研究对象的表层组织文化，是形成组织文化精神层和制度层的条件。优秀的组织文化是通过重视产品的开发、服务的质量、产品的信誉和组织生产环境、生活环境、文化设施等物质现象来体现的。

行为层即组织行为文化，它是组织员工在生产经营、学习娱乐中产生的活动文化。包括组织经营活动、公共关系活动、人际关系活动、文娱体育活动中产生的文化现象。行为层是组织经营作风、精神风貌、人际关系的动态体现，也是对组织精神、核心价值观的折射。

制度层是组织文化的中间层次，把组织物质文化和组织精神文化有机地结合成一个整体。制度层主要是指对组织和成员的行为产生规范性、约束性影响的部分，是具有组织特色的各种规章制度、道德规范和员工行为准则的总和。制度层集中体现了组织文化的物质层和精神层对成员和组织行为的要求。制度层规定了组织成员在共同的生产经营活动中应当遵守的行为准则，主要包括组织领导体制、组织机构和组织管理制度3个方面。

精神层即组织精神文化，它是组织在长期实践中所形成的员工群体心理定势和价值取向，是组织的道德观、价值观即组织哲学的总和体现和高度概括，反映全体员工的共同追求和共同认识。精神层是组织价值观的核心，是组织优良传统的结晶，是维系组织生存发展的精神支柱。精神层主要是指组织的领导和成员共同信守的基本信念、价值标准、职业道德和精神风貌。精神层是组织文化的核心和灵魂。

2. 组织文化的功能

关于组织文化的功能，不同的学者做过很多不同的阐述，总结起来，普遍认为组织文化具有以下6个方面的功能。

1) 组织文化的导向功能

组织文化的导向功能是指组织文化能对组织整体和组织每个成员的价值取向及行为取向起引导作用，使之符合组织所确定的目标。组织文化的导向功能只是一种软性的理智约束，通过组织的共同价值观不断地向个人价值观渗透和内化，使组织自动生成一套自我调控机制，以一种适应性文化引导着组织的行为和活动。

2) 组织文化的约束功能

组织文化的约束功能是指组织文化对每个组织员工的思想、心理和行为具有约束和规范的作用。组织文化的约束不是制度式的硬约束，而是一种软约束，这种软约束等于组织中弥漫的组织文化氛围、群体行为准则和道德规范。

3) 组织文化的凝聚功能

组织文化的凝聚功能是指当一种价值观被该组织员工共同认可之后，就会成为一种黏合剂，从各个方面把其成员团结起来，从而产生一种巨大的向心力和凝聚力。而这正是组织获得成功的主要原因，"人心齐，泰山移"，凝聚在一起的员工有共同的目标和愿景，能推动组织不断前进和发展。

4) 组织文化的激励功能

组织文化的激励功能是指组织文化具有使组织成员从内心产生一种高昂情绪和发奋进取精神的效应，它能够最大限度地激发员工的积极性和首创精神。组织文化强调以人为中心的管理方法。组织文化对人的激励不是一种外在的推动而是一种内在引导，不是被动消极地满足人们对实现自身价值的心理需求,而是通过组织文化的塑造,使每个组织员工从内心深处为组织拼搏的献身精神。

5) 组织文化的辐射功能

组织文化的辐射功能是指组织文化一旦形成较为固定的模式,它不仅会在组织内发挥作用,对本组织员工产生影响,而且也会通过各种渠道对社会产生影响。组织文化向社会辐射的渠道是很多的,但主要可分为利用各种宣传手段和个人交往两大类。一方面,组织文化的传播对树立组织在公众中的形象有帮助;另一方面,组织文化对社会文化的发展有很大的影响。

6) 组织文化的调适功能

组织文化的调适功能是指组织文化可以帮助新进成员尽快适应组织,使自己的价值观和组织相匹配。在组织变革的时候,组织文化也可以帮助组织成员尽快适应变革后的局面,减少因为变革而带来的压力和不适应。

 知识链接

一个人在组织中的终身经历对其个性的形成有着不可磨灭的影响,企业有不可推卸的义务去帮助员工陶冶其内心世界。

——松下幸之助

3. 组织文化的负面作用

尽管组织文化存在上述种种正面功能,但组织文化还存在潜在的负面作用。

1) 变革的障碍

如果组织的共同价值观与进一步提高组织效率的要求不相符合时,就成了组织的束缚。这是在组织环境处于动态变化的情况下,最有可能出现的情况。当组织环境正在经历迅速的变革时,根深蒂固的组织文化可能就不合时宜了。因此,当组织面对稳定的环境时,行为的一致性对组织而言很有价值。但组织文化作为一种与制度相对的软约束,更加深入人心,极易形成思维定势,这样,组织有可能难以应付变幻莫测的环境。当问题积累到一定程度,这种障碍可能会变成组织的致命打击。

2) 多样化的障碍

由于种族、性别、道德观等差异的存在,新聘员工与组织中大多数成员不一样,这就产生了矛盾。管理人员希望新成员能够接受组织的核心价值观,否则,这些新成员就难以适应或被组织接受。但是组织决策需要成员思维和方案的多样化,一个强势文化的组织要求成员和组织的价值观一致,这就必然导致决策的单调性,抹杀了多样化带来的优势,在这个方面组织文化要求成员一致化的倾向成为组织多样化的障碍。

3) 兼并和收购的障碍

以前,管理人员在进行兼并或收购决策时,所考虑的关键因素是融资优势或产品协同性。近几年,除了考虑产品协同性和融资方面的因素外,更多的则是考虑文化方面的兼容性。如果两个组织无法成功地整合,那么组织将出现大量的冲突、矛盾乃至对抗。因此,在决定兼并和收购时,很多经理人往往会分析双方文化的相容性,如果差异极大,为了降低风险则宁可放弃兼并和收购行动。

管理案例

吃"休克鱼"

"休克鱼"指的是"暂时休克的鱼",但这种鱼仍然具有一定的生命力,只要注入活力,很快就能从休克状态中恢复过来。

吃"休克鱼"是一种兼并手段。在企业兼并的类型中,通常说的有 3 种吃鱼形象方式。当企业资本存量占主导,技术并不占先的情况下,大企业兼并小企业称为大鱼吃小鱼,这也是最为常见的兼并方式;当企业技术含量占主导地位,企业资本存量并不占先的情况下,称为快鱼吃慢鱼,如微软早期就以技术优势兼并了不少大企业;鲨鱼吃鲨鱼是另一种兼并方式,这种方式常见于竞争激烈的、实力相当(资本存量、技术水平相差不大)的大企业,往往他们的兼并是看谁的管理更优秀、理念更先进。吃"休克鱼"是特别针对中国的体制下的一种兼并的称呼。由于体制的原因,一些企业处于一种占有资源但是效益低下的不死不活的状态,此时有活力的企业对其兼并,这种方式称为吃"休克鱼"。这种方式很早就有,但第一次以吃"休克鱼"的称呼提出来是起源于海尔多元化战略(1992—1998 年)。

事实上,吃"休克鱼"既是一种兼并手段,也是一种资本运营方式。海尔多元化战略就是以吃"休克鱼"的方式进行资本运营,以无形资产盘活有形资产,在最短的时间里以最低的成本把规模做大,把企业做强,在经济全球化、市场竞争日益激烈的背景下,为了加强实力,企业兼并收购的活动是日趋活跃。在短短几年内,海尔通过资产重组、控股联营,兼并盘活亏损总额 5.6 亿元的 18 个企业,以无形资产盘活有形资产 18.2 亿元,这种具备海尔特色的兼并方式就被称为吃"休克鱼"。

4. 组织文化的载体

可以从组织的有形载体去理解反映组织文化的基本价值观。任何组织的组织文化都可以通过对这些因素的观察而得到解释,管理者也可以通过这些有形的载体创建和传播组织文化。常用的组织文化载体有符号、传奇故事、英雄人物、标语口号、仪式。

1) 符号

符号是指向他人传递意思的一种物体、行为或事件。与组织文化相关联的符号能够向公众传递组织的重要价值观,如组织的标志、特定的字体、独特的颜色、组织徽章、动物图腾等。

2) 传奇故事

传奇故事是基于员工之间频繁复述和分享的真实事件所讲述的事情。给新员工讲述组织的故事,其目的是为了保证组织的核心价值观能够不断地流传下去,如组织创始人的传奇经历就能很好地传递组织的核心价值观和独特的文化气息。

3) 英雄人物

英雄人物是代表强势文化的行为、品行和特征的化身,英雄人物是员工学习的榜样。英雄人物的作用是传递组织所推崇的核心价值观,给人们树立一个活生生的模仿对象与标尺,是组织核心理念的强有力的倡导者。

4) 标语口号

标语口号是表达组织核心价值观的一些简洁的句子或短语。许多组织利用口号或者某种说法向员工传达特殊的意识,如海尔的"真诚到永远",诺基亚的"科技以人为本"等。标语口号朗朗上口的形式很容易让人们口口相传,是非常快捷、高效地传递组织核心价值理念的载体。

5) 仪式

仪式是为了纪念特殊事件和时间而举行的有计划的活动，如年终表彰大会、教师节表彰大会、签约仪式、揭牌仪式、奠基仪式、哀悼日等。通过仪式上这种庄严肃穆的、正式的氛围，管理者非常容易向员工树立组织价值观的典范，传递组织的价值诉求，强化组织的核心价值观。

 知识链接

组织文化建设的阶段性：识别与规划阶段、变革与发展阶段、确立与巩固阶段、培育与强化阶段。

5. 组织文化建设的步骤

组织文化的建设一般要经历以下 3 个步骤。

1) 制定组织文化系统的核心内容

企业价值观和企业精神是组织文化的核心内容。组织文化系统的核心内容包括以下几个方面。

第一，企业价值观体系的确立应结合企业自身的性质、规模、技术、人员构成等因素。

第二，良好的价值观应从企业整体利益的角度来考虑问题，更好地融合全体员工的行为。

第三，一个企业的价值观应该凝聚全体员工的理想和信念，体现企业发展的方向和目标，成为鼓励员工努力工作的精神力量。

第四，企业的价值观应包含强烈的社会责任感，使社会公众对企业产生良好的印象。

2) 进行组织文化表层的建设

组织文化表层的建设主要指组织文化的物质层和制度层的建设。

组织文化表层的建设主要是从企业的硬件设施和环境因素方面入手，包括制定相应的规章制度、行为准则，设计企业旗帜、徽章、歌曲，建造一定的硬件设施等，为组织文化精神层的建设提供物质上的保证。制度层的建设要结合组织文化建设的要求，完善配套制度建设，让制度成为组织文化建设的有力保障。

3) 组织文化核心观念的贯彻和渗透

组织文化核心观念的贯彻和渗透方式包括以下几个方面。

第一，员工的选聘和教育。员工招聘应尽可能选择与组织核心价值观相吻合，能认可组织核心价值观的员工。企业应该通过形式多样的教育手段向员工传递与强化组织的核心理念和价值观。

第二，英雄人物的榜样作用。榜样的力量是无穷的，如果组织中出现大多数员工普遍尊重和爱戴的员工，应将其树立为典型，号召所有员工向先进典型学习。这样做的原因，一是给员工塑造了一个活生生的学习和模仿的榜样，不至于很空泛地说教。二是通过大张旗鼓地对英雄人物的奖励，向所有员工传递组织的价值导向。

第三，礼节和仪式的安排和设计。很多人认为礼节和仪式是形式的东西，效果并不一定好。但事实上精心设计和安排的礼节和仪式，可以营造一种文化氛围，在这样的氛围中人们很容易接受彼此传递的价值观。同时通过礼节和仪式的反复进行，可以强化组织希望出现的行为和价值导向。

第四，组织的宣传口号的设计、传播。精心设计的宣传口号要求的确能高度凝练并代表组织的核心价值观。宣传口号往往是容易记忆、朗朗上口并易于口口相传的，是传播组织核心价值观非常好的载体。宣传口号的传播要通过多种途径，如产品标示、广告、标语、仪式等。

3.2 管理环境分析

通过前面的分析发现，管理环境错综复杂，外部环境决定了一个组织可以做什么、不可以做什么，既给组织的发展带来机会，又给组织的生存带来威胁；内部环境决定了一个组织能够做什么及可以怎么做、做到什么程度等。一个组织必须在内外环境允许的情况下才能有所作为。因此，管理者必须随时对管理环境进行研究，只有对环境有了充分的认识，对环境变化能做出及时、迅速的反应，管理工作才可能有所成效。

3.2.1 环境的不确定性分析

管理者之所以要分析外部环境，是因为外部环境的不确定性，这种不确定性会给管理带来很多预料不到的麻烦。企业必须面对这一现实并处理好环境不确定性，方能保持其高效率。

环境的不确定性是指在没有获得足够的有关环境因素的信息情况下必须做出决策，而决策者很难估计外部环境变化。环境不确定性增加了企业各种战略失败的风险，使企业很难计算与各种战略选择方案有关的成本和概率。

企业试图通过分析使某些不确定因素有一定的参考价值，力求将许多环境影响减少到使人们能够理解和可操作的程度。下面将介绍环境不确定性是如何进行分类的，并分析企业各种可能的对策以削减某些不确定因素的副作用。

1. 环境不确定程度的两个维度

美国学者邓肯认为，应该从两个维度来确定企业所面临的环境不确定性：一是企业所面临环境的复杂性；二是企业所面临环境的动态性。

1) 复杂性

复杂性程度可用组织环境中的要素数量和种类来表示。有多个外部因素对组织产生影响，则属于复杂的环境，不确定程度高；有少量外部因素对组织产生影响，则属于简单的环境，不确定程度低。

例如，啤酒批发商所面临的环境就比较简单，真正影响其决策的不过是其他酒水批发商、供应商和客户等；而大学所面临的环境就比较复杂，一所大学是否能办好与很多方面有关，如政府政策、与科研机构的横向合作、其他高校的竞争、用人单位的校企合作、社会的认可、经济发展状况、人才市场状况、地理环境等。

2) 动态性

动态性程度可用组织环境因素变化速度和变化规律来表示。动态性不仅取决于环境中各构成因素是否发生变化，而且还与这种变化的速度及可预见性有关。环境因素变化速度慢或者虽然变化速度快但有规律可循、可预见，则属于相对稳定环境，不确定程度低；环境因素变化速度快却无规律可循、不可预见,则属于相对不稳定环境,不确定程度高。

例如,食品加工厂所面临的环境就比较稳定,一个区域的饮食习惯一旦形成是很难改变的;但时装公司所面临的环境就非常不稳定,人们对时装款式、面料、色彩的偏好是随时变化的。

根据以上两个维度各两种状况,可以将环境的不确定性组成 4 种环境状况,如图 3.3 所示。

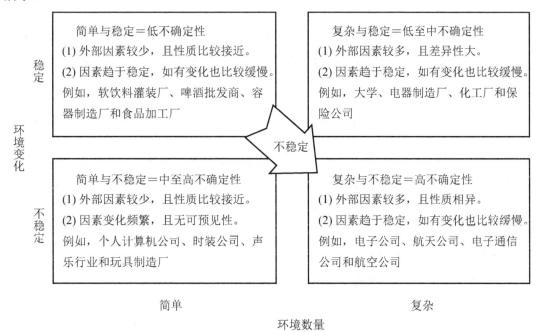

图 3.3 环境不确定性评估

2. 环境不确定程度的 4 种状况

1) 简单与稳定状况

在简单与稳定状况下,不确定的程度很低。企业所面临的环境比较容易理解,变化不大,如原材料供应商和大批量生产企业。在这类企业中,相关的外部因素较少,技术过程相比之下比较单一,竞争和市场在较长的时期内固定,市场和竞争的数量可能有限,如软饮料灌装厂、啤酒批发商、容器制造厂、食品加工厂及律师事务所等。如果企业所处的环境简单且稳定,那么对过去环境影响的分析就有一定的实际意义,因为历史上出现过的规律性事情有可能继续在未来出现。

2) 复杂与稳定状况

复杂与稳定环境表明不确定性有所增加。在外部审查过程中需要考虑众多的环境因素。为了提高企业的效益,必须要对这些因素进行分析。然而,这种环境下的外部因素变化不大,且往往在意料之中,如大学、电器制造厂和保险公司所处的环境复杂但比较稳定。尽管外部因素较多且在不断变化中,但是变化速度比较缓慢,而且可以预见。

3) 简单与不稳定状况

在简单与不稳定环境中,不确定性进一步增加。尽管企业的外部因素很少,但这些因素很难预测，往往与企业初衷相违背。面对这种环境的企业包括时装公司、个人计算机公司、玩具制造公司和声乐行业。这些企业面临的市场供求关系经常发生变动。

4) 复杂与不稳定状况

在复杂与不稳定状况下，不确定的程度最高。企业面临着众多的外部因素，且变化频繁，对企业的举措影响甚大。当几种因素同时变化时，环境会发生激烈动荡。电子公司和航空公司往往处在这种复杂与不稳定环境中。许多外部因素会同时发生变化。例如，航空公司，在过去的几年中出现了不少地区性航空公司，法规进一步放宽，价格战不断出现，燃料成本上升，"9·11事件"等恐怖袭击的频繁发生，机场拥挤不堪，顾客需求变化等。除此之外，航天公司和电子通信公司也属于这类处在复杂与不稳定状况下的企业。

3.2.2 利益相关者分析

在3.1.3节中探讨了组织任务环境的类型，指出任务环境主要是指那些存在于组织外，直接影响组织切身利益的个人、群体和组织，简称利益相关者，包括顾客、供应商、竞争者、监管者和社会特殊利益代表组织。但需要特别注意的是以上这些因素是组织外的利益相关者。除了组织外的利益相关者外，股东、所有者、管理者和员工更是组织的利益相关者，只不过他们在组织内，不属于外部环境。概括起来，一个组织的利益相关者包括顾客、供应商、竞争者、监管者、社会特殊利益代表组织、股东、所有者、管理者、员工等。

1. 利益相关者分析的原因

组织之所以对利益相关者高度关注，至少有以下两个原因。

1) 利益相关者分析影响组织"做正确的事"

组织的决策影响到利益相关者的切身利益，反过来，利益相关者的决策也影响到组织的利益。组织所选择的"正确的事"应该是使尽可能多的利益相关者获利的事情，而不是某一方面的利益，更不是不顾其他利益相关者的利益而只考虑组织自身利益的事。

2) 利益相关者分析影响组织"正确的做事"

正确地做事要求组织必须研究所有利益相关者的"游戏规则"，因为组织开展的所有业务，都必须与某些利益相关者发生"交集"，需要遵守双方共同认可的游戏规则，否则业务无法开展。

2. 利益相关者分析的步骤

斯蒂芬·罗宾斯认为，管理组织的利益相关者分为4步。

(1) 确定谁是组织的利益相关者。面对形形色色的外部因素，究竟哪些因素可能受决策者的影响，而哪些因素又反过来影响管理决策？组织的所有决策都需要耗费资源，而资源又是稀有的，所以管理者必须首先辨识那些和管理决策有双向影响的利益相关因素，才可提高决策效率、改善决策效果。例如，煤矿主选择是否开发一个钻采平台，最大的利益相关者可能是安全监管部门。

(2) 确定利益相关者的哪些方面与组织利益相关。是产品质量、财务问题、安全或工作条件还是环境保护等，即要研究利益相关者在哪些方面与组织真正发生利益"交集"。例如，煤矿是否开发一个新的钻采平台，与监管部门最大的利益相关点可能是安全和工作条件。

第3章 管理环境

(3) 确定每一个利益相关者对于组织决策和行动来说有多关键。管理者应该在每一次决策前都将影响决策成败的利益相关者及其影响因素和方式按照重要程度排序,首先去关注那些对组织决策最为关键的利益相关者和因素。例如,开发一个新产品可能最关键的是竞争对手的研发能力和科研院所的研发能力,而监管部门的影响似乎并不很大。

(4) 决定通过什么具体的方式管理外部利益相关者关系。这一决策取决于利益相关者的关键程度及环境的不确定性程度。具体方法下面将详细讨论。

知识链接

约瑟夫·W·韦斯认为,管理利益相关者的流程如下:
①确认危机、威胁或机遇,并进行优先排序;②勾画出利益相关者;③列举利益相关者的利害关系和势力源;④表明现有的或可能成为联盟的成员;⑤表明每一利益相关者的道德观(即应该有的道德观);⑥从"更高层面"的角度出发,通过协商与利益相关者达成合作战略,并推动计划向对各方都有利的方向发展。

3. 利益相关者分析方法

如上所述,利益相关者分析决策取决于利益相关者的关键程度和环境的不确定性程度。

利益相关者的重要程度分为两种:关键和非关键。环境的不确定程度也分为两种:动荡和稳定。这样就把利益相关者分为 4 种:非关键且稳定的利益相关者、非关键且动荡的利益相关者、关键且稳定的利益相关者、关键且动荡的利益相关者。对每一种不同的状况应该采取不同的措施,具体如图 3.4 所示。

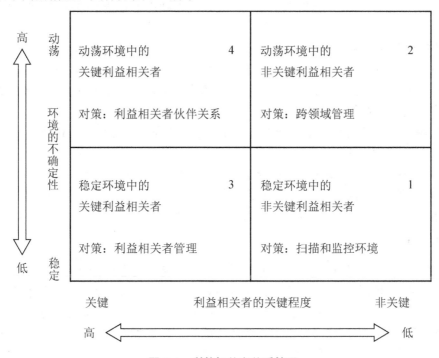

图 3.4 利益相关者关系管理

1) 外部利益相关者非关键,且环境稳定

管理者通常简单地扫描和监控环境变化的趋势或力量就可以了。这种情况下,管理者没有必要采取具体的行动来管理利益相关者，管理者只需要跟踪了解利益相关者的动向、可能关心的焦点，以及这些焦点是否在变化就可以了。

2) 外部利益相关者非关键，且环境动荡

管理者需要投入更多前瞻性的努力来管理利益相关者关系。通常采用更具体的方式与外部利益相关者开展互动合作，以收集和传播重要的信息，即跨领域管理。这些利益相关者现在非关键，但迅速变化以后很有可能就变得关键了，因而要求管理者要有预先判断的能力，提前预测哪些目前非关键的利益相关者很快会转化为关键的利益相关者。

3) 利益相关者关键，且环境稳定

管理者可以采用更直接的管理方法，如开展顾客营销调研、鼓励供应商竞争、设立政府关系部门、与公众压力集团建立公共关系的业务往来等。由于关键的利益相关者是稳定的，管理者可以通过直接给予利益的方法让这种稳定关系继续维持下去。

4) 利益相关者关键，且环境动荡

管理者要采用利益相关者伙伴关系，即为追求共同目标而在组织和利益相关者之间达成的非正式协议。这种类型的伙伴关系一般是用"竞合"的思想形成与各种利益相关者的联盟，如组织与供应商、组织与顾客、组织与社区、组织与竞争者等。利益相关者伙伴关系要求合作者的高度承诺，相辅相成，而不是互不相干。

3.2.3 SWOT 分析

SWOT 分析法(也称 TOWS 分析法、道斯矩阵)即态势分析法，它是 20 世纪 80 年代初由美国旧金山大学的管理学教授韦里克提出的，经常被用于企业战略制定、竞争对手分析等场合。

在现在的战略规划报告里，SWOT 分析应该算是一个众所周知的工具。来自于麦肯锡咨询公司的 SWOT 分析，包括分析企业的优势(strengths)、劣势(weaknesses)、机会(opportunities)和威胁(threats)。因此，SWOT 分析实际上是将企业内外部条件的各方面内容进行综合和概括，进而分析组织的优劣势、面临的机会和威胁的一种方法。

通过 SWOT 分析，可以帮助企业把资源和行动聚集在企业的强项和有最多机会的地方，并让企业的战略变得明朗。

优劣势分析主要是着眼于企业自身的实力及其与竞争对手的比较，而机会和威胁分析将注意力放在外部环境的变化及对企业的可能影响上。在分析时，应把所有的内部因素(即优劣势)集中在一起，然后用外部的力量来对这些因素进行评估。

1. 机会与威胁分析

随着经济、社会、科技等诸多方面的迅速发展，特别是经济全球化进程的加快，全球信息网络的建立和消费需求的多样化，企业所处的环境更为开放和动荡。这种变化几乎对所有企业都产生了深刻的影响。正因为如此，环境分析成为一种日益重要的企业职能。

环境发展趋势分为两大类：一类表示环境威胁；另一类表示环境机会。环境威胁指的是环境中一种不利的发展趋势所形成的挑战，如果不采取果断的战略行为，这种不利趋势将导致公司的竞争地位受到削弱；环境机会就是对公司行为富有吸引力的领域，在这一领域中，该公司将拥有竞争优势。

特别提示

对环境的分析也可以有不同的角度,如一种比较常见的方法就是波特的五力分析。

2. 优势与劣势分析

识别环境中有吸引力的机会是一回事,拥有在机会中成功所必需的竞争能力是另一回事。每个企业都要定期检查自己的优势与劣势,这可通过"企业经营管理检核表"的方式进行。企业或企业外的咨询机构都可利用这一格式检查企业的营销、财务、制造和组织能力。每一要素都要按照特强、稍强、中等、稍弱或特弱划分等级。

由于企业是一个整体,而且竞争性优势来源十分广泛。因此,在做优劣势分析时必须从整个价值链的每个环节上,将企业与竞争对手进行详细的对比。例如,产品是否新颖、制造工艺是否复杂、销售渠道是否畅通,以及价格是否具有竞争性等。如果一个企业在某一方面或几个方面的优势正是该行业企业应具备的关键成功要素,那么该企业的综合竞争优势也许就强一些。需要指出的是,衡量一个企业及其产品是否具有竞争优势,只能站在现有潜在用户的角度上,而不是站在企业的角度上。

企业在维持竞争优势过程中,必须深刻认识自身的资源和能力,采取适当的措施。因为一个企业一旦在某一方面具有了竞争优势,势必会吸引竞争对手的注意。一般地说,企业经过一段时期的努力,建立起某种竞争优势;然后,企业就处于维持这种竞争优势的态势,竞争对手开始逐渐做出反应;而后,如果竞争对手直接进攻企业的优势所在,或采取其他更为有力的策略,就会削弱这种优势。

而影响企业竞争优势的持续时间的关键因素有 3 个:建立这种优势需要的时间、能够获得的优势的大小和竞争对手做出有力反应需要的时间。

如果企业分析清楚了这 3 个因素,就会明确自己在建立和维持竞争优势中的地位了。

显然,企业不应去纠正其所有劣势,也不是对其优势不加利用。主要的问题是企业应研究它究竟是应只局限在已拥有优势的机会中,还是去获取和发展一些优势以找到更好的机会。有时,企业发展慢并非因为其各部门缺乏优势,而是因为各部门之间不能很好地协调配合。例如,有一家大电子公司,工程师轻视推销员,视其为"不懂技术的工程师";而推销人员则瞧不起服务部门的人员,视其为"不会做生意的推销员"。因此,评估内部各部门的工作关系作为一项内部审计工作是非常重要的。

3. 适应性分析

在适应性分析过程中,企业高层管理人员应在确定内外部各种变量的基础上,采用杠杆效应、抑制性、脆弱性和问题性这 4 个基本概念进行这一模式的分析。

(1) 杠杆效应(优势+机会)。杠杆效应产生于内部优势与外部机会相互一致和适应时。在这种情形下,企业可以用自身内部优势撬起外部机会,使机会与优势充分结合发挥出来。然而,机会往往是稍纵即逝的,因而企业必须敏锐地捕捉机会,把握时机,以寻求更大的发展。

(2) 抑制性(机会+劣势)。抑制性意味着妨碍、阻止、影响与控制。当环境提供的机会与企业内部资源优势不相适合,或者不能相互重叠时,企业的优势再大也将得不到发挥。

在这种情形下，企业就需要提供和追加某种资源，以促进内部资源劣势向优势方面转化，从而迎合或适应外部机会。

(3) 脆弱性(优势＋威胁)。脆弱性意味着优势的程度或强度的降低、减少。当环境状况对企业优势构成威胁时，优势得不到充分发挥，就会出现优势不优的脆弱局面。在这种情形下，企业必须克服威胁，以发挥优势。

(4) 问题性(劣势＋威胁)。当企业内部劣势与企业外部威胁相遇时，企业就面临着严峻挑战，如果处理不当，可能直接威胁到企业的生死存亡。

本 章 小 结

本章主要介绍了管理环境，管理环境分为外部环境和内部环境，外部环境又称组织环境。外部环境包括一般环境和任务环境，一般环境又包括自然环境和社会环境，社会环境又包括国际环境、经济环境、技术环境、社会文化环境、法律政治环境。任务环境指的是组织的特殊利益者，包括顾客、供应商、竞争者、监管者、社会特殊利益代表组织。内部环境包括物理环境、心理环境、文化环境。组织文化是组织全体成员共同接受的价值观念、行为准则、团队意识、思维方式、工作作风、心理预期和团体归属感等群体意识的总称。组织文化包括3个层次：核心层、行为层和物质层。组织文化有正面的功能也有负面的作用，组织文化的载体一般有符号、传奇故事、英雄人物、标语口号、仪式。另外还介绍了3种环境分析的方法。环境不确定性分析从环境变量的多少及环境因素变化速度两个角度分析；任务环境分析也称利益相关者分析，是从利益相关者是否关键和环境的不确定性两个角度来分析；SWOT分析法从组织环境的机会和威胁，以及组织内部的优势和劣势4个角度分析组织的环境特点。

名人名言

人创造环境，同样环境也创造人。

——马克思、恩格斯

人类过去、现在和未来，都始终是他们出生以前和降生以后的周围环境的产物。

——欧文

环境决定着人们的语言、宗教、修养、习惯、意识形态和行为性质。

——欧文

就所有的生物而言，即使最强烈的内在本质，在很大程度上说是由其所处的外部环境而造成的。

——乔治·艾略特

庄严的大海产生蛟龙和鲸鲵，清浅的小河里只有一些供鼎俎美味的鱼虾。

——莎士比亚

一、复习题

1. 判断题

(1) 组织是一个开放的系统，每一个组织都是环境这个大系统的一个分系统。　　(　)

(2) 社会文化因素属于组织的任务环境。　　(　)

(3) 外部环境不影响组织文化。　　(　)

(4) 组织文化具有高度的环境适应性。　　(　)

(5) 组织文化有助于增强社会系统的稳定性。　　(　)

(6) 组织文化并不能够引导和塑造员工的态度和行为。 （　）
(7) 通过组织文化可以区别两个不同的组织。 （　）
(8) 之所以要研究组织环境的一个很重要的原因是环境的不确定性。 （　）

2. 单选题

(1) 国际环境属于(　)因素。
　　A．一般环境　　　B．任务环境　　　C．组织内部环境　　D．都不是
(2) 顾客属于(　)因素。
　　A．一般环境　　　B．任务环境　　　C．组织内部环境　　D．都不是
(3) 组织文化属于(　)因素。
　　A．一般环境　　　B．任务环境　　　C．组织内部环境　　D．都不是
(4) 以下除了(　)外，都属于组织的任务环境。
　　A．顾客　　　　　B．国际局势　　　C．供应商　　　　　D．竞争者
(5) 组织核心价值观属于组织的(　)因素之一。
　　A．一般环境　　　B．任务环境　　　C．内部环境　　　　D．硬件环境
(6) 企业的标志属于组织文化的(　)。
　　A．显现层——物质层　　　　B．表层——行为层
　　C．核心层　　　　　　　　　D．都不是
(7) 企业员工的行为规范属于组织文化的(　)。
　　A．显现层——物质层　　　　B．表层——行为层
　　C．核心层　　　　　　　　　D．都不是
(8) 企业的价值观属于组织文化的(　)。
　　A．显现层——物质层　　　　B．表层——行为层
　　C．核心层　　　　　　　　　D．都不是
(9) (　)不是组织文化的功能。
　　A．组织文化能够引导和塑造员工的态度和行为
　　B．组织文化有助于增强社会系统的稳定性
　　C．组织文化可以使不同的组织相互区别开来
　　D．组织文化可能扰乱正常的组织管理
(10) 斯蒂芬·罗宾斯认为，管理外部利益相关者首先应该确定(　)。
　　A．谁是组织的利益相关者　　　B．利害关系是什么
　　C．利益相关者对组织有多关键　D．通过什么方式来管理外部利益相关者

3. 多选题

(1) 管理环境包括(　)3个层次。
　　A．一般环境　　　B．任务环境　　　C．组织内部环境
　　D．硬件环境　　　E．软件环境
(2) (　)属于组织的一般环境。
　　A．国际环境　　　B．技术环境　　　C．社会文化环境
　　D．经济环境　　　E．法律政治环境
(3) (　)不属于组织的任务环境。
　　A．顾客　　　　　B．供应商　　　　C．国际局势
　　D．社会文化环境　E．自然环境
(4) (　)属于组织的任务环境。
　　A．顾客　　　　　B．供应商　　　　C．竞争者
　　D．潜在进入者　　E．替代品生产商

(5) 按照企业形象识别系统的思想，组织文化分为(　　)3个层次。
　　A．显现层——物质层　　　　　　　B．内层
　　C．核心层　　　　　　　　　　　　D．外层
　　E．表层——行为层
(6) 汤姆森认为，影响管理环境不确定性的因素有(　　)。
　　A．环境因素的重要程度　　　　　　B．环境因素不确定性
　　C．环境因素数量多少　　　　　　　D．环境因素的变化程度
　　E．环境因素的相似程度
(7) 组织在管理外部利益相关者时应该做到(　　)几点。
　　A．谁是组织的利益相关者　　　　　B．利害关系是什么
　　C．利益相关者对组织有多关键　　　D．通过什么方式来管理外部利益相关者
　　E．控制环境的变化程度

4．简答题
(1) 按照企业形象识别系统的思想，组织文化分为哪3个层次？举例说明每一个层次的内涵。
(2) 简述管理的环境因素都包含哪些。
(3) 根据斯蒂芬·罗宾斯的观点，组织文化的功能有哪些？
(4) 汤姆森是如何分析管理环境的不确定性的？
(5) 组织的任务环境(利益相关者)包括哪些？如何分析？

5．论述题
(1) 论述组织的任务环境如何影响目标的实现。
(2) 论述什么是组织文化，组织文化对组织管理有什么影响。

二、案例应用分析

人人是人才，赛马不相马
——海尔的人才观

1．人人是人才，赛马不相马

你能够翻多大跟头，给你搭建多大舞台。

现在缺的不是人才，而是出人才的机制。管理者的责任就是要通过搭建"赛马场"为每个员工营造创新的空间，使每个员工成为自主经营的SBU(strategical business unite，战略事业单位)。

赛马机制具体而言，包含3条原则：一是公平竞争，任人唯贤；二是职适其能，人尽其才；三是合理流动，动态管理。在用工制度上，实行一套优秀员工、合格员工、试用员工"三工并存，动态转换"的机制。在干部制度上，海尔对中层干部分类考核，每一位干部的职位都不是固定的，届满轮换。海尔人力资源开发和管理的要义是，充分发挥每个人的潜在能力，让每个人每天都能感到来自企业内部和市场的竞争压力，又能够将压力转换成竞争的动力。这就是企业持续发展的秘诀。

"我的创新上中央电视台《新闻联播》了！"海尔冰箱中二事业部订单经理李少杰，提起2004年8月3日，十分兴奋："中央电视台《新闻联播》播出了我的事迹。当时我在车间里还没下班，爱人打电话给我，那高兴劲儿可别提了！之后又有不少亲友打来电话祝贺。这一段时间里，我在精益生产推进过程中取得了一些成绩，钣金线的节拍比前段时期20秒/台又有提高，达到19秒/台。这次企业选择我作为典型在中央电视台播出，让我更加明白：有创新，才能成功！"

对这一天，洗衣机事业部检验班长田丰青同样难以忘怀："妈妈，你太厉害了，你上中央电视台《新闻联播》了！"8月3日晚上，我正在家看连续剧，突然接到了在外婆家的儿子打来的电话；我那铁杆球迷老爸连球赛都不看了，抢过话筒向我祝贺！那是7月31日，中央电视台记者现场采访了我的创新成果。回家我把这事说了，没想到球迷老爸每到《新闻联播》时间就马上换频道，连亚洲杯也"忍痛割爱"，等

了3个晚上，终于看到了报道！第二天一上班，迎接我的都是同事们祝贺的笑容，我简直成了厂里的焦点人物！说真的，要不是在海尔，我做梦也上不了中央电视台。就拿这项创新说吧，我只是提出了一个想法：使洗衣机的"耐压"和"接地"两个检测工序合二为一，厂里的技术人员就很快改造出了一台先进的仪器。要在别的企业，可能提也白提。真幸运，我是一名海尔人！

在海尔，最让人感动的是，很多普普通通在平凡工作岗位上的员工，能够用心去做自己的工作；一些生产线上普通的工人为了提高生产效率，搞一个技术改革，自己回家拿出钱用自己的业余时间去做。如果每个人都能够用心去创造，去发明，去把自己的工作做好，把自己的工作再提高一步，那么不管什么困难我们都能克服！

人都希望得到别人的尊重，都希望自己的价值得到承认。只要员工为客户创造了价值，管理者就肯定员工的价值，这就是管理的核心。

2. 授权与监督相结合

充分的授权必须与监督相结合。

海尔制定了3条规定：在位要受控，升迁靠竞争，届满要轮流。

在位要受控有3个含义：一是干部主观上要能够自我控制、自我约束，有自律意识；二是海尔要建立控制体系，控制工作方向、工作目标，避免犯方向性错误；三是控制财务，避免违法违纪。

升迁靠竞争是指有关职能部门应建立一个更为明确的竞争体系，让优秀的人才能够顺着这个体系上来，让每个人既感到有压力，又能够尽情施展才华，不至于埋没人才。

届满要轮流是指主要干部在一个部门的时间应有任期，届满之后轮换部门。这样做是防止干部长期在一个部门工作，思路僵化，缺乏创造力与活力，导致部门工作没有新局面。轮流制对于年轻的干部还可增加锻炼机会，使其成为多面手，为企业今后的发展培养更多的人才。

3. 人材、人才、人财

海尔首席执行官张瑞敏对何为企业人才进行了分析，提出企业里人才大致可由高到低分为以下3类：①人材——这类人想干，也具备一些基本素质，但需要雕琢，企业要有投入，其本人也有要成材的愿望；②人才——这类人能够迅速融入工作、能立刻上手；③人财——这类人通过其努力能为企业带来巨大财富。

对海尔来说，好用的人就是人才。人才的雏形，应该是人材，这是人才的毛坯，是"原材料"，需要企业花费时间去雕琢。但在如今堪称"生死时速"的激烈的市场竞争中，企业没有这个时间。人才的发展是人财。人才是好用的，但是好用的人才不等于就能为企业带来财富；作为最起码的素质，人才认同企业文化，但有了企业文化不一定立刻就能为企业创造价值。只有企业文化还不行，还要能为企业创造财富，这样的人才方能成为人财。无论是经过雕琢、可用的人材，还是立刻就能上手的、好用的人才都不是企业的最终目的；企业要寻求的是能为企业创造财富和价值的人财，只有人财才是顶尖级人才，可以为企业创造财富、创造价值。企业要想兴旺发达，就要充分发现、使用人财。

4. 今天是人才，明天未必还是人才

人才的定义，就要看为社会创造价值的大小，每一位海尔人都应该而且能够成为人才，为社会创造更大的价值。人才是一个动态的概念，现在市场竞争非常激烈，今天是人才，明天就未必还是人才，海尔人应该不断自我超越，不断提高自身素质。

如何不断提高自身素质，做永远的人才？一定要有自己的理想、自己的目标。如果没有坚定的目标，在提高自身素质、自我挑战的过程中就会彷徨、动摇。每个海尔人都有自己的梦想，而这个梦想一定要和海尔创造世界名牌的大目标结合起来。

5. TVM：海尔的全员增值管理

以前管理界有全面质量管理(total quality management，TQM)、全面设备管理(total productive management，TPM)、全面预算管理(total budgetary management，TCM)等。现在海尔推进的是让每个人通过创新实现增值的管理，即TVM(total value management，全员增值管理)。

全员增值管理的关键在"V"，即value(价值)上。这是将品牌增值的目标细化到每个人的增值目标之中。

TVM和SBU机制的区别：SBU是战略事业单位，其标志是每个人都有市场目标、市场订单、市场效果和市场报酬,表现在每个人都有一张损益表,但损益表中,有赢利的,也有亏损的,赢利的 SBU 才能产生增值;TVM 是让每位员工通过创新产生增值的管理模式,增值的 SBU 才是有意义的!

他出生于济宁兖州,父亲和母亲都是一名普普通通的工人,父母每日早出晚归的身影、疲累的面孔让小小的他有了一个愿望:将来,一定要想出好办法让父母减轻疲惫感。

今天的他,站在海尔洗衣机的工作现场,用自己的创新智慧为生产线解决了一个个难题,被评为"质量示范岗"人员,他就是洗衣机事业部工艺经理崇宝雷。

其实,除了小时候的愿望,还有一份动力在支持着崇宝乐此不疲地创新:"每次创新被认可后,我就感到自己的工作受到了别人的尊敬,我享受这种通过创新带来的成就感!"

在海尔推进"标准工装"的同时,崇宝雷也在为操作工现场使用的周转箱绞尽脑汁,先是从现场使用箱型上下工夫,每天往返于物料区和生产线之间,手里的零部件小到过滤器,大到控制盘座……

在这个过程中,崇宝雷了解到:操作工最头疼的是在使用完一箱部件后,要先把空箱拿下才能使用下一箱。

在多次的测量和实践后,崇宝雷拿出了一套"折叠工装"包装方案。根据部件大小设定箱的单、双层,并把固定箱改为可折叠式,直接简化了操作:只要一个叠起的步骤即可代替以前操作工搬上搬下的过程。"折叠工装"经过在几种大型部件上试用,效果很好!

"折叠工装"增值了,崇宝雷也实现了自己的增值!

问题:

(1) 通过案例总结海尔的人才观。

(2) 从案例来看,海尔文化的核心是什么?

(3) 你是人材、人才,还是人财?如何才能让自己成为人财?

(资料来源:http://wiki.mbalib.com/wiki/海尔企业文化.)

阅读材料

波特五力分析模型

1. 波特五力分析模型简介

五力分析模型是波特于 20 世纪 80 年代初提出,对企业战略制定产生全球性的深远影响。用于竞争战略的分析,可以有效地分析客户的竞争环境。五力分别是供应商的议价能力、购买者的议价能力、潜在竞争者进入的能力、替代品的替代能力、行业内竞争者现在的竞争能力。5 种力量的不同组合变化最终影响行业利润潜力变化。

2. 波特五力分析模型详解

五力分析模型将大量不同的因素汇集在一个简便的模型中,以此分析一个行业的基本竞争态势。五力分析模型确定了竞争的 5 种主要来源,即供应商的议价能力、购买者的议价能力、潜在进入者的威胁、替代品的威胁,以及同业竞争者的竞争程度。一种可行战略的提出首先应该包括确认并评价这 5 种力量,不同力量的特性和重要性因行业和公司的不同而变化。

1) 供应商的议价能力

供应商主要通过其提高投入要素价格与降低单位价值质量的能力,来影响行业中现有企业的赢利能力与产品竞争力。供应商力量的强弱主要取决于其所提供给买主的是什么投入要素,当供应商所提供的投入要素的价值构成了买主产品总成本的较大比例、对买主产品生产过程非常重要或者严重影响买主产品的质量时,供应商对于买主的潜在讨价还价力量就大大增强。一般来说,满足如下条件的供应商集团会具有比较强大的讨价还价力量。

(1) 供应商行业为一些具有比较稳固市场地位而不受市场剧烈竞争困扰的企业所控制,其产品的买主很多,以至于每一单个买主都不可能成为供应商的重要客户。

(2) 供应商各企业的产品各具有一定特色,以至于买主难以转换或转换成本太高,或者很难找到可与供应商企业产品相竞争的替代品。

(3) 供应商能够方便地实行前向联合或一体化,而买主难以进行后向联合或一体化。(注:简单地按中国说法,即店大欺客)

2) 购买者的议价能力

购买者主要通过其压价与要求提供较高的产品或服务质量的能力来影响行业中现有企业的盈利能力。一般来说,满足如下条件的购买者可能具有较强的讨价还价力量。

(1) 购买者的总数较少,而每个购买者的购买量较大,占了卖方销售量的很大比例。

(2) 卖方行业由大量相对来说规模较小的企业所组成。

(3) 购买者所购买的基本上是一种标准化产品,同时向多个卖主购买产品在经济上也完全可行。

(4) 购买者有能力实现后向一体化,而卖主不可能前向一体化。(注:简单地按中国说法,即客大欺主)

3) 潜在进入者的威胁

潜在进入者在给行业带来新生产能力、新资源的同时,希望在已被现有企业瓜分完毕的市场中赢得一席之地,这就有可能会与现有企业发生原材料与市场份额的竞争,最终导致行业中现有企业盈利水平降低,严重时还有可能危及这些企业的生存。竞争性进入威胁的严重程度取决于两方面的因素,这就是进入新领域的障碍大小与预期现有企业对于进入者的反应情况。

进入障碍主要包括规模经济、产品差异、资本需要、转换成本、销售渠道开拓、政府行为与政策(如国家综合平衡统一建设的石化企业)、不受规模支配的成本劣势(如商业秘密、产供销关系、学习与经验曲线效应等)、自然资源(如冶金业对矿产的拥有)、地理环境(如造船厂只能建在海滨城市)等方面,这其中有些障碍是很难借助复制或仿造的方式来突破的。预期现有企业对进入者的反应情况,主要是采取报复行动的可能性大小,则取决于有关厂商的财力情况、报复记录、固定资产规模、行业增长速度等。总之,新企业进入一个行业的可能性大小,取决于进入者主观估计进入所能带来的潜在利益、所需花费的代价与所要承担的风险这三者的相对大小情况。

4) 替代品的威胁

两个处于同行业或不同行业中的企业,可能会由于所生产的产品是互为替代品,从而在企业之间产生相互竞争行为,这种源自于替代品的竞争会以各种形式影响行业中现有企业的竞争战略。第一,现有企业产品售价及获利潜力的提高,将由于存在着能被用户方便接受的替代品而受到限制;第二,由于替代品生产者的侵入,使得现有企业必须提高产品质量,或者通过降低成本来降低售价,或者使其产品具有特色,否则其销量与利润增长的目标就有可能受挫;第三,源自替代品生产者的竞争强度,受产品买主转换成本高低的影响。总之,替代品价格越低、质量越好、用户转换成本越低,其所能产生的竞争压力就强;而这种来自替代品生产者的竞争压力的强度,可以具体通过考察替代品销售增长率、替代品厂家生产能力与盈利扩张情况来加以描述。

5) 同业竞争者的竞争程度

大部分行业中的企业,相互之间的利益都是紧密联系在一起的,作为企业整体战略一部分的各企业竞争战略,其目标都在于使得自己的企业获得相对于竞争对手的优势。因此,在实施中就必然会产生冲突与对抗现象,这些冲突与对抗就构成了现有企业之间的竞争。现有企业之间的竞争常常表现在价格、广告、产品介绍、售后服务等方面,其竞争强度与许多因素有关。

一般来说,出现下述情况将意味着行业中现有企业之间竞争的加剧:①行业进入障碍较低,势均力敌的竞争对手较多,竞争参与者范围广泛;②市场趋于成熟,产品需求增长缓慢;③竞争者企图采用降价等手段促销;④竞争者提供几乎相同的产品或服务,用户转换成本很低;⑤一个战略行动如果取得成功,其收入相当可观;⑥行业外部实力强大的企业在接收了行业中实力薄弱企业后,发起进攻性行动,结果使得刚被接收的企业成为市场的主要竞争者;⑦退出障碍较高,即退出竞争要比继续参与竞争代价更高,在这里,退出障碍主要受经济、战略、感情及社会政治关系等方面的影响,具体包括资产的专用性、退出的固定费用、战略上的相互牵制、情绪上的难以接受、政府和社会的各种限制等。

行业中的每一个企业或多或少都必须应付以上各种力量构成的威胁,而且客户必须面对行业中的每一个竞争者的举动。除非认为正面交锋有必要而且有益处,如要求得到很大的市场份额,否则客户可以通过设置进入壁垒,包括差异化和转换成本来保护自己。当一个客户确定了其优势和劣势时(参见SWOT分析),客户必须进行定位,以便因势利导,而不是被预料到的环境因素变化所损害,如产品生命周期、行业增长速度等,然后保护自己并做好准备,以有效地对其他企业的举动做出反应。

根据上面对于5种竞争力量的讨论,企业可以采取尽可能地将自身的经营与竞争力量隔绝开来、努力从自身利益需要出发影响行业竞争规则、先占领有利的市场地位再发起进攻性竞争行动等手段来对付这5种竞争力量,以增强企业的市场地位与竞争实力。

(资料来源:http://wiki.mbalib.com/wiki/波特五力分析模型.)

第 4 章 管理道德与社会责任

教学目标

通过本章的学习,理解伦理和道德的概念,识别管理伦理问题的五种类型;列举伦理道德与经济学之间的关系,以及伦理道德的管理学意义;区分 5 种道德观,识别道德管理的特征和影响管理道德的因素;了解改善伦理道德因素;理解企业社会责任的含义及表现。

教学要求

知识要点	能力要求	相关知识
伦理道德	(1) 伦理道德的理解 (2) 管理的伦理道德问题	(1) 伦理的含义 (2) 道德的含义 (3) 伦理道德与经济运行 (4) 伦理道德的管理学意义
道德观	5 种道德观	(1) 功利主义道德观 (2) 权利至上道德观 (3) 公平公正道德观 (4) 社会契约道德观 (5) 推己及人道德观
伦理管理行为特征	(1) 了解道德管理特征和影响管理道德的因素 (2) 理解改善伦理道德行为的途径	(1) 道德管理的特征 (2) 影响管理道德的因素 (3) 改善伦理道德的途径
组织的社会责任	(1) 社会责任含义的理解 (2) 了解组织社会责任的体现	(1) 社会责任的含义 (2) 组织社会责任的体现

> 道德是永存的,而财富每天在更换主人。
>
> ——普卢塔克

 基本概念

　　道德　伦理　功利主义　社会契约　推己及人　道德管理　社会责任　功利主义道德观　权力至上道德观　公平公正道德观　推己及人道德观

道德的起源

　　把5只猴子关在一个笼子里,上面有一串香蕉,实验人员装了一个自动装置,一旦侦测到有猴子要去拿香蕉,马上就会有水喷向笼子,而这5只猴子都会淋湿。

　　首先,有只猴子想去拿香蕉,当然,结果就是每只猴子都淋湿了。之后每只猴子在几次的尝试后,发现莫不如此。于是,猴子们达成一个共识:不要去拿香蕉,以免被水喷到。

　　后来,实验人员把其中的一只猴子释放,换进去一只新猴子A。

　　猴子A看到香蕉,马上想要去拿。结果,被其他4只猴子揍了一顿。因为其他4只猴子认为,猴子A会害他们被水淋到,所以制止它去拿香蕉,猴子A尝试了几次,被打得满头包,依然没有拿到香蕉。当然,这5只猴子就没有被水淋湿。

　　后来,实验人员再把一只旧猴子释放,换上另外一只新猴子B。

　　猴子B看到香蕉,也是迫不及待地要去拿。当然,一如刚才所发生的情形,其他4只猴子揍了猴子B一顿。特别是,猴子A打得特别用力。猴子B试了几次总是被打得很惨,只好作罢。

　　后来,慢慢地一只一只地,所有的旧猴子都换成新猴子了,大家都不敢去动香蕉。但是,它们都不知道为什么,只知道去动香蕉会被其他猴子揍。

　　这就是道德的起源。

 点评:道德源于冲突。

　　管理者在组织中从事的管理工作,受到组织的内部因素和外部竞争环境的影响,组织在社会生存和发展,也必受到整个社会、行业、社区的法律、规范、文化、习俗等众多因素的影响,当组织的管理者、组织的目标与这些影响因素及其利益发生冲突时,管理的伦理和社会责任问题就产生了。

4.1 伦 理 道 德

　　组织管理需要伦理道德,不只是因为现代企业的经济运行面临诸多伦理困境与道德风险,更不是因为伦理道德作为有效的文化工具可以帮助企业更好地达到经济目的,最根本的是,伦理道德是现代企业的核心价值构件,具有特殊的管理意义和文明意义。

4.1.1 伦理、道德的含义

　　罗国杰在《伦理学教程》中认为,"伦理"和"道德"不同,道德较多的是指人们之间实际的道德关系,伦理则较多的是指有关这种关系的道理。魏英敏、金可溪认为,就西方而论,"伦理"和"道德"两个词,意义基本相同,在很长的历史时期里都是互相通用的,直到黑格尔才明确地将其加以区别,前者指社会道德,后者指个人道德。

道德作为社会意识形态是指调节人与人、人与自然之间关系的行为规范的总和。伦理从本质而言,是关于人性、人伦关系及结构等问题的基本原则的概括。伦理与道德是具有显著区别的两个概念,伦理范畴侧重于反映人伦关系,以及维持人伦关系所必须遵循的规则,道德范畴侧重于反映道德活动或道德活动主体自身行为;伦理是客观的,是他律的,道德是主观的,是自律的。

伦理确实没有什么深刻而完整的了解,"伦理"二字与"道德"二字一起出现的次数比较多。关于"道德",老子说:"道可道,非常道。"也就是说,"道"并非指的是一条具体的道路,而是一个抽象出来的概念,如几何学上"点、线、面"的概念,物理学上"质点"的概念。"道德"就是指走路的德行,类似于约定俗成的交通秩序,引申为人在社会上为人处世的规则。那么伦理与道德在内涵上是有一些共通之处的。

"伦",次序之谓也,"伦理"似乎便是指长幼尊卑的道理,如中国有"天地君亲师"的古训。伦理与道德都在一定程度上起到了调节社会成员之间相互关系的规则的作用。规则是为现实的存在不被破坏服务的,它本身并不倡导创新,甚至在一定程度上束缚了创新,而规则与创新的矛盾无一不是以创新的成功和规则的被打破之后形成新的规则而结束的,可以说形成了一种社会的"微扰"机制。

但是事情并非如此简单。仅拿其所起的作用来定义一个词是不充分的。况且"伦理"与"道德"似乎也是有着许多不同的。

除了"道德"所针对的客体较"伦理"所针对的客体宽泛之外,两者还有许多其他不同。例如,"道德"是随着社会所处的阶段乃至文化环境的不同而有着不同规范的。举两个例子:其一,在古代氏族部落里,财产是共有的,保留私有财产是不道德的,而拿走其他部落成员刚刚用过的工具也没有什么不道德。在法律认可私有财产的现代社会,保留私有财产不再是不道德的,而拿走他人的工具则要征求他人的意见。其二,在中国,问别人的年龄和薪水是很正常的,似乎还隐隐有点人文主义关怀的味道,而在西方某些国家,询问年龄和薪水是不太道德的。

而"伦理"则似乎是有些不随时间和空间漂移的东西在里面。例如,传说中伏羲和女娲是兄妹通婚,虽说太古洪荒年代,兄妹通婚没有太多道德非议,但终究是违背伦理的,在这里伦理似乎涉及近亲结婚导致后代基因缺陷概率增大的问题。显然,以这样一个不完善的概念是无法说服并阻止人类进行诸如克隆人和人体干细胞研究这样的科学实验的。

"伦理"的"伦"即人伦,指人与人之间的关系;"理"即道理、规则。"伦理"就是人们处理相互关系应遵循的道理和规则。社会生活中的人与人之间存在着各种社会关系,如生产劳动中的关系、亲属关系、上下级关系、朋友关系、同志关系、敌对关系等。由此必然派生出种种矛盾和问题,就需要有一定的道理、规则或规范来约束人们的行为,调整人们相互之间的关系。道德就是调整人们相互关系的行为规范的总和,而伦理学就是研究道德的学问。因此,伦理学又称道德哲学或人生哲学。伦理学是人类知识中一门最古老的学问。我国最早论述伦理道德的思想家是孔子。在西方,伦理学是由古希腊哲学家亚里士多德创立的。

4.1.2 伦理道德与经济运行

伦理道德作为一种意识形态，不仅为一定社会经济所决定，而且也反作用于一定社会经济的发展。

一般来说，经济发展作为人们经济活动和经济努力的结果，不可能仅仅是物质生产要素引起的。但在新制度经济学产生之前，西方主流经济学家只是从物质生产要素变化的角度来分析把握社会经济的增长与发展，并认为经济发展只是物质生产要素特别是技术要素变化的结果。因此，在西方主流经济学家有关经济增长的理论模型中，制度是被排除在外的。在他们看来，制度不过是经济发展的既定前提和外在条件，或者只是外生的变量。至于伦理道德，更是不在其视线之内，有人甚至否认市场经济还有其道德基础。然而以道格拉斯·诺思等人为代表的新制度经济学家，却以其对人类经济发展的历史和现实进行全面考察和实证分析的结果充分证明：制度(含伦理道德等意识形态因素)是决定或制约经济发展的关键因素。

伦理道德何以构成制约经济发展的重要因素呢？从根本上说，这决定于伦理道德与人类行为的关系。在一般人的经济行为中不只是存在追求财富最大化动机和机会主义倾向，同时也存在追求非财富(利他主义、自愿负担等)最大化倾向。也就是说，人们在经济活动中不仅仅是希望获得物质利益上的回报，而且同时希望得到精神价值上的回报。这就决定了伦理道德的力量必然会对人的经济行为产生作用。即使从单纯经济的观点看，意识到遵守一定伦理道德规则会有经济上的好处和利益回报的经济主体，也会接受一定的伦理道德约束。那种认为对人类经济行为起决定作用的知识经济的力量，而伦理道德的力量一般都会游离于人类经济活动之外的观点是不能成立的。事实上，人们的经济活动不仅是经济的力量起作用的体现，同时也是其内在价值的一种表达。正是因为伦理道德作为一种非正式的制度要素和内化了的影响力能对人类经济行为发生重要影响，所以它也就必定对经济发展起一定制约作用。

伦理道德在总体上既作为制度性因素又作为精神因素影响经济行为以致促进经济发展。它主要有以下几个作用点。

1. 通过对人们的经济努力提供激励，促进经济的增长和发展

现代经济发展首先来自于社会生产率的提高。社会生产率的提高又来自两个方面：一是分工和专业化；二是个人和组织的积极性。人们的经济努力特别是进行涉及长远利益的投资与创新，显然是需要社会激励的。由于人类行为具有寻求合理性依据和追求非财富最大化的偏好，伦理道德上的激励就不仅是不可或缺的，而且是至关重要的。离开伦理道德的支持正式制度难以发挥作用；即使在正式制度正常发挥激励作用的情况下，伦理道德的激励对人们的经济努力也起着独特而重要的作用。

2. 通过减少交易费用，促进经济的增长和发展

交易费用是新制度经济学的创始人科思的一大发现。所谓交易费用，就是处理人与人之间的交易关系做需要的成本，包括获取交易信息的费用、交易中的谈判费用、协调费用，以及合约的签订、实施和监督所需要的费用等。表面看来，减少交易费用似乎与经济发展的大局无关。实际上，在分工和专业化带来的好处(生产成本下降)有可能被它带来的交易

费用的增加抵消的情况下,设法降低交易费用就成为发展经济的要害所在。能够降低交易费用,不仅关系到人们投入产出的经济效益,而且会对人们的积极性、资源的优化配置和规模经济效益的实现产生广泛而深刻的影响。由于交易费用不仅与非个人交换形式下环境的不确定性、信息的不完全性和不对称性有关,而且与人们的利益分歧和行为的不确定性有着更为根本的联系。因此,协调人们之间的利益关系或减少人与人之间的摩擦力,强化人们行为的确定性就是降低交易费用的根本途径。在这里伦理道德的作用十分突出,它一方面作为一种外在影响力抑制欺骗假冒和机会主义行为倾向;另一方面又作为一种内化了的影响力强化人格的可靠性,从而内在地阻止不诚实、投机取巧、背信弃义等行为的发生。伦理道德的这种作用虽不像正式制度约束那样有力度,但其作用的广度和深度却是正式制度所远远不及的。由于正式制度的运行本身需要较高的成本,伦理道德的作用就更不可少。可以说,对于节省交易费用,伦理道德的贡献比正式制度的贡献大得多。如果没有处理人与人关系的伦理道德的帮助,仅靠正式制度的有限作用,几乎是没有希望大幅度降低交易费用的。

3. 通过提高合作规模经济效益,推进经济的增长与发展

现代经济实际上是更大范围的分工合作经济。这种经济的发展,不仅是通过不同经济主体的竞争所带来的活力和效率促成的,而且更是通过不同经济主体的分工合作所带来的规模效益促成的。不同经济主体的分工合作,既包括经济组织的内部合作,也包括超越私人联系和组织界限的社会合作,如企业与政府、企业与企业、企业与消费者的广泛交换关系的建立都是社会大范围的合作。经济组织内部的合作产生组织的合作效益、全社会乃至全球范围的经济合作(或交换)则带来普遍的规模经济效益。然而,不管是现代经济组织的内部合作还是更大范围的社会合作(交换),显然都是在一定伦理道德的支持下得以进行和达成的。可以说,伦理道德是促成合作的前提和基础,也是促成合作的重要机制。没有一定伦理道德作为基础和机制便无法建立起组织内外的人与人之间的信任关系,特别是市场上的广泛信任关系。而没有信任,合作当然无从谈起。伦理道德可以使人走向合作,合作则给人带来更大的好处。在时下中国,经济生活中之所以存在大量不合作的现象,全社会范围的广泛交换关系之所以难于建立起来,合作规模经济效益之所以上不去,不仅与相应的制度创新没有跟上有很大关系,而且与中国还没有形成市场经济的道德基础和道德秩序有实质性联系。

4. 通过影响人们的精神取向、人格素质和工作态度,促进经济的增长和发展

韦伯说,新教伦理塑造了从事商业的教徒们的资本主义精神(即追求利益和效率最大化的精神)和与此相关的行为品格(节欲苦行)及敬业精神,并因此导致了资本主义经济的发展,这不是没有一定道理的。当一个民族的大多数人的精神取向还未指向经济发展,还不在乎工作的经济效率和经济绩效,其人格素质和工作态度还与现代经济发展的要求格格不入之时,该民族的经济发展就是不可想象的。在中国,发展市场经济的契机很早以前就有了,可为什么迟迟没有发展起来呢?这不能说与中国传统伦理文化造就的中国人重义轻利、重农轻商的精神取向等没有联系。而市场经济在当今中国开始发展起来且又面临重重困难,显然与中国人经过100多年的苦苦挣扎和新文化启蒙,终于在精神上接受了贫穷不是社会主义、发展才是硬道理等现代理念,确定了以经济建设为中心和义利并举、义在利中的价值取向,但又还没有完成这种精神上的调整,特别是没有形成现代经济所要求的人格素质

和工作态度等有很大关系。这里的道理主要在于伦理道德作为一种与文化传统相联系的意识形态，必定会对人们的精神取向、人格素质和工作态度发生重大影响。而人们的精神取向、人格素质和工作态度，不仅决定人们是否把主要精力投入到与经济发展相关的事业中去，而且会作为人力资源对经济发展产生质的影响。

4.1.3 管理的伦理道德问题

管理的伦理道德问题集中表现在管理者实际工作中所面临的道德困境，在这种困境中管理者经常会面临一些组织利益、相关群体利益与自身利益的两难选择，如果不要受贿，是否应该欺骗等。这种选择依据社会或组织特定的组织行为规范，即伦理规范，有些则完全依赖于管理者个人的道德标准及其选择。

美国学者戴维·J·弗利切把管理的伦理问题总结为五大类，即贿赂、胁迫、欺骗、偷窃和不公平歧视。这5类问题基本包括了管理者所提到的大部分棘手的、应当受到谴责的不合伦理的商业行为。

1. 贿赂

贿赂是通过购买影响力而操纵别人。贿赂被定义为"提供、给予、接受或要求有价值之物，以达到影响官员履行公共或法律职责时所做行为的目的"。有价值之物可以是现金或其他资产，也可以是交易完成后的回扣。贿赂使受贿人与其所在的组织之间产生利益冲突，受贿人对其所在的组织有一种受托义务，而贿赂产生的个人利益很可能与组织利益冲突。最常见的贿赂目的是增加销售、进入新市场、改变或规避公共政策。

2. 胁迫

胁迫是指用暴力或威胁控制他人。它的定义是"用武力、武器或威吓进行强制、限制、威胁，可以是实际地、直接地或明确地，如用武力强迫他人做违背其意愿的事，也可以是暗示地、合法地或推定地，如一方受另一方压力的制约去做依其本意不会做的事"。强制力常常是一方威胁要使用其对不利一方的控制权。胁迫包括威胁某人要阻碍其提升，让其丧失工作，或在行业中投票反对他，还可能是迫使某人做违背其个人信念的行为。使用胁迫的目的是让某人做违背其意愿的行为。受胁迫的对象也可以是一个公司，如强迫一个零售商要得到其想要的产品就必须经营某种特定产品。

3. 欺骗

欺骗是通过误导来操纵他人或某个公司。欺骗是指"欺骗性的行为，以虚假的语言或行动蓄意误导，明知故犯地做虚假的关于现在或过去的报道或描述"。这种不诚实行为是违反商业伦理的最常见形式。欺骗包括对研究数据或会计数据进行歪曲或做假、做误导性广告，以及不真实地描述产品。它的表现还有篡改花销报告、剽窃其他产品的性能鉴定证书，以及不真实地描述财务状况。欺骗的范围从可能不产生危害或产生极小危害的小谎言到产生严重经济危害或人身伤害(包括死亡)的大的欺骗性阴谋。

4. 偷窃

偷窃就是拿走不属于自己的东西。约瑟夫·诺兰和杰奎琳·诺兰黑利把它定义为"盗窃的行为，即在未经主人同意的情况下取得其财产"。偷窃同样包括了许多种违反伦理的行为。财产可以是有形的或是抽象的。偷窃也包括在内部交易中把内部信息当做自己的来使用,以及制造假冒伪劣产品和价格欺诈,还包括使用一个公司的专有信息达到另一个公司的目的,这些信息可能是通过在未经许可的情况下用该公司的计算机或程序而获得的。价格串通构成偷窃,因为串通价格比正常价格高,所以买方要为商品交换付出多于实际需要的钱。在签订和履行合同的时候做假也构成偷窃,因为在侵害方在未予同意的情况下就失去了有价物品。同样,欺骗顾客、过度推销及不正当定价都是在未经财产所有人同意的情况下取得其财产。

5. 不公平歧视

不公平歧视的定义是"不平等待遇,或因种族、年龄、性别、国籍或信仰等而拒绝给予某人通常的权利,或在受优待者和不受优待者之间难以找到合理区别的情况下不能平等地对待所有人"。这里指的是"不公平"的歧视,要与基于大多数人公认的相关标准的"区别对待"相区分。人们是按其价格被雇用的,报酬的多少反映了人们对组织的相对贡献。不公平歧视是指根据不恰当的标准区别对待一个人或一部分人,关键的问题是使用的标准是否与工作或职责的要求相对应。

戴维·J·弗利切还以表 4-1 来分析上述不道德情形在宏观上产生的"恶"影响。

表 4-1 不合伦理的行为对企业的影响

行为	对决策者的影响	行为可能产生的结果
贿赂	不劳而获的个人收益、改变决策的选择	成本增加、产品/服务质量下降
胁迫	害怕迫害改变决策的选择	成本增加、产品/服务质量下降
欺骗	改变决策的选择	满意度降低
偷窃	丢失资源	成本增加或产品/服务消失
不公平歧视	购买较差的服务、卖价低于市场价	成本增加、需求减少

特别提示

企业是一个利益关系体,企业经营是一种合作活动。怎样处理与利益相关者的关系是不可避免的、每时每刻都面临的问题。

管理案例

安达信公司的衰落

安达信公司(以下简称安达信)始创于 1913 年,创始人为亚瑟·安德森。由于其惯有的专业化特色及严格标准,安达信赢得了公众的信任,并得以迅速崛起。1918 年,安达信率先提出了一个全新的业务概念——管理信息咨询,随即展开了在美国的迅速扩张。此后,安达信在业界中率先步入了计算机时代,独立开发出了世界上第一套商务应用软件,并为通用电气的一个厂建立了计算机化薪资管理系统,成为计算机商业化应用的先驱。

更为难得的是,在长达半个世纪的时间里,亚瑟·安德森的每一位继任者都以其创始人为楷模,继续保持其保护公众利益的姿态,甚至宁愿牺牲本公司和其他公司的利润,也要坚持使用严格的会计标准,从而使得安达信声誉日隆。2001 年,安达信已经发展成为全球第五大会计师事务所,代理着美国 2 300 家上市公司的审计业务,在全球84个国家设有分公司,拥有4 700名合伙人,2 000家合作伙伴。专业人员达8.5万人,年度财政收入为93.4亿美元。

遗憾的是,好景不长,安达信的盛况在2001年12月2日这一天开始了逆转。这一天美国能源巨头——安然公司突然宣布申请破产保护。这一消息令美国人大为震惊,因为安然公司一直是工商界的巨擘,是美国企业部落中不可能倒塌的图腾之一。人们在惊叹这桩美国历史上最大的破产案时,逐渐将目光聚集到了为安然的账簿提供审计的安达信会计师事务所上。既然安然的问题并非一日之功,那么作为独立审计师的安达信怎么一直没有发觉?

紧接着,爆出了更惊人的消息:负责安然的审计事务的安达信会计师行竟然销毁掉了大量与之相关的文件。2001年3月14日,安达信被美国联邦检察官以妨碍司法的罪名起诉。得克萨斯州休斯敦市的一个联邦大陪审团声称,在2000年10—11月间,"安达信心照不宣地、故意地、不诚实地劝说(雇员)修改、破坏、销毁及藏匿"与审计相关的文件。至此,冰山一角已显现。

随着调查的深入,越来越多的问题暴露出来。实际上,安达信在审计活动中的弄虚作假并非始自今日,也并非密不透风,但均被它一一应付了过去,并未造成太大影响。于是,侥幸心理和短期利益驱使着安达信在做假的歧路上越走越远,终至东窗事发,不可收拾。在过去20年里,安达信至少有10次出钱平息了政府或客户公司股东的怨气,以避免他们调查发现安达信故意忽略、无视甚至是隐瞒了客户公司的财务问题。仅在2000年,安达信就向佛罗里达州的家电制造商Sunbeam公司的股东支付了1.1亿美元的赔偿金,交换条件是他们不要指控安达信签字通过了该公司虚报的利润额。

2002年8月31日,媒体又传来消息,安达信美国公司在其总部芝加哥宣布,将退出公司从事了89年之久的上市公司审计业务。安达信美国公司已经到达了倒闭的边缘。

安达信的美国公司是安达信的主力,在鼎盛时期,其员工达到2.8万人,其审计的客户也曾有1 200多家上市公司,可谓盛极一时。但就是这样一家赫赫有名的世界级公司,由于参与美国能源巨头安然公司做假账,仅仅9个月时间,安达信就从美国顶尖会计师事务所行列滑落到几乎关门大吉的地步。从媒体报道的消息来看,其景象颇为凄惨:公司雇员逐渐离去,文件也被储藏了起来,办公室的灯也被关上,办公用品已被捐献给慈善机构。

无论结果如何,安达信的没落总是不争的事实。安达信作为全球五大会计师事务所之一,其实力不可谓不强,水平不可谓不高,可它最终还是失败了。打败安达信的不是其对手,恰恰是它自己。

有学者这样评价安达信事件:中国古代的哲人老子曾说过"胜人者有力,自胜者强"。企业真正的对手不是别人,而是企业自己。失去了伦理善恶标准的企业是注定要失败的,即使安达信这样的巨人也不例外。

4.2 5种道德观

对道德观的认识,不同的角度会产生不同的看法。道德观是"对社会道德现象和道德关系的整体认识和系统看法。与人们的世界观、人生观紧密相连,相辅相成"。对道德的认识和观点,多是指对全部道德现象的认识和观点,有时也是指对某一类。在社会生活中,人们总是站在一定的社会地位和特定利益关系的立场上,去观察和认识各种社会道德的。因此,不同社会、不同阶级的人,就必然具有不同的道德观。

4.2.1 功利主义道德观

功利主义即效益主义,提倡追求"最大幸福"。这种观点认为能给行为影响所及的大多数人带来最大利益的行为才是善的。

但同时也存在两个不可回避的问题：其一就是为了实现最大利益，可能采取了不公平、不道德甚至损害他人或社会利益的手段；其二就是规定了对大多数人有利，没有固定所得利益如何在相关人员中分配，所以可能产生利益分配不公。

避免功利主义的方法是大力弘扬高尚的伦理道德观。道德是引导人们追求至善的良师。它教导人们认识自己，认识对家庭、对他人、对社会、对国家应负的责任和应尽的义务，教导人们正确地认识社会道德生活的规律和原则，从而正确地选择自己的行为和生活道路。

4.2.2 权利至上道德观

权利至上道德观认为，能尊重和保护个人基本权利的行为才是善的。正确理解这一观点需明确两点权利，即right，其基本意义是"正确"和"正当"。权利是相互的，"肯定自己是人，并尊敬他人为人"。

4.2.3 公平公正道德观

公平公正道德观认为，管理者不能因种族、性别、个性、个人爱好、国籍、户籍等因素对部分员工歧视，而那些按照同工同酬的原则和公平公正的标准向员工支付薪酬的行为是善的。

例如，现阶段中国城市各类组织中的农民工、临时工、非正式工与有编制的正式工之间工资待遇有着极大的差别。一些发达国家也存在大量非法劳工。

4.2.4 社会契约道德观

社会契约道德观认为，只要按照企业所在地区政府和员工都能接受的社会契约所进行的管理行为就是善的。

例如，美国公司在中国的雇员与美国本国的同等技能、同等绩效或同等职责的员工相比，工资待遇差别可能有 5～10 倍之多，并且中国员工在失业、医疗、休假方面的保障往往更少。但这些行为通常并不被认为不道德，而被视为正常至少是可以理解和接受的。

4.2.5 推己及人道德观

推己及人是中国儒家道德观的高度概括。儒家道德核心——"仁"，"仁"的核心——"爱人"，实施"仁"的基本原则——"己所不欲，勿施于人"。

可见，推己及人道德观追求的结果不是经济利益，而是"无怨"的"和为贵"，即今天的"合作"、"和谐"、"双赢"的结果。

特别提示

亚里士多德认为，美德是中庸之道。受到亚里士多德赞美的美德有勇敢、节制、慷慨、大方、大度、温和、友善、诚实、义愤、公正、骄傲、坚强、明智，以及自制等与人的意志相关的品德。

管理案例

冯景禧的平等观

20世纪80年代,在香港十大富翁中,最惹人注目、最具传奇色彩的就是冯景禧和他的新鸿基证券公司了。冯景禧平等地对待每一个顾客的思想已深入每个员工的心,成为公司的行为准则。

冯景禧的平等思想来自一次不平等的待遇。那天,冯景禧下班回家,突然心血来潮,走到巷口转角的面店去吃面。那家店很干净,看起来很舒服,于是冯景禧叫了一碗阳春面就坐下来吃,这时隔桌的客人吃完了面去付账,他吃的是排骨面,付了55元。他出门时,老板和店员站在两边,恭恭敬敬地说:"谢谢,谢谢,欢迎您再来。"冯景禧想,这家店对顾客也很热情。可当冯景禧吃完面,付了7元的账出门时,就没有人理他了。冯景禧心里不平:难道只有吃排骨面的人值得尊敬,吃阳春面的人就不值得尊敬吗?以后下决心再也不光顾这家面店了,同时也决心在他的店里一定要平等地对待每一位顾客。

一天,一位乞丐专程来买一块豆浆馒头,服务员感到为难,因为豆浆馒头在店里都是按仓出货的,从来没卖过一个。恰好这时冯景禧在店里,了解了情况后,他亲自拿了一个包好后郑重地交给乞丐,并在收钱后恭恭敬敬地说:"谢谢您的惠顾。"乞丐走后,店员们好奇地问冯景禧:"老板,以前不论什么顾客光顾,都是我们招呼,这次您为什么亲自接待一个乞丐呢?"冯景禧回答:"平时那些顾客,都是有钱、有身份的人,他们光临我店,当然应该欢迎,这没什么稀罕的。而这位乞丐,为了尝一尝我们的豆浆馒头,掏了身上仅有的一点钱。也许在这之后,他再也没有钱光顾我们店了,我当然应当亲自卖给他。"

4.3 道德管理的特征和影响管理道德的因素

管理者只有掌握了道德管理的特征和影响道德管理的因素,才能很好地开展道德管理。

4.3.1 道德管理的特征

1. 把遵守道德规范看做责任

崇尚道德的管理不仅把遵守道德规范视作组织获取利益的一种手段,更把其视作组织的一项责任。如果遵守道德规范会带来利益而不遵守道德规范会带来损失,组织当然会选择遵守道德规范。但是如果遵守道德规范会带来损失,而不遵守道德规范会带来利益,组织仍然选择遵守道德规范,这就是责任。承担责任意味着要付出额外成本。

2. 以社会利益为重

崇尚道德的管理不仅从组织自身角度更从社会整体角度思考问题。有时,为了社会整体的利益,甚至需要不惜在短期内牺牲组织自身的利益。

3. 重视利益相关者的利益

崇尚道德的管理尊重利益相关者的利益,善于处理组织与利益相关者的关系,也善于处理管理者与一般员工之间及一般员工内部的关系。崇尚道德的管理者知道,组织与利益相关者是相互依赖的。

4. 视人为目的

崇尚道德的管理不仅把人看做手段,更把人看做目的。组织行为的目的是为了人。德国著名伦理学家弗里德里希·包尔生说:"所有的技艺根本上都服务于一个共同的目的——人生的完善。""人生的完善"包括物质和精神两个方面。康德指出,人应该永远把他人看做目的,而永远不要把他人只看做实现目的的手段。他把"人是目的而不是手段"视为"绝对命令",应无条件地遵守。

5. 超越法律

崇尚道德的管理超越了法律的要求,能让组织取得卓越的成就。法律是所有社会成员必须遵守的最起码的行为规范。一个组织如果奉行"只要守法就行了"的原则,就不大可能积极地从事那些"应该的"、"鼓励的"行为,实际上也就放弃了对卓越的追求。仅仅遵守法律的组织不大可能激发员工的责任感、使命感,不大可能赢得顾客、供应者、公众的信赖和支持,因而也就不大可能取得非凡的成就。

相反,崇尚道德的管理虽不把组织自身利益放在第一位,但常常能取得卓越的业绩。美国著名企业默克公司创始人的儿子企业家乔治·W·默克说过这样一段话:"我们努力记住药品是为人的,而不是为了利润。如果我们记住了这一点,利润也就来了,而且总是会来的。我们记得越牢,利润就越大。"

6. 自律

崇尚道德的管理具有自律的特征。有时,社会舆论和内心信念能唤醒人们的良知、羞耻感和内疚感,从而对其行为进行自我调节。

7. 以组织的价值观为行为导向

组织的价值观不是个人价值观的简单汇总,而是组织所推崇的并为全体(或大多数)成员所认同的价值观。组织的价值观有时可以替代法律来对组织内的某些行为做"对错"、"应该不应该"的判断。崇尚道德的管理者通常为组织确立起较为崇高的价值观,以此来引导组织及其成员的一切行为。这种价值观一般能够激发成员做出不平凡的贡献,从而给组织带来生机和活力。

4.3.2 影响管理道德的因素

1. 道德发展阶段

研究表明,人类的道德发展要经历 3 个层次,每个层次又分两个阶段。随着阶段的上升,个人的道德判断越来越不受外部因素的制约。道德发展所经历的 3 个层次和 6 个阶段见表 4-2。

表 4-2 道德发展阶段

层 次	阶 段
前惯例层次:只受个人利益的影响,决策的依据是本人利益,这种利益是由不同行为方式带来的奖赏和惩罚决定的	(1) 遵守规则以避免受到物质惩罚 (2) 只在符合你的直接利益时才遵守规则
惯例层次:受他人期望的影响,包括对法律的遵守、对重要人物期望的反应,以及对他人期望的一般感觉	(1) 做你周围的人所期望的事 (2) 通过履行你允诺的义务来维持平常秩序

续表

层　　次	阶　　段
原则层次：受个人用来辨别是非的道德准则的影响，这些准则可以与社会的规则或法律一致，也可以与社会的规则或法律不一致	(1) 尊重他人的权利。在自身价值观和权利的选择上，置多数人的意见于不顾 (2) 遵守自己选择的道德准则，即使这些准则是违背法律的

道德发展的最低层次是前惯例层次，在这一层次，个人只有在其利益受到影响的情况下才会做出道德判断；道德发展的中间层次是惯例层次，在这一层次，道德判断的标准是个人是否维持平常的秩序并满足他人的期望；道德发展的最高层次是原则层次，在这一层次，个人试图在组织或社会的权威之外建立道德准则。

有关道德发展阶段的研究表明：①人们渐进地通过 6 个阶段，而不能跨越；②道德发展可能中断，可能停留于任何一个阶段；③多数成年人的道德发展处于第四阶段。

2. 个人特征

每个人在进入组织时，都带着一套相对稳定的价值准则。这些准则是个人早年从父母、老师、朋友和其他人那里继承发展起来的，是关于什么是对、什么是错的基本信念。组织的不同管理者常常有着非常不同的个人准则。需要注意的是，尽管价值准则和道德发展阶段看起来相似，但两者存在区别：前者牵涉面广，包括很多问题；而后者是专门用来度量独立于外部影响的程度。

除价值准则外，人们发现还有两个个性变量也影响着个人行为。这两个变量是自我强度和控制中心。

自我强度用来度量一个人的信念强度。一个人的自我强度越高，克制冲动并遵守其信念的可能性越大。这就是说，自我强度高的人更加可能做他们认为正确的事。可以推断，对于自我强度高的管理者，其道德判断和道德行为会更加一致。

控制中心用来度量人们在多大程度上是自己命运的主宰。具有内在控制中心的人认为他们控制着自己的命运，而具有外在控制中心的人则认为他们生命中发生什么事是由运气或机会决定的。从道德角度看，具有外在控制中心的人不大可能对其行为后果负责，更可能依赖外部力量。相反，具有内在控制中心的人则更可能对后果负责，并依赖自己内在的是非标准指导行为。与具有外在控制中心的管理者相比，具有内在控制中心的管理者的道德判断和道德行为可能更加一致。

3. 结构变量

好的组织结构有助于管理者道德行为的产生。一些结构提供了有力的指导，而另一些令管理者模糊不已。模糊程度最低并时刻提醒管理者什么是"道德"的结构有可能促进道德行为的产生。正式的规章制度可以降低模糊程度，职务说明书和明文规定的道德准则就是正式指导的例子。在不同的结构中，管理者在时间、竞争和成本等方面的压力也不同，压力越大，管理者越可能降低其道德标准。

4. 组织文化

组织文化的内容和强度也会影响道德行为。

最有可能产生高道德标准的组织文化是那种有较强的控制能力，以及具有承受风险和冲突能力的组织文化。处在这种文化中的管理者,具有进取心和创新精神,意识到不道德行为会被发现,敢于对不现实或不合意的需要或期望发起挑战。

在弱组织文化中,管理者可能以亚文化准则作为行为的指南。工作小组和部门的标准会对弱文化组织中的道德行为产生重要影响。

5. 问题强度

影响管理者道德行为的最后一个因素是道德问题本身的强度,它又取决于以下6个因素。

(1) 某种道德行为造成的伤害(或利益)有多大?例如,使1 000人失业的行为比仅使10人失业的行为伤害更大。

(2) 有多少人认为这种行为是邪恶的(或善良的)?例如,较多的美国人认为对得克萨斯州的海关官员行贿是错误的,而较少的美国人认为对墨西哥的海关官员行贿是错误的。

(3) 行为实际发生并造成实际伤害(或带来实际利益)的可能性有多大?例如,把枪卖给武装起来的强盗比卖给守法的公民更有可能带来危害。

(4) 行为后果的出现需要多长时间?例如,减少目前退休人员的退休金比减少目前年龄在40~50岁的雇员的退休金的后果更加严重。

(5) 你觉得行为的受害者(或受益者)与你(在社会上、心理上或身体上)挨得多近?例如,自己工作单位的人被解雇比远方城市的人被解雇对你内心造成的伤害更大。

(6) 道德行为对有关人员的影响的集中程度如何?例如,保险政策的一种改变——拒绝给10人提供每人10 000元的保险,比拒绝给10 000人提供每人10元的保险——的影响更加集中。

综上所述,行为造成的伤害越大,越多的人认为行为是邪恶的,行为发生并造成实际伤害的可能性越高,行为的后果越早出现,观测者感到行为的受害者与自己挨得越近,行为的后果越集中,道德问题的强度就越大。这6个因素决定了道德问题的重要性。道德问题越重要;管理者越有可能采取道德行为。

特别提示

任何借口都不是牺牲国家利益、民族利益、集体利益的理由。否则,中华民族一言九鼎的美德就会断送在我们这一代。

管理案例

南京冠生园事件

1. 良心的"霉变"

通过中央电视台2001年9月3日的节目,观众看到以下画面:卖不出去的月饼拉回厂里,刮皮去馅、搅拌、炒制入库冷藏,来年重新出库解冻搅拌,再送上月饼生产线……

年年出炉新月饼,周而复始陈馅料。在月饼生产企业(特别是中小企业)中,这是个公开的秘密。据从事质监工作的人后来说,对厂家的此种行为早就见怪不怪,中央电视台的报道还能让他感受震惊,无非是此次的坑人者竟是南京冠生园。

冠生园是一家百年老号,素以童叟无欺、货真价实作为经商的理念。其原本所生产的各类食品、糕点不但享誉中华,在日本、韩国等国及整个东南亚地区都很有口碑。

南京广东路的一条小巷里,冠生园厂区已经是人去楼空。小巷居民也是一声叹息:"效益好的时候,提货的车一辆接一辆。如今,说败也就这么败了……"

曝光之后,不只是月饼,其他产品如元宵、糕点等也没有了销量。南京冠生园向法院提出破产申请的理由是"经营不善,管理混乱,资不抵债"。

使用陈年馅做月饼的隐情被揭露后,冠生园受到巨大的市场冲击。工商部门进厂调查,卫生防疫部门再三检测,"南冠"月饼在全国范围内被撤柜。南京分布最广的连锁商业零售企业——苏果超市的营销人士介绍说,虽然撤柜后商家又接到通知说"南冠"的月饼陈馅在菌群卫生指标方面均为合格,可以恢复面市,但当时顾客一听说是"南冠"的产品,避之唯恐不及。

2. "南京冠生园事件"事件对月饼市场的影响

"南京冠生园事件"影响了六成多消费者 2001 年购买月饼的意愿,有 14%的消费者表示今年不会买月饼。这是中国社会调查事务所进行的一次问卷调查透露的信息。并有学者提出,要警惕短视的商业行为对中国传统节日文化的负面影响。

"应景调查"表明,31%的消费者表示,听说"南京冠生园事件"后十分气愤,他们认为相关月饼厂家实在是太可恶了,应当受到法律的严惩;40%的消费者认为政府应当规范月饼市场;25%的消费者表示,这种事时下太多了,对他们来说无所谓,大不了以后不买月饼就是了。

现在月饼在中国人心目中的地位已经发生了变化。调查表明,近 5%的消费者不再认为"月饼是中秋节不可分割的一部分"。表示"今年不会买月饼"的人群中,有一半的人想找一些新的方式去过节。任何对传统文化的破坏,恢复起来就艰难。

附:冠生园资料

(1) 冠生园品牌创始人是 1918 年到上海经商的广东人冼冠生,最早经营粤式茶食、蜜饯、糖果。1934 年,其品牌月饼即聘影后胡蝶为形象代言人,打出广告词"惟中国有此明星,惟冠生园有此月饼",产品一时名倾大江南北。

(2) 1925 年前后,上海冠生园在天津、汉口、杭州、南京、重庆、昆明、贵阳、成都开设分店,在武汉、重庆投资设厂。其南京分店即是现南京冠生园的前身。

(3) 1956 年,冠生园进行公私合营。冼氏控股的冠生园股份有限公司解体,上海总部"一分为三",各地分店企业都隶属地方,与上海冠生园再无关系。

(4) 目前,重庆、南京等近 10 家冠生园均有冼冠生的历史痕迹。在上海也有工业冠生园和商业冠生园之分,1996 年在上海市经委支持下,上海工业冠生园与商业冠生园合并,实现上海冠生园字号的统一,成立冠生园(集团)有限公司。但在全国范围,仍有多家冠生园未统一字号。

(5) 合资之前,南京冠生园因大幅亏损面临倒闭。成立中外合资南京冠生园食品有限公司后第二年转亏为盈,利润连年递增,累计上缴利税 1 560 万元,由小型企业发展为南京市政府核定的 240 家大中型企业之一。

(6) 2001 年 9 月 3 日,中央电视台报道"南京冠生园大量使用霉变及退回馅料生产月饼"的消息,举国震惊。当年,各地冠以"冠生园"的企业更深受连累,减产量均在 50%以上。其中,上海冠生园所受影响最大。

(7) 2002 年春节刚过,南京冠生园食品有限公司向南京市中级法院申请破产。

4.4 改善伦理道德行为的途径

面对伦理道德,管理者并不是无所作为,管理者完全可以通过若干途径来改善组织伦理道德的水平。

1. 挑选高道德素质的员工

人在道德发展阶段、个人价值体系和个性上的差异，使管理者有可能通过严格的挑选过程(挑选过程通常包括审查申请材料、组织笔试和面试、试用等阶段)，把低道德素质的求职者淘汰掉。

2. 建立道德准则和决策规则

准则和决策规则在一些组织中，员工对"道德是什么"认识不清，这显然于组织不利。建立道德准则可以缓解这一问题。道德准则是表明组织的基本价值观和组织期望员工遵守的道德规则的正式文件。

3. 在道德方面领导员工

高层管理人员在道德方面的领导作用主要体现在以下两个方面。

第一，高层管理人员在言行方面是员工的表率，他们所做的比所说的更为重要。高层管理人员作为组织的领导者要在道德方面起模范带头作用。

第二，高层管理人员可以通过奖惩机制来影响员工的道德行为。"做错事要付出代价，行为不道德不是你的利益所在。"

4. 设定工作目标

员工应该有明确和现实的目标。如果目标对员工的要求不切实际，即使目标是明确的，也会产生道德问题。

5. 对员工进行道德教育

越来越多的组织意识到对员工进行适当的道德教育的重要性，它们积极采取各种方式(如开设研修班、组织专题讨论会等)来提高员工的道德素质。

6. 对绩效进行全面评价

如果仅以经济成果来衡量绩效，人们为了取得结果，就会不择手段，从而有可能产生不道德行为。例如，在对管理者的年度评价中，不仅要考察其决策带来的经济成果，还要考察其决策带来的道德后果。

7. 进行独立的社会审计

有不道德行为的人都有害怕被抓住的心理，被抓住的可能性越大，产生不道德行为的可能性就越小。根据组织的道德准则对决策和管理行为进行评价的独立审计，会使不道德行为被发现的可能性大大提高。

8. 提供正式的保护机制

例如，组织可以任命道德顾问，当员工面临道德困境时，可以从道德顾问那里得到指导。另外，组织也可以建立专门的渠道，使员工能放心地举报道德问题或告发践踏道德准则的人。

知识链接

软件盗版行为是指任何未经软件著作权人许可，擅自对软件进行复制、传播，或以其他方式超出许可范围传播、销售和使用的行为。

 管理案例

微软公司与软件盗版

1998年，比尔·盖茨在《财富》杂志上说："在中国每年电脑销售量达300万台，但用户却不为软件付费。也许哪一天他们会付。只要他们想盗版，我们希望他们盗版我们的。因为他们会上瘾，然后我们可以想方设法在其后的10年里把钱收回来。"

2003年以来，美国商业软件联盟(business software alliance，BSA)与IDC(internet data center，互联网数据中心)合作，对全球90多个国家的计算机软件盗版率进行调查，中国的软件盗版率3年来分别是92%、90%、86%，排在越南、津巴布韦和印度尼西亚之后，位居全球第四。

2006年3月27日，中国国家版权局副局长阎晓宏在国务院新闻办举行的发布会上说，在中国查缴的侵权盗版数量是很大的，2000—2005年就收缴了4.57亿件侵权盗版的光盘和图书制品。2005年一年，就收缴销毁了1.06亿件。这个数学说明，一方面我们在打击方面的力度还是很大的；另一方面可能也说明我们确实在光盘的侵权盗版方面还存在着比较严重的问题。我们需要研究更加有力和有效的打击，未遏制或者从根本上治理这种侵权盗版的问题。

据统计结果显示，微软的Windows操作系统是中国最流行的盗版软件，其次就是Office办公软件。

1992年，微软公司在北京设立办事处；1995年正式成立微软(中国)有限公司。自从成立以来，中国市场盗版软件的存在影响了微软的收入。作为全球第二大个人电脑市场，在微软每年368亿美元的营收额中，来自中国市场的销售额仅占1%。而中国有1亿多个网民，如果有10%是正版用户的话，所带来的利润也是惊人的。

正如比尔·盖茨所说："如果没有好的软件和一个懂得编程的所有者，个人电脑简直就是一种浪费。高质量的软件可以被业余爱好者编写出来吗？……多数的电脑爱好者必须明白，你们中大多数人使用的软件是盗版的。硬件必须付款购买，可软件却变成了某种共享的东西。谁会关心开发软件的人是否得到报酬？"

微软特别关注3种形式的软件盗版：计算机经销商在贩卖计算机硬件时在硬盘中盗拷Microsoft软件，盗拷及销售含Microsoft软件之大补丁，一般企业用户盗拷及使用盗版软件。

针对软件盗版，微软采取的措施包括：一是针对具体用户，从技术层面加以解决，在Windows XP等软件更新中实施反盗版计划，从而使用盗版序列号的用户无法应用部分操作系统更新；二是法律诉讼，将那些被发现使用盗版软件的公司告上法庭。在国内最著名的案例是1999年微软诉亚都公司案：微软以亚都科技集团非法复制、修改微软拥有版权的软件产品为由，向法院提出起诉，要求亚都赔偿150万元，公开赔礼道歉，后因证据不足败诉。

这件事情在媒体上广为传播，其严重后果是很多国人认为微软咄咄逼人，对微软特别反感，这给微软的形象造成了不良影响，不利于公司开展业务，因此微软目前采取第三种办法：一旦发现目标，不走法律诉讼这条路，而是向当地政府的版权部门投诉，通过政府的行政手段加以解决。在解决过程中保持低调，避免媒体的大肆宣传。结果，人们普遍以为，在亚都案之后，微软好像没有进行过什么反盗版行动。不过正如国家版权局新闻处有关人士所指出的，"其实，微软的反盗版行动一直在继续，只是媒体没有报道过。这几年，微软向国家版权局和部分地方版权局都提出过许多反盗版的申诉，这些申诉也都得到了处理"，如2004年江浙地区很多网吧都被投诉使用盗版软件并被政府要求限期整改。

另外，微软公司通过美国政府向中国政府施加压力，迫使中国政府在保护知识产权方面拿出更多的举措,于是政府部门软件正版化工作不断得到推进,一些大型企业也在政府和微软的压力下购买正版软件。微型电脑的 OEM(original equipment manufacture,原厂委托制造)制造商也被迫预装正版操作系统及相关应用软件。

盗版现象的存在究竟有没有其合理性?

理查德·T.德·乔治认为,发展中国家的普通大众难以接受发达国家出售的软件的高价格。为了缩短信息富国与信息穷国之间的鸿沟,以发展中国家的人民能够负担得起的价格出售软件是必要的,这有助于该国人民的公共利益。

换句话说,如果发展中国家的经济水平发展到了普通大众都能以世界市场的价格买到这些软件的时候,盗版的理由就不存在了。这里暗含的意思是,社会的公共利益及社会的发展优先于对知识产权的保护。

一种观点认为,对于被盗版的软件制造商而言,盗版未必就损害了其利益。有学者研究指出,对盗版不加制止反而对公司、客户和投资者有利。盗版有"好处"是因为相当一小部分群体不愿意违法,愿意买正版。换句话说,该软件的用户数量越多其效用越大,盗版增加了用户数量,也就增加了软件的效用,这就是盗版的网络外部性;另外,执法的成本并不需要公司支付,这两点有助于增加公司的收益。特别有趣的是,软件制造商一方面得益于盗版的网络效应;另一方面通过昂贵的法律程序惩罚少数被发现使用盗版的大型机构。也就是说,保护的种类和程度是软件公司竞争优势的关键要素。

还有观点认为,盗版有害于发展中国家的软件产业的健康发展,减少了就业机会和政府税收。因此,应该提高用户使用正版软件的意识,严格执法加大打击盗版行为。

4.5 组织的社会责任

随着经济全球化不断推进,经济效果越来越成为很多人评价一个组织经营效果的唯一指标。这种唯利是图的文化氛围在逐渐摧毁企业管理者的道德底线,遗忘了组织该履行的社会责任。

4.5.1 社会责任的含义

当今的管理人员在管理实践中经常会遇到如下的问题。

香烟生产虽能满足增加有烟瘾人的需要,却使其健康受损,而且污染环境,对大众不利。

软饮料行业满足了人们对方便的需要,却增加了一次性使用的瓶子,使资源大量浪费。

快餐行业提供的汉堡包、油煎食品和肉馅都是可口的,然而却是不够营养、不利健康的食品。

现在药品价格居高不下,与医药行业有大量的回扣存在关系。

现在的产品看上去美观大方、款式新颖,但质量却比以前的差得多。

社会责任是企业追求有利于社会长远目标的一种义务,它超越了法律与经济对企业所要求的义务。社会责任是企业管理道德的要求,完全是企业处于义务的自愿行为。

企业的社会责任是指企业对市场化的资源配置和消耗使用采取更加积极的社会态度,对顾客、员工、投资者等自然和社会主体采取更为主动的态度,同时在环境保护、社区服务和社会福利事业参与等方面更多地承担责任和义务。

4.5.2 组织社会责任的体现

构建和谐社会涉及各个主要社会组织的社会责任,其中企业组织的社会责任非常重要,在整个社会组织的责任体系中占有重要地位，发挥着重要作用。

企业的社会责任要求企业必须超越把利润作为唯一目标的传统理念，强调要在生产过程中对人的价值的关注，强调对消费者、对环境、对社会的贡献。具体来说，企业的社会责任主要包括以下3个方面：一是经济责任，指企业生产、盈利、满足消费需求的责任；二是法律责任，指企业履行法律法规各项义务的责任，企业在遵纪守法方面做出表率，带头诚信经营、合法经营，带动企业的雇员、企业所在的社区等共同遵纪守法，共建法治社会。三是伦理和道德责任，指公司满足社会准则、规范和价值观、回报社会的责任。企业社会责任划分构成金字塔模型，金字塔的底层是经济责任，这是一个社会发展的基础，第二层是法律责任，企业必须遵纪守法，向社会上提供合格的物质和经济产品，才能持续发展。第三层是道德责任，公司不仅对企业的员工和股东负有责任，也对社会环保、环境、社会成员的公平等负有责任。在道德责任的最底端是慈善责任，表明公司的慈善责任是社会责任的最高体现。

企业社会责任是当今企业经营的重要理念，对于国家进步、社会和谐、企业发展具有十分重要的意义。企业主动承担起社会责任有利于和谐社会的建设。构建和谐社会，实践和追求"爱国、敬业、诚信、公平、正义、守法、贡献"的理念，发扬"致富思源、扶危济困、共同富裕、义利兼顾、德行并重、回馈社会"的精神，没有企业积极主动的参与，是不可想象的。例如，企业承担社会责任可以解决就业问题，另外，通过履行社会责任缓解贫富差距，消除社会不安定的隐患。一方面，大中型企业可集中资本优势、人力资源优势对贫困地区的资源进行开发，既可扩展自己的生产和经营，获得新的增长点，又可弥补贫困地区资金的不足，解决当地劳动力和资源闲置的问题，帮助当地脱贫致富。另一方面，企业也可通过慈善公益行为帮助落后地区的人民发展教育、社会保障和医疗卫生事业，既解决当地政府因资金困难而无力投资的问题，帮助落后地区逐步发展社会事业，又通过公益事业达到无与伦比的广告效应，提升企业的形象和消费者的认可程度，提高市场占有率；企业主动承担社会责任，也是企业自身长远发展的必然要求。企业要想能够绵延百年，就要让自己的价值取向在百年里与主体社会价值保持一致，这是企业生存的根本源头。古人云，大商谋道，小商求利。谋道者，道与利兼得。求利者，道与利俱失。有远见的企业家始终做到企业与其他利益群体的良性沟通和互动，从行业发展、生态环境、公众利益和社会和谐的角度出发，让企业的命运与国家的发展紧密结合起来，确保企业真正获得长远发展的有利空间。而且一个长期奉公守法、善待社会、勇于承担社会责任的企业还可以提升自己的形象、增加无形资产，这也有利于企业的长远发展。企业履行社会责任有助于保护资源和环境，实现可持续发展。企业作为社会公民对资源和环境的可持续发展负有不可推卸的责任，而企业履行社会责任，通过技术革新可首先减少生产活动各个环节对环境可能造成的污染，同时也可以降低能耗，节约资源，降低企业生产成本，从而使产品价格更具竞争力。破除狭隘的经济利益积极履行社会责任，已成为社会各界对企业的殷切期望和广泛要求。

但从目前企业履行社会责任情况来看并不尽如人意，从山西劣质酒到安徽阜阳的劣质奶粉，从频频发生的矿难事故到屡禁不止的假冒伪劣产品，从三鹿奶粉事件、双汇瘦肉精事件到一系列充斥于耳的食品安全事故，折射出我国企业社会责任的缺失。

借鉴别国的做法，结合我国的实际情况，推动企业承担社会责任需多管齐下。一是提高企业社会责任意识。只有企业自身意识到履行企业社会责任益处时,才能真正使企业具有更大的自觉性和主动性。企业社会责任履行不仅不会减少企业利润,反而可以提高企业竞争力。必要的"企业社会成本"投入可以为企业带来持续性的竞争力,有利于企业长久发展。二是完善企业社会责任管理制度。从企业总体发展战略出发,将企业的社会责任贯穿到整体经营活动中。企业管理层要提高管理理念和能力,加快企业社会责任理念在企业内部的推广,设置专门的机构负责社会责任的推行,并设置相应的社会责任考核指标。确立阶段性目标和最高目标,将社会责任投资预算纳入企业整体预算中,定期发布《企业社会责任报告》,有利于政府和公众全面地了解企业社会责任履行情况。三是发挥政府在推动企业承担社会责任中的作用。政府部门必须转变"企业办社会"的错误意识,明确划分政企责任,准确把握当前国内企业社会责任履行现状,正确引导企业承担相应的社会责任。在相关企业社会责任的法律层面上,政府要履行好监督和管理职能,严格各项执法工作,切实抑制和打击违法犯罪行为。政府应该出台相关政策,加大对企业的扶持和引导,以帮助其克服诸如人民币升值、通货膨胀、融资困难等多方面的不利因素,解决企业生存问题,使企业能够更好地履行社会责任。四是研究制定社会责任评价标准,按标准实施必要激励。邀请相关专家,通过实际调研,制定出合理的企业社会责任标准,根据企业落实社会责任情况对企业实行实质性激励。五是严格制裁违法行为,用严刑峻法锤炼经营者群体的诚信品质。同时对企业经营者建立市场准入和退出制度,当累计有一定数量的违反企业社会责任不良记录的,实行剥夺其在一定年限内担任经营者的资格,包括终生剥夺。六是完善慈善管理制度。作为企业社会责任最高体现的社会捐赠及慈善事业需要必要的立法规范,特别是应建立慈善捐款透明机制,并及时反馈慈善捐助资金的使用情况,保障企业知情权,有助于企业慈善责任的履行。七是加强新闻媒体对企业履行社会责任情况的监督。通过媒体倡导一种正向的企业社会责任观念,让企业、媒体及相关各方通过互动,形成良好的企业社会责任氛围。

需要指出的是,尽管社会对企业的期望越来越高,但是必须强调企业的社会责任不是可以无限扩展的,而是有限度的。企业最基本的社会责任就是把企业做好,这是企业履行其他社会责任的前提和载体。企业的社会责任不能无限扩张,还意味着企业与政府功能不能错位,不能把本该属于政府的责任推给企业。

低碳环保生活(low-carbon life)就是指生活作息时所耗用的能量要尽力减少,从而减低碳,特别是二氧化碳的排放量,从而减少对大气的污染,减缓生态恶化,主要是从节电、节气和回收3个环节来改变生活细节。

青岛啤酒"好心有好报"的环保信念

作为国内啤酒行业的领导者,多年来青岛啤酒一直秉承"好心有好报"的环境观,在国内最早着手进行"碳管理"实践,以建立高效、节能和低碳的运营模式和构筑企业的可持续竞争优势。公司投入大量资金,对污水处理、锅炉脱硫除尘治理、异味处理、噪声治理及固废处理等环保项目进行了新建或改造,取得了很好的环境效益。

青岛啤酒不仅自己做好环保,不断探寻绿色环保、绿色经济发展之路,还用自己的力量感染、带动更多的企业加入到城市绿色发展中,形成融经济效益、社会效益、环境效益为一体的新竞争力。为减少油墨对环境的污染,青岛啤酒要求供应商提供的纸箱用驻留油墨印刷,并且在纸箱外表商标的印刷上,也要求减少商标尺寸,减少用纸及油墨用量。此外,青岛啤酒要求对包装箱及纸板全部回收,送到纸箱厂再利用,还将回收的碎玻璃拉回去做制瓶原料。在青岛啤酒带动下,很多供货商和经销商也渐渐开始在环保上下工夫。

青岛啤酒在青岛啤酒的"低碳"账本上都已经标明了实实在在的受益和回报。2010 年,青啤公司废弃物综合利用率 100%,综合利用价值达 1.58 亿元。从社会价值的回报角度而言,以二氧化碳的回收为例,2010 年青啤公司回收的二氧化碳达到了 8.7 万吨,相当于 78 万棵 30 年树龄的冷杉树每年所吸收的二氧化碳量。以减少二氧化碳的排放为例,2010 年较 2009 年减少二氧化硫排放 377 吨,减排效果相当于种植了 35 公顷柳树。

青岛啤酒从"大处着眼、小处入手",践行着企业的环境责任。从大处着眼,着眼于经济发展模式的转变,积极推动和引领中国企业发展方式转型,已经走在了同行业的前列;从小处入手,从生产的每个环节入手,充分调动企业的每个分子。积极参与到"大"与"小"的辩证有力地推进和提升了青啤在低碳经济时代的核心竞争力。

青岛啤酒获得了"2011 绿金环境奖",这充分彰显了青岛啤酒这家百年企业在即将到来的"低碳时代"勇于引领新商业文明的责任本色。

本 章 小 结

> 本章主要介绍了道德和伦理的定义,并阐述组织管理为什么需要伦理道德、伦理道德与经济运行的相关性,以及伦理道德的管理学意义何在。
>
> 同时本章介绍了 5 种道德观,分别是功利主义道德观、权力至上道德观、公平公正道德观、社会契约道德观及推己及人的道德观。并详细介绍了管理道德的特征,以及组织中影响管理道德的相关因素和改善伦理道德行为的途径。并阐述了组织社会责任的含义及组织社会责任的体现。

 名人名言

优秀的领导人必有崇高的品格,有品格的领导人,百分之百值得信赖,即使面对强大的压力和困难也绝不动摇。我们可以绝对相信他把团体的需求置于个人利害之上,这不是偶尔有意为之,也不是一时良心发现,更不是为了让自己的履历表看起来更有利,而是随时随地都能让人信赖。

——赖瑞·杜尼嵩

我们不是为自己而生,我们的国家赋予我们应尽的责任。

——西塞罗

内不欺己,外不欺人,上不欺天,君子所以慎独。

——清·金缨

首先,我相信,与我们有重要合作关系的人对信任、诚实、正直和道德行为有深刻而强烈的需求;其次,我相信,企业应该努力满足所有利益相关者的这种需求;最后,我相信,总体而言,那些最能始终不懈地坚持道德行为的企业比其他企业更能取得成功。

——詹姆斯·柏克

第 4 章 管理道德与社会责任

一、复习题

1. 判断题

(1) 伦理是指判定行为是非、对错的原则和行为规范。　　　　　　　　　　　(　)
(2) 贿赂是指通过购买影响力而操纵别人。　　　　　　　　　　　　　　　　(　)
(3) 胁迫是指通过误导来操纵他人或某个公司。　　　　　　　　　　　　　　(　)
(4) 偷窃是指拿走不属于自己的东西。　　　　　　　　　　　　　　　　　　(　)
(5) 欺骗是指通过误导来操纵他人或某个公司。　　　　　　　　　　　　　　(　)
(6) 拒绝外国人员进入本公司工作不属于歧视。　　　　　　　　　　　　　　(　)
(7) 不道德行为的受害人越多,道德问题越严重。　　　　　　　　　　　　　(　)
(8) 受害者密集程度越低,道德问题越严重。　　　　　　　　　　　　　　　(　)
(9) 潜在受害者与不道德行为的距离越远,道德问题越严重。　　　　　　　　(　)
(10) 越多的舆论认为某种行为是不道德的,说明道德问题越严重。　　　　　(　)
(11) 组织的社会责任与社会义务是一回事。　　　　　　　　　　　　　　　(　)

2. 单选题

(1) 通过购买影响力而操纵他人,属于(　　)行为。
　　A. 贿赂　　　　　　B. 胁迫　　　　　　C. 欺骗　　　　　　D. 偷窃
(2) 用暴力或威胁控制他人,属于(　　)行为。
　　A. 贿赂　　　　　　B. 胁迫　　　　　　C. 欺骗　　　　　　D. 偷窃
(3) 通过误导来操纵他人,属于(　　)行为。
　　A. 贿赂　　　　　　B. 胁迫　　　　　　C. 欺骗　　　　　　D. 偷窃
(4) 未经主人同意的情况下拿走不属于自己的东西,属于(　　)行为。
　　A. 贿赂　　　　　　B. 胁迫　　　　　　C. 欺骗　　　　　　D. 偷窃
(5) 拒绝女性求职者进入本公司工作,属于(　　)行为。
　　A. 贿赂　　　　　　B. 胁迫　　　　　　C. 不公平歧视　　　　D. 偷窃
(6) "完全按照结果或后果制定伦理决策"指的是(　　)。
　　A. 伦理的功利观　　　　　　　　　　　B. 社会契约整合理论
　　C. 伦理的权利观　　　　　　　　　　　D. 公正伦理观
(7) "关注于尊重和保护个人自由和特权的观点,包括隐私权、思想自由、言论自由、生命与安全以及法律规定的各种权利。"指的是(　　)。
　　A. 伦理的功利观　　　　　　　　　　　B. 社会契约整合理论
　　C. 伦理的权利观　　　　　　　　　　　D. 公正伦理观
(8) "管理者公平和公正地贯彻和加强规则,并在此过程中遵守所有的法律法规。"指的是(　　)。
　　A. 伦理的功利观　　　　　　　　　　　B. 社会契约整合理论
　　C. 伦理的权利观　　　　　　　　　　　D. 公正伦理观
(9) "应当根据实证因素(是什么)和规范因素(应当是什么)制定伦理决策,其基础是两种'契约'的整合。"指的是(　　)。
　　A. 伦理的功利观　　　　　　　　　　　B. 社会契约整合理论
　　C. 伦理的权利观　　　　　　　　　　　D. 公正伦理观
(10) (　　)不是组织在道德困境中决策时不需要考虑的"道德问题"。
　　A. 危害的严重性　　　　　　　　　　　B. 道德决策的成本
　　C. 影响的集中性　　　　　　　　　　　D. 后果的直接性
(11) "不道德行为的受害人越多,道德问题越严重",这主要是考虑(　　)。
　　A. 危害的严重性　　　　　　　　　　　B. 与受害者的接近程度
　　C. 影响的集中性　　　　　　　　　　　D. 后果的直接性

(12) "受害者密集程度越低，道德问题越严重"，这主要是考虑(　　)。
   A．危害的严重性　　　　　　　　B．与受害者的接近程度
   C．影响的集中性　　　　　　　　D．后果的直接性
(13) "潜在受害者与不道德行为的距离越远，道德问题越严重"，这主要是(　　)。
   A．危害的严重性　　　　　　　　B．与受害者的接近程度
   C．影响的集中性　　　　　　　　D．后果的直接性
(14) "越多的舆论认为某种行为是不道德的，说明道德问题越严重"，这主要是考虑(　　)。
   A．危害的严重性　　　　　　　　B．与受害者的接近程度
   C．影响的集中性　　　　　　　　D．对不道德的舆论
(15) 组织在道德困境中决策时，要考虑"人们能否直接、快速地感受到危害"，这主要是考虑(　　)。
   A．危害的严重性　　　　　　　　B．与受害者的接近程度
   C．影响的集中性　　　　　　　　D．后果的直接性

3．多选题

(1) 根据美国学者戴维·J·弗里切的观点，管理伦理问题有(　　)。
   A．贿赂　　　　B．胁迫　　　　C．欺骗
   D．偷窃　　　　E．不公平歧视
(2) 有关企业伦理的观点包括(　　)。
   A．伦理的功利观　　B．伦理的人生观　　C．伦理的权利观
   D．公正伦理观　　　E．社会契约整合理论
(3) 根据美国学者戴维·J·弗里切的观点，影响管理者和组织在道德困境中决策的因素有(　　)。
   A．自然因素　　　B．个人特征　　　C．组织规范与组织特征
   D．道德问题　　　E．权力特征
(4) (　　)是组织在道德困境中决策时必须要考虑的因素。
   A．危害的严重性　　　　　　　　B．与受害者的接近程度
   C．影响的集中性　　　　　　　　D．后果的直接性
   E．对不道德的舆论
(5) (　　)可以改善组织的道德行为。
   A．制定道德准则、决策规则　　　B．道德培训
   C．独立的社会审计　　　　　　　D．节约成本
   E．正式的保护机制
(6) 以下选项中，(　　)是企业应该为顾客承担的社会责任。
   A．广告要真实　　B．交货要及时　　C．公平竞争
   D．价格要合理　　E．产品要方便、经济、安全
(7) 以下选项中，(　　)是企业应该为供应者应该承担的社会责任。
   A．交货要及时　　B．价格要合理　　C．恪守商业信誉
   D．严格执行合同　E．广告要真实
(8) 以下选项中，(　　)是企业应该为政府、社区承担的社会责任。
   A．执行国家的法令、法规　　　　B．照章纳税
   C．保护环境　　　　　　　　　　D．提供就业机会
   E．支持社区建设
(9) 以下选项中，(　　)是企业应该为所有者承担的社会责任。
   A．广告要真实　　　　　　　　　B．提高投资收益率
   C．提高市场占有率　　　　　　　D．股票升值
   E．保护环境

(10) 以下选项中，（　　）是企业应该为员工承担的社会责任。
   A. 公平就业、上岗的机会　　　　　B. 安全、卫生的工作条件
   C. 丰富的文化、娱乐活动　　　　　D. 教育、培训
   E. 利润分享

(11) 以下选项中，（　　）是企业应该在解决社会问题方面承担的社会责任。
   A. 安置残疾人就业　　　　　　　　B. 广告要真实
   C. 设立高校奖学金　　　　　　　　D. 自主文化、教育、体育事业
   E. 支援边穷地区发展经济

4. 简答题
(1) 根据美国学者戴维·J·弗里切的观点，管理伦理问题有哪些？举例说明每种的含义。
(2) 影响组织在道德困境中决策的道德问题有哪些方面？
(3) 组织可以通过哪些途径改善道德行为？
(4) 企业应该在哪些方面承担社会责任？承担什么样的社会责任？
(5) 企业履行社会责任有哪些积极的后果？
(6) 企业履行社会责任有哪些消极的后果？

5. 论述题
(1) 论述企业存在哪些违反管理伦理的行为及其危害性。
(2) 论述道德问题如何影响组织在道德困境中的决策。
(3) 论述企业应该承担什么样的社会责任。
(4) 论述企业是否应该履行社会责任。
(5) 结合食品安全问题，谈谈企业的社会责任。

二、案例应用分析

"齐二药"假药事件

1. 事件始末

2006年4月29日和30日，广州市中山大学附属第三医院传染病科连续发生群体重症肝炎病人突然出现急性肾功能衰竭症状的情况。

2006年5月1日，院方一面停止使用"亮菌甲素注射液"，一面紧急组织专家会诊，并向广东省食品药品监管局药品监测不良反应中心和中山大学医管处进行了报告。5月2日，院方基本认定，这起事件确是"亮菌甲素注射液"引起的。而这种注射液是由齐齐哈尔第二制药有限公司生产的。

2006年5月14日下午，齐齐哈尔市召开新闻发布会，宣布了这一事件的最新处理情况，齐齐哈尔市食品药品监管局已对齐齐哈尔第二制药有限公司进行了全面查封，并立案调查，警方正在对药品采购、保管、检验等有关人员进行调查。江苏省食品药品监管局已采取措施对假丙二醇的源头进行了有效控制，贩卖假丙二醇的嫌疑人王桂平且被江苏省公安部门采取行政强制措施。

国家食品药品监督管理局于2006年5月3日接到广东省食品药品监管局有关亮菌甲素注射液引起严重不良反应的报告后，立即进入紧急状态，责成黑龙江省食品药品监督管理局暂停齐齐哈尔第二制药有限公司亮菌甲素注射液的生产，封存全部药品，同时派出调查组分赴黑龙江、广东等地进行调查，随后又派员赴江苏追踪调查有关生产原料的问题。

2006年5月11日，在初步认定齐齐哈尔第二制药有限公司生产的亮菌甲素注射液为假药的情况下，为保证公众用药安全，国家食品药品监督管理局断然决定，在全国范围内停止销售和使用齐齐哈尔第二制药有限公司生产的所有药品，同时要求各地药监部门在本辖区范围内就地查封、扣押该药品。"由于生产一假药而被查封全部100多种产品，如此严厉的监管措施前所未有。"国家食品药品监督管理局有关负责人表示，为了最大限度地减少假药事件带来的人员和财产损失，必须采取最为严厉的措施。

假药事件发生后，齐齐哈尔警方依法迅速对事件的相关责任人采取措施，截至2006年5月17日，也包括法人代表、厂长、副厂长、采购员、化验员、技术厂长、化验室主任在内的责任人已被警方控制。

2006年5月20日，黑龙江省食品药品监督管理局做出拟吊销"齐二药"《药品生产许可证》的决定。截至2006年5月22日，注射假药"亮菌甲素"已导致9人死亡。

2006年6月30日，黑龙江省食品药品监管局向"齐二药"送达了《行政处罚事先告知书》和《听证告知书》，拟对后者进行如下处罚：没收查封扣押的假药；没收其违法所得238万元，并处货值金额5倍的罚款1 682万元，罚没款合计1 920万元。

假药是怎么出笼的？

按照国家的药品管理规定，原料进厂要经过采购、初检和复检3道关口才能进入生产，而且每道关口都有严格细致的程序，这样一批假冒的原料怎么会进入到厂家正规的药厂呢？

据警方调查，这批用二甘醇假冒的丙二醇，药桶上贴的合格证是中国地矿总公司泰兴化工总厂出具的，但产品却来自常州的一个公司，而购货发票又是江苏的另外一家公司出具的。也就是说，这批三合一的东西，在原料阶段就构成了假药。但是这批假原料表面上却也具备药品生产许可证、药品注册证和企业营业执照。

按照规定，原料进厂时除了必须提供三证外，进货厂家的采购员还必须到生产原料的当地进行考察才能进货。遗憾的是，已工作多年的老资格采购员钮某并没有按规定操作。而且原料进货由钮某一人包办，缺乏监督。钮某为贪图利益(以前买的进口丙二醇，价格在1.7万元左右，而这次购入的价格仅为6 000多元)，购入假冒丙二醇2吨。

于是，这批假冒的丙二醇原料凭着假冒的三证混进了一家正规的药厂。但是，即使原料进了厂，还是要通过第二道关口：初检关。根据科学验证，原料在进行红外光谱比对时会呈现出独有的光谱曲线，只要和国家提供的标准图谱集进行对照，一致就可以了。那齐齐哈尔第二制药有限公司的红外光谱比对又是怎么做的呢？

齐齐哈尔市第二制药有限公司当班检验员刘某是2004年到化验室做化验员的，刘某只有初中学历，没有接受过化学检验的基本培训，两年来她根本就没有见过比对用的标准图谱集，即使有，她也看不懂，于是，对原料的初检就变得形同虚设。

最为关键的初检关就这样通过了，那么按照规定，对初检进行的复核又怎么样呢？有记者问齐齐哈尔市第二制药有限公司当班复核员于某："检验员说她看不懂这张报告单，你看得懂吗？"于某的回答是："应该说我更看不懂。"

至此，假冒的原料就再也没有被发现的机会了，它开始畅通无阻地进入药品的生产环节，走向市场，夺取生命。

2. 有关部门的监管

国家规定，药品生产企业必须有一整套自我监督机制，但假丙二醇进入这家企业后，却如入无人之境。有关专家指出，堵住药品生产企业质量管理上的漏洞，必须在强化监管上下一些工夫。

值得注意的是，生产致命假药的厂家并非条件恶劣的小厂，而是一家在2002年年底就已经通过国家GMP(good manufacture practice，药品生产质量管理规范)认证的正规药厂。通过GMP认证的企业在药品生产的各个环节都应该有经过专门培训的技术人员，按照科学的流程进行操作。既然齐齐哈尔第二制药有限公司已经通过了GMP认证，怎么会出现这些问题呢？有记者在负责GMP认证的管理机构，齐齐哈尔市食品药品监督管理局调查时发现，齐齐哈尔第二制药有限公司早在2002年年底进行认证检查时，就被发现有8个项目不合格。在当时列出的8个不合格项目中，第一项就是部分人员的培训不到位。

按照GMP认证的规定，对于企业存在的问题，药监部门应该督促认证企业及时改进，但是齐齐哈尔第二制药有限公司在2002年认证时就已经发现人员培训不到位问题，在4年时间里竟然没有改变。最终导致假原料在根本没有经过检验的情况下就进入了生产环节。药监局在跟踪检查中也发现了问题，但是并没有及时地监督企业进行整顿。

第4章 管理道德与社会责任

问题：
(1) 假药生产的原因是什么？
(2) 如何才能避免类似事件的发生？
(3) 该公司违反了哪些伦理道德？

 阅读材料

GE的诚信管理

在一些人看来，讲诚信会削弱企业的竞争力，但是，GE(General Electric Company，通用电气公司)前首席执行官杰克·韦尔奇并不这样认为，1992年7月，他在一个议会委员会上作证时说："在世界各地，公司全体员工每天都面对着最强的对手，付出100%甚至更多的努力，为了竞争、为了成功、为了发展壮大而同时本能地、不屈不挠地遵守我们在一切工作中有关绝对正直诚实的承诺。在他们的眼里，所有这一切之间，并没有什么矛盾。"

也有人认为要求企业及员工讲诚信是件非常困难的事情。杰克·韦尔奇却说："不，我根本不这样认为。我发现它非常清楚。这不是一件难事。我们将成为世界上最具竞争力，同时也是最有道德的公司，假如我们不是，我们将查明为什么，谁做到了，为什么他们做到了，并采取行动。"

GE不仅不把诚信看做取得成功的障碍，而且视诚信为"无价的资产"、"取得成功的唯一方式"。杰克·韦尔奇2000年签署的GE诚信宣言的第一句话便是："100多年来，GE员工创造了一份无价的资产，这就是GE公司享誉全球的诚信作风和高标准的业务准则。"该宣言进一步指出："今天的GE远远比以往任何时候更加充满活力，更加放眼全球，更加遵循客户至上的宗旨。尽管如此，诚信作风依然是我们取得业务成功的基石，它使我们的产品和服务胜人一筹，使我们与客户和供应商能够坦诚相待，并在业务上保持长胜记录。"

杰克·韦尔奇的继任者杰夫·伊梅尔特认为，长期以来我们发现诚信不仅仅对于公司的信誉非常重要，而且最终会有助于使业务做得更加成功。任何一个国家或者公司，他们都想跟可以信赖的人、有透明度的公司打交道。这样最终能够使业务成功。他进一步指出，取得成功的方式可能有很多，但是我觉得对GE来说，讲诚信是取得成功的唯一方式。

第 5 章 决 策

教学目标

通过本章的学习，了解决策分类、决策特点；熟悉决策概念、决策方法类型、决策原则、决策制定过程；掌握各种决策方法。

教学要求

知识要点	能力要求	相关知识
决策概述	熟悉决策含义，懂得用决策原则分析组织决策	(1) 决策含义 (2) 决策分类 (3) 决策原则
决策制定过程	熟悉决策的制定程序	决策制定程序
决策方法	(1) 掌握各种决策方法，会用确定活动方向的决策方法分析组织经营单位状况 (2) 会用选择活动方案的决策方法进行具体决策方案选择，同时懂得这些决策方法的原理	(1) 确定活动方向的决策方法： 　　经营单位组合分析法 　　政策指导矩阵法 (2) 选择活动方案的决策方法： 　　确定型决策方法——量本利决策方法 　　风险型决策方法——决策树法 　　非确定型决策方法——乐观法、悲观法、后悔值法

　　　　管理就是决策。

　　　　　　　　　　　　　　　　　　　　　　　——赫伯特·西蒙

基本概念

　　决策　程序化决策　非程序化决策　个体决策　群体决策　定性决策　定量决策　经营单位组合分析法　政策指导矩阵法　确定型决策　量本利分析法　风险型决策　决策树法　非确定型决策　乐观法　悲观法　后悔值法

第 5 章 决 策

 **导入案例**

选 择

有3个人要被关进监狱3年,监狱长给他们一人一个要求。美国人爱抽雪茄,要了3箱雪茄。法国人最浪漫,要一个美丽的女子相伴。而犹太人说,他要一部与外界沟通的电话。3年过后,第一个冲出来的是美国人,嘴里鼻孔里塞满了雪茄,大喊道:"给我火,给我火!"原来他忘了要火了。接着出来的是法国人。只见他手里抱着一个小孩子,美丽女子手里牵着一个小孩子,肚子里还怀着第三个。最后出来的是犹太人,他紧紧握住监狱长的手说:"这3年来我每天与外界联系,我的生意不但没有停顿,反而增长了200%,为了表示感谢,我送你一辆劳斯莱斯!"

 点评:什么样的选择决定什么样的生活。

这个故事告诉人们,什么样的选择决定什么样的生活。今天的生活是由3年前的选择决定的,而今天的抉择将决定3年后的生活。要选择接触最新的信息,了解最新的趋势,从而更好地创造自己的将来。

5.1 决策概述

诺贝尔经济学奖获得者西蒙认为,管理就是决策。决策是管理的核心,决策的正确与否关系着组织的兴衰存亡。可以认为,整个管理过程都是围绕决策的制定和组织实施而展开的。

 知识链接

西蒙认为现实生活中作为管理者或决策者的人是介于完全理性与非理性之间的"有限理性"的"管理人"。"管理人"的价值取向和目标往往是多元的,不仅受到多方面因素的制约,而且处于变动之中乃至彼此矛盾状态;"管理人"的知识、信息、经验和能力都是有限的,他不可能也不企望达到绝对的最优解,而只以找到满意解为满足。在实际决策中,"有限理性"表现为决策者无法寻找到全部备选方案,也无法完全预测全部备选方案的后果,还不具有一套明确的、完全一致的偏好体系,以使它能在多种多样的决策环境中选择最优的决策方案。西蒙的决策理论关注的焦点正是人的社会行为的理性方面与非理性方面的界限,它是关于意识理性和有限理性的一种独特理论,是关于那些因缺乏寻找最优的才智而转向寻求满意的人类行为的理论。

5.1.1 决策的含义

决策是指在一定的环境下,组织或个人为了实现某种目标,借助于一定的科学手段和方法,对未来一定时期内有关活动的方向、内容及方式进行选择、实施和调整的过程。

对于这一含义可以这样理解。

第一,决策是受环境限制的,不同的决策环境中,决策的方法、内容、结果都不一样。

第二,决策的主体是组织或个人,组织的决策一般由管理者承担,而管理者可以是单个管理者,也可以是多个管理者组成的决策群体或决策小组。

第三，所有的决策都是有目标的，决策的目标不是为了决策而决策，而是为了实现组织的目标。

第四，决策需要借助于科学的手段和方法。

第五，决策是有时效性的，既可以是未来比较长的时期，也可以是某个较短的时段。

第六，决策选择或调整的对象，既可以是活动的方向和内容，也可以是特定方向下具体的活动方式。

第七，决策是一个过程，这个过程由多个步骤组成。

5.1.2 决策分类

决策可以从不同的角度进行不同的分类，这里仅介绍几种常见的类型。

1. 按决策的作用范围分类

1) 战略决策

战略决策是为了组织全局长期的发展所进行的大政方针的决策。它主要是为了适应外部环境的变化所采取的对策，其特点一般表现为关系组织全局的重大问题；实施时间较长，对组织起着比较长远的指导作用；风险性较大，多由组织最高层管理者负责制定。

2) 战术决策

战术决策又称管理决策或策略决策，是为了实现战略目标而做出的带有局部性的具体决策，它直接关系着为实现战略决策所需要的资源的合理组织和利用。

3) 业务决策

业务决策又称日常管理决策，是组织为了解决日常工作和业务活动中的问题而做的决策。它是针对短期目标，考虑当前条件而做出的决定，大部分属于影响范围较小的常规性、技术性的决策，直接关系到组织的生产经营效率和工作效率的提高。因此，业务决策往往是和作业控制结合起来进行的。

2. 按决策时间长短分类

1) 长期决策

长期决策是指在较长时间内，一般是指 5 年或更长时间才能实现的决策。它多属于战略决策，需要一定数量的投资，具有实现时间长和风险较大的特点。

2) 中期决策

一般是指一年以上 5 年以内的决策，涉及对长期决策的落实。

3) 短期决策

短期决策是指在短时间内，一般是一年以内实现的决策。它多属于战术决策或业务决策，具有不需要投资和时间短的特点。

3. 按决策者的层次分类

按决策者的层次分类，决策情况如图 5.1 所示。

1) 高层决策

高层决策是指由组织最高层管理者所做的决策，它要解决的是组织全局性的、与外界环境相关的重大问题，大部分属于战略决策、战术决策，极少数属于日常业务决策。

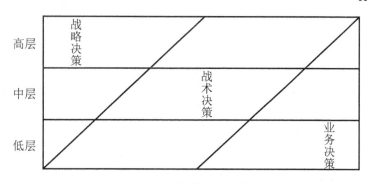

图 5.1　不同层次的决策

2) 中层决策

中层决策是指由组织内中层管理人员进行的决策，它所涉及的问题多属于安排组织一定时期的生产经营任务，或者是为了解决一些重要问题而采取必要措施的决策，一般属于战术决策，一部分属于业务决策，个别情况下也参与战略决策的制定。

3) 基层决策

基层决策是指组织内基层管理人员所进行的决策。它要解决的是作业任务中的问题，主要包括两方面的内容：一是经常性的作业安排，二是生产经营活动中偶然要解决的问题。这类决策问题技术性强，要求及时解决，不能拖延时间。

4. 按决策问题的不同性质或决策的重复程度分类

1) 程序化决策

程序化决策又称规范性决策或重复性决策，是指对常规的、经常重复发生的问题的决策。这种决策多属于业务决策，由于这类决策问题是重复出现的，涉及一些例行活动，因而可以规定出一定的程序，建立决策模式，按规定的程序、方法和标准进行处理，甚至可以由计算机处理。程序化决策是管理人员按照上级制定的规章进行的决策，比较简单，一般在基层工作中最为常见。

2) 非程序化决策

非程序化决策又称一次性决策，是指对不经常重复发生的业务工作和管理工作所做的决策。这种决策不是经常反复进行的，多为偶然发生或首次出现而又非常重要的问题，缺乏准确可靠的统计数据和资料，没有先例，无章可循，由于解决这类问题的经验不足，很大程度上依赖于决策者的知识、经验、洞察力和逻辑思维。一般来说，高层管理者所做的决策多属于非程序化决策。

5. 按照决策主体的多少分类

1) 个体决策

个体决策是指决策主体是一个人，即决策权限集中于个人的决策，受个人知识、经验、心理、能力、价值观等个人因素的影响较大，决策过程带有很强的个性色彩。

2) 群体决策

群体决策是指决策主体有多个人，即决策权由集体共同掌握的决策，受群体结构的影响较大。在群体决策中，参与者互动既可导致优势互补，也可导致弱势叠加。

与个体决策相比，群体决策既有优势也有缺点。

群体决策的优点：①能增加决策过程的民主性；②能提供比个体更多的不同的决策方案；③能增加决策的可接受性；④能提供比个体更为丰富和全面的信息。

群体决策也存在明显的不足：①对决策结果的责任不清；②由于从众心理会妨碍不同意见的表达；③如果群体由少数人控制，群体讨论时易产生个人倾向；④要比个体决策需要更多的时间，甚至会因难以达成一致观点而浪费时间。

个体决策和群体决策孰优孰劣，何时使用个体决策，何时使用群体决策，这主要取决于要解决的问题的性质和要取得的决策效果，也取决于对影响群体决策的因素的有效控制。

6. 按照决策的起点不同划分

1) 初始决策

初始决策是零起点决策，它是在有关活动尚未开始从而环境未受到影响的情况下进行的。

2) 追踪决策

追踪决策是非零起点的决策，它是随着初始决策的实施，组织环境发生变化，在这种情况下进行的决策。

管理案例

追 踪 决 策

李某是某县副县长，主管工业。李副县长一上任便遇到了"60"型炼焦炉的修建工程问题，他的前任已为此工程做了大量工作并经省、地计委批复，投资400万元。现在要进行的是拿出施工方案并组织实施。李某经过调查研究发现，"60"型炼焦炉对本地情况不适合，在煤质、原煤用量、水源等方面的需要很难得到保证，于是重新制订方案，不用"60"型炼焦炉，而改用别的。经县委讨论后，决定废弃原方案，采纳新方案。

请问：李副县长的做法是否正确？

分析：正确。作为主管工业的副县长，对此修建工程有权进行研究、决策。虽然他的前任已经做出决策并开始实施，但是，李副县长在实施过程中发现了原决策者的失误，根据调查的结果取消原方案并且制定了新方案，这就是决策执行过程中的发现问题、纠正决策，李副县长的决策实际上是在原决策的基础上所进行的追踪决策。追踪决策对于及时发现错误、避免更大损失有极其重要的意义。因此，在行政决策中，有关人员一定要注意调查研究密切注意现时情况，修正决策甚至终止原决策，李副县长的做法不仅正确而且值得大力提倡。

7. 按决策问题所处的条件分类

1) 确定型决策

确定型决策是指各方案实施后只有一种自然状态的决策。在这类决策中，各种可供选择的方案的条件都是已知的和确定的，而且各种方案未来的预期结果也是非常明确的，只要比较各个不同方案的结果，就可以选择出满意的方案。

2) 风险型决策

风险型决策的各种备选方案都存在两种以上的自然状态，不能肯定哪种自然状态会发生，但可以测定各种自然状态发生的概率。对于这种决策，决策者无法准确判断未来的情况，无论选择哪个方案都有一定的风险。

3) 不确定型决策

不确定型决策是指各种各选方案都存在两种以上可能出现的自然状态,而且不能确定每种自然状态出现的概率的决策。在这种决策中,存在许多不可控的因素,决策者不能确定每个方案的执行后果,主要凭个人的经验估计进行决策。

5.1.3 决策的原则

决策的原则是指决策必须遵循的指导原理和行为准则。它是科学决策指导思想的反映,也是决策实践经验的概括。虽然不同的具体决策千差万别,但决策过程中所需要遵循的具体原则有许多是共同的,这些一般原则主要有经济性、系统性、预测性、可行性、目标性、选择性、民主性、科学性、满意性、过程性、动态性及风险性等原则。

特别提示
人们在原则面前往往容易动摇。要记住:原则是无论以何种理由都不能放弃的。

1. 经济性原则

经济性原则就是研究经济决策所花的代价和取得收益的关系,研究投入与产出的关系。领导决策必须以经济效益为中心,并且要把经济效益同社会效益结合起来,以较小的劳动消耗和物资消耗取得最大的成果。如果一项决策所花的代价大于所得,那么这项决策是不科学的。

2. 系统性原则

系统性原则也称整体性原则,它要求把决策对象视为一个系统,以系统整体目标的优化为准绳,协调系统中各分系统的相互关系,使系统完整、平衡。因此,在决策时,应该将各个分系统的特性放到大系统的整体中权衡,以整体系统的总目标来协调各个分系统的目标。

3. 预测性原则

预测是决策的前提和依据。预测是由过去和现在的已知,运用各种知识和科学手段来推知未来的未知。科学决策必须用科学的预见来克服没有科学根据的主观臆测,防止盲目决策。决策的正确与否,取决于对未来后果判断的正确程度,不知道行动后果如何,常常造成决策失误,所以领导决策必须遵循预测性原则。

4. 可行性原则

可行性原则的基本要求是以辩证唯物主义为指导思想,运用自然科学和社会科学的手段,寻找能达到决策目标的一切方案,并分析这些方案的利弊,以便最后抉择。可行性分析是可行性原则的外在表现,是决策活动的重要环节。只有经过可行性分析论证后选定的决策方案,才是有较大的把握实现的方案。掌握可行性原则必须认真研究分析制约因素,包括自然条件的制约和决策本身目标系统的制约。可行性原则的具体要求,就是在考虑制约因素的基础上,进行全面性、选优性、合法性的研究分析。

5. 目标性原则

决策必须具有清晰和实际的具体的方向目标,并且这个方向目标应该具有相对的稳定性,一经确定下来,不宜轻易改动。

6. 选择性原则

狭义的决策是指在多个备选方案里选择一个可行方案,为了满足选择性的需要,要求必须有多套备选方案。理论上讲,备选方案越多,决策的正确性就越高。

7. 民主性原则

民主性原则是指一般情况下决策者要充分发扬民主作风,调动决策参与者,甚至包括决策执行者的积极性和创造性,共同参与决策活动,并善于集中和依靠集体的智慧与力量进行决策。民主性原则有3个方面的具体要求。

(1) 管理者必须切实保障决策参与者、决策执行者在决策活动中的地位和权利。决策参与者和执行者既是决策管理的对象,又是决策管理的主体。决策参与者和执行者有权审议本系统的重大决策措施,有权监督决策方案的执行。他们和决策者应该相互合作,相互协调,群策群力,只有切实保障决策参与者和执行者的地位权利,才能调动他们的积极性、主观能动性以及责任感。

(2) 管理者要注意发挥民主作风,正确处理好集权和分权、集中和民主的关系。决策者既要注意适当地集权决策,又要合理地分权决策;既要反对家长制作风,又要反对极端民主化,要把决策者行使决策权与决策参与者、执行者参加决策活动统一起来;既要依靠群众、相信群众,又要领导群众,组织决策参与者和执行者。

(3) 管理者应该依靠集体进行决策。当今世界是一个技术爆炸、信息爆炸的时代,现代化管理面临着复杂性、多变性和竞争性的特点,个人的能力往往有限,已经不能适应现代的需要。因此,必须充分发扬民主,依靠集体决策。首先,要注意发挥由专家组成的智囊团的作用;其次,可以组成一个决策集团,实行集体讨论,进行集体决策;最后,对于重大问题,应邀请本系统以外的有关方面协助决策。

当然,特殊时期的决策要求决策者不可能过多参考更多人的意见而迅速做出决策,如对突发事件的处理、抓住稍纵即逝的市场机会等。

8. 科学性原则

科学性原则是一系列决策原则的综合体现。现代化大生产和现代化科学技术,特别是信息论、系统论、控制论的兴起,为决策从经验到科学创造了条件,领导者的决策活动产生了质的飞跃。当今领导者必须加强学习现代管理知识,遵循科学性原则,才可进行科学的决策。决策科学性的基本要求有如下几个。

1) 决策思想科学化

领导者是否按照科学思想进行决策,是决策科学化的决定性因素。科学的决策思想要求决策有合理的决策标准、系统的决策观念、差异性的思维逻辑、民主的决策风格。一个足够满意的决策标准所要求的是:①决策目标的实现有助于改善系统内某些方面的状况,而不损害整体利益;②领导者对实现决策目标的主客观条件已做了充分的分析与利用;③领导者最后拍板选用的决策方案是最优的。

差异性思维逻辑要求领导者对于不同类型的决策选用不同的逻辑去思考。确定决策要求决策者在决策前先做探索性实验，将主观概率同客观概率相结合，以减少决策的不确定性因素；风险型决策要求决策者敢于承担风险，同时又要尽可能地将风险降到最低限度，要求准备好备用方案，以便不测事件发生时随机应变。

2) 决策程序科学化

如前所述，决策是要解决的问题，科学的决策应该遵循一套科学的程序。执行程序的态度和方法是否科学，很大程度上影响着决策方案的质量。决策程序化的直接目的是使决策行为规范化、条理化，在此基础上，才能提高决策效能，收到预期效果。

3) 决策方法科学化

现代决策已经形成了两类相互区别、相互补充的科学决策方法："软"技术和"硬"技术。前者是指依靠大量专家的知识、经验、智慧，运用社会学、心理学的理论，做出科学判断的定性分析方法；后者是指借助于运筹学、系统分析和电子计算机的知识，通过数理分析来进行判断的定量分析方法。领导者在决策时，应该将两种方法结合起来，即把发挥专家的经验与智慧同运用数学模型进行系统分析结合起来，结合实际探索出一套科学而适用的决策方法、技术和手段。

4) 决策体制科学化

现代决策体制在宏观上完整的结构，一般由五大系统组成，即决策系统、智囊系统、信息系统、执行系统和监督系统。决策系统是决策体制的核心，由负有决策责任的决策者所组成，只有它才有权就一定范围内的有关问题做出决策。智囊系统是专门为领导决策服务的研究咨询系统，是广泛开发智力、协助决策系统决策的组织形式，一般由各种不同专业的自然科学专家和社会科学专家组成。其主要任务是对接受的某项决策进行咨询，采用现代运筹与预测方法，利用信息系统提供的数据资料，对决策问题从不同角度、不同侧面进行系统研究。信息系统是设立在各级决策系统周围，专门搜集、统计、储存、检索、传布、显示有关情报资料信息的组织机构。它一般有 4 个基本环节，即信息的获取、处理、储存和传输。决策的每个步骤和环节都离不开信息系统。整个决策过程可以说是信息输入、转换和输出的过程。执行系统是指执行决策系统的各项决策指令并付诸实施。它是一个从低级到高级保证决策正确逐步实施的系统。监督系统是对执行系统贯彻执行决策系统的指令情况进行各方面的检查监督，并帮助决策系统实现自我调节，以保证指令顺利贯彻执行和决策目标的顺利实现。由这五大系统建立起来的决策体制能够保证领导决策信息广泛、咨询充分、执行分散、决策集中、监督独立、反馈及时，从而有利于实现决策的民主化和科学化。

科学性原则的这几个方面是互相联系、不可分割、缺一不可的。只有树立科学的决策思想，遵循科学的决策程序，运用科学的决策方法，建立科学的决策体制，整个决策才可能是科学的；否则，就不能称为科学决策。

9. 满意性原则

满意性决策原则是由西蒙在其著作《管理行为》一书中提出来的，在此之前，决策者一直追求所谓的"最佳决策原则"。要做一个最佳决策，要求具有 5 个条件：第一，决策者的知识是无限的；第二，决策者掌握决策所需要的所有信息；第三，决策者对信息的利用能力是无限的；第四，决策者是绝对理性的；第五，决策环境是不变的。

但事实上以上条件任何一个都不具备：第一，人的知识是有限的；第二，事物之间的关系是错综复杂的，导致决策所有需要考虑的问题是异常复杂的，决策者不可能掌握决策所需要的所有信息；第三，人对信息和知识的利用能力是有限的；第四，人在影响其决策的价值观和目标观念上是受限制的，加之人的决策是受思想情感影响的，所以决策者不可能做到绝对理性；第五，决策的内外环境是高度不确定和复杂的。

基于此，决策者只能在现有知识、现有信息的基础上，以及对知识和信息的利用能力的前提下，在特定的环境中，尽可能比较理智地寻找相对满意的决策方案而已。

  特别提示

"最佳决策"有时可能不存在，有时理论上存在，但实际上无法做到，有时即便能做到，也许代价太大而不划算。

10. 过程性原则

决策是一个过程。第一，组织决策不是一项决策，而是一系列决策的综合。第二，以上系列决策本身就是一个包含许多工作、由众多人员参与的过程，从决策目标的确定，到决策方案的拟订、评价和选择，再到决策方案的实施和决策结果的评价，诸多步骤构成一个完整的决策过程。

11. 动态性原则

决策的主要目的之一是使组织的活动适应外部环境的变化，决策者必须不断监视和研究这些变化，从中找出组织可以利用的机会，并在必要时做出新的决策及调整组织活动，从而更好地实现组织与环境的动态平衡。

12. 风险性原则

决策是一种带有风险的管理活动，因为任何备选方案都是在预测未来的基础上制定的。客观事物的变化受多重因素的影响，加之人们的认识总有一定的局限性，作为决策对象的备选方案就不可避免地会带有某种不确定性，决策者对所做出的决策能否达到预期的目标，不可能有百分之百的把握，都要冒不同程度的风险，所以说决策是有风险的。

  管理案例

失败的决策

乙厂是甲公司下属的一家企业。前几年以军工产品为主，经济效益一直很好。2002年以后，军工任务大量压缩，甲公司又无适销对路的产品安排，要求企业自求生路。在企业由生产型向生产经营型转变的过程中，全厂干部、工人一时难以适应，生产任务大幅度下降，企业面临严重困难。这时甲公司正在研制开发某新产品系列。甲公司和有关领导认为，该新产品系列的所有设备部件都应在公司系统内自行配套解决，自成体系。根据乙厂的加工设备及其技术力量，公司决定乙厂立即上马生产其中的一个重要配件。这种配件精度高，生产难度大，有许多技术难题需要攻关解决。乙厂的干部、工人感到难以承担。甲公司有关领导却认为，"有活干总比没活干强"，还是拍板决定先试制后小批量生产。经过一年的努力，共生产了一万套,每套成本高于进口同类型机,而且存在不少问题,原订货单位提出终止协议。乙厂立即组织专门力量进行突击抢修,由于各种原因而告失败,使大量半成品、成品成了废品,损失惨重。

请根据领导科学的有关原理,分析这个决策失败的主要原因。

分析:甲公司做出乙厂生产"重要配件"的决策,失误的主要原因在于违背了科学决策的有关原则。

(1) 违背了可行原则。甲公司领导未对乙厂生产"重要配件"的技术、设备等进行可行性分析论证。因为"乙厂的干部、工人感到难以承担"生产"重要配件"的任务。

(2) 违背了经济效益原则。企业生产经营是讲经济效益的,而甲公司领导却认为"有活干总比没活干好",不讲效益,结果使大量半成品、成品成了废品。

5.2 决策制定过程

决策制定过程是指从环境分析中提出问题到最后方案实施并反馈的全过程,整个过程大致包括以下几个步骤:环境分析并发现和提出问题、确定决策目标、搜集信息并科学预测、拟订可行方案、优选方案、方案实施、实施结果反馈及追踪调查。决策过程如图 5.2 所示。

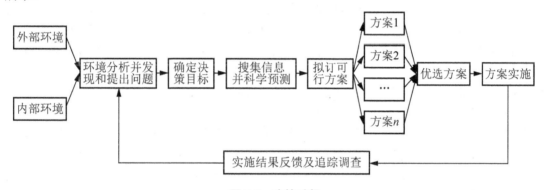

图 5.2 决策过程

1. 环境分析并发现和提出问题

任何决策都是从发现和提出问题开始的,而要发现和提出问题,必须首先对组织内外环境进行分析。随着经济全球化,环境对组织管理的影响已经被大家普遍接受,任何组织都不可能离开环境而独立存在。组织的所有决策总是起源于组织的实际情况与内外环境发生了不协调,导致组织的运行受到影响,即出现了问题。当然所谓的"问题"并不一定是"坏问题"。

所谓问题,是指应该或可能达到的状况同现实状况之间存在的差距,也表现为需求、机会、挑战、竞争、愿望等,是客观存在的矛盾在主观世界中的反映。矛盾的复杂性决定着决策中问题的复杂程度。但并非任何问题都要决策,面对纷繁复杂的问题,要经过一系列思维活动,对问题进行归纳、筛选和提炼,善于抓住有价值的问题,把握其关键和实质。如果真正的问题没有抓住,或者抓得不准,决策就不能达到预期效果。

明确问题包括两个方面,一是要弄清问题的性质、范围、程度及其价值和影响。不能停留在表面现象和笼统的感觉上,要分析问题的各种表现、同未来需要的不适应状况。区分问题的不同类型,如全局性的或局部性的、战略性的还是战术性的、长远性的或暂时性的、已经显现的或潜在的、能够解决的或暂时无条件解决的等。要搞清问题之间的相关性、层次性、历时性，认识其状态趋势和特点。没有对问题本质的、整体的认识，没有把握客观事物的运动规律，就没有决策的正确方向和前提。为能抓准问题，必须深入进行调查研究，搞清事实，明确问题。二是要找出问题产生的原因，分析其主观原因和客观原因、主要因素与次要因素、直接原因与间接原因等。对问题产生的原因进行纵向分析和横向分析。纵向分析是指从问题的表面开始进行分析，层层深入，究其根底。横向分析是指将同一层次的原因及其相互关系搞清楚，从而找出主要原因。

2. 确定决策目标

发现问题后，接着就要确定目标。所谓目标，是指在一定条件下，根据需要和可能，在预测的基础上所企求的终极要求，或决策所要获得的结果。

确定目标是决策中的重要一环，目标一错，失之毫厘，谬之千里。确立目标要注意以下几个问题。

(1) 要有层次结构，建立目标体系。目标是由总目标、子目标和二级子目标从总到分、从上到下组成的一个有层次的目标体系，是一个动态的复杂系统。文学家托尔斯泰说："要有生活目标，一辈子的目标，一段时期的目标，一个阶段的目标，一年的目标，一个月的目标，一个星期的目标，一个小时的目标，一分钟的目标，还得为大目标牺牲小目标。"决策目标固然不必分得这样细，但必须有总有分，目标之间相互衔接，使整体功能得到有效发挥。

(2) 目标是可以计量其成果、规定其时间、确定其责任的。

(3) 要规定目标的约束条件。例如，把产值、利润增长一倍作为目标，同时要规定在产品的品种、结构、质量、规格符合一定的前提条件下来完成。执行的结果如不符合这些条件，那么即使产值、利润的计划已经完成，也不算达到了目标。约束条件主要有资源条件、质量规格、时间要求，以及法律、制度、政策等限制性规定。

(4) 建立衡量决策的近期、中期、远期效果的三级价值标准，建立科学价值、经济价值及社会价值指标，并进行综合权衡，以构成价值系统，以此作为评价标准。

(5) 目标的确定要经过专家与领导的集体论证。

(6) 目标要正确。错误的目标，将把整个组织活动带向错误的方向。

(7) 目标要合理、可行。一项合理、可行的决策目标应该是能够达到，但又必须是经过努力方可达到的目标。

3. 搜集决策信息并科学预测

搜集与决策有关的经济、技术、社会等各方面的情报资料，是进行科学决策的重要依据。情报信息量的大小、正确与否，直接影响到决策的质量。要想在决策上不失误，必须有丰富可靠的情报来源、迅速的情报传递、准确的情报研究，这是决策科学化的重要物质技术基础。没有一批定量的数据，就不可能为决策做出定性分析。因此，要尽可能大量占有数据和资料。资料来源一方面是统计调查资料；一方面是预测资料。搜集情报信息资料要达到以下要求：①资料必须具有完整性，凡与目标要求有关的直接或间接资料，都要尽可能搜集齐全；②资料情报必须具有可靠性，要有依据，要具有时间、地点、对象的连续性要求，数字要准确无误；③对资料要做系统分析，着重从事实的全部总和、从事实的联系去掌握事实,从事物的发展中全面估计各种对比关系,以保证掌握情报信息的科学性;④对一些不确切的问题或疑难问题,要召集专家及有关人员进行集体会诊,以做出定性分析和概率估计。

做好预测工作是确定目标和搜集资料两个阶段都十分必要的事情。科学的决策要有科学的预测。对事物的过去和现状进行定量定性分析是重要的,但还是不够的。决策是在今后执行的,分析历史和现状是为了预测未来。没有科学的预测,就没有科学的决策。

4. 拟订可行方案

拟订各种可行方案是决策的基础。这项工作主要是由智囊机构承担的。如果只有一个方案,就没有比较和选择的余地,也就无所谓决策。国外常有这样的说法:"没有选择就没有决策。"拟订方案阶段的主要任务是,对信息系统提供的数据、情报进行充分的系统分析,并在这个基础上制定出备选方案。要求做到:①必须制定多种可供选择的方案,方案之间具有原则区别,便于权衡比较;②每一种方案以确切的定量数据反映其成果;③要说明本方案的特点、弱点及实践条件;④各种方案的表达方式必须做到条理化和直观化。

在制定方案的步骤上一般分两大步。第一步是设想阶级。要求有创新精神和丰富的想象力。这些都取决于参与人员的知识、能力、智慧和胆识。既要实事求是,又不能因循守旧。思想要敏锐、有洞察力并富于远见。第二步是精心设计。如果第一步需要大胆设想,这一步却更要冷静思索、反复计算、严密论证和细致推敲,即经得起怀疑者和反对者的挑剔。这一步主要搞好两项工作:一是确定方案的细节;二是估计方案的结果。既要有好的主意,又要有好的结果。

5. 优选方案

在方案选择之前,先要对各种备选方案进行评估。要尽可能采用现代科学的评估方法和决策技术,如可行性分析、决策树、矩阵决策、模糊决策等技术,对预选方案进行综合评价。这项工作主要由智囊机构的高级研究人员、政策研究人员及从社会上聘请的专家小组来承担。其主要内容包括:①通过定性、定量、定时的分析,评估方案实施所需的条件是否具备,筹集和利用这些条件需要付出何种成本;②评估各预选方案的近期、中期、远期效能价值,分析方案的后果及其影响;③在评估的基础上,权衡各个方案的利弊得失,并将各方案按优先顺序排列,提出取舍意见,交决策机构定夺。

选择最优化方案是决策的关键一环,也是领导的至关重要的职能。做好方案优选,需要满足两个条件:一是要有合理的选择标准;二是要有科学的选择方法。

1) 选择方案的标准

什么样的方案是最佳方案?其标准是什么?这就需要建立价值标准。达到什么程度才符合要求,是最优呢,还是满意就行?这又提出一个"满意标准"问题。如果一个方案执行起来会出现几种不同的可能结果,这时应按什么标准去选择?这就产生了不确定情况下的选择标准问题。

(1) 价值标准。这是选择方案的基本判据,内容有确定各项价值指标、分清主次、综合评价。一般从系统性、先进性、效益性、现实性4个方面进行综合评价。其中效益性是核心。

(2) "最优标准"还是"满意标准"。能达到最优标准何乐而不为呢?但在实际工作中往往难以达到。因为人们的认识受许多因素的限制，如主客观条件、科技水平、情报信息，以及环境、时间等限制。有的最优方案对某一企业是适用的，在另一企业就不一定适用；有的在短期看是最优的，而长期效果不一定很好。因此，绝对的"最优标准"是不存在的，最优也是相对而言的。决策理论学派的代表西蒙，提出一个现实的标准，即"满意标准"，或"有限合理性标准"。方案只要"足够满意"即可，不必追究"最优"。多数决策是按"满意标准"行事的。当然，这样做并不排除在可能条件下达到最优的可能性。

2) 选择方案的方法

选择方案的方法甚多，归纳起来，有经验判断法、归纳法、数学方法及试验法等。

(1) 经验判断法。这是最古老的一种传统的方法。我国20世纪40年代前的管理决策基本上都是依靠经验判断。今天把数学方法、物理模型、网络模型方法引进决策中后，经验判断的方法仍然是不可缺少和忽视的。尤其是一些涉及社会、心理因素等复杂问题和非计量性多的决策，需要有领导者的经验判断。

(2) 归纳法。归纳法是在方案众多的情况下，先把方案归成几大类，先看哪类最好，就选中哪类，然后再从中选出最好的方案，如选择厂址的决策。这个方法的优点是可以较快缩小选择范围。缺点是可能漏掉最优方案，因为最优方案也可能处在不是最好的那个类中。不过在不允许进行全面对比的情况下，这个办法仍常被采用，因为按此法选出的方案一般还是比较满意的。

(3) 数学方法。运用数学方法选择方案，在20世纪50年代以后发展很快。因为在控制变量属于连续型的情况下，经验判断方法很难直接找到最优或满意方案，要借助于数学方法。所谓连续型变量，是指这个变量的两个变异值之间，可以存在无穷多个中间数值，如产值、成本、利润等就是连续变量。连续型的控制变量就是意味着备选方案无穷多。若要选择一个最优生产批量，在这个批量时其单位成本最低。假如这个批量数字可在500～1000千克选择，若每隔5千克拟一个方案，则共有101个方案，如果每隔每0.5千克拟一个方案，则可拟出1001方案。间隔单位再划小，方案数目可以更多。从理论上讲，由于间隔单位可以划得任意小，方案就可以无穷多。但是通过数学模型、计算机模拟的方法，很快就可以找到最佳方案。当然，到目前为止，尚有许多复杂的决策用数学方法还解决不了，要综合运用选择方案的多种方法加以解决。

(4) 试验法。社会问题的决策虽然不可能创造出像实验室那样人为的典型条件，如科技界那样去试验，但对重大问题的决策，尤其是对新情况、新问题及无形因素起重大作用不便用数学方法分析时，先选择少数几个典型单位进行试点，然后总结经验以作为最后决策的依据，也不失为一种有效的方法。有些复杂的决策，虽然反复计算、讨论、比较，仍然没有多大把握，这时，试验就被提上日程。但也不是事事都经过试验。在方案选择过程中，往往是在选择范围已经缩小到只剩下两个关键方案而定不下来时，或方案已初步选出但仍感到还不放心时，以做试验为妥。

以上各种选择方案的方法都各有利弊，采用何种办法还要从实际出发，灵活运用，还可创造更加科学的方法，以能更简明地、准确地找到最优方案或满意方案。

方案优选，就是领导者的决断，是决策行动，也是决策全过程中最核心、最关键的一步。在现代组织管理中，要真正做到科学地优选决策方案，不是一件易事，要求领导者要有很高的决策素养、战略的系统观点、科学的思维方法、丰富的经验判断和很强的鉴别能力。

6. 方案实施

方案实施大致可以分为两个阶段：试点阶段和普遍实施阶段。

(1) 试点阶段。方案择定后，要付诸实施，在普遍实施前进行试点。试点要注意选择在整个系统中具有典型性的地方，不能人为地创造某些特殊条件，这样纵然试点成功，也很难以实践。在试验实证中，应特别注重可靠性分析。可靠性的概念，即在规定条件下和预定时间内，完成任务或达到目标的成败概率。如果方案在实施试点中根本行不通，那就要推倒重来了。

(2) 普遍实施阶段。经过可靠性验证后，可以进入普遍实施阶段。在这一步骤上，要抓好以下工作：①把决策的目标、价值标准及整个方案向下属交底，动员群众、干部和科技人员为实现目标而共同努力，以求实现；②围绕目标和实施目标的优化方案，制定具体的实施方案，明确各部门的职责、分工和任务，做出时间和进度安排，交方案同时要交办法，层层要有落实方案的具体措施，使总目标有层层保证的基础；③制定各级各部门及执行人员的责任制，确立规范，严明制度，赏罚分明，切忌吃"大锅饭"及粗放管理，要把统一指挥同调动群众的积极性结合起来，加强思想政治工作；④随时纠正偏差，减少偏离目标的震荡。

7. 实施结果反馈及追踪检查

即使是一个优化方案，在执行过程中，由于主客观情况的变化，发生这样那样与目标偏离的情况也是常有的。因此，必须做好反馈和追踪检查工作。这个阶段的任务就是要准确、及时地把方案实施过程中出现的问题和执行情况的信息，输送到决策机构，以进行追踪检查。

在贯彻实施方案中一般遇到的问题，大致可归纳为 3 种情况：一是执行人员没有按规定完成任务；二是执行中遇到实际困难，发现方案中有不妥当的问题；三是已经按方案执行了，但未达到预定目标。对发生的问题要做具体分析：第一种是一个教育和落实的问题；第二种是需要修正方案，使其更加切合实际、日臻完善的问题；第三种如果属于已危及决策目标的实现，需要对决策进行根本性的修正，甚至要改变决策目标，这就需要进行追踪决策，如果证明原决策是完全错误的，那就不属于追踪决策的问题，而是要推倒重来的问题了。

追踪决策是正常的但不是注定要发生的或经常大量出现的，否则就失去了决策的科学性了。对追踪决策要有正确的看法，采取冷静审慎的态度。决策过程是一个动态的依赖于时空变量的复杂随机函数，把决策看成一个凝固僵化的东西是不切实际的。因此，对方案进行必要的修正是不鲜见的，就是对决策进行根本性修正的追踪决策也是不奇怪的。经过追踪决策使方案达到双重优化，不但会减少损失，而且可以获得更佳效益。

5.3 决策的影响因素及决策方法

决策是一个过程，这个过程不是在真空中进行的，错综复杂的决策环境中有很多因素随时随地可能会影响到决策的效果。在不同的决策情景下应该选择不同的决策方法。

5.3.1 决策的影响因素

一个科学的决策的影响因素很多,但最重要的有环境、过去的决策、决策者对风险的态度、组织文化、时间、组织成员对组织变化所持有的态度、伦理等几种。

1. 环境

环境对组织决策的影响是不言而喻的,这种影响是双重的。

(1) 环境的特点影响着组织的活动选择。例如,就企业而言,则需对经营方向和内容经常进行调整;位于垄断市场上的企业,通常将经营重点致力于内部生产条件的改善、生产规模的扩大及生产成本的降低,而处在竞争市场上的企业,则需密切注视竞争对手的动向,不断推出新产品,努力改善营销宣传,建立健全销售网络。

(2) 对环境的习惯反应模式也影响着组织的活动选择。即使在相同的环境背景下,不同的组织也可能做出不同的反应。而这种调整组织与环境之间关系的模式一旦形成,就会趋向固定,限制着人们对行动方案的选择。

2. 过去的决策

今天是昨天的继续,明天是今天的延伸。历史总是要以这种或那种方式影响着未来。在大多数情况下,组织决策不是在一张白纸上进行初始决策,而是对初始决策的完善、调整或改革。组织过去的决策是目前决策过程的起点;过去选择的方案的实施,不仅伴随着人力、物力、财力等资源的消耗,而且伴随着内部状况的改变,带来了对外部环境的影响。非零起点的目前决策不能不受到过去决策的影响。过去的决策对目前决策的制约程度要受到它们与现任决策者关系的影响。如果过去的决策是由现在的决策者制定的,而决策者通常要对自己的选择及其后果负管理上的责任,因而会不愿对组织活动进行重大调整,而倾向于仍把大部分资源投入过去方案的执行中,以证明自己的一贯正确。相反,如果现在的主要决策者与组织过去的重要决策没有很深的渊源,则会易于接受重大改变。

3. 决策者对风险的态度

风险是指失败的可能性。由于决策是人们确定未来活动的方向、内容和目标的行动,而人们对未来的认识能力有限,目前预测的未来状况与未来的实际状况不可能完全相符,因此,在决策指导下进行的活动,既有成功的可能,也有失败的危险。任何决策都是必须冒一定程度的风险。组织及其决策者对待风险的不同态度会影响决策方案的选择。愿意承担风险的组织,通常会在被迫对环境做出反应以前就已采取进攻性的行动;而不愿承担风险的组织,通常只能对环境做出被动的反应。愿冒风险的组织经常进行新的探索,而不愿承担风险的组织,其活动则要受到过去决策的严重限制。

4. 组织文化

组织文化制约着组织及其成员的行为及行为方式。在决策层次上,组织文化通过影响人们对改变的态度而发生作用。任何决策的制定,都是对过去在某种程度上的否定;任何决策的实施,都会给组织带来某种程度的变化。组织成员对这种可能产生的变化会怀有抵御或欢迎两种截然不同的态度。在偏向保守、怀旧、维持的组织中,人们总是根据过去的标准来判断现在的决策,总是担心在变化中会失去什么,从而对将要发生的变化产生怀疑、害怕和抗御的心理与行为；相反，在具有开拓、创新气氛的组织中，人们总是以发展的眼光来分析决策的合理性，总是希望在可能产生的变化中得到什么，因而渴望变化、欢迎变化、支持变化。显然，欢迎变化的组织文化有利于新决策的实施，而抵御变化的组织文化则可能给任何新决策的实施带来灾难性的影响。在后一种情况下，为了有效实施新的决策，必须首先通过大量工作改变组织成员的态度，建立一种有利于变化的组织文化。因此，决策方案的选择不能不考虑到改变现有组织文化而必须付出的时间和费用的代价。

5. 时间

美国学者威廉·R·金和大卫·I·克里兰把决策类型划分为时间敏感决策和知识敏感决策。时间敏感决策是指那些必须迅速而尽量准确的决策。战争中军事指挥官的决策多属于此类，这种决策对速度的要求远甚于质量。例如，当一个人站在马路当中，一辆疾驶的汽车向他冲来时，关键是要迅速跑开，至于跑向马路的左边近些还是右边近些，相对于及时行动来说则显得比较次要。

相反，知识敏感决策对时间的要求不是非常严格。这类决策的执行效果主要取决于其质量，而非速度。制定这类决策时，要求人们充分利用知识，做出尽可能正确的选择。组织关于活动方向与内容的决策，即前面提到的战略决策，基本属于知识敏感决策。

这类决策着重于运用机会，而不是避开威胁，着重于未来，而不是现在。因此，选择方案时，在时间上相对宽裕，并不一定要求必须在某一日期以前完成。但是，也可能出现这样的情况，外部环境突然发生了难以预料和控制的重大变化，对组织造成了重大威胁。这时，组织如不迅速做出反应，进行重要改变，则可能引起生存危机。这种时间压力可能限制人们能够考虑的方案数量，也可能使人们得不到足够的评价方案所需的信息，同时，还会诱使人们偏重消极因素，忽视积极因素，仓促决策。

6. 组织成员对组织变化所持有的态度

任何决策的制定与实施，都会给组织带来某种程度的变化。组织成员对这种可能产生的变化会表现出抵制或者欢迎两种截然不同的态度。组织成员通常会根据过去的标准来判断现在的决策，总会担心在变化中失去什么，对将要发生的变化产生抵御的心理，则可能给任何新决策，特别是创新决策的实施带来灾难性的后果。相反，如果组织成员以发展的眼光来分析变化的合理性并希望在可能的变化中得到什么而支持变化，这就有利于新决策的实施，特别是创新决策的实施。因此，组织成员对变化的态度对决策的影响是较大的。在前一种情况下，为了有效实施新的决策，首先必须做好大量的工作来改变组织成员的态度。

7. 伦理

决策者是否重视及采取何种伦理标准会影响其对待行为或事物的态度，进而影响其决策。

不同的区域文化，不同的发展时期，人们会把持不同的伦理标准。例如，德国是重视技术、很严谨的国家，和德国人谈生意如果试图通过贿赂来掩盖技术的缺陷，几乎是不可能的；而中国是重视人情关系的国度，同等条件下，是否能疏通关系是决策成功与否的关键。再如，浙江温州，改革开放前10年，制假售假一度被视为很正常很普遍的行为；而现在的温州，品牌、质量成为企业的生命。

管理寓言

是谁害了牛

在某地森林里住着一群动物，有一天森林里洪水暴发，动物们要逃命。它们找到一条船，所有的动物上船后发现船太小，载不了这么多动物，船随时有沉没的危险，必须下去几个，否则全船动物都会被淹死。但让谁下船呢？为公平起见，最后动物们想出这样一个办法：船上的每个动物讲一个笑话，如果它的笑话能让船上所有的动物发笑，它就可以继续待在这个船上，如果有一个动物不笑，它就得下船。最先讲笑话的是老牛。老牛讲的笑话很好笑，所有的动物都被逗得大笑，只有猪毫无反应。按照规则，老牛必须得下船。老牛哀求再三无效，只得含泪跳去水里。接下来讲笑话的是羊，羊讲的笑话一点也不好笑，动物们都没笑。动物们正要把羊赶下船时，却忽听猪在那里哈哈大笑。动物们先暂把赶羊下船的事放在一边，纳闷地问猪："刚才老牛讲的那个笑话那么好笑你都没笑，羊讲的这个笑话一点也不好笑，你为什么反笑了呢？"猪恍然大悟地说："我终于明白老牛讲的那个笑话了，真是太好笑了。"

5.3.2 定性决策方法

定性决策方法又称主观决策法，是指在决策中主要依靠决策者或有关专家的智慧来进行决策的方法，这是一种"软技术"。管理决策者运用社会科学的原理并依据个人的经验和判断能力，采取一些有效的组织形式，充分发挥各自丰富的经验、知识和能力，从对决策对象的本质特征的研究入手，掌握事物的内在联系及其运行规律，对企业的经营管理决策目标、决策方案的拟订，以及方案的选择和实施做出判断。这种方法适用于受社会、经济、政治等非计量因素影响较大、所含因素错综复杂、涉及社会心理因素较多，以及难以用准确数量表示的综合性问题。这种"软技术"方法是企业决策采用的主要方法，它弥补了"硬"方法对于人的因素、社会因素等难以奏效的缺陷。"硬"、"软"两类技术相互配合，取长补短，才能使决策更为有效。

定性决策方法有很多种，常用的有德尔菲法、专家会议法、头脑风暴法、哥顿法、电子会议法等，其中德尔菲法是最具代表性的方法。尤其在长远的战略决策中，由于许多条件的不肯定性，德尔菲法特别适用。

 知识链接

德尔菲法是由美国兰德公司于20世纪50年代初发明的，最早用于预测，后来推广应用到决策中来。德尔菲是古希腊传说中的神谕之地，城中有座阿波罗神殿可以预卜未来，因而借用其名。

1. 德尔菲法

德尔菲法是专家会议法的一种发展，是一种向专家进行调查研究的专家集体判断。它是以匿名方式通过几轮函询征求专家的意见，组织决策小组对每一轮的意见都进行汇总整理，作为参照资料再发给每一个专家，供其分析判断，提出新的意见。如此反复，专家的意见渐趋一致，最后做出最终结论。

1) 实施过程

德尔菲法的实施过程大致如下。

(1) 拟订决策提纲。先把决策的项目写成几个提问的问题，问题的含义必须提的十分明确，不论谁回答，对问题的理解都不应两样，而且最好只能以具体明确的形式回答。

(2) 选定决策专家。选择的专家一般是指有名望的或从事该项工作多年的专家，最好包括多方面的有关专家，选定人数一般以20～50人为宜，一些重大问题的决策可选择100人以上。

(3) 征询专家意见。向专家邮寄第一次征询表，要求每位专家提出自己决策的意见和依据，并说明是否需要补充资料。

(4) 修改决策意见。决策的组织者将第一次决策的结果及资料进行综合整理、归纳，使其条理化，发出第二次征询表，同时把汇总的情况一同寄去，让每一位专家看到全体专家的意见倾向，据此对所征询的问题提出修改意见或重新做一次评价。

(5) 确定决策结果。征询、修改及汇总反复进行三四轮，专家的意见就逐步集中和收敛，从而确定出专家趋于一致的决策结果。

2) 特点

德尔菲法也可理解为组织集体思想交流的过程。这个方法有如下几个特点。

(1) 匿名性。征询和回答是用书信的形式"背靠背"进行的，应答者彼此不知道具体是谁，这就可以避免相互的消极影响。

(2) 反馈性。征得的意见经过统计整理，重新反馈给参加应答者。每个人可以知道全体的意见倾向，以及持与众不同意见者的理由。每一个应答者有机会修改自己的见解，而且无损自己的威信。

(3) 收敛性。征询意见过程经过几轮(一般为4轮)重复，参加应答者就能够达成大致的共识，甚至比较协调一致。也就是说，统计归纳的结果是收敛的，而不是发散的。

2. 专家会议法

专家会议法是指根据规定的原则选定一定数量的专家，按照一定的方式组织专家会议，发挥专家集体的智能结构效应，对预测对象未来的发展趋势及状况，做出判断的方法。头脑风暴法就是专家会议预测法的具体运用。

专家会议有助于专家交换意见，通过互相启发，可以弥补个人意见的不足；通过内外信息的交流与反馈，产生"思维共振"，进而将产生的创造性思维活动集中于预测对象，在较短时间内得到富有成效的创造性成果，为决策提供预测依据。但是，专家会议也有不足之处，如有时心理因素影响较大；易屈服于权威或大多数人意见；易受劝说性意见的影响；不愿意轻易改变自己已经发表过的意见；由于参加会议的人数有限，代表性不充分；易受表达能力的影响，而使一些有价值的意见未得到重视等。

专家会议的人选应按下述3个原则选取：①如果参加者相互认识，要从同一职位(职称或级别)的人员中选取，领导人员不应参加，否则可能对参加者造成某种压力；②如果参加者互不认识，可从不同职位(职称或级别)的人员中选取，这时，不论成员的职称或级别的高低，都应同等对待；③参加者的专业应力求与所论及的预测对象的问题一致。

运用专家会议法，必须确定专家会议的最佳人数和会议进行的时间。专家小组规模以

10~15人为宜，会议时间一般以进行20~60分钟效果最佳。会议提出的设想由分析小组进行系统化处理，以便在后继阶段对提出的所有设想进行评估。

3. 头脑风暴法

头脑风暴法是针对一个问题，把几个人集中在一起，自由奔放地思考问题，以产生解决问题的设想的创造性决策方法。这种方法最早出现于20世纪30年代，是美国著名创造工程学家奥斯本在一家广告公司提出来用于鼓励创造性思考活动的。后来，凡是需要大量征集意见以解决问题的场合，也都应用了这一方法。麻省理工学院等大学还专门设置了介绍这一方法的课程。头脑风暴法作为一种解决问题的实用技术，在企业决策方法体系中处于重要地位，在企业决策中的应用也极为普遍。

1938年，奥斯本首次在他所领导的一家协会范围内采用了一种小组集中思考问题的方法。首批合作者给这种会议取名为"头脑风暴"。头脑风暴一词的原意是指精神病人表现出来的一种思想错乱的状态，这里用来指自由奔放地思考问题。奥斯本认为"使用'头脑风暴法'这一名称是非常贴切的，因为'头脑风暴'意味着开动大脑来解决问题"。从此这种小组集中思考问题的方法被命名为"头脑风暴法"。

1) 头脑风暴法的目的与作用

运用头脑风暴法的唯一目的在于提出一系列能够有助于人们寻求解决问题的办法，然后确定这些设想的价值，并加以改善。只有当大家严格遵循保留判断的原则，讨论才能称得上名副其实的"头脑风暴"会议。这种方法实际上只是提出设想的一个步骤，只不过是创造性解决问题的一个阶段而已。

头脑风暴法的作用在于"头脑风暴"会议能使人们在较短的时间内，提出大量、有实用价值的设想。例如，奥斯本就这种方法能节省时间这一点举出了一个很能说明问题的例子。有人主持召开了一次"头脑风暴"会议，在一刻钟内，与会者大约提出了100条设想，平均每分钟提出6条设想，平均每个人提出8条设想。头脑风暴法之所以能在短时间内提出大量设想，下述3个原理做了很好的解释：连锁反应原理、鼓励竞赛精神原理、附加的激励效果原理(当一个成员提出的设想被小组接受的时候，就等于是对这个成员的直接鼓励)。

2) 头脑风暴法的规则

为了使头脑风暴会议收到预期的效果，必须使每个与会者理解并遵守4项规则。

第一，不准批评别人的设想——对设想的评论要在以后进行。

第二，鼓励自由奔放地思考——设想看起来越离奇就越有价值。

第三，提出的设想越多越好——设想的数量越多，就越有可能获得更多的有价值的解决问题的办法。

第四，探索研究组合和改进设想——除了与会者本人提出的设想以外，要求与会者在别人设想的基础上进行改进或与之结合。

美国人克拉克和爱德华根据自己的研究和实践经验，对奥斯本的这一规则做了进一步发展，使之更加具体完善。他们指出，要想使头脑风暴会议更加有效，关键在于要防止在会上出现"抑杀句"和"自我抑杀句"。

所谓"抑杀句"，是指阻碍别人发表个人见解的一些话，如"这根本行不通"、"你这是什么年月的陈芝麻烂谷子"、"我们根本没有那么多时间按你说的去做"等。克拉克一共总结出58条抑杀词。这样的话虽不是正面提出理由反驳别人的意见,但往往更生硬武断,甚至带有讽刺和挖苦的味道,使人在感情上难以接受,更易挫伤别人的积极性,从而阻碍创造性的发挥。

所谓"自我抑杀句",则是指发言者的自谦之词或担心自己的意见不合宜而遭到别人的嘲笑为自己好下台所说的一些话,如"我的主意不一定可行,还望得到各位的指教"、"我的设想可能不是什么新东西,权且姑妄言之,姑妄听之吧"等。这些话虽没有直接批评别人之嫌,却与会上应有的活泼、热烈、畅所欲言的创新气氛不协调,也必须竭力避免。

3) 头脑风暴法的应用范围

首要的条件是准备研究的问题应是特殊(具体)的,而不是一般性的。要限定题目范围,使组内每个成员集中一个目标,提出各自的设想。其次,头脑风暴法只能用来解决一些要求探索设想的问题,不能用来解决哪些事先需要做出判断的问题。再次,也不能为仅需要两三个不同解决办法的问题而组织这种集体活动。

4) 头脑风暴法实施要点

(1) 预先准备的力量。有效的头脑风暴要求先进行一些艰苦的工作,在真空中不可能成功地进行头脑风暴。在开会前,对于要解决的问题必须要有所了解,不要指望一进会议室每个人都会为你的即时灵感喝彩,也就是每个人要提前进行自己的头脑风暴。

(2) 在一干二净的屋子中进行。头脑风暴的关键是产生新的想法,所以应从没任何痕迹的写字板开始,把每个人的预想都留在门外,把所了解的事实带进去,但要找到看待这些事实的新的方法。

(3) 没有坏主意。在召开头脑风暴会议时,不应有人因为害怕获得"这是个坏主意"的指责而在发表意见时考虑再三。观点的争论本身就是头脑风暴的一个组成部分。经过几分钟的讨论也许大家不再认为它是坏主意了也未可知。

特别提示

头脑风暴法一定要消除顾虑,畅所欲言。同时不要指责别人幼稚哪怕可笑的想法。

(4) 没有不值得回答的问题。就像没有坏主意一样,对任何问题都要考虑其价值,千万不要害怕对事物本身或做事情的方式刨根问底。千万不要低估对那些似乎是显而易见或是简单的问题进行探究的价值。

(5) 准备好扼杀自己的婴儿。无论你的主意有多奇妙,如果在会议结束时没有作为问题答案的一部分,那就得忍痛割爱,只把它投进头脑风暴搅拌机中作为一种原料,不要带着一种誓死捍卫它的情绪参加会议。

(6) 知道什么时候说什么话。头脑风暴是要花一点时间的,随着时间的延长,特别是随着夜色的加深人们会变得疲惫、暴躁和迟钝,所以你最好是在团队开始困乏之前发言。如果可能的话,让大家有半个小时的时间散步、整理思维、舒展筋骨。

(7) 好记性不如烂笔头。与通常会议不同,通常会议有专人记录,头脑风暴本身不允许进行详细记录。在任何情况下,都要对结果做永久性记录的情况下才可以离开会议室。

4. 哥顿法

哥顿法也称提喻法、类比法，是美国人哥顿于 1964 年为了解决技术问题而发明的一种预测方法。它是一种对问题进行迂回探索的特殊的创新会议方法。它是以会议的形式请专家提出完成工作任务和实践目标的方案，但要完成什么工作、目标是什么，只有会议主持人知道，不直接告诉与会者，以免他们受到完成特定工作和目标的影响，思维方式受到束缚。因此，可以把哥顿法看成一种特殊形式的头脑风暴法。例如，某企业要开发一种新型粉碎机，会议主持人不把目标直接提出来，也不说明要说什么东西，而是请专家提出如何把东西破碎的方案。与会者可以回答切断、锯断、剪断、烧断等方法。经过充分讨论，会议主持人在适当时候再把开发粉碎机的具体内容提出来，以形成更有吸引力的开发方案。一些事实证明，不就事论事而是就事物的本质进行讨论，更容易抓住事物的本质和症结，这样，具体问题的解决方法也就自然产生了。

5. 电子会议法

电子会议法是一种名义群体法与复杂的计算机技术结合的群体决策方法。在使用这种方法时，先将群体成员集中起来，每人面前有一个与中心计算机相连接的终端。群体成员将自己有关解决政策问题的方案输入计算机终端，然后再将它投影在大型屏幕上。专家认为，电子会议法比传统的面对面的会议快 55%。例如，佛尔普斯·道奇采矿公司运用这种方法，使其年度计划会议从几天缩短到 12 小时。

1) 电子会议法的特点

(1) 匿名。参与公共政策决策咨询的专家采取匿名的方式将自己的政策方案提出来，参与者只需把个人的想法输入键盘即可。

(2) 可靠。每个人做出的有关解决公共问题的政策建议都能如实地、不会被改动地反映在大屏幕上。

(3) 快速。在使用计算机进行政策咨询时，不仅没有闲聊，而且人们可以在同一时间中互不干扰地交换见解，它要比传统的面对面的决策咨询的效率高出许多。

2) 电子会议法的优点

(1) 与会成员可以自由地表达自己的思想和对其他成员的方案进行评价，不会遭到群体压力。

(2) 不必担心打断别人的思想和发言，环境是宽松的。

(3) 个人的评论和票数都显示在计算机屏幕上，可快速地进行汇总和统计，有较高的效率。

3) 电子会议法的局限性

(1) 对那些善于口头表达，而运用计算机的技能却相对较差的专家来说，电子会议法会影响其决策思维。

(2) 在运用这种预测方法时，由于是匿名，因而无法对提出好的政策建议的人进行奖励。

(3) 人们只是通过计算机来进行决策咨询的，从而是"人—机对话"，其沟通程度不如"人—人对话"那么丰富。

5.3.3 确定活动方向的决策方法

组织管理者很多时候需要对组织或部门的活动方向进行选择，通常采用的方法有经营单位组合分析法和政策指导矩阵等。

1. 经营单位组合分析法

经营单位组合分析法又称波士顿矩阵，或者是市场增长率(相对市场份额矩阵)、波士顿咨询集团法、四象限分析法、产品系列结构管理法等。该方法由波士顿咨询公司建立，基本思想是，大部分企业都有两个以上的经营单位，每个经营单位都有相互区别的产品—市场片区，企业应该为每个经营单位确定其活动方向。该方法假设：企业的目标是追求增长和利润。

在确定每个经营单位的活动方向时，应该综合考虑企业或该经营单位在市场上的相对竞争地位和业务增长率情况。相对竞争力通常用该经营单位的市场占有率表示，它决定了该经营单位获取现金的能力和速度，因为较高的市场占有率可以为企业带来较高的销售量和销售利润，从而可以创造大量现金流量。

同时要考虑业务增长率。业务增长率对活动方向的选择有多个方面的影响：第一，它有利于市场占有率的扩大，因为在稳定的行业中，企业产品销售量的增加往往来自于对手的市场份额的下降；第二，它决定着投资机会的大小，因为业务增长迅速可以使企业迅速收回投资，并取得可观的投资收益；第三，维持高的业务增长率需要大量的市场费用的投入，又在一定程度上摊薄了利润。

根据以上三个标准，确定企业的经营方向时应遵从以下步骤。

第一，把公司分成不同的经营单位。

第二，计算每一单位的市场占有率(相对竞争地位)和业务增长率。

第三，根据在企业中占有资金的多少来衡量各经营单位的相对规模。

第四，绘制公司的整体经营组合图，如图 5.3 所示。

第五，根据每一单位在图中的位置，确定应选择的经营方向。

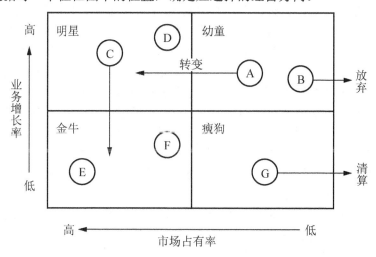

图 5.3 经营单位组合图

1) 幼童类经营单位

幼童类经营单位也称问题类经营单位。处于这一位置的经营单位往往是公司的新业务，业务增长率很高，但市场占有率很小。对于这类经营单位公司需要慎重对待，因为并不是所有的新业务都能长期地维持高增长率，并符合企业的长远发展目标。经过一段时间的观察，不能维持高增长率或者不符合企业长远发展目标的新业务应该果断放弃。对于符合企业长远发展目标的经营单位，公司必须大量地投入资金，建立工厂，增加设备和人员，以便跟上迅速发展的市场，并超过竞争对手。当随着业务不断增长，该经营单位的市场占有率也会逐渐扩大，最后转变为明星单位。

2) 明星类经营单位

明星类经营单位是指高业务增长率、高市场占有率的业务，这是由问题业务继续投资发展起来的，可以视为高速成长市场中的领导者，它将成为公司未来的金牛业务。但这并不意味着明星业务一定可以给企业带来滚滚财源，因为市场还在高速成长，企业必须继续投资，以保持与市场同步增长，并击退竞争对手。企业没有明星业务，就失去了希望。企业应该分配足够的资金让明星类业务继续迅速发展，随着明星类业务相对市场份额继续增长，达到市场垄断者地位后，就转化为金牛类经营单位。

3) 金牛类经营单位

金牛业务指低业务增长率、高市场占有率的业务，是成熟市场中的领导者，它是企业现金的来源。由于市场已经成熟，本身发展前景不大，企业不必大量投资来扩展市场规模，同时作为市场中的领导者，该业务享有规模经济和高边际利润的优势，因而给企业带大量现金流。企业往往用金牛业务来支付账款并支持其他 3 种需大量现金的业务。对于金牛业务单位，主要战略是维持高的市场占有率。

4) 瘦狗类经营单位

瘦狗业务是指低业务增长率、低市场占有率的业务。一般情况下，这类业务常常是微利甚至是亏损的。瘦狗业务存在的原因更多是由于感情上的因素，虽然一直微利经营，但就像人对养了多年的狗一样恋恋不舍而不忍放弃。其实，瘦狗业务通常要占用很多资源，如资金、管理部门的时间等，多数时候是得不偿失的。对于这类经营单位，企业的战略是用最短的时间和最少的资金果断、迅速地清算，抽出资金投入到其他需要资金的经营单位。

经营单位组合分析法可以帮助人们分析一个公司的投资业务组合是否合理。如果一个公司没有金牛业务，说明它当前的发展缺乏现金来源；如果没有明星业务，说明在未来的发展中缺乏希望。一个公司的业务投资组合必须是合理的，否则必须加以调整。例如，巨人集团在将保健品业务发展成明星后，就迫不及待地开发房地产业务，可以说，在当时的市场环境下，保健品和房地产都是明星业务，但由于企业没有能够提供源源不断现金支持的金牛业务，导致企业不得不从本身还需要大量投入的保健品中不断抽血来支援大厦的建设，导致最后两败俱伤，企业全面陷入困境。

在明确了各项业务单位在公司中的不同地位后，就需要进一步明确战略目标。通常有 4 种战略目标分别适用于不同的业务。

发展：继续大量投资，目的是扩大战略业务单位的市场份额，主要针对有发展前途的问题业务和明星中的恒星业务。

维持：投资维持现状，目标是保持业务单位现有的市场份额，主要针对强大稳定的金牛业务。

收获:实质上是一种榨取,目标是在短期内尽可能地得到最大限度的现金收入,主要针对处境不佳的现金流业务及没有发展前途的问题业务和瘦狗业务。

放弃:目标在于出售和清理某些业务,将资源转移到更有利的领域,这种目标适用于无利可图的瘦狗和问题业务。

2. 政策指导矩阵法

政策指导矩阵法由荷兰壳牌公司创立。具体来说,从市场前景和相对竞争力两个角度来分析企业各个经营单位的现状和特征,并将其标示在矩阵上,据此知道企业活动方向的选择。市场前景取决于盈利能力、市场增长率、市场质量和法规限制等因素,分为吸引力强、中、弱3种;相对竞争能力取决于经营单位在市场上的地位、生产能力、产品研发能力等因素,分为强、中、弱3种。根据市场前景和相对竞争能力两个维度,可以将企业的经营单位分为九大类,如图5.4所示。

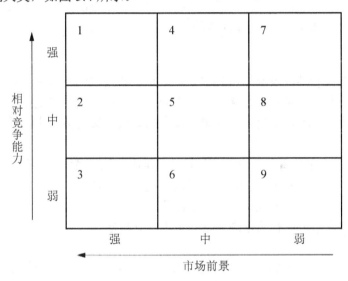

图 5.4 政策指导矩阵法

管理者可以根据经营单位在矩阵中所处的位置来选择企业的活动方向(或者投资方向)。

对于区域1和4的经营单位来说,竞争能力强,市场前景好,应该优先发展这些经营单位,确保它们获得足够资金,以维持自身的有利市场地位。

对于区域2的经营单位来说,虽然市场前景好,但这些经营单位的自身竞争能力不够强。应该给这些经营单位分配更多资金来加强其竞争能力。

对于区域3的经营单位来说,虽然市场前景看好,但竞争能力弱。要根据不同情况分别对待,选择有前途的经营单位分配资金促进其发展,而其余没有前途的经营单位则可以逐步淘汰。

对于区域5的经营单位来说,一般市场上会有3~5个强有力的竞争对手,有一定的市场前景,有一定的竞争能力。应该给这些经营单位分配足够的资金,使其随着市场的发展而发展。

对于区域6和8的经营单位来说,虽然有一点市场前景,但竞争能力太弱,或者虽然有一点竞争能力,但行业前景黯淡。应该缓慢退出这些经营领域,将收回的资金转投到更有前途的经营单位去。

对于区域 7 的经营单位来说,竞争能力强,市场前景不容乐观。这些经营单位本身不应继续投入更多资金,但可以利用其强大的竞争力创造出大量现金流,为其他更需要资金的经营单位提供资金支持。

对于区域 9 的经营单位来说,竞争能力弱同时市场前景黯淡。应该尽快放弃这些经营单位,把资金抽出并转投到更有前途的经营单位。

5.3.4 选择活动方案的决策方法

组织在确定好活动方向之后,接下来就需要考虑运用什么样的活动方案在设定的活动方向上运行。由于达到这一活动方向的方案通常不止一种,管理者需要在众多方案中做出选择。根据未来环境的可控程度,可以把活动方案的决策方法分为三大类型:确定型决策方法、风险型决策方法和非确定型决策方法。

1. 确定型决策方法

确定型决策亦称标准决策或结构化决策,是指决策过程的结果完全由决策者所采取的行动决定的一类问题,它可采用最优化、动态规划等方法解决。确定型决策看起来似乎很简单,在实际决策中并不都是这样。决策人面临的备选方案可能很多,从中选出最优方案就很不容易。

运用确定型决策应具备以下 4 个条件:①存在决策人希望达到的一个明确目标;②只存在一个确定的自然状态;③存在可供选择的两个或两个以上的行动方案;④不同的行动方案在确定状态下的损失或利益值可以计算出来。

常用的确定型决策方法有线性规划法和量本利分析法。

1) 线性规划法

线性规划法就是在线性等式或不等式的约束条件下,求解线性目标函数的最大值或最小值的方法。其中目标函数是决策者要求达到目标的数学表达式,用一个极大或极小值表示。约束条件是指实现目标的能力资源和内部条件的限制因素,用一组等式或不等式来表示。

线性规划是决策系统的静态最优化数学规划方法之一。它作为经营管理决策中的数学手段,在现代决策中的应用是非常广泛的,它可以用来解决科学研究、工程设计、生产安排、军事指挥、经济规划、经营管理等各方面提出的大量问题。

运用线性函数规划法建立数学模型的步骤:首先,确定影响目标的变量;其次,列出目标函数方程;再次,找出实现目标的约束条件;最后,找出是目标函数达到最优的可行解,即该线性规划的最优解。

建立线性规划的数学模型必须具备几个基本条件:第一,变量之间的线性关系;第二,问题的目标可以用数字表达;第三,问题中应存在的能够达到目标的多种方案;第四,达到目标在一定的约束条件下实现的,并且这些条件能用不等式加以描述。

【例 5.1】某企业同时生产甲、乙两种产品,设备能力的有效台时为 180 台时/月,钢材消耗每月不超过 360 千克,有关单耗及单位赢利情况见表 5-1。

表 5-1 产品种类、单耗及单位赢利情况

单耗\产品 目录	甲产品	乙产品	资源
设备工时/台时	6	3	180
钢材/千克	3	9	360
单位赢利/(元/件)	150	200	

第一步：确定影响目标大小的变量。

在本例中，目标是利润，影响利润的标量是甲产品的数量(设甲产品月计划生产 X_1 件)，乙产品的数量(设乙产品月计划生产 X_2 件)。

第二步：列出目标函数方程。

设利润为 R，则 $R=150X_1+200X_2$

第三步：找出约束条件。

在本例中，生产两种产品的总时间不能超过 180 小时，每月钢材消耗不能超过 360 千克。即

约束方程：$\begin{cases} 6X_1+3X_2 \leqslant 180 \\ 3X_1+9X_2 \leqslant 360 \end{cases}$

除此之外，还有两个约束条件，即非负约束：$X_1 \geqslant 0$，$X_2 \geqslant 0$。

从而线性问题成为如何选取 X_1 和 X_2，使在上述 4 个约束条件下 R 达到最大。

第四步：求出最优解——最佳产量组合。

解线性规划问题的方法很多，常见的有图解法、单纯性表法等，这里只介绍图解法。甲、乙产品生产约束图如图 5.5 所示。

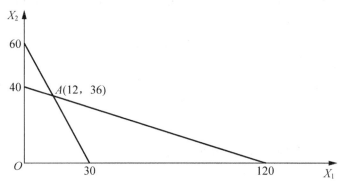

图 5.5 甲、乙产品生产约束图

通过图解可得：$X_1=12$(件)，$X_2=36$(件)，此时 $R=9\ 000$(元)。即每月生产甲产品 12 件，每月生产乙产品 36 件，此时可获得最大利润 9 000 元。

2) 量本利分析法

量本利分析法(cost-volume-profit analysis)也称保本分析或盈亏平衡分析，是通过分析生产成本、销售利润和产品数量这三者的关系，掌握盈亏变化的规律，指导企业选择能够以

最小的成本生产最多产品并可使企业获得最大利润的经营方案。运用量本利分析法有一个前提是没有库存,即产量等于销量,所以接下来的讨论中,产量和销量是一致的。

量本利分析法是企业进行决策、计划和控制的重要工具,其基本原理如下。

企业的成本,可以划分为固定总成本和变动成本两类。

固定总成本在短期内是与产量无关的,即不随产量的变化而变化,但摊入单位产品的固定成本即单位产品的固定成本却随着产量的变化而变化,即产量越大,单位产品的固定成本越小,产量越小,单位产品的固定成本越大。厂房、大型设备等都属于固定成本。

变动成本是指随着产量变化呈正比例变化的那部分费用,而单位产品的变动成本在短期内是不变的。产品成本中的原材料费用、燃料动力费用、计件工资等,均属于变动成本范畴。

运用量本利分析法时,关键是找出企业不盈不亏的产量,即保本产量或盈亏平衡产量,此时企业的总收入等于总成本。找出保本产量的方法有代数法和图解法两种。

(1) 代数法。代数法是用代数式表示产量、成本和利润之间的关系的方法。

假设利润为 π,销售收入为 R,总成本为 C,销售量为 Q,销售价格为 p,单位产品变动成本为 v,固定成本为 F。

则有

$$\pi = R - C = Q \times (p - v) - F$$

当 $\pi = 0$ 时,有

$$Q_0 = F/(p - v)$$

其中,Q_0 表示保本产量或保本销量。

当企业产量 $Q > Q_0$ 时,企业有盈利,当 $Q < Q_0$ 时,企业则亏损,$(p-v)$ 就是边际贡献,则有

$$R_0 = F/(1 - v/p)$$

其中,R_0 表示保本收入。

当企业销售收入 $R > R_0$ 时,企业有盈利,当 $R < R_0$ 时,企业则亏损,$(1-v/p)$ 就是边际贡献率,则

$$安全边际 = 方案带来的产量 - 保本产量$$
$$安全边际率 = 安全边际/方案带来的产量$$

特别提示

研究边际贡献和边际贡献率可以理解为在同等条件下,企业为什么要尽可能地提高价格的同时降低成本,因为这样做可以提高边际贡献和边际贡献率。

(2) 图解法。量本利分析图如图 5.6 所示。

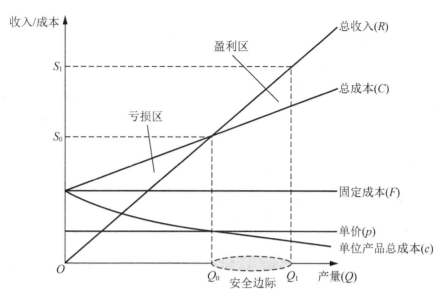

图 5.6 量本利分析图

从图 5.6 可见：

(1) 从总量来看，当产量达到 Q_0 的时候，总收入等于总成本(即 $R=C$)，盈亏刚好平衡，此时既不亏损，也不盈利。Q_0 就是保本销量，此时销售收入为 S_0 即为保本收入。当产量小于 Q_0 时，企业处于亏损状态，只是随着产量的增加，亏损在逐渐减少，当产量等于 Q_0 时，亏损刚好降为零，所以 Q_0 之前的区域属于亏损区域；当产量大于 Q_0 时，企业处于盈利状态，并随着产量的增加，盈利越来越多，所以 Q_0 之后的区域属于盈利区域。

(2) 从单件产品来看，如果只生产一件产品，则该产品承担了所有的成本，即单位产品的总成本就等于固定成本加全部的变动成本，此时单位产品的总成本最高，此时企业是亏损的。随着产量的增加，虽然单位产品的变动成本不变，但是单位产品的固定成本却越来越小，所以随着产量的增加，单位产品的总成本会逐渐下降，每生产一件产品所亏损的数额在逐渐减少。直到生产第 Q_0 件产品时，此时单位产品的总成本刚好等于产品的单价，此时企业不亏损也不盈利，处于盈亏平衡状态，随着产量的增加，单位产品的总成本会继续减少，而产品的售价不变，则每生产一件产品所获得的利润就越来越多，所以同样当产量小于 Q_0 时，企业处于亏损状态，只是随着产量的增加，亏损在逐渐减少；当产量等于 Q_0 时，亏损刚好降为零，所以 Q_0 之前的区域属于亏损区域；当产量大于 Q_0 时，企业处于盈利状态，并随着产量的增加，盈利越来越多，所以 Q_0 之后的区域属于盈利区域。

(3) 只要方案带来的产量 Q_1 大于保本产量 Q_0 时，企业生产产品就有利润，企业就处于安全生产范围，所谓安全边际就是方案产量 Q_1 大于保本产量 Q_0 的差额。

(4) 从图 5.6 可以看到不同产量对应的总收入水平、总成本水平、总利润水平(总收入与总成本之间的差额)、总变动成本水平(即不同产量对应的总成本与总固定成本之间的差额)。

2. 风险型决策方法

确定型决策方法之所以叫做确定型，是因为不管谁做决策，不管采取什么方法做决策，只要正确，结果是确定的，唯一的。但有些决策的未来情况不止一种，管理者不知道究竟哪种情形会出现，但却可以估计出每一种情形出现的概率。此时则需要采取风险型决策方法，也称概率型决策方法或随机型决策方法。

风险型决策的方法很多，如表格法、矩阵决策法和决策树法等，这里重点介绍决策树法。

决策树法是常用的风险型决策方法。该方法是一种用树形图来描述各方案在未来收益的计算。人们对未来可能会遇到很多种不同的情况。每种情况均有出现的可能，人们目前无法确知，但是可以根据以前的资料来推断各种自然状态出现的概率。在这样的条件下，人们计算的各种方案在未来的经济效果只能是考虑到各种自然状态出现的概率的期望值，与未来的实际收益不会完全相等。

如果一个决策树只在树的根部有一决策点，则称之为单级决策；若一个决策不仅在树的根部有决策点，而且在树的中间也有决策点，则称之为多级决策。

【例 5.2】某企业为了适应市场对某种产品的需求，拟扩大生产规模，根据市场预测，未来该产品销路好的概率是 0.7，销路差的概率是 0.3。

有两套方案可供选择。

方案一：建设一个大厂，需要投资 40 万元，销路好可盈利 100 万元，销路差则亏损 20 万元。

方案二：建设一个小厂，需要投资 20 万元，销路好可盈利 40 万元，销路差仍可盈利 30 万元。

问题：请用决策树帮该企业做决策，到底该建设一个大厂还是一个小厂。

首先需要画决策树，如图 5.7 所示。

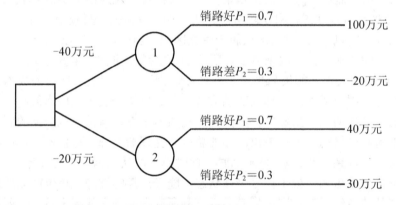

图 5.7　决策树

图中小方框表示决策点，由决策点引出的一级树枝叫方案枝，它表示该项决策中可供选择的几种备选方案，分别用带有编号的圆形结点(状态结点)①、②等来表示；由圆形结点进一步向右引出的枝条称为方案的状态枝，每一状态出现的概率可标在每条直线的上方，直线的右端可标出该状态下方案执行所带来的损益值。

计算过程如下。

方案一：$E_1 = 100 \times 0.7 + (-20) \times 0.3 - 40 = 24$(万元)

方案二：$E_2 = 40 \times 0.7 + 30 \times 0.3 - 20 = 17$(万元)

结果：因为 $E_1 > E_2$，所以选择方案一。

需要注意的是，最后比较的是每一套方案的期望收益值减去投资额后的数字(利润)。

虽然根据计算结果选择了方案一，而且出现了"24 万元"这个数字，但实际结果不会出现 24 万元，因为如果销路好，那么最后的销售收入 100 万元，实现的利润是 60 万元(100－40＝60)，如果销路不好，那么结果将是－60 万元(－20－40＝－60)。虽然销路好的概率是 0.7，但并不代表销路一定好，所以选择方案一是有风险的。同样的道理，选择方案二也是有风险的。只不过根据概率理论，选择方案一获取更多利润的可能性更大。这就是为什么这种方法被称为风险型决策方法的原因。

那么有没有更好的方案呢？答案当然是有的，如可以投资两个 20 万建设两个小厂。所以理论上讲，为了提高决策的科学性，应该尽可能多地提供备选方案。

3. 非确定型决策方法

非确定型决策方法是指方案实施可能会出现的自然状态或者带来的后果是无法预测的，甚至有几种自然状态都无从得知。它主要是凭借决策者的主观意志和经验来做出决策的，因而不同的决策者对同一个问题可能有完全不同的方案选择。下面通过举例来介绍这些方法。

【例 5.3】A 企业为了开发某市场，制定了 4 套方案，分别为 A_1、A_2、A_3、A_4，在竞争对手 B 企业(B 企业扮演着 A 企业的环境因素)不同的反击策略(B 企业的反击策略分别为 B_1、B_2、B_3)下，每一套方案的收益值是不一样的，具体数据见表 5-2。

表 5-2 决策前提

收益值/万元　　A 企业的方案	B 企业的可能反应		
	B_1	B_2	B_3
A_1	13	14	11
A_2	9	15	18
A_3	24	21	15
A_4	18	14	28

问题：面对 B 企业的不同反击措施，A 企业应该选择哪套策略？

这时，决策者根据不同的心态会有如下几种不同的选择。

1) 乐观法

乐观法也称大中取大法或者好中求好法，见表 5-3。

表 5-3 乐观法

收益值/万元　　A 企业的方案	B 企业的可能反应			乐观法
	B_1	B_2	B_3	
A_1	13	14	11	14
A_2	9	15	18	18
A_3	24	21	15	24
A_4	18	14	28	28
相对收益最大值及可行方案				28/A_4

对于乐观者而言，不管他选择哪套方案，他会认为自然状态(B 企业的反应)总是对他最有利的，即不管他采取哪套方案，一定会遇到对其最有利的那种自然状态。例如，如果他

要选择 A_1，那么他认为环境一定会出现对他最有利的 B_2，因为这种自然状态下，他所选择的 A_1 能获得最大的收益值 14 万元。所以对于乐观者而言，A_1、A_2、A_3、A_4 四套方案分别会获得 14、18、24、28 万元的收益。那么他自然会选择收益最多的那套方案即 A_4，此时该方案的收益值将是 28 万元。

2) 悲观法

悲观法也叫小中取大法，见表 5-4。

表 5-4 悲观法

收益值/万元 A 企业的方案	B 企业的可能反应			悲观法
	B_1	B_2	B_3	
A_1	13	14	11	11
A_2	9	15	18	9
A_3	24	21	15	15
A_4	18	14	28	14
相对收益最大值及可行方案				15/A_3

对于悲观者而言，不管他选择哪套方案，他会认为自然状态(B 企业的反应)总是对他最不利的，即不管他采取哪套方案，一定会遇到对其最不利的那种自然状态。例如，如果他要选择 A_3，那么他认为环境一定会出现对他最不利的 B_3。其实悲观者的内心是这么想的：不管哪种自然状态出现，他选择的方案 A_3 最终所能获得的收益不可能比 15 万元更少。因此，对于悲观者而言，A_1、A_2、A_3、A_4 四套方案分别会获得 11 万元、9 万元、15 万元、14 万元的收益。那么他自然会选择收益最多的那套方案即 A_3，此时该方案的收益值将是 15 万元。

乐观者可能会抓住最大收益的机会，但也可能会导致决策失误。所谓的决策失误，是指实际收益值小于计划收益值。例如，上例中乐观者选择了 A_4，期望收益值是 28 万元，但只有环境真的出现了 B_3，他的决策才是正确的，否则其他任何一种自然状态出现，他都会由于决策失误而后悔。又如，如果环境出现的是 B_1，那么他应该选择的方案是 A_3，而不是 A_4(因为此时 A_3 的收益值是 24 万元，比 A_4 的收益值 18 万元要大)。这种失误的可能性很大，而且一旦失误所有人都可以看到，甚至会由于决策失误而遭到非议、影响前途。

悲观者一般不会决策失误(即实际结果不可能比他计划的收益值更低)，但可能会错过最大收益的机会，这种最大收益值的错失虽然除了决策者之外任何人都无从察觉，但决策者自己会追悔莫及。例如，上例中悲观者选择了 A_3，不管环境出现哪种自然状态，结果都不可能比计划的 15 万元少(如果出现 B_1，A_3 的收益值是 24 万元，如果出现 B_2，A_3 的收益值是 21 万元)。但如果环境真的如预料中的一样出现了 B_3，那么他计划中的 15 万元虽然可以实现，但早知道出现 B_3 这种自然状态，决策者应该选择的是 A_4(因为有 28 万元的收益值)，而不是 A_3(因为只有 15 万元收益值)。

有没有一种决策方法可以让后悔值相对比较低呢？这种方法就是后悔值法。

3) 后悔值法

后悔值法也称最大后悔值最小法。后悔值是指在各种自然状态下最大收益值与每个决策方案对应收益值之差，后悔值法就是先计算出各方案的最大后悔值，然后从中选出最小

第5章 决策

值，这个最小值对应的方案即为可行方案，见表 5-5。

表 5-5 后悔值法

B 企业的可能反应 A 企业的方案收益值/万元	B_1	B_2	B_3	后悔值			后悔值法
				$24-B_1$	$21-B_2$	$28-B_3$	
A_1	13	14	11	11	7	17	17
A_2	9	15	18	15	6	10	15
A_3	24	21	15	0	0	13	13
A_4	18	14	28	6	7	0	7
相对收益最大值	24	21	28				
最大后悔值中的最小值及可行方案							$7/A_4$

表 5-5 中"相对收益最大值"是指某一种自然状态下，4 套方案在该种自然状态下 4 个收益值中最大的那个。"后悔值"是指用某一种自然状态下"相对收益最大值"减去该自然状态下 4 套方案各自的收益值后的数值。表中最后一列是每一套方案在各种自然状态下最大的后悔值，而每一套方案选择一个"最大后悔值"的意思是，不管出现哪种自然状态，实际结果不可能比决策结果更后悔。当确切地知道每一套方案的"最大后悔值"后，决策者自然会选择"后悔值"最小的那套方案，所以最后的结果是选择"最大后悔值最小"的方案 A4，即为可行方案。

本 章 小 结

本章主要介绍了决策的含义、决策的分类、决策的原则、决策制定过程、决策的影响因素、定性决策方法、确定活动方向的决策方法和选择活动方案的决策方法。决策可以根据不同的分类标准进行不同的分类。决策制定过程应该遵守经济性、系统性、预测性、可行性、目标性、选择性、民主性、科学性、满意性、过程性、动态性及风险性等原则。决策制定过程大致包括以下几个步骤：环境分析并发现和提出问题、确定决策目标、搜集信息并科学预测、拟订可行方案、优选方案、实施方案、实施结果反馈及跟踪调查。决策的影响因素有环境、过去的决策、决策者对风险的态度、组织文化、时间、组织成员对组织变化所持有的态度、伦理等几种。常用的定性决策方法有德尔菲法、专家会议法、头脑风暴法、哥顿法、电子会议法等。确定活动方向的决策方法主要介绍了经营单位组合分析法和政策指导矩阵法。选择活动方案的决策方法中根据环境的不确定性不同分别介绍了确定型决策方法：线性规划法、量本利分析法；风险型决策方法：决策树法；非确定型决策方法(包括乐观法、悲观法、后悔值法)。

名人名言

管理就是决策。

——赫伯特·西蒙

除非决策能够落实，否则不能够称为决策。

——彼得·德鲁克

不做决策常比错误的行动更糟。

——吉拉尔德·福特

一个有效率的经理人不会多做决策。

——彼得·德鲁克

世界上每100家破产倒闭的大企业中，85%是因为企业管理者的决策不慎造成的。

——美国兰德公司

一个成功的决策，等于90%的信息加上10%的直觉。

——S. M. 沃尔森

犹豫不决固然可以免去一些做错事的可能，但也失去了成功的机会。

——王安

在没有出现不同意见之前，不做出任何决策。

——阿尔弗雷德·斯隆

一次良好的撤退，应和一次伟大的胜利一样受到奖赏。

——费米尼

一、复习题

1. 判断题

(1) 做决策应该考虑决策的时效性。（　　）
(2) 战略决策是战术决策的前提。（　　）
(3) 古典决策理论的基础是经济人假设、理性化、最优化。（　　）
(4) 行为决策理论的代表人物西蒙认为，决策应该追求最优原则。（　　）
(5) 经营单位组合分析法属于确定活动方向的分析方法。（　　）
(6) 决策树法属于确定活动方向的分析方法。（　　）
(7) 政策指导矩阵法属于选择活动方案的评价方法。（　　）
(8) 盈亏平衡分析法属于选择活动方案的评价方法。（　　）
(9) 盈亏平衡分析法属于确定型决策方法。（　　）
(10) 决策树法属于确定型决策方法。（　　）
(11) 乐观法属于风险型决策方法。（　　）
(12) 悲观法属于非确定性决策方法。（　　）
(13) 决策树法属于定量决策方法。（　　）
(14) 德尔菲法属于定量决策方法。（　　）
(15) 市场增长率高的企业相对市场竞争力就一定强。（　　）

2. 单选题

(1) 有效的决策应该考虑下属是否可以接受。这指的是(　　)。
    A．决策的质量或合理性　　　　B．决策的可接受性
    C．决策的时效性　　　　　　　D．决策的经济性

(2) 一个有效的决策应该考虑决策的时间和周期。这指的是(　　)。
    A．决策的质量或合理性　　　　B．决策的可接受性
    C．决策的时效性　　　　　　　D．决策的经济性

(3) 涉及组织的全局性、根本性问题，关于组织的生存和发展的长远性决策，如企业并购、产品转型等，属于(　　)。
    A．战略性决策　　B．战术性决策　　C．程序化决策　　D．非程序化决策

(4) 针对如何执行战略思想的具体的决策，如生产进度安排、库存控制等，属于(　　)。
    A．战略性决策　　B．战术性决策　　C．群体决策　　　D．非程序化决策

(5) 那些例行的、按照一定的频率或间隔重复进行的决策属于(　　)。
   A．战略性决策　　　B．战术性决策　　　C．程序化决策　　　D．非程序化决策
(6) 那些非例行的、很少重复出现的、用来处理非常规性问题的决策，如组织变革、公司上市等，属于(　　)。
   A．战略性决策　　　B．战术性决策　　　C．程序化决策　　　D．非程序化决策
(7) 那些通过发挥集体的智慧，由组织整体或某个部分对未来一定时期的活动所做的决策，属于(　　)。
   A．群体决策　　　　B．个体决策　　　　C．初始决策　　　　D．追踪决策
(8) 那些决策者只有一个人的决策活动，属于(　　)。
   A．群体决策　　　　B．个体决策　　　　C．初始决策　　　　D．追踪决策
(9) 那些在有关活动尚未开始之前，环境尚未受到影响的情况下所做的决策属于(　　)。
   A．群体决策　　　　B．个体决策　　　　C．初始决策　　　　D．追踪决策
(10) 那些在初始决策的基础上对组织活动方向、内容和方式的重新调整的决策属于(　　)。
   A．群体决策　　　　B．个体决策　　　　C．初始决策　　　　D．追踪决策
(11) 行为决策理论的代表人物西蒙认为，决策应该在有限理性的基础上追求(　　)。
   A．最优标准　　　　B．时间标准　　　　C．质量标准　　　　D．满意标准
(12) 根据经营单位组合分析法，企业将市场占有率高、业务增长率高的经营部门确定为(　　)。
   A．明星部门　　　　B．问题部门　　　　C．金牛部门　　　　D．瘦狗部门
(13) 根据经营单位组合分析法，企业将市场占有率低、业务增长率高的经营部门确定为(　　)。
   A．明星部门　　　　B．问题部门　　　　C．金牛部门　　　　D．瘦狗部门
(14) 根据经营单位组合分析法，企业将市场占有率低、业务增长率低的经营部门确定为(　　)。
   A．明星部门　　　　B．问题部门　　　　C．金牛部门　　　　D．瘦狗部门
(15) 根据经营单位组合分析法，企业将市场占有率高、业务增长率低的经营部门确定为(　　)。
   A．明星部门　　　　B．问题部门　　　　C．金牛部门　　　　D．瘦狗部门
(16) 根据经营单位组合分析法，企业应该分配足够资金进行优先发展的经营部门是(　　)。
   A．明星部门　　　　B．问题部门　　　　C．金牛部门　　　　D．瘦狗部门
(17) 根据经营单位组合分析法，自身无需投入大量资金，但同时却能产生大量资金用来支持其他部门的发展，这样的部门是(　　)。
   A．明星部门　　　　B．问题部门　　　　C．金牛部门　　　　D．瘦狗部门
(18) 根据经营单位组合分析法，企业应该从(　　)中迅速抽身而出。
   A．明星部门　　　　B．问题部门　　　　C．金牛部门　　　　D．瘦狗部门

3．多选题
(1) 衡量决策是否有效的标准有(　　)。
   A．决策的质量或合理性　　　　　　B．决策的可接受性
   C．决策的时效性　　　　　　　　　D．决策的数量
   E．决策的经济性
(2) 相对于个体决策，群体决策的优点是(　　)。
   A．提供完整的信息，提高决策的科学性
   B．产生更多的方案
   C．容易得到普遍的认同，有助于决策的顺利实施
   D．提高合法性
   E．决策的效率高

(3) 相对于个体决策，群体决策的缺点是( )。
　　A．决策结果很难得到大家的普遍认可
　　B．消耗时间长，速度、效率低下
　　C．容易出现个人或小群体为主发表意见、进行决策的情况
　　D．由于"从众"现象而影响决策质量
　　E．责任不清
(4) 组织决策应该遵循的原则是( )。
　　A．目标性原则　　B．可行性原则　　C．选择性原则
　　D．满意性原则　　E．动态性原则
(5) 根据西蒙的观点，决策者是有限理性的。有限理性的原因是( )。
　　A．人的知识是有限的
　　B．人的能力是有限的
　　C．人在影响其决策的价值观和目标观念上是受限制的
　　D．决策环境是高度不确定的和复杂的
　　E．金钱是有限的
(6) 确认决策标准时要注意( )。
　　A．决策标准应有确定的内涵，切忌含混笼统
　　B．要明确决策标准是否有附加的约束条件
　　C．要确定衡量标准实现程度的具体指标
　　D．确定可行性的决策标准
　　E．确定决策目标
(7) 政策指导矩阵法中，市场前景是( )组成的。
　　A．盈利能力　　　　　　　　B．生产能力
　　C．市场增长率　　　　　　　D．市场质量和法规限制
　　E．市场上的地位
(8) 根据政策指导矩阵法，影响一个组织的相对竞争能力的是( )。
　　A．市场上的地位　B．生产能力　　C．产品研究和开发能力
　　D．市场增长率　　E．产品的利润率

4. 简答题
(1) 简述从哪些方面衡量决策的有效性。
(2) 组织决策应该遵循哪些原则？
(3) 相对于个体决策，群体决策有哪些优缺点？
(4) 简述一个完整的决策过程应该包括哪些阶段。
(5) 简述什么是经营部门组合分析法。

5. 计算题
(1) 某企业为了适应市场对某种产品的需求，拟扩大生产规模，根据市场预测，未来该产品销路好的概率是 0.7，销路差的概率是 0.3。有两套方案：方案一，建设一个小厂，需要投资 20 万元，销路好可盈利 40 万元，销路差可盈利 30 万元；方案二，建设一个大厂，需要投资 40 万元，销路好可盈利 100 万元，销路差亏损 20 万元。请用决策树帮该企业做决策，到底该建设一个大厂还是建设一个小厂。要求画出决策树并有计算过程。
(2) 某企业决定生产一批产品，基建与机器设备投资等固定成本为 50 万元，产品售价 25 元，单位变动成本为 15 元。假设没有库存积压，请计算：①保本产量；②保本销售额；③销售额为多少时可实现利润 20 万元？请各写出计算过程。

(3) 根据表 5-6 的数据，请用乐观法和悲观法帮 A 企业做决策。

表 5-6 相关数据

A 企业的策略 \ 可能出现的环境状况	B₁	B₂	B₃	乐观法	悲观法
A₁	13	14	11	(14)	(11)
A₂	9	15	18	(18)	(9)
A₃	24	21	15	(24)	(15)
A₄	18	14	28	(28)	(14)
相对收益最大值及选取的方案				(28, A₄)	(15, A₃)

二、案例应用分析

领导决策失误

某城市繁华地段有一个食品厂，因经营不善长期亏损，该市政府领导拟将其改造成一个副食品批发市场，这样既可以解决企业破产后下岗职工的安置问题，又方便了附近居民。为此进行了一系列前期准备，包括项目审批、征地拆迁、建筑规划设计等。不曾想，外地一开发商已在离此地不远的地方率先投资兴建了一个综合市场，而综合市场中就有一个相当规模的副食品批发场区，足以满足附近居民和零售商的需求。

面对这种情况，市政府领导陷入了两难境地：如果继续进行副食品批发市场建设，必然亏损；如果就此停建，则前期投入将全部泡汤。在这种情况下，该市政府盲目做出决定，将该食品厂厂房所在地建成一居民小区，由开发商进行开发，但未能对原食品厂职工做出有效的赔偿，使该厂职工陷入长期上访不能解决赔偿问题，对该市的稳定造成了隐患。

分析：该市领导解决问题时是出于好心，既要解决企业生产不景气的问题，又要为城市居民解决购物问题，对企业职工也有一个比较好的安排，但做出决策比较仓促，没能充分考虑清楚问题涉及的各种因素，在决策失误时又进一步决策失误，造成了非常被动的工作局面，也给企业职工造成了不可挽回的损失。用领导科学来分析，该决策反映出以下几个问题。

(1) 此案例反映了领导决策中信息原则的重要性。造成这种两难境地的主要原因是没有很好地坚持领导决策的信息优先原则。信息是决策的基础，充分、及时、全面、有效的信息是科学决策的前提。该区政府领导在决定副食品批发市场项目之前，显然缺乏全面细致的市场调查，不了解在建的综合市场特别是其内部的副食品批发场区。因此，盲目决策，匆忙上马，以致陷入困境。

(2) 此案例反映了追踪决策的重要性。当原有决策方案实施后，主客观情况发生了重大变化，原有的决策目标无法实现时，要对原决策目标或方案进行根本性修订，这就是追踪决策。该市领导在客观情况发生了重大变化时，没能认真分析，而是仓促做出新的决策，在追踪决策上存在失误。

(3) 走出两难境地的方案，可以有不同的思路。例如，一种是迎接挑战，继续兴建，但要调查研究，对原决策方案进行修订和完善，使得所建批发市场在规模、设施、服务和管理等方面超过竞争对手，以期在市场竞争中获胜；另一种是及早决断，对原决策方案进行根本性修订，重新考察、确立和论证新的项目，实行转向经营。该市领导在没有确立和论证新的项目的情况下，对该地进行房地产开发，带有很大的随意性。

(4) 没能把人的问题放在首要地位。领导者做出决策，首先要解决的问题归根到底是人的问题，而处理好人的问题是领导决策得以实现的关键。如果仅从经济效益上考虑问题，而忽略了人的问题的解决，全然不顾人的思想工作，那么引起的社会问题和社会矛盾等可能会让政府付出更大的代价。

 **阅读材料**

希尔顿的选择

希尔顿从13岁起做店员,接着是小贩、商人、投资矿主、政客、军人,后来又做起了希尔顿父亲留下的小本买卖,但都一事无成。

"我不知道该如何重整旗鼓。"希尔顿向母亲说。

母亲严肃而又坚定地对儿子说:"唐尼!你必须找到你自己的世界!要行大船必须先找到水深的地方。"

于是,希尔顿来到了得克萨斯州。在经过无数打击后,命运终于垂青了他。

一座红砖砌成的旅馆"毛比来旅馆"几个大字映入眼帘,他要试试他的运气。

旅店老板一副困苦不堪的神态:"我真的错了,这里做石油生意很赚钱,而我居然要把钱投到旅馆上!"

"但我看你生意兴隆啊!"

"可是这样如何能赚到大钱呢?别人在一夜之间就成了百万富翁。如果我当初把这钱投到石油上,那该多好啊!"

"那你为什么不把旅馆卖掉去投资石油呢?"

"现在谁愿意买旅馆呢?你愿意买下它我就太感谢你了。"

"您是说……"希尔顿设法抑制住自己的兴奋,不让它从脸上显露出来。

"谁要出5万美元现金,我就把旅馆卖给他,包括我的床铺,都是他的。"

他们最后以4万美元成交,不过旅店主人限定他一周内付钱。

当时,希尔顿只有5 000美元的现款,怎么办?他开始紧锣密鼓地筹款,到只差一天的时候,还有5 000美元没有着落。

就在这个时候,希尔顿有一个大胆的念头,他硬着头皮找上一家银行,对经理说:"我有位经营牧场的朋友,他在墨西哥拥有一个牧场,平心而论,最少价值2万美元。你为什么不借给他5 000美元呢?以后他一定奉还!"

经理沉默了半晌,希尔顿耐心地等待。终于,经理开口答应了。

第二天,毛比来旅馆换了主人,希尔顿从此迈进了旅馆行业。他立即打电报给母亲报喜:"新天地找到了,这里可称水深港阔,一艘大船即将下水。"

事实证明希尔顿的选择是正确的,他迅速崛起,事业蒸蒸日上。

20世纪50年代,希尔顿已不满足于仅仅在美国本土创业,他又在全世界营造自己的"旅馆帝国"。马德里、墨西哥城、蒙特利尔、柏林、罗马、伦敦、开罗、巴格达、哈瓦那、曼谷、雅典、中国香港、马尼拉、东京、新加坡……希尔顿饭店相继开业。截至20世纪70年代末,希尔顿在世界大都市所拥有的旅店,已有近百家。

已经成为世界"旅店大王"、拥有巨额财富的老希尔顿,仍然坚持坐着飞机,在他的"希尔顿帝国"里一处一处地巡视,偶尔所感立即记录下来并著书立说。他写的《宾至如归》一书,多年来被希尔顿员工视为"圣经",而书中的核心内容就是"一流设施,一流微笑"。

智慧点拨:

没有梦想的人,是可怜的。但在实现梦想的过程中,我们还要学会选择,合理地选择与放弃,能够让我们早日达到梦想的彼岸。

第 6 章 计 划

教学目标

通过本章的学习，了解计划职能的基本含义，计划的作用、计划的类型及影响计划有效性因素，掌握计划编制的过程和计划编制的方法。

教学要求

知识要点	能力要求	相关知识
计划概述	(1) 计划的基本概念的理解能力 (2) 计划基本概念的实际意义和价值的理解和分析能力	(1) 计划的含义 (2) 计划的作用 (3) 计划的误区 (4) 计划的类型 (5) 影响计划有效性的因素
计划编制的过程	(1) 计划编制过程及各步骤的主要内容的理解和掌握 (2) 计划编制的实际运用	(1) 明确组织问题 (2) 确立活动目标 (3) 确立计划前提 (4) 拟订计划方案 (5) 评价和选择计划方案 (6) 制订计划预算
计划的方法	(1) 各类计划防范的理解和掌握 (2) 计划方法的实际应用	(1) 目标管理 (2) 滚动计划法 (3) 进度计划法 (4) 项目管理

> 计划工作是一座桥梁，它把我们所处的这岸和我们要去的对岸连接起来，以克服这一天堑。
>
> ——哈罗德·孔茨

基本概念

计划　长期计划　中期计划　短期计划　战略计划　运营计划　指导性计划　操作性计划　持续性计划　一次性计划　目标管理　滚动计划法　进度计划法　甘特图　网络计划技术

 **导入案例**

计划的重要性

汉高祖刘邦打败了楚霸王项羽，当了皇帝，行功的时候，把张良评为头功，元帅韩信听了很不高兴，认为天下是自己带领士兵浴血奋战，一刀一枪打下来的，他张良坐在帐子里怎么就拿了头功？刘邦听到了，说了一句著名的话，"运筹帷幄之中，决胜千里之外"，意思是说，正是因为张良在帐子里出谋划策，韩信才能在千里之外取胜。韩信想了想没有话说了。

 点评：计划能够明确组织未来行动的方向，并且在很大程度上影响着行动的结果。

计划作为最基本的管理职能，是管理基础性工作又是中心性工作。本章主要介绍计划的含义、作用、主要类型及影响计划有效性的主要因素。同时，介绍计划编制过程的6个阶段，包括明确组织问题、确立活动目标、确立计划前提、拟订计划方案、评价和选择计划方案、制订计划预算。另外，介绍了几种常用的计划方法：目标管理、滚动计划法、进度计划法、网络计划法、项目管理。

6.1　计 划 概 述

计划是管理的一项重要职能，管理者正是通过计划让人们明确工作的方向、目标和工作过程，使复杂的组织活动明确化，并给组织、领导、控制等一系列管理工作提供了基础。

 管理故事

丁谓建宫一举三得

丁谓是宋朝初期的宰相。北宋真宗大中祥符年间，京都汴梁的皇宫内失火，宫殿被焚毁。丁谓受命重建皇宫。在交通不便的条件下，要在紧迫时间内完成如此浩大的工程很不容易。丁谓考虑到取土路途遥远，先命人在皇宫前的大街上挖凿取土，将挖出来的土烧制成砖瓦。没过几天，大街就被挖成了一条大沟；接着，丁谓又下令把京城附近的汴河决开，把河水引入沟中，用船把大量建材直接运到宫前，十分快捷。等到皇宫建完，又把拆毁的瓦砾灰土等建筑废料，统统填进沟里，水沟又变成了平坦的大街。这一举动解决了取土、运输和清理废料3个问题，不仅节约了时间，而且省下了费用数以亿万计。皇帝大为赞赏，丁谓也更受重用。

6.1.1　计划的含义与作用

1. 计划的含义

为了完成某件事情，人们常常会对事情进行预先的规划和安排，也就是计划。计划在日常生活中无处不在，如学习计划、减肥计划、工作计划等，利用计划可以指导和约束人们的行为，从而更好地实现目标。在组织中，管理者面临着各种复杂的经营问题，在生产中需要确定生产多少和何时生产等，在市场中要明确产品何时上市、促销活动的时间和内容安排等，这些都要求管理者对未来的状况进行判断和预测，制订生产、销售、研发或财务等各项计划，以更好的配置组织中的人、财、物等各类资源。

那么计划是什么呢？计划是指根据组织的需要，并结合组织自身资源和能力，确定组织在未来一定时间内的目标，以及为实现该目标而制定的各项行动安排。狭义上的计划仅仅指制订计划，而广义的计划则包括了制订计划、执行计划和检查计划的整个过程。一个完整的计划，必须包括以下几个方面的内容。

What——做什么？要明确计划工作的具体任务和目标，明确每一个时期的中心任务和工作重点。

Why——为什么做？要明确计划工作的宗旨、目标和战略，并论证可行性。实践表明，计划工作人员对组织的宗旨、目标和战略了解得越清楚，认识得越深刻，就越有助于他们在计划工作中发挥主动性和创造性。"要我做"和"我要做"的结果是大不一样的，其道理就在于此。

Who——谁去做？在计划中要明确规定每个阶段由哪个部门负主要责任、哪些部门协助，以及各阶段交接时，由哪些部门和哪些人员参加鉴定和审核等。

Where——何地做？规定计划的实施地点或场所，了解计划实施的环境条件和限制，以便合理安排计划实施的空间组织和布局。

When——何时做？规定计划中各项工作的开始和完成的进度，以便进行有效的控制，并对能力及资源进行平衡。

How——怎样做？制定实现计划的措施，以及相应的政策和规则，对资源进行合理分配和集中使用，对人力、生产能力进行平衡，对各种派生计划进行综合平衡等。

 管理寓言

偷鸡者

曾有这样一个人，每天都要去偷邻居的鸡，有人告诉他说："这样的行为不符合君子之道。"那人回答说："那就减少一点好了，以后每月偷一只鸡，等到明年的时候，就完全不偷了。"

这也是一种循序渐进的理论？是不是很荒谬？但是我们有时候自己就做着这样的事情。吸烟有害身体，怎么办呢？戒掉吧，每天少抽点；企业的管理机制有问题，一步一步来解决。可是事情到了最后怎么样？烟依然还在抽，企业的问题还是没有彻底解决。

明智的管理者在制定一项政策的时候，总是会记得这样一件事——制定一个日程安排表，不实现目标决不罢休。计划使人们的思想具体化而体现出人们期望做什么、什么时候做好、谁去做什么事，以及如何做。

2. 计划的作用

计划是一切管理工作的起点，计划是管理必不可少的重要职能，离开了计划，管理就无法顺利进行，组织活动也会变得杂乱无序。尤其是在当今信息化时代，科技的迅猛发展给组织带来了更多机会，也带了不少威胁。面临瞬息万变的外部环境，组织活动的整合和协调变得非常重要，只有科学地制订计划，才能平衡组织与环境之间，以及组织内部各方面的活动，更加有效地利用各种资源，实现组织的高效运作。计划的具体作用归纳如下。

(1) 计划可以让管理者更加清楚地了解组织内部和外部的现状。

计划不是管理者主观臆断的产物，也不是空中楼阁，对于未来的预测和安排，需要建立在组织内、外部现实状况基础之上，这样计划才切实可行。例如，管理者制订生产计划，一方面要了解市场需求、竞争产品状况、产业发展状况等外部环境信息，另一方面要了解企业设备、原材料、人员、资金等内部的资源情况，依据企业内外部的现状，管理者制定包括生产多少、何时生产等问题的生产计划。由此可见，制订计划的过程也是管理者寻求组织各种信息的过程，它能够使管理者更加清楚地掌握组织内部和外部现状。

(2) 计划能够有效配置资源，并使各项组织活动高效运作。

计划工作的中心就是对未来的活动进行安排，在计划中要明确所需要的人力、财力、物质和信息等各项资源的数量和质量，要安排开展活动的程序和具体步骤，安排各个部门、各人员的工作任务、职责和配合，同时在计划工作中强调科学的资源投入、较短的时间消耗，避免了盲目性，减少了资源浪费。计划会对各种方案进行可行性的分析，以从中选择出最合理、最有效的方案，通过计划使未来一段时间内的资源得到了有效配置，各项组织活动高效运作，大大提高了组织活动的效率和效益。

(3) 计划能够降低未来的不确定性带来的风险。

未来充满了不确定性，而计划正是面向未来的。如何适应未来的不确定性，并把不确定性带来的风险降到最低，这是计划工作的重心所在。计划通过详细调查、周密安排以及认真反馈等系统性的工作安排，把组织活动的现状、过程和结果连接在一起，从而能够对未来做出准确的判断和预测，制定相应的方案和备选方案，以应对不确定性变化，降低未来的风险。

(4) 计划有助于管理者控制组织活动，促进组织目标的顺利实现。

未来可能出现的各种变化是不可避免的，管理者需要明确组织活动的方向，同时要随时掌握组织活动的完成程度(包括进行的速度和质量)。事情究竟完成得怎么样了，这需要有限定的标准进行对照。在计划中建立的目标和指标规定了活动的方向，同时为评判组织活动完成情况提供了标准，通过和标准比较，及时纠正活动的偏差，控制组织活动按照目标展开，促进组织目标的顺利实现。

总之，计划是组织管理活动的基础，离开了计划的管理就犹如失去了舵的船，管理就没有了方向，管理的意义也不复存在。有效管理的出发点就是科学的制定计划，在现在和将来架起一座桥梁，明确组织的未来应该何去何从。

 管理故事

擦皮鞋的温州人

一个温州人在街上擦皮鞋，每天都在梦想拥有街对面那栋楼房。擦鞋一天最多能擦30双，除去鞋油和吃饭，最多能剩下20元。他琢磨，如果买下对面的那栋楼，至少要500年。假如组织500人擦皮鞋，向他们每人每天收4元，5年后不就可以买下那栋楼了吗？于是，经过多方筹划，一个擦鞋公司诞生了。5年以后，他果然买下了那栋楼。接着他又梦想将整个一条街买下来，于是，又经过多方筹划，一个集皮鞋加工、生产、销售、服务于一体的制鞋公司诞生了。5年以后，他又如愿以偿地拥有了那一条街。

6.1.2 计划的特征

1. 计划具有明确的目标

对于未来活动的安排要有目标来引导,在确定目标后,才能更好地安排各项活动顺序、调配各种资源,所有计划活动都围绕着目标来进行设置,这样的计划才更加有针对性,有利于促使组织活动的实现。目标贯彻在计划的整个过程中,组织目标可以被纵向分解成不同的时间段的目标(长期、中期、短期目标),也可以横向分解成不同部门(营销、财务、生产等部门)、不同成员的目标,形成了全方位、多层次的目标体系。

2. 计划能够预见未来的变化

计划能够预见未来的变化是计划最明显的特点之一。计划不是对已经形成的事实和状况的描述,而是在行动之前对行动的任务、目标、方法、措施所做出的预见性确认。但这种预想不是盲目的、空想的,是以本单位的实际条件为基础,以过去的成绩和问题为依据,对今后的发展趋势做出科学预测之后做出的。

3. 计划在组织中的作用形式呈现出一定的层次性

根据计划在组织中所发挥的作用,可以把计划从高到低分为 8 个层次,如图 6.1 所示。

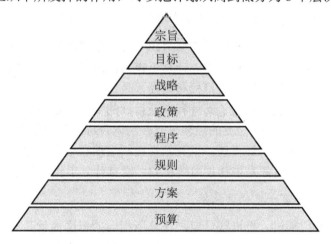

图 6.1 计划层次体系

宗旨:明确组织是干什么的,应该干什么,体现了社会对组织的基本要求。例如,杜邦公司的宗旨是通过化学来得到更好的东西,AT&T 公司的宗旨是为社会提供信息沟通工具和服务。

目标:组织活动所要达到的结果,它是在组织的目的或使命指引下确立的,是组织或人的目的与意志的明白确切具体的表述。德鲁克认为,一个成功的企业应在 8 个方面建立自己的多目标体系:市场方面、技术进步和发展方面、提高生产力方面、物质财务资源方面、利润方面、人力资源方面、职工积极性方面、社会责任方面。

战略:为实现组织目标所确定的发展方向、行动方针、行为原则、资源分配的总体谋划。战略是指导全局和长远发展的方针,对于企业的思想和行动起引导作用,但它不试图具体说明企业如何实现目标,而具体说明是由一系列主要和次要的支持性、协调性计划来完成。

政策：组织在决策或解决问题时用来指导和沟通思想与行动方针的规定或行为规范。政策给出了其作用的范围和界限，但鼓励下级在规定的范围内自由处置问题，主动承担责任。政策规定了解决某类问题的方法，可以避免重复分析，减少例行事件处理的成本。

程序：完成未来某项活动的方法和步骤，是将一系列行为按照某种顺序的排列安排。例如，企业处理订单的程序，会计部门记载往来业务的程序。

规则：单一行为的规定而没有时间顺序，而程序是一系列规则的顺序组合。规则也不同于政策，一般不给执行人员留有自由的余地，而政策却会留有一定的自由处置权。

方案(规划)：为了实施既定方针所必需的目标、政策、程序、规则、任务分配、执行步骤、使用的资源而制订的综合性计划。它一般要靠必要的资金和经营预算来支持。方案可大可小，不同级别的组织都可以有自己的方案，方案一般是粗线条的、纲要性的。大的规划往往派生出许多小的方案，而每个派生方案都会对总方案带来影响，它们互相依赖，互相影响。

预算：用数字表示预期结果的报告书，也可以被称为"数字化"的方案。预算既可以用财务上的术语来表示，也可用人时、产品单位、机时或任何用数字表示的其他计量单位来表示。预算既可以反映企业收入预期，也可以反映企业支出预期。预算可以单独作为计划来使用，也可以作为某个计划的一部分内容，含有预算的计划具有很强的操作性。

4. 计划是组织发展的桥梁，也是其他管理职能活动的基础

计划是组织通向未来的一座桥梁，它让组织明确自己现在所处的位置和将来的目标，并构建由现在通向未来目标的行动安排。计划工作为组织工作、人员配备、指导与领导工作和控制工作等其他管理活动提供了目标和路径，是进行其他各项管理工作的基础。这是由于管理过程中的其他职能都是为了支持和保证目标的实现，这些职能只有在计划工作确定了目标之后才能进行。例如，企业的经理只有在明确目标之后才能确定合适的组织结构、下级的任务和权力、伴随权力的责任，以及怎样控制组织和个人行为不偏离计划等。所有这些组织、领导、控制职能都是依计划而转移的。没有计划工作，其他工作就无从谈起。

5. 对人们的行为具有一定的约束性

计划一经相关部门通过、批准或认定，在其所指向的范围内就具有了约束作用，在这一范围内无论是单位、部门，还是个人都必须按计划规定的方向、时间、内容和方式开展工作和活动，不得随意更改。这种约束性把分散的力量聚集在一起，使组织全体员工朝着同一个方向努力，另外，计划的约束性也减少了人们在新的环境和阶段下可能产生的忙乱和随意性的行为，使计划能够顺利地实施。

6. 计划工作的普遍性

计划工作的普遍性主要体现在如下几个方面。首先，计划工作涉及组织管理区域的每个层次。虽然计划工作的特点和范围随各级主管人员的层次、职权不同而不同，但计划工作是每位管理者无法回避的职能工作，只不过不同层次的管理者所从事的计划工作的侧重点和内容有所不同，高层管理者往往侧重于负责制订战略计划，而具体的计划由下级完成；较低层次的管理者偏重于作业计划。其次，现代组织的管理工作纷繁复杂，即使最聪明、最能干的领导人也不可能包揽全部的计划工作。最后，授权下级制订某些计划，有助于调

动下级参与组织管理的积极性,进一步挖掘下级的潜力。因此,计划工作是各级管理人员的一个基本职能,具有普遍性。

7. 计划讲究经济性

计划的经济性是指实现目标所获得的利益与执行计划过程中的耗损之物的比率,换句话说,是指制订计划与执行计划时所有的产出与所有的投入之比。如果一个计划能够达到目标,但需要的代价太大,这个计划的效率就很低,不是一份好计划。计划的经济性不仅体现在有形物上,还包括满意度这类无形的评价标准。计划工作的任务不仅是要确保实现目标,而且是要从众多方案中选择最优的资源配置方案,以求得合理利用资源和提高效率,即既要"做正确的事",又要"正确地做事"。

8. 计划应具有一定的创新性

计划工作总是针对需要解决的新问题和可能发现的新变化、新机遇而做出的决定。因此,计划是一个创新的过程,正如一种新产品的成功在于创新一样,成功的计划也依赖于创新,没有创新的计划很难适应未来组织自身和外部环境的变化。计划的创新体现在两个方面,一方面是计划内容创新,即对于未来能制定出有创新的计划方案,能用新的思路来解决即将面临的问题;另一方面是计划方法的创新,计划过程中要借助一些现代化的技术方法,通过改进技术方法来增加计划的准确性。

 管理案例

北京松下的事业计划

北京松下彩色显像管有限公司(以下简称北京松下)是中外合资企业,自建成投产以来,北京松下以良好的经营业绩确立了在我国工业界的地位,曾经连续多次被评为全国"三资"企业中高营业额、高出口额的十大"双优"企业。北京松下高度重视计划工作,他们常说:"制订一份好的计划就意味着工作完成了一半","什么是管理,执行计划就是管理"。公司对职员考核的 5 条标准中,一个重要标准就是制订计划的能力。每年年初,公司总经理都要召开一年一次的经营方针发表会以制订计划,设定公司该年度的努力目标。根据公司的经营方针,各部门都要有该年度的活动经营方针,都要制订该年度的活动计划,设定目标。制订计划的目的在于推动以目标管理为中心的事前管理,克服无计划的随机管理。公司总经理曾经形象地说:"等着火再去泼水傻瓜都会,管理的责任在于防止火灾的发生。" 北京松下最具代表性的就是推行"事业计划"。它的编制往往始于该财政年度的前几个月,其内容包括生产、销售、库存、设备投资、材料采购、材料消耗、人员聘用、工资基准数等一系列详细计划,并以此为前提的资金计划、利润计划和资产负债计划。"事业计划"的一个特点就是以资金形态来表现计划的严谨性,计划的详细程度大于决算的详细程度。"事业计划"来自于全体职工的集体智慧,其中的"标准成本"、"部门费用预算"等,使职工看到各自的岗位与经济责任。总之,"事业计划制"的实施大大地加强了企业从投入到产出经营活动的可控性,指明了全体职工为实现经营目标而协调努力的方向。北京松下不仅注重计划的制订,更注重计划的实施情况并予以检查确认,提出改善措施环节。在北京松下它被称为"把握异常"与"防止问题再发生",这是日常管理的基本点与着眼点。公司经常强调要有问题意识,就是说在制订计划的时候能否事前预计到种种问题的发生,问题发生时能否及时正确地处理。北京松下的口号是"问题要预防在先,一旦发生了,要努力使同样的问题不发生第二次。工作今天要比昨天好,明天要比今天强。"

6.1.3 计划的误区

在实际工作中，人们对计划尚存在着误区，一部分人过分夸大计划的作用，另一部分人则认为计划完全无用，这些错误的认识阻碍了计划的应用和实施的效果。常见的几种错误认识如下。

1. 计划可以消除变化

一些人认为计划可以消除未来的变化，有了计划，未来就不再有任何变化。这种观点直接把计划和不变化画上了等号，把计划当成了消除变化的工具。虽然计划工作是为了应对未来种种不确定性变化，但是计划无法消除变化，变化是客观存在的，不会因为计划的存在而消失，计划的主要作用是预测变化、适应变化，依据变化制订出相应的对策，从而更好地利用变化带来的机会，回避变化带来的威胁，让组织在变化中获得稳定持续的发展。

2. 计划可以减少管理者后期的工作

一些人认为计划可以减少管理者后期的工作，制订了计划就可以一劳永逸，这种观点曲解了计划的本质，从计划的含义可以知道计划的本质是科学地安排将来的活动，在后期，管理者利用计划制订的指标和标准来引导、检查和控制活组织未来的活动。可见，在后期，管理者的工作内容并没有减少，只是管理的重心转移到了计划的实施监控和效果评价上来，此时，管理者要时刻关注计划和实际的偏差，分析偏差存在的原因，并及时修正，才能保障计划的顺利实施。另外，当环境的变化超越了原有计划范围时，管理者需要考虑重新调整计划方案。因此，没有一劳永逸的计划，计划是一个不断完善的动态过程。

3. 完美的计划一定能够实现组织的目标

一些人认为目标没有实现是因为计划制订得不够完美，他们把计划是否完美作为决定组织活动成败的关键因素，认为管理者最主要的任务是制订出一套完美的计划。由于过分强调计划本身，通常会使管理者陷入计划短视的状态，忽略了计划和实际的对接，结果往往会制造出数据和图表堆砌的漂亮文书，但对实际的指导意义却不大。完美的计划不是制订出来的，计划的好与坏的区别是在于好的计划是在执行过程中逐步完善形成的。

4. 计划限制了人们的行为，降低了人们处理事情的灵活性

计划方案指导并制约着组织将来的行为，按照计划展开活动是通过计划实施组织管理的意义所在，虽然在一定程度上计划会制约人们的行为，但没有计划的行动随意性很大，会在忙乱中迷失。这种制约和人们的灵活性并不矛盾，计划让管理者更加清楚目前的不足，准确地调整工作的方式和方法，从而使工作更加灵活。

5. 不准确的计划是在浪费管理者的时间

实际中，经常会有人抱怨计划赶不上变化，他们认为既然计划不能准确地预测未来的变化，那么计划本身也就缺乏准确性，需要不断地调整和修改，在很大程度上是浪费管理者的时间。这种观点忽略了计划的准确性和长远性的关系，计划注重长期的效果。只有随着环境的变化，不断地调整和修改，计划才能够更加准确地指导实际工作，才会距离组织目标越来越近，而不至于偏离方向导致无法挽回的损失。

第6章 计 划

 管理寓言

老鼠的计划

一群老鼠吃尽了猫的苦头，它们召集全体大会，号召大家贡献智慧，商量对付猫的万全之策，争取一劳永逸地解决这一事关大家生死存亡的大问题。老鼠苦思冥想。有的提议培养猫吃鱼、吃鸡的新习惯，有的建议加紧研制毒猫药……最后，一只阅历很深的老老鼠出了一个主意，让大家佩服得五体投地，连呼高明。这个妙主意就是给猫的脖子上挂个铃铛，只要猫一动，就发出响声，大家得到警报，就可以躲起来。这一建议终于被投票通过，但是谁去给猫的脖子上挂铃铛呢？老鼠们想尽了办法，高薪奖励、颁发荣誉证书等，但无论什么高招，都无法将这一决策执行下去。至今，老鼠还在争论不休，也经常举行会议……

6.1.4 计划的类型

由于组织活动的复杂性，计划的种类也是多样的，在不同的内、外部环境条件下，组织面临着的问题不一样，会产生不同的需要，管理者要制订各种各样的计划。表 6-1 列出了根据不同标准划分的计划类型。

表 6-1 计划的类型

划分标准	类 型
计划的时限	长期计划、中期计划和短期计划
计划的作用范围	战略计划和运营计划
计划的作用方式	指导性计划和操作性计划
计划使用频次	持续性计划和一次性计划
管理活动出现和解决的规律	程序性计划和非程序性计划

1. 长期计划、中期计划和短期计划

计划是对未来一段时间内的组织活动安排，根据时间的长短可以分为长期计划、中期计划和短期计划。短期和长期计划之间并没有严格的时间界定，通常把一年或一年以内的计划称为短期计划，一年以上 5 年以下的计划为中期计划，而长期计划则是指 5 年及 5 年以上的计划。长期性计划跨越的时间比较长，在计划内容方面主要是对于组织方向性的、长远性的问题进行规划，这些问题短时间内无法完全解决，需要长时间分步骤、分阶段地完成。短期计划主要是解决组织近期的问题，安排组织短期内要完成的任务和活动，制订短期计划要充分考虑到企业的现状和当前面临的环境状况，要有较强的可执行性。中期计划介于两者之间，它的内容比长期计划更加详细具体。短期计划和中期计划通常是长期计划的一部分，是长期计划的分解和落实。

 管理案例

科宁公司的中短期计划

科宁公司是美国一家创建最早的公司之一，主要经营玻璃品生产和加工。科宁公司成功制造了第一个电灯泡。科宁公司一直由其创始人科尼家族掌管，并一直以制造和加工玻璃为其重点。然而，科宁的这种经营战略也给它带来了许多问题：它的骨干部门——灯泡生产在 30 年前曾占领 1/3 的美国灯泡市场，而今天却丧失了大部分市场；电视显像管的生产也因面临剧烈的竞争而陷入困境。这两条主要产品线都无法

再为公司获取利润。面对这种情况，公司既希望开辟新的市场，但又不愿意放弃其传统的玻璃生产和加工。因此，公司最高层领导制订了一个新的战略计划。计划包括3个主要方面：第一，决定缩小类似灯泡和电视显像管这样低产的部门；第二，决定减少因市场周期性急剧变化而浮动的产品生产；第三，开辟具有挑战性又具有巨大潜在市场的产品。

第三方面又包括3个新的领域：一是开辟光波导器生产——用于电话和电缆电视方面的光波导器和网络系统，以及高级而复杂的医疗设备等，希望这方面的年销售量能达到40亿美元；二是开辟生物工艺技术，这种技术在食品行业方面大有前途；三是利用原来的优势，继续制造医疗用玻璃杯和试管等，并开拓电子医疗诊断设备，希望在这方面能达到全国同行业中第一或第二的地位。

科宁公司还有它次一级的目标。例如，目前这个公司正在搞一条较复杂的玻璃用具生产线，并想向不发达国家扩展业务。很明显，科宁公司在进行着一个雄心勃勃的发展计划。公司希望通过提高技术、提高效率，以获得更大的利润。但是，在进行新的冒险计划中，科宁公司也碰到了许多问题。例如，如果科宁公司真要从光波导器和生物控制等方面获得成功的话，就必须扩大其经营领域。另一方面，科宁公司给人的印象是要保持其原来的基础，而不是在于获取利润。

2. 战略计划和运营计划

根据计划的作用范围，可以把计划划分为战略计划和运营计划。战略计划的作用范围最宽泛，它解决的任务是组织宏观的、综合层面上的，对组织发展影响重大，主要由高层管理者参与制订。战略计划作用于整个组织，它对组织的整体发展进行规划，为组织设立经营宗旨、发展定位、发展目标，寻求组织与环境的匹配和在环境中的地位。企业的多元化发展计划、公司并购计划、跨国经营计划等都属于战略计划。运营计划是为了实现战略计划，而在组织的具体职能部门和工作部门制定相关的活动安排，运营计划是战略计划的具体执行。在企业中，主要的运营计划包括：①营销计划，主要是产品的市场营销活动的相关安排；②生产计划，主要安排企业的生产资源配置、产品品种、产品产量、生产进度等活动；③人力资源计划，主要是安排企业人力资源的补充和更新、使用和调整、评估和晋升、薪酬标准等活动；④财务计划，主要是对企业现金流量、资本支出、资产负债、利润等进行规划。

3. 指导性计划和操作性计划

在组织中，按照计划的作用方式把计划可以分为指导性计划和操作性计划。其中，指导性计划只对组织活动进行一般性的规划，计划内容比较笼统，是概括性的，主要安排工作的重点，而不制定工作细则，不把计划实施人员限定在具体的目标或特定的行动方案上，具有一定的灵活性。操作性计划则有明确具体的目标、行动方案及详细的行动步骤，它限定了计划执行者的工作内容和工作方式。操作性计划通常是在指导性计划之下展开的。例如，公司发布了裁员这一指导性的计划，规定本年度裁员3%，那么操作性计划要做的就是明确如何裁员、具体裁员的对象、裁员的步骤及各项裁员工作安排等，要明确每个计划执行者的具体任务。

4. 持续性计划和一次性计划

组织中制订的一些计划可以持续地进行，但有些计划只能使用一次。只能使用一次的计划称为一次性计划，是为及时地满足特定情况的需要和目标而制订的，往往是临时性的，对组织的长期活动影响不大。例如，针对节假日，商场开展促销活动，就需要管理者制订符合该节假日需求特点的一次性的促销计划。持续性计划则是不断重复的计划，为反复开展的活动提供指导。例如,大学专业培养计划,相同专业不同年级的学生必须接受同样的培养计划,来完成其大学生涯。

5. 程序性计划和非程序性计划

按管理活动出现和解决的规律划分,计划可分为程序性计划和非程序性计划。针对例行活动的计划称为程序性计划。例行活动是经常重复出现的工作,如商店每日的盘点,决定补充订货;工厂车间每日生产的零配件的数量统计,确定明日的材料提取量等。有关这类活动的决策计划是经常重复的,而且具有一定的稳定结构,可以建立一定的工作程序,有些甚至可以编成计算机程序。每当出现这类工作或问题时,就利用既定的程序来解决,而不需要重新研究。

与过去从未出现且没有固定的解决方法和程序的非例行活动相应的计划称为非程序性计划。非例行活动不重复出现,如企业新产品的开发、实施企业转制、重组等。

6.1.5 影响计划有效性的因素

计划能够在多大程度上正确地指导组织未来的活动,这就是计划有效性的问题。一个有效的计划有助于高效地规划组织活动、完成组织任务。计划的有效性受到来自组织内外不同因素的影响,可以将其归纳为环境因素、组织因素和计划本身因素3个方面。

1. 环境因素

环境是组织发展的外生因素,也是客观因素,是组织无法控制的,在一定程度上决定了组织能做什么、不能做什么。环境的变化充满了不确定性,这种不确定性直接影响了计划的效果。环境的复杂性、变化速度和变化程度都会影响到计划的有效性。环境越是复杂,计划的有效性就会越差。例如,一个全球性的跨国企业面临着不同的经济、政治、文化、法律等复杂的环境,其中任何国家的任何环境要素发生变化,都可能会导致企业原来的计划全部或部分失效,需要调整或重新制订新的计划。当今,正处于信息化时代,环境的变化速度越来越快,变化程度也越来越大,瞬息万变的环境对于计划的制订提出越来越高的要求,计划既要有方向性和稳定性,又要能适应环境的新变化。在市场活动中最能体现这种环境的变化,如顾客需求变了、竞争对手突然推出了新的产品等,如果还是按照原来制订的市场营销计划进行,产品的销售量就会受到影响,企业在市场上也会处于较为被动的局面。由此可见,环境变化和计划有效性是一种反向关系,可以用图6.2来展示。

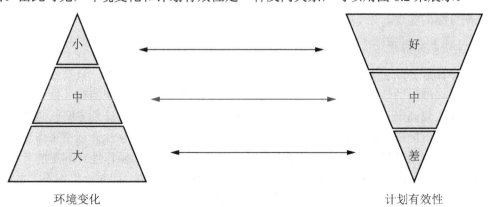

图6.2 环境变化与计划有效性关系

2. 组织因素

对于计划产生影响的组织因素通常可以从组织结构、组织活动内容、组织文化这几个方面来考虑。

传统的机械式组织结构具有严格的结构层次和固定的职责，强调高度的正规化，有正式的沟通渠道，决策常采用集权形式。在这种组织结构中，计划严格按照既定的方案来实施，通常不允许有任何变化，计划执行得比较彻底，所以在比较稳定的环境下，短期计划、运营型计划和操作性计划等这类具体的计划，在机械式组织结构下能够高效运作，但对于长期计划、指导性计划等这类计划，通常会被机械式组织所制约，而无法有效地发挥其指导作用。与机械式组织形成鲜明对照的是，有机式组织是一种低复杂性、低正规化和分权化的组织，具有松散的结构，不具有标准化的工作和规则条例。在复杂变化的环境中，有机式组织为战略性计划、长期计划和指导性计划等提供了宽松的实施氛围，便于计划随着内外环境的变化而及时做出调整，但是短期计划、操作性计划的效率则会降低。

组织活动内容是计划的主体，内容简单的组织活动耗费的资源少，涉及的专业技术不高，需要的单位、部门、个人的配合也不多，并且多为重复性的活动，就比较容易协调和规划，适合制订比较具体的计划。内容复杂的组织活动则会耗费大量的资源，需要不同的部门或个人的共同合作，通常要较长的时间周期才能完成。因此，概括性的、指导性的计划会更加有效。

组织文化在一定程度上表现为管理者和员工的工作态度和行为。在一个遵循严格管理制度的组织中，员工会把计划当成一种任务和制约，会严格执行计划方案，按照计划方案完成将来的各项工作。员工的计划执行能力远远超过了参与调整计划的能力，即便是环境发生了变化，原来的计划已经和实际不相符，如果没有收到上级的命令，员工依旧会按部就班地工作，而不会考虑计划本身的对与错。而在一个有着良好的开放式交流氛围的组织中，员工主动参与的积极性就会比较高，他们会把自己实际工作中发现的问题及时地给予反馈，并能主动提出调整的意见，通过和上级的沟通，对计划进行实时的调整，从而提升计划的有效性。另外，管理者的管理风格也会影响计划的有效性，一个专制的领导会把计划当成命令，要求下级服从上级，并严格按照计划开展工作，这在很大程度上能提高计划的效率。但当计划期限跨度较长、环境变化大时，就不免会陷入计划和实际脱节的被动局面。一个民主式的领导则善于放权给下属，使计划在执行过程中有更大的灵活性，有助于企业长期目标的实现。

3. 计划本身因素

以上将计划分成了不同的类型，不同类型的计划具有不同的性质，只有在特定的条件下才能发挥其最大的效用。一般情况下，随着计划时限的增长，计划的有效性下降，短期计划的准确性要高于长期计划，时间越长环境变化就越大，既定的计划方案就越难以满足未来的要求，可能需要做出较大的调整。另外，战略性计划和指导性计划在工作环境比较笼统的情况下有效性较强，但在具体的工作条件下，运营计划和操作性计划更能有效地引导组织活动。对于日常常规性的活动，可以充分利用程序性计划，而对于组织重大的事项，则非程序化的计划更能灵活地把握环境的动态和组织发展方向。

总之，一个有效的计划并不是百分之百的正确，必须要把握计划的灵活性和稳定性，静态性和动态性的平衡。

鱼竿和鱼

从前,有两个饥饿的人得到了一位长者的恩赐:一根鱼竿和一篓鲜活硕大的鱼。其中,一个人要了一篓鱼,另一个人要了一根鱼竿,于是他们分道扬镳了。得到鱼的人原地就用干柴搭起篝火煮起了鱼,他狼吞虎咽,还没有品出鲜鱼的肉香,转瞬间,连鱼带汤就被他吃了个精光,不久,他便饿死在空空的鱼篓旁。另一个人则提着鱼竿继续忍饥挨饿,一步步艰难地向海边走去,可当他已经看到不远处那片蔚蓝色的海洋时,他浑身的最后一点力气也使完了,他也只能眼巴巴地带着无尽的遗憾撒手人间。

又有两个饥饿的人,他们同样得到了长者恩赐的一根鱼竿和一篓鱼。只是他们并没有各奔东西,而是商定共同去找寻大海,他俩每次只煮一条鱼,他们经过遥远的跋涉,来到了海边。从此,两人开始了捕鱼为生的日子,几年后,他们盖起了房子,有了各自的家庭、子女,有了自己建造的渔船,过上了幸福安康的生活。

6.2 计划编制的过程

隆 中 策

孔明曰:"自董卓造逆以来,天下豪杰并起。曹操势不及袁绍,而竟能克绍者,非惟天时,抑亦人谋也。今操已拥百万之众,挟天子以令诸侯,此诚不可与争锋。孙权据有江东,已历三世,国险而民附,此可用为援而不可图也。荆州北据汉沔,利尽南海,东连吴会,西通巴、蜀,此用武之地,非其主不能守;是殆天所以资将军,将军岂可弃乎?益州险塞,沃野千里,天府之国,高祖因之以成帝业;今刘璋暗弱,民殷国富,而不知存恤,智能之士,思得明君。将军既帝室之胄,信义著于四海,总揽英雄,思贤如渴,若跨有荆、益,保其岩阻,西和诸戎,南抚夷越,外结孙权,内修政理;待天下有变,则命一上将将荆州之兵以向宛洛,将军身率益州之众以出秦川,百姓有不箪食壶浆以迎将军者乎?诚如是,则大业可成,汉室可兴矣。此亮所以为将军谋者也:惟将军图之。"言罢,命童子取出画一轴,挂于中堂,指谓玄德曰:"此西川五十四州之图也。将军欲成霸业,北让曹操占天时,南让孙权占地利,将军可占人和。先取荆州为家,后即取西川建基业,以成鼎足之势,然后可图中原也。"

计划编制是为了实现组织目标而制订的行动步骤。为了保证编制的计划是合理的,需要采用系统科学的方法。编制计划的过程如图6.3所示。

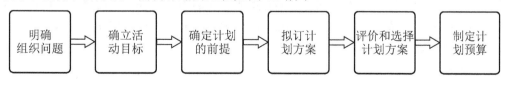

图6.3 计划编制过程

1. 明确组织问题

计划编制的出发点是要明确组织问题是什么,这需要对组织的现状及组织的过去进行调查分析,了解组织过去是如何做的、效果如何、有何不足、需要如何改进,要了解组织现在的状态如何和所具备哪些资源。另外,还应该初步判断组织外部将来可能出现的机会和挑战,清楚而全面地了解它们可能给对组织带来的影响。同时与组织的优势和劣势相比较,并进一步确定所处的地位,明确组织希望解决什么问题,以及为什么要解决这些问题,应该知道组织期望得到的是什么,实事求是地对机会的各种情况进行判断,明确组织所要解决的问题,这是编制计划的第一步。

2. 确立活动目标

在明确了组织所面临的问题后,接下来就是要确定计划的行动方向,即确立组织活动的目标。组织目标一般应解决 3 个问题:一是目标的内容;二是目标的实现时间;三是目标的具体指标和价值。目标规定预期结果,并且说明将要做的工作,首先要强调目标应由哪个主体实现,以及如何通过策略、政策、程序、规则、预算和规划等完成最终目标。在确立目标时,要注意目标的明晰可行,立足于实际,即不能制定的太高也不能太低,太高则会让人感到遥不可及,太低则缺乏激励作用。另外,要注意目标要和计划类型相匹配。在制订战略性计划、指导性计划、长期计划时,目标要具有宏观方向性,不能过于具体,否则容易制约计划实施的灵活性,而制订运营计划、操作性计划、短期计划等的目标时,则要求详细具体,以使目标能够更加准确地指导和控制计划的实施。

3. 确定计划的前提

计划前提是指计划实施时的环境状态。为了实现组织目标,使所订的计划切实可行,必须准确地预测出实施计划时的环境和资源状况。脱离环境条件来谈计划只是纸上谈兵,没有任何的实际意义。组织环境是复杂的,各种影响因素很多,既有组织内部的可控因素,也有组织外部的不可控因素,应将这种预测限于那些关键性的或具有重要意义的因素。就企业而言,一般需进行经济形势预测、政府政策预测(如税收、价格、信贷、能源等)、销售预测、资源预测(如资金、原料、设备、人员、技术等),在此基础上假设出实施计划时的未来环境状态,并依此制订计划的所有内容。因为未来的不确定性是任何计划都无法回避的,为了提升计划的实际应用性,在制订计划时需要确定一些关键性的计划前提条件,这些前提条件是关于要实现计划的预期环境的假设条件,是关于由现在到将来的过程中所有可能的假设情况。对前提条件认识越清楚、越深刻,计划工作越有效,同时需要相关的人员对这些计划前提条件达成一致的同意和认可,这样企业计划工作才会更加协调。由于将来是极其复杂的,不可能对一个计划的将来环境的每个细节都做出假设。因此,前提条件应限于那些对计划来说是关键性的或具有重要意义的假设条件,也就是说,应限于那些对计划贯彻实施影响最大的假设条件。通常,这种假设的条件应该建立在对未来的环境变化进行科学预测的基础之上。

4. 拟订计划方案

在限定的前提条件下,根据所设定的活动目标而构建的行动方案,即为计划方案。计划方案要解决的问题是为了达到既定的目标组织应该做什么、如何去做。计划方案的内容主要包括明确工作内容、规划工作程序、安排工作进度、选择工作方法等。因为完成一个目标可能会有不同的方案，所以在拟订计划时，围绕组织目标，要尽可能多地提出各种实施方案，充分发扬民主，吸收各级管理者、专家、技术人员、基层员工代表参与方案的制订，也可通过专门的咨询机构提出方案，做到群策群力、集思广益、大胆创新。多个方案的提出为选择最优方案或满意方案打下了基础。

5. 评价和选择计划方案

在众多的计划方案中，管理者要进行评价，以选择出最优的可执行方案。按照计划的前提条件和计划的目标来权衡各种因素，制定评价标准，比较各个方案的利弊，对各个方案进行评价。评价行动计划，要注意考虑以下几点：第一，认真考察每一个计划的制约因素和隐患；第二，要用总体的效益观点来衡量计划；第三，既要考虑到每一计划的有形的可以用数量表示出来的因素，又要考虑到无形的不能用数量表示出来的因素；第四，要动态地考察计划的效果，不仅要考虑计划执行所带来的利益，还要考虑计划执行所带来的损失，特别注意那些潜在的、间接的损失。在评价方法方面，可以分为定性方法和定量方法，其中定性方法主要有经验法、专家意见法、德尔菲法等，而定量方法主要有矩阵评价法、层次分析法、熵值法、多目标评价方法等。定性还是定量的方法选择，要依据问题本身的性质及计划的目标。

方案的选择首先要认真比较各个方案的优点和缺点，站在全局的观点上权衡利弊，必要时还可以采用试点实验、数量分析等方法比较这些方案，按照某种规则进行排队。最后选出一个或几个优化方案，在可能的情况下，除了选出一个主方案外，还要有备用方案，供环境和其他因素发生变化时使用。在方案选择的过程中要充分发扬民主，广泛征求意见，对拟采用的方案要经过各级管理者、技术人员和职工会议广泛讨论，这样不仅有利于选出优秀的计划方案，也有利于使被选定的计划方案得到广泛的理解和支持，为计划的实施打下良好的基础。

6. 制订计划预算

在确定计划方案后，要制订计划预算。预算是对计划方案的数字化，把资源分配给计划的各种活动、项目和程序。预算可以分为固定预算和弹性预算。固定预算是指为特定目的分配固定数量的资源，如管理者在一年内有 500 万元的预算费用可以用来做广告。弹性预算是指根据活动的不同水平按比例调整资源配置，如当订单量超过一定数量时，管理者能够有额外的费用雇用临时员工。如果预算编制得好，就能成为一个优秀的管理者能够在既定的预算范围之内，合理地安排组织活动，实现计划的目标。

上述是编制计划的完整逻辑程序，管理人员在不同的情况下，或制订不同类型的计划时，会有所裁剪和选择，无论省去哪一步，但其实质上遵循的逻辑都是相同的。

 知识链接

小问卷：你是一个称职的计划人员吗？
提示：对下列的每一个问题只需回答是与否。
(1) 我的个人目标能以文字的形式清楚地说明。
(2) 多数情况下我整天都是乱哄哄的和杂乱无章的。
(3) 我一直都是用台历或约会簿作为辅助工具。
(4) 我很少仓促地做出决策，总是仔细研究了问题之后再行动。

(5) 我利用"速办"或"缓办"卷宗对要办的事情分类。
(6) 我习惯于对所有的计划设定开始日期和结束日期。
(7) 我经常征求别人的意见和建议。
(8) 我想所有的问题都应当立刻得到解决。

根据问卷设计者的观点，优秀的计划人员可能的答案是(2)和(8)答案为"否"，其余为"是"。

6.3 计划的方法

计划的优势和作用要得到充分发挥，计划制订的基础必须稳固，这需要科学的计划方法。计划编制的方法有很多，常用的计划方法有目标管理、滚动计划法、进度计划法和项目管理。

6.3.1 目标管理

1. 目标管理的含义

目标管理出现在 20 世纪 50 年代的美国，由美国著名管理学家彼得•德鲁克首先提出。目标管理是指以目标为导向，以人为中心，以成果为标准，而使组织和个人取得最佳业绩的现代管理方法。目标管理亦称成果管理，俗称责任制，是指在企业个体职工的积极参与下，自上而下地确定工作目标，并在工作中实行自我控制，自下而上地保证目标实现的一种管理办法。

 知识链接

最早提出目标管理概念的是德鲁克。他在 1954 年所著《管理的实践》一书中指出："没有方向一致的分目标来指导个人的工作，则企业的规模越大、人员越多时，发生冲突和浪费的可能性就越大。每个企业管理人员或工人的分目标就是企业总目标对他的要求，同时也是他对企业总目标的贡献。只有每个企业管理人员或工人都完成了企业的分目标，整个企业总目标才有完成的希望。企业管理者对下级进行考核和奖惩也是依据这些分目标。"

在计划中，管理者往往会通过设定目标来规划组织未来的发展方向和发展结果。目标管理是一种以工作和人为中心的综合管理方法，它首先由组织的上级管理人员与下级管理人员、员工一起制定组织目标，并由此形成组织内每个成员的责任和分目标，明确规定每个成员的职责范围，最后又用这些目标来进行管理、评价和决定对每一个部门和成员的奖惩。由此可见，目标管理是计划的一种重要手段，是引导计划制订和实施的一种有效方法。

 知识链接

人对目标的期望强度分析如下。

(1) 如果期望强度为 0，那么它相应的表现特征就有两种情况：一种是真的不想要；另一种是找借口，但真实原因是不敢想，不知为什么要，害怕付出和失败，害怕做不到别人会笑话。将此定义为不想要，当然他的结果是得不到。

(2) 期望强度为 20%～30%，表现特征是空想，整天做白日梦，光说不做，不愿付出，不知从何开始，连自己都不敢相信会变为事实。将这一类定义为瞎想想，其结果是过不了几天就会忘记自己曾经这样想过。

(3) 期望强度为 50%，表现为有最好，没有也罢，努力争取一段时间之后便会放弃，凡事 3 分钟热度，碰到困难就退缩，成天幻想着不付出就能得到，这一类定义为想要，但十有八九不成功。

(4) 期望强度为 70%～80%，确实是他真正的目标，但似乎决心不够，尤其是改变自己的决心不够，等待机遇，靠运气成功，即使得不到也不会转为安慰自己：曾经努力过，也算对得起自己，马上再换另一个目标。这一类定义为很想要，有可能成功，因为运气而成功，也因为运气而失败！

(5) 期望强度为 99%，潜意识中那一丝放弃的念头，决定他关键时刻不能排除万难，坚持到底，直到成功；对他而言，也许付出 100%的努力比达不到目标更为痛苦，其实第 99 步放弃与此时的 100%之间的差别不是 1%而是 100%！

(6) 期望强度为 100%，其表现特征为不惜一切代价，不达目的死不休，没有任何退路可言，对于他们来说，达不成目的的后果很严重，达不成比死还可怕。这一种的定义是一定要，所以他们一定有办法得到。

2. 目标管理的特点

(1) 目标管理强调结果的重要性，利用结果来引导人们的行为，这一方面有利于计划目标的最终实现，另一方面能增加计划实施的灵活性。

(2) 目标的制定和分解需要上下级共同参与，让计划的执行者参与目标的制定过程，有助于上下级的沟通和交流，可以使目标更加切合实际工作情况，避免目标定得过高或过

(3) 目标的实现要以自我管理和自我控制为主要管理方式，以目标为引导，让计划执行者能够自由充分地发挥自己的智慧和能力。

(4) 目标管理是对计划完成情况考核的一种方式，根据目标的实现程度考核计划完成情况和每个成员的贡献，激发人们的工作积极性。

3. 目标管理的程序

目标管理是一个完整的过程，具体的程序如图 6.4 所示。

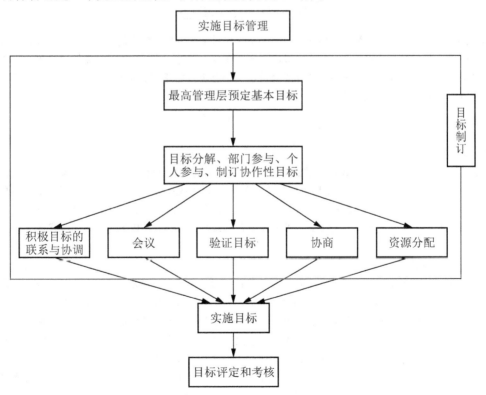

图 6.4　目标管理的程序

第一步：制定目标体系。一个完整的计划需要一系列活动来支撑，它需要不同单位、部门和个人的协调配合才能完成。管理者根据活动的需要与组织的条件制定活动的总目标，然后再将总目标层层分解到下级各单位、部门、个人。总目标指导分目标和个人目标，分目标和个人目标保证总目标的实现。组织内部以总目标为中心，形成上下左右相互衔接，分工明确，协调一致的目标多层级体系。无论是总目标还是分目标或者个体目标，都要清晰可衡量，目标的多少和目标实现的难易程度都要适当，而且要便于考核。

第二步：执行组织目标。实现目标的过程也是执行者自主管理的过程，即由执行者自己安排执行的具体策略，上级管理者尽量不要干预下属的行为，不需要针对每项措施都做详细的指示。但管理者需要向执行者提供一定的人力、物力、资金等资源的支持，提供信息，进行理论和实践的指导、协助，为执行者更好地完成目标创造良好的工作环境。

第三步：评价实施结果。对于目标的完成情况要进行评价，这也是一个目标管理过程的结束，通过结果评价，可以找出工作中的不足和差距所在，同时，也可以作为单位、部门和个人的考核标准。结果评价按照评价的主体来分可以分为自我评价、领导评价、专家评价等，来自不同主体的评价，是从不同的角度权衡结果如何，能够更加全面地衡量目标的实现程度。

可见，目标管理贯穿于计划的始终，它引导和控制着计划方案的制订、实施和完成，在计划职能中起着关键的作用。

某机床厂的目标管理

某机床厂从 1981 年开始推行目标管理：为了充分发挥各职能部门的作用，充分调动 1 000 多名职能部门人员的积极性，该厂首先对厂部和科室实施了目标管理。经过一段时间的试点后，逐步推广到全厂各车间、工段和班组。多年的实践表明，目标管理改善了企业经营管理，挖掘了企业内部潜力，增强了企业的应变能力，提高了企业素质，取得了较好的经济效益。

按照目标管理的原则，该厂把目标管理分为 3 个阶段进行。

1. 第一阶段：目标制订阶段

1) 总目标的制订

该厂通过对国内外市场机床需求的调查，结合长远规划的要求，并根据企业的具体生产能力，提出了 2009 年"三提高"、"三突破"的总方针。所谓"三提高"，就是提高经济效益、提高管理水平和提高竞争能力；"三突破"是指在新产品数目、创汇和增收节支方面要有较大的突破。在此基础上，该厂把总方针具体比、数量化，初步制定出总目标方案，并发动全厂员工反复讨论、不断补充，送职工代表大会研究通过，正式制定出全厂 2009 年的总目标。

2) 部门目标的制定

企业总目标由厂长向全厂宣布后，全厂就对总目标进行层层分解，层层落实。各部门的分目标由各部门和厂企业管理委员会共同商定，先确定项目，再制定各项目的指标标准。其制定依据是厂总目标和有关部门负责拟定、经厂部批准下达的各项计划任务，原则是各部门的工作目标值能高于总目标中的定量目标值，同时，为了集中精力抓好目标的完成，目标的数量不可太多。为此，各部门的目标分为必考目标和参考目标两种。必考目标包括厂部明确下达目标和部门主要的经济技术指标；参考目标包括部门的日常工作目标或主要协作项目：其中必考目标一般控制在 2~4 项，参考目标项目可以多一些。目标完成标准由各部门以目标卡片的形式填报厂部，通过协调和讨论最后由厂部批准。

3) 目标的进一步分解和落实

部门的目标确定了以后，接下来的工作就是目标的进一步分解和层层落实到每个人。部门内部小组(个人)目标管理，其形式和要求与部门目标制定相类似、拟定目标也采用目标卡片，由部门自行负责实施和考核。要求各个小组(个人)努力完成各自目标值，保证部门目标的如期完成。该厂部门目标的分解是采用流程图方式进行的，具体方法是，先把部门目标分解落实到职能组，任务再分解落实到工段，工段再下达给个人。通过层层分解，全厂的总目标就落实到了每一个人身上。

2. 第二阶段：目标实施阶段

该厂在目标实施过程中，主要抓了以下3项工作。

1) 自我检查、自我控制和自我管理

目标卡片经主管副厂长批准后，一份存企业管理委员会，一份由制订单位自存。由于每一个部门、每一个人都有了具体的、定量的明确目标，在目标实施过程中，人们会自觉地、努力地实现这些目标，并对照目标进行自我检查、自我控制和自我管理。这种自我管理，能充分调动各部门及每一个人的主观能动性和工作热情，充分挖掘自己的潜力，完全改变了过去那种上级只管下达任务、下级只管汇报完成情况，并由上级不断检查、监督的传统管理办法。

2) 加强经济考核

虽然该厂目标管理的循环周期为一年，但为了进一步落实经济责任制，即时纠正目标实施过程中与原目标之间的偏差，该厂打破了目标管理的一个循环周期只能考核一次、评定一次的束缚，坚持每一季度考核一次和年终总评定。这种加强经济考核的做法进一步调动了广大职工的积极性，有力地促进了经济责任制的落实。

3) 重视信息反馈工作

为了随时了解目标实施过程中的动态情况，以便采取措施、及时协调，使目标能顺利实现，该厂十分重视目标实施过程中的信息反馈工作，并采用了两种信息反馈方法。一是建立"工作质量联系单"来及时反映工作质量和服务协作方面的情况。尤其当两个部门发生工作纠纷时，厂管理部门就能从"工作质量联系单"中及时了解情况，经过深入调查，尽快加以解决，这样就大大提高了工作效率、减少了部门之间的不协调现象。二是通过"修正目标方案"来调整目标，内容包括目标项目、原定目标、修正目标及修正原因等，并规定在工作条件发生重大变化需修改目标时，责任部门必须填写"以修正目标方案"提交企业管理委员会，由该委员会提出意见交主管副厂长批准后方能修正目标。该厂长在实施过程中由于狠抓了以上3项工作，因此，不仅大大加强了对目标实施动态的了解，更重要的是加强了各部门的责任心和主动性，从而使全厂各部门从过去等待问题找上门的被动局面，转变为积极寻找和解决问题的主动局面。

3. 第三阶段：目标成果评定阶段

目标管理实际上就是根据成果来进行管理的，故成果评定阶段显得十分重要。该厂采用了"自我评价"和上级主管部门评价相结合的做法，即在下一个季度第一个月的10日之前，每一部门必须把一份季度工作目标完成情况表报送企业管理委员会(在这份报表上，要求每一部门自己对上一阶段的工作做一恰如其分的评价)；企业管理委员会核实后，也给予恰当的评分，如必考目标为30分，一般目标为15分。每一项目标超过指标3%加1分，以后每增加3%再加1分。一般目标有一项未完成而不影响其他部门目标完成的，扣一般项目中的3分，影响其他部门目标完成的则扣分增加到5分。加1分相当于增加该部门基本奖金的1%，减1分则扣该部门奖金的1%。如果有一项必考目标未完成则扣至少10%的奖金。

该厂在目标成果评定工作中深深体会到：目标管理的基础是经济责任制，目标管理只有同明确的责任划分结合起来，才能深入持久、才能具有生命力，达到最终的成功。

6.3.2 滚动计划法

1. 滚动计划法的含义

滚动计划法是一种以时间为轴线，定期逐步向前推移，来调整现有的计划的方法，具体地说就是指对于一个已经编制出的计划,每经过一段固定的时期(如一个季度或一年等,这段固定的时期称为滚动期),根据变化了的环境条件和计划的实际执行情况,对原计划进行调整。每次调整时,保持原计划总期限不变,而将计划时间顺序向前推进一个滚动期。这种方法把过去、现在和将来有机结合起来,保持了计划的动态性和适应性。图 6.5 显示了滚动计划过程。

第Ⅰ期5年计划(2010—2014年)				
2010年	2011年	2012年	2013年	2014年
很细	较细	一般	较粗	很粗

第Ⅱ期5年计划(2010—2014年)				
2011年	2012年	2013年	2014年	2015年
很细	较细	一般	较粗	很粗

第Ⅲ期5年计划(2010—2014年)				
2012年	2013年	2014年	2015年	2016年
很细	较细	一般	较粗	很粗

图 6.5 滚动计划过程

图 6.5 显示了滚动计划过程,其中滚动期限为一年,从 2010 年顺次往后推一年,但保持 5 年的期限不变。在计划内容上采用近细远粗的原则,以便于逐步修订原计划。

2. 滚动计划法的应用

1) 滚动计划法的应用基础

滚动计划法是根据计划的执行情况和环境变化定期修订未来的计划,并逐期向前推移。因此,滚动计划法的应用基础是外部环境与计划实际的差异。无论是在计划的制订中,还是在计划的执行中,都无法避免未来不确定性所带来的影响。由于在计划工作中很难准确地预测将来影响组织发展的经济、政治、文化、技术、产业、顾客等的各种变化因素,而且随着计划期的延长,这种不确定性就越来越大。因此,若机械地按几年以前的计划实施,或机械地、静态地执行战略性计划,则可能导致巨大的错误和损失。滚动计划法的应用正是通过近细远粗、逐步往后推移这种移动式的计划方法,来把握环境变化的影响,从而降低这种不确定性及其带来的不良后果。图 6.6 为滚动计划法的应用基础示意图,由此可以看出,在计划期的第一阶段结束时,要根据该阶段计划的实际执行情况和外部与内部有关因素的变化情况,对原计划进行修订,并根据同样的原则逐期滚动。

2) 滚动计划法的应用特点

(1) 滚动计划法需要定期的追踪,根据组织内外部环境的变化,逐步地调整和完善未来的计划内容,因而增加了计划编制和实施工作的任务量。

(2) 滚动计划法把计划期内各阶段及下一个时期的预先安排有机地衔接起来,而且及时地调整补充,从而从方法上解决了各阶段计划的衔接和符合实际的问题,保持了长期计划、中期计划和短期计划的一致性。

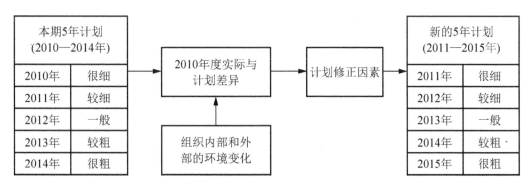

图 6.6　滚动计划法应用基础

(3) 滚动计划相对缩短了计划时期，加大了计划的准确性和可操作性。尤其是对于组织的战略性计划和长期计划的实施，通过逐步滚动的方法得到分解，既保证了战略或长期计划的方向性，又增加了其实施过程中的灵活性。

(4) 滚动计划法大大加强了计划的弹性，这对环境剧烈变化的时代尤为重要，它可以提高组织的应变能力。

总之，滚动计划的特点是把计划工作看成一种不间断的运动，使整个计划处于适时的变化和发展之中，避免了计划的凝固化，提高了计划的适应性，可以提高计划的指导作用。

6.3.3　进度计划法

在一定时间内，组织要从事什么活动、需要完成哪些订单、谁来完成、什么时间完成等，这些要由管理者制定详细的时间进度安排，来掌握各项活动的进展，这就是进度计划法。常见的进度计划工具包括甘特图、负荷图、网络计划技术等。

1. 甘特图

甘特图(Gantt chart)是在 20 世纪初由亨利·甘特开发的。甘特图的概念很简单，它是以图示的方式通过活动列表和时间刻度形象地表示出任何特定项目的活动顺序与持续时间。甘特图是一种线条图，带有横向的时间坐标和纵向的活动坐标，线条则表示在整个期间计划的和实际的活动完成情况。甘特图简单、直观地表明了工作计划在什么时候进行，以及实际进展与计划要求的进展情况的比较。甘特图能够让管理者很容易地掌握组织各项活动的进展情况，清楚地了解哪些活动提前完成，哪些推迟完成，或者哪些工作正在按计划进度进行。管理者由此极为便利地弄清一项任务(项目)还剩下哪些工作要做，并可评估工作是提前还是滞后，亦或正常进行。

图 6.7 是一个简单的书籍生产过程甘特图，横轴是时间，以月为单位，纵轴是出版社主要活动。这个图能让出版社管理者清楚地把握出版工作各项主要活动的实际进展情况，在图 6.7 中可以明显地看出打印长条校样这项工作提前完成，这样就可以把后期的印刷校样的工作提前。

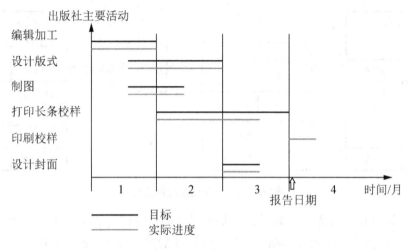

图 6.7 图书出版甘特图

(资料来源:[美]斯蒂芬·P·罗宾斯,等. 管理学[M]. 7 版. 孙健敏,等译. 北京:中国人民大学出版社,2005.)

下面是一个某企业周年庆典活动计划示例,如图 6.8 所示。

项目	日期								负责人	备注
	12.1	12.2	12.3	12.4	12.5	12.6	12.7	12.8		
典礼场地布置效果图	√	√	√						张*	
马路布置效果图	√	√	√						李*	
舞台布置效果图		√		√					孙*	
主席台布置效果图		√	√	√					王*	
拟定标语口号及悬挂				√	√				**	
拟定演奏曲目				√	√				**	
订购鲜花						√			**	
保卫工作方案						√			**	
场地布置							√	√	**	
排练								√	**	

图 6.8 企业周年庆典活动计划甘特图

2. 负荷图

负荷图是甘特图的改进,它在纵轴上不是列出活动,而是列出整个部门或者某些特定的资源。负荷图可以使管理者计划和控制的生产资源和能力能够被充分有效地利用,它是工作中心的能力计划。

图 6.9 是一家出版公司有关 6 位编辑工作计划的负荷图,每位编辑都会在按照既定的时间进度安排开展相关的工作。作为管理者可以从这个图里掌握各位编辑的工作负荷情况,找出各位编辑的空闲时间,可以安排新的工作任务。

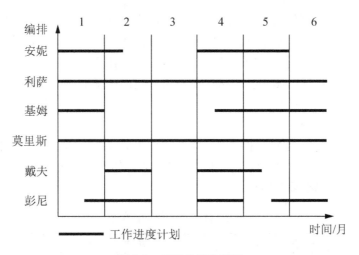

图 6.9 出版公司负荷图

(资料来源：[美]斯蒂芬·P. 罗宾斯，等. 管理学[M]. 7 版. 孙健敏，等译. 北京：中国人民大学出版社，2005.)

无论是甘特图还是负荷图，都是把计划任务给予图形化，非常简单明确，易于理解，但这种方法一般只适用于中小型项目，其活动一般不超过 30 项，并且活动之间是相互独立的，在这种情况下，甘特图和负荷图才能显著提高工作效率。

3. 网络计划技术

当组织要对一些重大的问题进行计划时，如新产品的开发、降低成本等，需要研发、营销、生产、财务等不同部门共同参与，这样的计划就要对成百上千的活动进行协调。如此多的活动如果不进行合理的规划安排，整个计划的实施就会陷入混乱无序的状态。因此，在计划方案中对多项活动的顺序如何统筹安排，以便获取整体活动的高效率，这对计划技术工具提出了较高的要求。网络计划技术正是这么一种对于复杂项目进度计划进行规划的有效工具。

1) 网络计划技术的含义

网络计划技术是 20 世纪 50 年代后期在美国产生和发展起来的，是一种利用网络分析编制大型工程进度计划的有效方法，目前在组织活动进度管理中得到广泛应用。网络计划技术的原理是把一项工作或项目分成各种作业，然后根据作业顺序进行排列，通过网络图对整个工作或项目进行统筹规划和控制，以便用最少的人力、物力、财力资源，用最高的速度完成工作。

2) 网络计划技术制订的阶段

利用网络计划技术制订计划，主要包括 3 个阶段。第一个阶段：分解工作任务。就是把整个计划活动分成若干具体的工序，并确定各工序时间，分析明确各工序时间的相互关系。第二个阶段：绘制网络图。网络图是计划技术的基础，即用箭线图来表示各工序在时间上的衔接关系。用"──▶"代表工序，是指工作过程，图中箭线上的数字是完成该工序所需要的时间。需要注意的是，如果有些工序不占用时间，也不消耗资源，则用"----▶"表示。"○"代表事件，是两个工序的连接点。它表示前道工序的结束和后道工序的开始。

路线是网络图中由始点事件出发,沿着箭线方向前进,到达终点事件位置的一条通道。注意,从始点到终点通常存在多条路线。第三个阶段:找关键路线。关键路线是各路线中最长的一条或几条路线,关键路线的路长决定了整个计划任务所需的时间。根据各工序所耗费的作业时间,计算出网络图中各个路线的路长,找出关键的路线,据此合理地安排各种资源,对各工序活动进行控制。

3) 网络计划技术的应用

下面以办公楼的建造为例,来说明网络计划技术的具体应用。假定你是一家建筑公司的项目经理,负责一座办公楼的施工,施工计划中的具体任务见表6-2,使用网络计划技术确定建造这座办公楼需要多长时间。

表6-2 建造办公楼的任务表

事件	描述	期望时间/周	之前事件
A	批准设计和得到开工许可	10	—
B	挖地下车库	6	A
C	搭脚手架和外墙板	14	B
D	砌墙	6	C
E	安装窗户	3	C
F	吊装屋顶	3	C
G	内部布线	5	D, E, F
H	安装电梯	5	G
I	铺地板	4	D
J	上门和内装修	3	I, H
K	与大楼物业管理办理移交	1	J

(资料来源:[美]斯蒂芬·P. 罗宾斯,等. 管理学[M]. 7版. 孙健敏,等译. 北京:中国人民大学出版社,2005.)

分析以上任务表,根据网络计划技术制定程序,可以绘制如图6.10所示的办公楼建造网络图。

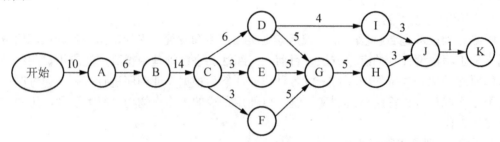

图6.10 办公楼建造网络图

(资料来源:[美]斯蒂芬·P. 罗宾斯,等. 管理学[M]. 7版. 孙健敏,等译. 北京:中国人民大学出版社,2005.)

计算图中共4条活动路线的时间长度,分别为
A—B—C—D—I—J—K(44周)
A—B—C—D—G—H—J—K(50周)

A—B—C—E—G—H—J—K(47周)
A—B—C—F—G—H—J—K(47周)

最长的线路为 A—B—C—D—G—H—J—K(50周)，其为计划的关键路线，即可知建造这座办公楼需要 50 周的时间。在实际工作中，管理者下一步需要考虑的问题是重点关注关键线路上的活动，寻找改善关键线路上活动效率的措施，这样才能缩短计划实施的工期。

4) 网络计划技术的特点

(1) 网络计划技术能清晰地表明整个工程的各个项目的时间顺序和相互关系，并指出了完成任务的关键环节和路线。因此，管理者在制订计划时可以统筹安排，全面考虑，又不失重点。在实施过程中，管理者可以进行重点管理。

(2) 可对工程的时间进度与资源利用实施优化。在计划实施过程中，管理者调动非关键路线上的人力、物力和财力从事关键作业，进行综合平衡。这既可节省资源又能加快工程进度。

(3) 可事先评价达到目标的可能性。网络计划技术指出了计划实施过程中可能发生的困难点，以及这些困难点对整个任务产生的影响，准备好应急措施，从而减少完不成任务的风险。

(4) 便于组织与控制。管理者可以将工程，特别是复杂的大项目，分成许多支持系统来分别组织实施与控制，这种化整为零的管理方法，可以达到局部和整体的协调一致。

(5) 易于操作，并具有广泛的应用范围，适用于各行各业及各种任务。

6.3.4 项目管理

信息时代的环境呈现出越来越复杂和动态的变化，面临突如其来的机会和威胁，越来越多的非常规性事务需要组织来处理，这已经无法用传统的计划方法来解决。非常规性的活动往往具有临时性、一次性的特点，这对于计划提出了较高的灵活性要求。因此，只有增加计划的独立性，减少不必要的干扰，才能避免陷入牵一发而动全身的局面。项目管理是在此环境下出现的一种现代计划技术，它强调柔性，在这种动态环境下，利用项目管理能制订出更有效的计划。

1. 项目管理的含义

所谓项目，是指一次性的一组活动，它具有确定的开始时间和结束时间。组织中的很多活动是以项目的形式出现的，如公司新产品开发、学校多媒体设备的更新、高速公路的修建等。项目管理则是指使项目活动按时间来进行，在既定的预算范围内围绕项目配备各项资源，同时保证各项活动以符合目标的方式顺利进行。

目前，项目管理被越来越多的组织作为一种计划方法来运用。当组织面临的工作任务具有独特的、临时的性质，有具体的截止日期、任务之间包含复杂的相互关系、要求特殊的技能时，而管理者又无法使用正式组织例行活动的计划程序来解决时，此时，项目管理成为了一种有效的计划方法。

2. 项目管理的应用

1) 项目工作团队的组建与管理

项目工作需要工作团队来完成，但这个工作团队是临时性配合，团队成员分别是从组织不同部门抽取的相关人员，他们具备不同的知识技能结构，通过互相协调配合，共同完成项目任务。当项目任务完成后，整个团队就会解散，成员会各自回到自己原来的部门工作。这里特别注意的是，对于项目团队的管理人员，其职能有别于其他部门管理者，要使来自不同部门的人员在短时间内良好地合作，管理者需要较强的沟通、说服和协调能力，并能够采取较有效的激励措施激发员工的工作热情。

2) 项目计划的过程

项目计划过程的第一步是定义目标，也就是确定整个项目活动的总目标、各子项活动的分目标及个人的分目标，使管理者和员工清楚理解自己的工作期望所在；第二步是要确定项目计划需要哪些活动和资源，这一步需要详细科学的论证，以保证项目的可行性；第三步是决定项目各项活动的展开顺序，即排序。为提高项目的效率，在有限的项目时间内，要合理地安排各项活动的占用时间，明确哪些活动可以同时展开、哪些活动必须提前完成等；第四步需要估计项目各项活动的时间，时间的长短决定了整个项目的进度计划；第五步是在各项活动时间的基础上，决定项目的最后完成日期；第六步是在项目执行过程中要不断地与计划目标相比较，寻找差距，分析原因，并尽可能地进行调整；最后一步是根据项目执行情况，对项目资源使用情况进一步分析，必要时可以减少或增加某项活动的资源供给量，以保障资源的效率最大化。项目计划过程如图6.11所示。

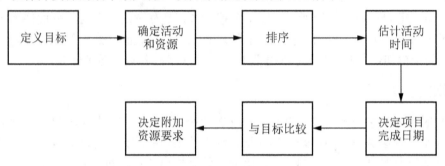

图 6.11　项目计划过程

本 章 小 结

本章主要介绍了计划的基本概念及理论、计划编制的过程和计划的方法3个方面的内容。在计划的基本概念及理论部分，主要阐述了计划的含义、作用、特征及常见的计划认识误区；另外，分别从计划的时限、作用范围、作用方式、使用频次和管理活动出现和解决的规律分为长期、中期和短期计划，战略性和运营性计划，指导性和操作性计划，持续性和一次性计划不同类型。此外，把影响计划有效性的因素归纳为环境因素、组织因素和计划本身因素，并从这3个方面进行了分析。计划的编制过程主要分成了明确组织问题、确立活动目标、确定计划前提、拟订计划方案、评价和选择计划方案、制订计划预算6个阶段，阐述了各个阶段的主要活动内容及方法。在计划的方法这部分内容里，主要介绍了目标管理、滚动计划法、进度计划法和项目管理等几种常用的方法特点和应用。

名人名言

缺乏计划或一个好的计划是领导者无能的标志。

——法约尔

第6章 计划

目标并非命运，而是方向。目标并非命令，而是承诺。目标并不决定未来，而是动员企业的资源与能源以便塑造未来的那种手段。

——彼得·德鲁克

长期计划处理的不是未来的决定，而是现在的决定会带来的未来结果。

——彼得·德鲁克

有一天，爱丽丝走到路的岔口，看到一只露齿而笑的猫。她问道：我应走哪一条路？猫以这样的问题作答复：你想往哪里去？爱丽丝的答复是：我不知道。猫说：既然如此，任何一条路对你都没有差别。

——路易斯·卡洛

徒有责任而没有权力，会摧残一个人的自尊。

——M. K. 阿什

为了能拟定目标和方针，一个管理者必须对公司内部作业情况及外在市场环境相当了解才行。

——青木武

管理职能包括明确地说明目标及获得实现所定目标必需的资源和努力。

——巴纳德

如果我们知道自己目前置身何处，并且事先知道自己将往何处去，我们可以更明确地判断做哪些工作，以及如何着手。

——林肯

一、复习题

1. 判断题

(1) 计划是控制的基础。　　　　　　　　　　　　　　　　　　　　　（　）
(2) 计划是一个连续的行为过程。　　　　　　　　　　　　　　　　　（　）
(3) 计划并不能降低管理风险。　　　　　　　　　　　　　　　　　　（　）
(4) 组织高层一般制定更多的非程序性计划和战略性计划。　　　　　　（　）
(5) 基层管理者通常制定更多的程序性计划和作业计划。　　　　　　　（　）
(6) 组织高层管理者通常制定更多的程序性计划和作业计划。　　　　　（　）
(7) 环境的不确定性越大，计划越应当是指导性的，计划期限也应越短。（　）
(8) 做计划之前，首先要明确组织的使命和宗旨。　　　　　　　　　　（　）
(9) 环境研究是制订计划的基础。　　　　　　　　　　　　　　　　　（　）
(10) 目标管理是由美国学者泰勒提出的。　　　　　　　　　　　　　（　）
(11) 目标管理是体现授权与自我管理的一种管理手段。　　　　　　　（　）

2. 单选题

(1) 将计划划分为长期、中期、短期计划，是(　　)划分的。
　　A. 按计划的时间界限　　　　　　B. 按计划制定者的层次
　　C. 按计划的约束力　　　　　　　D. 按计划的只能标准

(2) 将计划划分战略、战术、作业计划，是(　　)划分的。
　　A. 按计划的时间界限　　　　　　B. 按计划制定者的层次
　　C. 按计划的约束力　　　　　　　D. 按计划的职能标准

(3) 将计划指令性、指导性计划，是(　　)划分的。
　　A. 按计划的时间界限　　　　　　B. 按计划制定者的层次
　　C. 按计划的约束力　　　　　　　D. 按计划的职能标准

(4) "对组织全部活动所做的战略安排，通常它具有长远性、较大的弹性，需要通盘考虑各种确定性与不确定性的情况。这句话描述的是(　　)。
　　A. 长期计划　　　　B. 短期计划　　　　C. 战略计划　　　　D. 战术计划

(5) 一般是一种局部性的、阶段性的计划，它多用于指导组织内部某些部门的共同行动，以完成某些具体的任务，实现某些具体的阶段性目标。这句话描述的是(　　)。

  A．长期计划 B．短期计划 C．战略计划 D．战术计划

(6) 对给定部门或个人制定的具体行动计划。这句话描述的是(　　)。

  A．作业计划 B．短期计划 C．战略计划 D．战术计划

(7) 一般是由上级主管部门向下级下达的具有严格约束力的计划。这句话描述的是(　　)。

  A．指令性计划 B．指导性计划 C．业务计划 D．财务计划

(8) 提出目标管理的是(　　)。

  A．罗伯特·欧文 B．亨利·法约尔 C．亚当·斯密 D．彼得·德鲁克

(9) 以下除(　　)以外，都是目标管理的优点。

  A．改善管理工作，提高管理水平 B．使组织更加明晰化

  C．鼓励员工勇于承诺和自我实现 D．目标管理可能会导致组织的短期行为

(10) 以下除(　　)以外，都是目标管理的缺点。

  A．目标管理不利于调动下属的积极性 B．目标难以制定

  C．强调短期目标 D．目标的商定很费时间

3. 多选题

(1) 按照计划的时间界限划分，可以将计划划分为(　　)。

  A．长期计划 B．战略计划 C．中期计划

  D．短期计划 E．战术计划

(2) 按照计划制订者的层次可以将计划划分为(　　)。

  A．长期计划 B．短期计划 C．战略计划

  D．战术计划 E．作业计划

(3) 按照计划的约束力划分，可以将计划划分为(　　)

  A．指令性计划 B．指导性计划 C．业务计划

  D．财务计划 E．人事计划

(4) (　　)目标管理的优点。

  A．改善管理工作，提高管理水平 B．使组织更加明晰化

  C．鼓励员工勇于承诺和自我实现 D．形成有效的控制

  E．目标管理表现出良好的整体性

(5) 目标管理的缺点是(　　)。

  A．目标管理不利于调动下属的积极性 B．目标难以制定

  C．强调短期目标 D．目标的商定很费时间

  E．目标管理可能导致整个组织缺乏灵活性

4. 简答题

(1) 如何理解计划职能？

(2) 简述计划的作用。

(3) 简述计划工作的程序。

(4) 简述目标管理的步骤。

(5) 简述实施目标管理需要具备的条件有哪些。

(6) 简述目标管理的优点和缺点。

5. 论述题

(1) 论述计划工作对组织的作用。

(2) 结合计划职能相关知识，讨论"好的开端是成功的一半"。

二、案例应用分析

宏远实业发展有限公司

进入12月以后，宏远实业发展有限公司(以下简称宏远公司)的总经理顾军一直在想着两件事。一是年终已到，应抽个时间开个会议，好好总结一下一年来的工作，今年外部环境发生了很大的变化，尽管公司想方设法拓展市场，但困难重重，好在公司经营比较灵活，苦苦挣扎，这一年总算摇摇晃晃走过来了，现在是该好好总结一下，看看问题到底在哪儿。二是该好好谋划一下明年怎么办，更远的该想想以后5年怎么干，乃至于以后10年怎么干。11月顾军从事务堆里抽出身来，到淮海大学听了两次关于现代企业管理的讲座，教授的精彩演讲对他触动很大。公司成立至今，转眼已有10多个年头了。10多年来，公司取得过很大的成就，靠运气、靠机遇，当然也靠大家的努力。细细想来，公司的管理全靠经验，特别是靠顾军自己的经验，遇事都由顾军拍板，从来没有公司通盘的目标与计划，因而常常是干到哪儿是哪儿。可现在公司已发展到有几千万资产，300多人，再这样下去可不行了。顾军每想到这些，晚上都睡不着觉，到底该怎样制订公司的目标与计划呢？这正是最近顾总一直在苦苦思考的问题。

宏远公司是一家民营企业，是改革开放的春风为宏远公司的建立和发展创造了条件。因此，顾军常对职工讲，公司之所以有今天，一靠他们三兄弟拼命苦干，但更主要的是靠改革开放带来的机遇。15年前，顾氏三兄弟只身来到了省里的工业重镇A市，当时他们口袋里只有父母给的全家的积蓄800元人民币，但顾氏三兄弟决心用这800元钱创一番事业，摆脱祖祖辈辈日出而作、日落而归的脸朝黄土背朝天的农民生活。到了A市，顾氏三兄弟借了一处棚户房落脚，每天分头出去找营生，在一年时间里他们收过破烂，贩过水果，打过短工，但他们感到这都不是他们要干的。老大顾军经过观察和向人请教，发现A市的建筑业发展很快，城市要建设，老百姓要造房子，所以建筑公司任务不少，但当时由于种种原因，建筑材料却常常短缺，因而建筑公司也失去了很多工程。顾军得知，建筑材料中水泥、黄沙都很缺。他想到，在老家镇边上，他表舅开了家小水泥厂，生产出的水泥在当地还销不完，因而不得不减少生产。他与老二、老三一商量决定做水泥生意。他们在A市找需要水泥的建筑队，讲好价，然后到老家租船借车把水泥运出来，去掉成本每袋水泥能净得几块钱。利虽然不厚，但积少成多，一年下来他们挣了几万元。当时的中国"万元户"可是个令人羡慕的名称。当然这一年中，顾氏三兄弟也吃尽了苦，顾军一年里住了两次医院，一次是劳累过度晕在路边被人送进医院，一次是肝炎住院，医生的诊断是营养严重不良引起抵抗力差而引发肝炎。虽然如此，看一年下来的收获，顾氏三兄弟感到第一步走对了，决心继续走下去。他们又干了两年贩运水泥的活，那时他们已有一定的经济实力了，同时又认识了很多人，有了一张不错的关系网。顾军在贩运水泥中，看到改革开放后，A市角角落落都在大兴土木，建筑队的活忙得干不过来，他想家乡也有木工、泥瓦匠，何不把他们组织起来，建个工程队，到城里来闯天下呢？三兄弟经过商量决定进城，没几个月一个工程队开进了城，当然水泥照样贩，这也算是两条腿走路了。

一晃15年过去了，当初贩运水泥起家的顾氏三兄弟，今天已是拥有几千万资产的宏远公司的老板了。公司现有一家贸易分公司、建筑装饰公司和一家房地产公司，有员工近300人。老大顾军当公司总经理，老二、老三做副总经理，并分兼下属公司的经理。顾军的叔叔任财务主管，表舅的大儿子任公司销售主管。总之，公司的主要职位都是家族里面的人担任，顾军具有绝对权威。

公司总经理顾军是顾氏兄弟中的老大，当初到A市时只有24岁，他在老家读完了小学，接着断断续续地花了6年时间才读完了初中，原因是家里穷，又遇上了水灾，两度休学，但他读书的决心很大，一旦条件许可，他就去上学，而且边读书边干农活。15年前，是他带着两个弟弟离开农村进城闯天下的。他为人真诚、好交朋友、又能吃苦耐劳，深得两位弟弟的敬重，只要他讲如何做，他们都会去拼命干。正是在他的带领下，宏远公司从无到有、从小到大。现在在A市顾氏三兄弟的宏远公司已是大名鼎鼎了，特别是去年，顾军代表宏远公司一下子拿出50万元捐给省里的贫困县建希望小学后，民营企业家顾军的名声更是非同凡响了。但顾军心里明白，公司这几年日子也不太好过，特别是今年。建筑公司任务还可以，但由于成本上升创利已不能与前几年同日而语了，只能是维持，略有盈余。况且建筑市场竞争日益加剧，公司的前景难以预料。贸易公司能勉强维持已是上上大吉了，今年做了两笔大生意，挣了点钱，其余的生意均没成功，况且仓库里还积压了不少货无法出手，贸易公司日子不好过。房地产公司更是一年不如一年，当初刚开办房地产公司时，由于时机抓准了，两个楼盘着实赚了一大笔，这为公司的发展立了大功。可是好景不长，房地产市场疲软，生意越来越难做。好在顾军当机立断，微利或持平把积压的房屋作为动迁房基本脱手了，否则后果真不堪设想，就是这样，现在还留着的几十套房子把公司压得喘不过气来。

面对这些困难，顾军一直在想如何摆脱现在这种状况，如何发展，发展的机会也不是没有。11月在淮海大学听讲座时，顾军认识了A市的一家国有大公司的老总，交谈中顾军得知，这家公司正在寻找去非洲销售他们公司当家产品小型柴油机的代理商，据说这种产品在非洲很有市场。这家公司的老总很想与宏远公司合作，利用民营企业的优势，去抢占非洲市场。顾军深感这是个机会，但该如何把握呢？10月1日顾军与市建委的一位处长在一起吃饭，这位老乡告诉他，市里规划从明年开始江海路拓宽工程，江海路在A市就像上海的南京路，两边均是商店。借着这一机会，好多大商店都想扩建商厦，但苦于资金不够。这位老乡问顾军，有没有兴趣进军江海路。如想的话，他可牵线搭桥。宏远公司的贸易公司早想进驻江海路了，但苦于没机会，现在机会来了，机会很诱人，但投入也不会少，该怎么办？随着改革开放的深入，住房分配制度将有一个根本的变化，随着福利分房的结束，顾军想到房地产市场一定会逐步转暖。宏远公司的房地产公司已有一段时间没正常运作了，现在是不是该动了？

总之，摆在宏远公司老板顾军面前的困难很多，但机会也不少，新的一年到底该干什么？怎么干？以后的5年、10年又该如何干？这些问题一直盘旋在顾军的脑海中。

问题：
(1) 你如何评价宏远公司？如何评价顾军？
(2) 宏远公司是否应制订短、中、长期计划？为什么？
(3) 如果你是顾军，你该如何编制公司发展计划？

阅读材料

基于ERP环境下的生产计划管理

ERP(enterprise resource planning)，即企业资源计划，作为当今国际上一个最先进的企业管理模式，在ERP这个环境下，企业可以借助自身的资源规划、管理信息系统、战略管理系统、供应链管理系统及决策支持系统等具有信息化特点的管理手段来建立起一个自身管理信息的系统，进而将管理手段改善，最终提升企业自身的核心竞争能力。当前形势下，企业的生产计划已经成为了企业组织自身运营管理及生产活动最为重要的根据。企业制订生产计划最为重要的目标就是要实现企业自身生产能力平衡。企业的生产计划主要根据企业自身的动力、物资、人力、设备及技术等诸多条件，进而对计划期里面所应该生产品种的生产进度、产量等进行合理的安排，还能帮助企业做到生产之前人力以及物料的准备工作，以便能够很好地将企业正常运行满足。

在ERP运行环境之下，企业的生产计划管理系统运转的逻辑分别为：通过企业的客户订单要求数量及企业的销售预测将主要的生产计划确定出来，主要生产计划包括企业所生产零部件需求情况，通过实施批量的计划来将企业生产效率提升。企业的主生产计划称为MPS(master production schedule)，在ERP系统中，MPS是一个非常重要的计划层次，主要说明了企业计划生产产品、生产产品的时间、生产产品的产量等内容。并且根据企业客户的合同及企业所进行的预测，将运作规划及销售规划改变成为开展CRP(capacity requirements planning，能力需求计划)及MPS主要的根据，这样企业能够很好地实现自身从宏观计划转向微观计划，实现一个承上启下过渡的作用。它已经成为了企业联系生产制造以及自身销售市场主要的桥梁。

企业主生产计划编制的对象是一个具体的产品，它就是每一个具体的最终产品的生产进度计划，结合能力计划，人工进行干预和统筹安排，MPS就变成了一份稳定均衡的生产计划，它表明生产什么、什么时候生产，以及生产多少。库存信息表明已有什么，物料清单表明用到什么，MPS 就是根据库存信息、物料清单、采购和生产情况计算出还缺什么、缺多少，这就是采购和生产计划信息。计划信息再由计划员进行能力与负荷平衡及修正后，产生真正的采购订单和生产订单，之后就是采购和生产任务的具体执行。因此，企业在 ERP 环境下实施生产计划管理更加高效和便捷，同时，这也提高了对生产计划人员的要求，如何才能成为一个合格的生产计划员？如何才能下达准确、可行、科学的生产计划？笔者认为至少应该做到以下几个方面：①扎实的基础；②经验的积累和方法的总结；③学习使用科学的管理工具。企业的计划人员必须要不断进行 ERP 原理的学习及 ERP 系统的研究工作，只有保证计划人员素质和能力，才能够保证 ERP 环境下生产计划管理工作的质量。在信息化条件下，借助 ERP 系统这个信息平台，利用好这个平台，不断提高生产计划管理水平，才能应对国内外市场的各种变化，生产也就会变得更加顺畅高效。

(资料来源：陈玮. 基于 ERP 环境下的生产计划管理[J]. 经营管理者．2012，(15):169.)

第 7 章 组 织

教学目标

通过本章的学习，了解组织、组织结构的基本含义；理解组织的理论基础及其应用；同时，理解组织结构设计的任务、原则和类型的基本理论和影响组织结构的因素。

教学要求

知识要点	能力要求	相关知识
组织与组织结构	(1) 组织与组织结构基本概念及理论的概括和理解 (2) 组织及组织结构基本理论的运用	(1) 组织的构成要素 (2) 组织职能的内涵 (3) 组织结构的概念 (4) 组织结构的理论基础
组织结构设计	(1) 组织设计的任务、原则的理解 (2) 组织结构类型的特征及应用的理解 (3) 组织设计影响因素的理解和应用	(1) 组织设计的任务 (2) 组织设计的原则 (3) 常见组织结构的类型 (4) 影响组织设计的因素
非正式组织	(1) 熟悉非正式组织的特征及与正式组织的关系 (2) 理解非正式组织的作用	(1) 非正式组织的特征 (2) 非正式组织与正式组织的关系 (3) 非正式组织的作用 (4) 正确对待非正式组织

若拿走我的财产，但留给我这个组织，5 年之内，我就能卷土重来。
——小阿尔弗雷德·P·斯隆

基本概念：

组织　正式组织　非正式组织　组织职能　职务　职责　职权　组织结构　工作专门化　部门化　命令链　控制跨度　集权　分权　正规化　职务说明书　直线制　职能制　直线-职能制　事业部制　矩阵制　多维组织　网络结构组织　组织战略

第 7 章 组 织

> **导入案例**
>
> ### V 形 飞 雁
>
> 大雁有一种合作的本能，飞行时都呈 V 形。这些大雁飞行时定期变换领导者，因为为首的大雁在前面开路，能帮助两边的大雁形成局部的真空。科学家发现，大雁以这种形式飞行，要比单独飞行多出 12%的距离。合作可以产生 1＋1＞2 的倍增效果。据统计，诺贝尔获奖项目中，因协作获奖的占 2/3 以上。在诺贝尔奖设立的前 25 年，合作奖占 41%，而现在则跃居 80%。分工合作正成为一种企业中工作方式的潮流，并被更多的管理者所提倡，如果能把复杂的事情变得简单，把简单的事情也变得很容易，做事的效率就会倍增。合作，就是简化、专业化、标准化的一个关键，世界正逐步向简化、专业化、标准化发展，于是合作的方式就理所当然地成为这个时代的产物。
>
> **点评：一个由相互联系、相互制约的若干部分组成的整体，经过优化设计后，整体功能能够大于部分之和，产生 1＋1＞2 的效果。**

作为一种集体活动的有机系统，组织是人类活动的基本形式，人们的生活、学习、工作都是通过组织来实现分工与合作，共同达成个人和集体的目标。大大小小、各式各样的组织成为人类社会的基本单元。本章主要介绍组织、组织结构的基本概念和理论，分析组织运作的原理，同时，介绍组织结构设计的任务和原则，介绍常见的组织结构类型及其特征，最后，分析影响组织设计的主要因素。

7.1 组织职能与组织结构

从第 1 章组织的概念可以知道，组织是由很多人组成的有明确目标的一个系统性结构的实体，而且了解了组织的分类。那么一个组织系统究竟由哪些要素组成？这些要素又分别有什么作用？下面将详细讨论。

7.1.1 组织构成要素

1. 宗旨和目标

任何一个组织都是人们共同劳动的结合体，在组织中由于劳动分工的不同，人们从事各种不同性质的工作。例如，企业组织既有从事不同管理职能的管理人员和技术人员，也有不同岗位的实际操作人员；学校组织既有从事不同岗位的教学行政管理人员，也有从事不同学科教学工作的教师人员。要组织人们在分工的基础上从事共同劳动，就必须要把所有人的行动统一起来，才能保证劳动有计划、有成效地进行，而统一的基础就是组织的宗旨和目标。有了共同的宗旨和目标，才能使人们的劳动在分工的基础上达到协调一致。

组织宗旨表明了社会所赋予组织的基本职能，表明了一个组织所肩负的社会使命。例如，企业组织的宗旨是为社会提供适销对路的产品和服务，学校组织的宗旨是教书育人等。宗旨只是反映了一个组织存在的基本价值，要使组织及其成员有明确的方向，还必须将宗旨具体化，形成明确的组织目标。例如，企业组织宗旨要具体化为企业长远发展规划的各项指标，要具体化为年度生产经营中的产量、质量、销售、利润等各项指标；学校组织则要将宗旨具体化为年度内培养学生的人数及质量、教师队伍学术水平和教学水平的提高程度等。组织目标就是一个组织在未来一段时间内要达到的具体目的,是工作中最重要的因素,在管理中具有重要的地位。组织目标是组织及其一切成员的行为指南,是组织存在的依据,也是组织开展各项管理活动的基础,有了共同的目标,才能统一指挥、统一意志、统一行动。组织目标既是活动的出发点,也是管理活动所指向的终点。在从事计划、组织、领导和控制等管理职能时,组织目标是管理的基本依据,同时也是考核管理效率和成果的依据。

2. 人员与职务

一个组织的设立是为完成一些特定的目标,为完成每一项目标,就需要有人员来完成一系列相互联系的工作任务。因此,一个组织首先是人的群体,是以人为核心形成的,人是构成组织的基本细胞,组织每一项具体的活动最终要落实到人的身上,由人来完成。另外,根据组织目标分解成的一系列相互联系的具体的工作任务则构成了组织中的职务,它要解决的是众多人员在组织中分别从事什么工作、承担什么任务、扮演什么角色等此类问题。那么究竟什么是职务呢?职务是指一定的人员在一定的工作职位或岗位上所承担的任务或事务,或者说,职务就是一定职位或岗位上的人员为实现某一明确目的而从事的工作行为,这种行为可以发生在一定的人与人之间,也可以发生在一定的人与物之间,是一定的工作任务、工作方法、工作质量与数量要求的综合。可见,正是职务把人员和工作任务连接在了一起,在组织中,人员和职务是密不可分的,人员只有具有一定的职务才能开展相应的工作,而职务则必须赋予合适的人员才有实际的意义。职务是组织整体目标分解为具体工作任务后的产物,在组织工作中,有些工作是经常性的,有些工作是标准化的,有些工作是临时性的,有些工作则需要创造性,这样,就可以把一些工作组合起来设立一个职务,交给某一部门或交给某一个人去完成。表 7-1 给出了组织的部分职务列表。

表 7-1 组织职务表(部分)

职务名称	董事长	总经理	厂　长	财务部
工作内容	(1) 对外代表本企业 (2) 决定本企业经营发展政策 (3) 督导本企业的经营绩效	(1) 执行本企业经营发展计划 (2) 核定各部门工作计划及督导作业	(1) 本企业生产工厂的主管及代表人 (2) 生产作业督办 (3) 管理工厂各项厂务	(1) 办理本公司财务、会计工作 (2) 资金调度 (3) 办理税务工作 (4) 分析财务损益

不同职务对人员有特定的要求,人员的整体特征要与职务相匹配,主要包括对人员性别、年龄、学历、专业技能、工作经验等的不同要求。例如,医院主治医师这一职务就要求有丰富的临床经验,学校的教授这一职位则要求具有丰富的科研成果。实际中还有些特殊的工作对性别有区分。例如,航海公司船员这一职务的要求一般是男性,医院护士的职务则通常要求是女性。现在不少组织在选拔高级职务人员时会有年龄要求,如人事处处长要求年龄在 40 周岁以上,虽然年龄不代表能力,但是年龄代表了一定的经验或成熟的处事能力,另外,也有些组织通过限制年龄来避免过度提拔问题。学历已经成为很多组织聘请人才的一道门槛。例如,银行金融分析师一职要求硕士研究生以上学历,大学教师要求具有博士研究生学历等。

3. 职责与职权

组织是一个纵横交错的权责体系。职务、职权、职责是构成组织权责体系的三大要素。

职责是在组织活动中个人或部门必须完成的任务或必须达到的结果，是用绩效加以衡量的。组织需要完成的任务越多，需要达成的要求越高，人员承担的责任就越大。例如，在质量控制中，标准化工程师需要保证技术标准的科学性、先进性、配套性、经济性，检验员需要保证产品质量信息的真实性、及时性，采购员需要保证购入物资符合技术标准，而总工程师需要保证企业产品质量全面符合客户要求，并具有竞争力。总工程师的职责要远远大于标准化工程师、检验员和采购员的职责。职权是指在组织活动中个人或团体意志(包括资源和利益分配、规定他人行为)的法定作用范围，即组织授予个人或部门的法定权力。马克斯·韦伯认为，权力就是一个人或若干个人在社会活动中即使遇到参与该活动的其他人的抵制仍能有机会实现自己的意愿，权力是按照预期方向影响其他人的潜在或实际的能力，是要求其他人按照个人方式行事的能力，个人或团体意志作用范围越大，权力就越大。

职责是应该必须做什么，是规定行为的底线；职权是可以允许做什么，当然也可以不做，是规定行为的上限。职责是人在从事组织工作中必须遵守的，不履行职责的员工会受到不同程度的惩罚。因此，职责在很大程度上约束了组织成员的行为。但是职权的履行则不是必须的，因为职权具有强制性的特点，所以在实际工作中，过多地使用职权会让人反感，尤其是上级和下级之间，一个好的领导通常会以情感人，以理服人，身先士卒带领下属完成职责规定的任务。

组织对于权力和职责的分配应该是对等的，权力大小正好与权力主体承担的责任大小对称。承担一定的职责就要赋予一定的权力，没有权力保障的职责难以完成，同样，拥有一定职权的人也要承担相应的职责，否则职权就会被滥用。

 管理故事

谁来清扫地板

一个机床操作工把大量的液体洒在他机床周围的地板上，车间主任让操作工把洒在地板上的液体打扫干净，操作工拒绝执行，理由是任职说明书里并没有包括清扫的条文。车间主任顾不上去查任职说明书上的原文，就找来一名服务工来做清扫工作。但服务工同样拒绝，他的理由是任职说明书里同样也没有包括这一类工作，这个工作应该由勤杂工来完成，因为勤杂工的责任之一是做好清扫工作。车间主任威胁服务工说要解雇他，因为，这种服务工是分配到车间来做杂务的临时工。服务工勉强同意，但是干完以后立即向公司投诉，公司有关人员看了投诉以后，审阅了机床操作工、服务工和勤杂工这3类人员的任职说明书。机床操作工的任职说明书上规定：操作工有责任保持机床的清洁，使之处于可操作的状态，但并未提及清扫地板。服务工的任职说明书上规定：服务工有责任以各种方式协助操作工，如领取原料和工具，随叫随到，即时服务，但也没有包括清扫工作。勤杂工的任职说明书确实包括了各种形式的清扫工作，但他的工作时间是从正常工人下班以后开始。

4. 信息与沟通

在现代社会中人们生活在信息的海洋里，一刻也离不开信息，信息把许多独立的人、团体、组织贯通起来使其成为一个整体。随着经济一体化的到来，信息传递加速，在一个组织中，信息沟通有着不可或缺的存在价值。从某种意义上说，组织运转的过程，就是组织对各种信息进行收集、整理、利用、加工和传输的过程。组织信息来源于组织内部和外部，并且是与组织活动相关的内容，组织内部的信息主要有财务信息、规章信息、经营信息、产品信息、技术信息等，组织外部的信息则主要有国家经济法律政策、行业发展态势、竞争对手动向、市场需求状况等，这些信息是组织制订计划和决策的基础，也是组织活动实施和控制的依据。

在组织内部，管理层与管理层、管理层与员工、员工与员工之间都需要通过沟通来掌握和传播信息、交流思想。主管和团队领导传达各项指令，同事之间了解工作进度，无论是上级与下级之间，还是同级之间，都要充分借助沟通的力量来保证工作协作的正常运转，使组织内部成员之间互动地把握自己与他人、与总体的动态联系，从而推动组织的发展。若没有有效的信息沟通，就不利于协同工作、表达感情，就不利于分享信息，甚至就无法知道该做些什么。

组织外部沟通构成了组织有机的外部社会关系，与组织内部沟通紧密相连。一个组织要生存、要发展，离不开与外界的沟通和联系。只有与组织外部其他相关组织，如顾客、股东、社区及媒体等进行相互沟通与信息交流，才能树立起良好的企业形象。例如，企业的生产经营环节一定存在原材料的采购与产品的销售问题，就需要与上下游的企业进行信息沟通，企业要把明确的材料和产品要求的信息传递给上下游合作企业，也要要求合作企业提供其原材料的来源、质量、价格及市场竞争状况和顾客反应等相关信息。通过不间断的信息沟通，才能随时了解双方的需要，发现存在的问题并提出相应的改进策略。

因此，可以说信息与沟通就像是组织的血液，只有保持血液的畅通，组织才能生生不息地发展下去。

 管理故事

7 人分粥

有 7 个人住在一起，每天共喝一桶粥，粥每天都不够。一开始，他们抓阄决定谁来分粥，每天轮一个。于是乎每周下来，他们只有一天是饱的，就是自己分粥的那一天。后来他们开始推选出一个道德高尚的人出来分粥。强权就会产生腐败，大家开始挖空心思去讨好他、贿赂他，搞得整个小团体乌烟瘴气。

然后大家开始组成 3 人的分粥委员会及 4 人的评选委员会，互相攻击扯皮下来，粥吃到嘴里全是凉的。大家最后想出来一个方法：轮流分粥，但分粥的人要等其他人都挑完后拿剩下的最后一碗。为了不让自己吃到最少的，每个人都尽量分得平均，就算不平，也只能认了。大家快快乐乐，和和气气，日子越过越好。

7.1.2 管理中的组织职能

组织工作是管理的一项重要职能，任何计划和决策都必须依靠一系列的组织活动来贯彻落实，只有做好组织工作，才能使决策方案得以顺利实施，才能保证计划目标的实现。

1. 组织职能的含义

管理是在组织中展开的，而管理又要通过组织活动来实现，组织既是管理的载体，又是管理工作的重要职能。从管理的意义来讲，组织是把单个个人的力量和目标聚集起来，使全体成员利益和行动一致，从而产生更大的竞争力量和优势。管理中的组织职能包含静态和动态两种含义：从静态来看，组织职能是指一个组织结构，即人们为实现特定的共同目标而形成的系统集合；从动态来看，组织职能则是指一种组织活动过程，围绕计划所制定的目标、所规定的任务，进行组织结构和职务的设计，进行人员的选配，以及组织运行中各种关系的协调、组织变革等。

2. 组织职能工作

在管理过程中，管理者开展组织职能的目的是着眼于在组织中建立一种能够产生有效分工和协作关系的结构，并根据组织结构的需要来配备合适的人员。因此，组织职能的主要任务就是在组织目标已经确定的情况下，将实现组织目标所必须进行的各项业务活动加以分类组合，划分出不同的管理层次和部门，将监督各类活动所必需的职权授予各层次及各部门的主管人员，以及规定这些层次和部门间的相互配合关系。

按照组织职能任务要求，主要展开以下组织职能工作。

(1) 根据工作目标和任务的要求，建立与之匹配的组织机构，包括纵向的从上到下的各个管理层次和横向的具有不同职能的各个部门。

(2) 按照工作任务的具体分工，明确各个部门的职责范围；在责任分配的基础之上，授予各部门、各管理人员相适应的权力。

(3) 明确上下级之间、个人之间的领导和协作关系，建立信息沟通的渠道。

(4) 配备和使用行使管理工作要求的人员。

(5) 对管理人员进行培训和考核、激励和奖惩。

(6) 根据组织外部环境和内部条件变化，适时地改革组织结构和组织行为，促进组织的发展。

3. 组织职能的作用

组织是管理的一项主要职能，在整个管理活动中发挥着重要的作用，具体体现在以下几个方面。

(1) 通过组织职能可以有效地整合资源。

组织的本质就是把分散的个体力量整合在一起。一个问题的解决或一个目标的达成，通常需要多种资源的有序组合，共同发挥作用，并且问题越复杂，对于资源的数量和有序性的要求就越高。不同的人具有不同的专长和能力，不同的资源的用途也不一致，无论是人类、物质材料，或者是资金、知识等，单独的资源能力都非常有限，很难发挥出作用，组织就是把各类资源有机地聚集在一起，一方面可以获取资源数量上的规模性，另一方面可以达成资源功能上的合作性。通过组织职能把具有相同或不同技术和能力的人整合在一起，产生整体的力量或互补的系统合力，达到个体力所不能及的目标；通过组织把有限的资源分配给效率最高的活动，实现资源的最优化利用。

(2) 通过组织职能合理规划各项任务活动。

一项完整的工作任务往往是由多项活动组成的，这些不同的活动需要由一定的人利用一定的资源在既定的时间内完成，这需要由管理的组织职能来实现。管理者通过组织职能把整体的工作任务分解成各项具体的工作活动，并进一步明确活动的内容是什么、活动由哪些人来完成、活动在什么时间完成，以及活动所需要的资源如何取得等，同时，组织职能还明确了各个活动之间的关系，是横向的合作关系，还是纵向的先后承接关系。各项活动通过组织职能进行合理的规划安排，而不是简单地堆积在一起，这避免了管理陷入杂乱无章的局面。

(3) 通过组织职能能够实现个人与机构利益的最大化。

人类活动具有主动性和选择性，最简单的活动形式就是个体劳动，即通过自给自足的简单劳作来获得生活的需求，但这种模式被工业化时代的到来所淘汰，在资源稀缺的人类社会，只有利用规模化的组织运作才能够满足经济性和多样性的社会需求。个人加入某个机构，参与到组织工作中，并且投入一定的时间、精力和技能，同时，也要从机构中得到某种利益或报酬，以满足个人的需求，而机构则需要利用个人来完成各项任务活动，实现机构的整体目标，个人和机构之间就形成了一种互相依赖的关系，这种依赖关系通过组织得以实现。组织职能把个体系统整合在一起，能够产生合成效应，即个人集合成的整体在总体力量上大于所有组成人员的个体力量的简单相加，使得个人和机构都能获得最大的利益。

  管理案例

适当的组织结构

制订的良好的计划，常常因为管理人员没有适当的组织结构予以支持而落空。而在某一时期是合适的组织结构，可能过了一两年以后就不再合适。格里和莉洛·利兹是经营CMP出版公司的一对夫妇，对此有着清楚的认识。利兹夫妇在1971年建立了CMP出版公司。到1987年，他们出版的10种商业报纸和杂志都在各自的市场上占据了领先地位。更令人兴奋的是，他们所服务的市场(计算机、通信技术、商务旅行和健康保健)提供了公司成长的充足机会。但是，假如利兹夫妇继续使用他们所采用的组织结构，这种成长的潜力就不会得到充分的利用，他们最初为CMP出版公司设立的组织将所有重大的决策都集中在他们手中。这样的安排在早些年运作得相当好，但到1987年它已经不再有效。利兹夫妇越来越难管理好公司。例如，想要约见格里的人得早上8点就在他办公室外排队等候。员工越来越难得到对日常问题的答复，而要求快速反应的重要决策经常被耽误。对于当初设计的组织结构来说，CMP出版公司已经成长得太大了。利兹夫妇认识到了这个问题，着手重组组织。如何重组？第一，他们将公司分解为可管理的单位，并分别配备一名独立的经理掌管各个单位。这些经理都被授予足够的权力去经营和扩展各自的分部。第二，利兹夫妇设立了一个出版委员会负责监管这些分部。利兹夫妇和每个分部的经理都是该委员会的成员，分部经理向出版委员会汇报工作，出版委员会则负责确保所有的分部都能按CMP出版公司的总战略运作。这些结构上的变革带来了明显的效果。CMP出版公司现在总共出版14种刊物，年销售额近2亿美元。公司的收益持续地按管理层设定的30%的年增长率目标不断地增加。

7.1.3 组织结构

1. 组织结构的含义

组织结构是指在组织目标的指导下，进行分工、组合和协调的正式的框架体系，表现为组织各部分排列顺序、空间位置、聚集状态、联系方式及各要素之间相互关系的一种模式。组织结构是组织在职、责、权方面的动态结构体系，其本质是为实现组织战略目标而采取的一种分工协作体系。组织结构可以用组织结构图来形象地表示，组织结构图是对一个组织的一整套基本活动和过程的可视化描述。组织结构一般会反映在组织结构图上，但组织结构图对组织结构的反映是有限的。

对于组织结构的含义可以从以下几个方面进一步理解。

第一，组织结构的出发点是组织目标。组织目标分解成各项具体任务，具体任务目标是构建组织结构的基础，决定了组织结构的基本框架。

第二，组织结构的本质是人员的分工与合作关系。企业组织单位、部门和岗位的设置，不是把一个企业组织分成几个部分，而是企业作为一个服务于特定目标的组织，必须由几个相应的部分构成，就像人要走路就需要脚一样。组织结构不是由整体到部分进行分割，而是整体为了达到特定目标，必须有不同的部分。这种关系不能倒置。

第三，组织结构的核心是责、权、利关系的划分。这是对各个部分的目标功能作用的界定。如果一定的构成部分没有不可或缺的目标功能作用，就像人的尾巴一样会萎缩消失。这种界定就是一种分工，但却是一种有机体内部的分工。

这3层含义是紧密联系在一起的，三者存在一种彼此承接的关系。要对组织结构进行规范分析和构建，就要充分把这三者结合起来。

组织结构是实现企业战略目标的重要保证，是为实现目标对资源的一种系统性安排。只有调整好企业的组织结构，理顺各部门之间、各部门内部的关系，明晰权责，才能为下一步的流程设计绩效考核激励体系打下基础。组织结构不仅仅是保证企业高效运作的根本，也是最大限度地减少员工在事务性工作上被消耗掉的精力。

 管理案例

简单有效的组织结构

沃尔玛超市在美国星罗棋布，它又是如何组织这一超巨规模的企业帝国的呢？

每家沃尔玛分店由一位经理和至少两位助理经理经营管理，经理负责整个超市的运营，助理经理则分别负责耐用商品和非耐用商品的管理；他们又领导着36个商品部门经理。超市经理向地区经理汇报工作，每位地区经理约负责12家分店。地区经理又向区域副总裁汇报工作，每位区域副总裁下又设3或4位地区经理。最后，区域副总裁向公司执行副总裁汇报工作。另外还有两位高级副总裁分别负责新店发展和公司财务等。在该套组织结构体系中，各区域副总裁是核心，负责整个公司的沟通和运营管理。虽然沃尔玛扩展迅速，但是这一管理结构基本仍然与初建时同样简单、精炼和有效。

2. 组织结构的特征

1) 组织结构是一个有机的系统

组织结构是由相互联系、相互作用和相互制约的各种要素按一定方式组成的有机系统，组织结构在整体系统下包含以下不同功能的子系统。①决策子系统。组织的领导体系和各级决策机构及其决策者组成决策子系统，各级决策机构和决策者是组织决策的核心。②指挥子系统。指挥子系统是组织活动的指令中心，在各职能单位或部门，其负责人或行政首脑与其成员组成垂直形态的系统。指挥子系统的主要功能在于确定合理的管理层级，建立多层次、有权威的指挥系统，来行使对组织各项活动的统一指挥的权力。③执行子系统。组织工作任务的完成，需要全体人员共同参与执行，把任务从最高层逐步分解到下级各部门或单位，每一个部门、每一个人都按照上级下达的任务或指标来配置相关的资源，开展工作活动。

2) 组织结构包含着复杂的组织关系

组织结构的复杂性主要表现在组织内活动及单位的数目的多少及其之间的相互关系上。具体地说,组织结构的复杂性体现在 3 个方面:组织管理层次制的层数(纵向复杂性)、部门和工种的数量(横向复杂性),以及组织结构在空间上的分散程度。组织管理层次制的层数是组织任务垂直分化的结果,垂直分化越深入,最高管理者到基层员工之间的中间管理者就越多,组织纵向沟通的渠道就越长,信息传递的速度和准确度都会降低。部门和工种的数量是指将组织要执行的任务进一步加以区分的方式。例如,组织是让训练有素的专家执行一揽子任务,还是将任务分割得很细,以便非专业人员也能够执行。一项任务分工越细,部门之间、人员之间的关联就会越密切,对管理协调的要求也就会越高。组织结构的空间分散程度是当组织发展到一定规模后出现的,如集团总公司和分公司、跨国公司等,公司的总部在一个国家,研发部、市场部、工厂等机构则在另外的国家。组织结构的空间分散程度反映在组织各分部之间的距离和分部的数量两个方面,组织分部的数量越多、分部所在地区之间的距离越远,组织的空间分散程度越高,相应的组织控制、协调难度就越大。

3) 组织结构处于不断地变化之中

组织结构不是一成不变的,没有一种最佳的组织结构能够适合所有情况,任何组织总是要适应外界环境的要求,环境变化要求组织结构也要进行相应的变化。在稳定的环境中,机械式的组织结构利用其严格的等级和权力制度,保证了组织获得了高效率的运作,但是在迅速多变的环境下,这种结构形式因为缺乏灵活性而无法把握住外部的机会,使组织发展面临重重阻碍。正如美国学者罗伯特·雅各所说:未来成功的组织,将会是那些能够快速、有效、持续、有系统地进行变革的组织。创建柔性、灵活的组织,动态地反映外在环境变化的要求,并在组织成长过程中,有效地积聚新的组织资源,同时协调好组织中部门与部门之间的关系,人员与任务之间的关系,使员工明确自己在组织中应有的权力和应承担的责任,才能有效地保证组织活动的开展。

 管理寓言

两 头 鸟

从前,某个国家的森林内,养着一只两头鸟,名为"共命",鸟的两个头"相依为命"。遇事向来两个"头"都会讨论一番,才会采取一致的行动,如到哪里寻找食物、在哪里筑巢栖息等。有一天,一个"头"不知为何与另一个"头"发生了很大误会,造成谁也不理谁的仇视局面。其中有一个"头"想尽办法和好,希望还和从前一样快乐地相处,另一个"头"则不理睬,根本没有要和好的意思。如今,这两个"头"为了食物开始争执,那善良的"头"建议多吃健康的食物,以增进体力;但另一个"头"则坚持吃毒草,以便毒死对方才可消除心中怒气。和谈无法继续,于是只有各吃各的。最后,那只两头鸟终因吃了过多的有毒的食物而死去了。

在一家公司内,每个组织之间的关系就好似大家庭,成员中的兄弟姐妹应该和和气气、团结一致。若发生什么不愉快的事,大家应开诚布公地解决,不应将他人视为敌人,想尽办法敌视他人。因为大家都在为同一家公司服务,一旦某个组织溃不成军,其他组织也将深受其害。亲密是介于组织、主管和员工之间的一条看不见的线。有了亲密感,才会有信任、牺牲和忠诚。

第 7 章 组 织

7.1.4 组织结构的理论基础

1. 工作专门化

工作专门化是指组织中工作任务划分成相互独立的工作单元的程度，工作专门化是建立在劳动分工基础之上的，其实质不是由一个人来完成一项工作的全部，而是把工作分解成若干个子项目或步骤，每一个子项目或步骤由一个人独立去做。20 世纪初，亨利·福特通过建立汽车生产线而获得了巨大成功，在生产线上每一位员工从事特定的、重复性的工作。例如，有的员工只负责装配汽车的右前轮，有的则只负责安装右前门，通过把工作分化成较小的、标准化的任务，使员工能够反复地进行同一种操作，福特利用技能相对有限的员工，每 10 秒钟就能生产出一辆汽车。福特的经验表明，让员工从事专门化的工作，员工的生产效率会提高。实践证明，工作专门化是一种最有效地利用员工技能的方式。工作专门化对于组织的贡献主要体现在以下几个方面：①工作专门化可以使员工的工作熟练度增加，减少工作时间，提高工作质量；②工作专门化可以降低对员工具备全面化技能的要求，提高员工的专业化能力水平；③工作专门化可以根据员工的工作技能水平，分配不同的工作任务，做到人尽其才。

在工业快速发展的历程中，工作专门化发挥着巨大的作用，也曾一度被管理者誉为提高生产率的不竭之源，但随之工作专门化带来的问题也逐渐凸显出来了。过度的工作专门化，使员工长时间地从事单一的工作，机械式的工作方式让员工产生了厌烦情绪和疲劳感，并由此陷入低生产率、低质量、高缺勤率等消极工作状态，给组织发展带来很大的阻碍。因此，对于工作专门化应该客观、全面地认识和使用，适度的工作专门化能令组织工作高效运转，但要避免分工过细的问题。组织可以采用工作扩大化和工作丰富化的方法来解决这一问题，前者是指工作范围的扩大或工作多样性，从而给员工增加了工作种类和工作强度，使员工有更多的工作可做；后者是指通过纵向上工作的深化，赋予员工更多的责任、自主权和控制权，让员工更加完整、更加有责任心地进行工作，使员工得到工作本身的激励和成就感。

 知识链接

一个人抽铁丝，一个人拉直，一个人切截，一个人削尖铁丝的一端，一个人磨另一端。磨出一个圆头需要两到三种不同的操作，安装上圆头又是一种操作，以及涂色、包装等。这样一枚针的制造要经过 18 道工序。在有的工厂里，每道工序都由不同的人完成，而有的小工厂中可能会有工人身兼两三种操作。我曾经访问过一个只有 10 个工人的小工厂……他们工作努力，所以一天可以制造 12 磅的针，以平均每磅 4 000 枚计算，10 个人每天就能做出 48 000 枚针，平均每个工人每天可以制作出 4 800 枚针。但是如果他们都是独立完成所有工作，他们中没有一个人一天能制作出 20 枚针，也许一枚都不行。

(资料来源：亚当·斯密.国富论)

2. 部门化

工作专门化完成任务细分之后，就需要按照类别对其进行分组，以便使共同的工作可以进行协调，工作分类的基础是部门化。所谓部门，是指组织中按照专业化分工的要求，为完成某一类特定的任务而有权管辖的一个特定领域。部门既是一个特定的工作领域，又是一个特定的权力领域。部门化则是指按照职能相似性、任务活动相似性或关系紧密性的原则把组织中的专业技能人员分类集合在一个部门内，然后配以专职的管理人员来协调领导，统一指挥，确定任务分配与责任归属。部门划分的方法很多，常见的分类有以下几种。

1) 职能部门化

职能部门化是指按专业化的原则，以工作或任务的性质为基础来划分部门，各部门履行不同的职能，把部门设置建立在工作职能差异的基础之上。职能部门化是一种最传统的、最普遍的组织划分部门的方法，依据职能进行部门的划分适用于所有的组织。例如，制造型企业常常会分为市场、生产、会计、人事、采购等方面的职能部门；大学通常设置教务处、学生处、财务处、研究生院、后勤处、各专业院系等职能部门；医院的主要职能部门则包括研究部、护理部、财务部及外科、内科等专业医疗科室等。

职能部门化的优点是通过把专业技术、研究方向接近的人分配到同一个部门中，便于共同交流沟通，充分发挥专业优势，提高工作效率，实现规模经济。但缺点是容易出现部门的本位主义，决策缓慢且管理较弱，较难检查责任与组织绩效。

2) 产品部门化

随着组织的进一步成长与发展，组织面临着增加产品线和生产规模，以获取规模经济和范围经济的经营压力，组织管理的工作也将变得日益复杂。这时，就有必要以业务活动的结果为标准来划分组织部门，即按照产品的要求对组织活动进行分组，把部门设置建立在产品差异基础之上，称为产品部门化。例如，一家石油公司依据其产品业务分成原油、润滑油和蜡制品、化工产品等产品事业部门；家电企业则通常依据其产品类别划分出彩电部、空调部、冰箱部、洗衣机部等部门；会计事务所设置税务部、审计部、管理咨询部等。不同的产品部门的负责人一般是本领域的专家，对整个产品线负责。

产品部门化的优点是可提高决策的效率，便于本部门内更好地协作，易于保证产品的质量和进行核算。产品部门化的缺点则是容易出现部门化倾向，行政管理人员过多，管理费用增加。

3) 地区部门化

地区部门化是指把某一地区的业务集中于某一部门，把部门设置建立在地区差异的基础之上。如果一个组织的市场遍布于广泛的地理区域，而且组织规模又足够大时，采取按地区划分部门的方式是最有意义的。例如，一个公司会在全国不同的省份设置分公司(如北京分公司、上海分公司、广州分公司等)；跨国公司则通常会依照其经营所在的不同国家或大地区划分各个子公司。

地区部门化的优点是克服了地理分散带来的交通不便和信息沟通困难，可以把责权下放到地方，鼓励地方参与决策和经营；地区管理者还可以直接针对当地市场的需求灵活决策；通过在当地招募职能部门人员，既可以缓解当地的就业压力，争取宽松的经营环境，又可以充分利用当地有效的资源进行市场开拓，同时减少了许多外派成本，减少了许多不确定性风险；另外，每一个区域主管，都要担负一切管理职能的活动，有利于培养全面的管理人才。但是地区部门化的缺点是地区部门化使得区域之间的合作和配合比较困难，并且总部对于各地区的集中控制也往往会受制于空间限制，集中的管理和控制都比较困难；企业所需的能够派赴各个区域的地区主管比较稀缺，且比较难控制；各地区可能会存在因职能机构设置重叠而导致管理成本过高的问题。

4) 过程部门化

过程部门化是指组织(如加工单位)按生产过程、工艺流程来划分部门,把部门设置建立在生产流程环节的基础之上。过程部门化的方法常常被一些具备较强生产工艺流程的组织使用。例如,一家铝试管厂设置了铸造部、锻压部、制管部、成品部、检验包装运输部等,这是一个非常典型的利用生产过程来进行部门化的例子。在铝试管生产过程中,由每个部门负责一个特定生产环节的工作,金属首先被铸造成巨大的胚料;然后把胚料送到锻压部,挤压成铝管;再把铝管转送到制管部,由制管部负责把铝管做成体积各异、形状不同的试管;然后把这些试管送到成品部,由成品部负责切割、清洗工作;最后,产品进入检验包装运输部。由于不同的环节需要不同的技术,因而这种部门化方法为在生产过程中进行同类活动的归并提供了基础。

过程部门化的优点是使组织能够充分发挥人员集中的技术优势,易于协调管理,对市场需求的变动也能够快速、敏捷地反应;容易在组织内部形成良好的相互学习氛围,会产生较为明显的学习经验曲线效应。但过程部门化的缺点是使部门之间的紧密协作有可能得不到贯彻,会产生部门之间的利益冲突;权责相对集中,不利于培养出"多面手"式的管理人才。

5) 顾客部门化

在激烈的市场竞争中,顾客的需求导向越来越明显,企业应当在满足市场顾客需求的同时,努力引导顾客的未来需求,顾客部门化顺应了社会发展的这种趋势。顾客部门化就是根据不同利益需求的目标顾客来划分组织的业务活动,按照特定的顾客类型来组合工作人员,每个部门所服务的顾客都有一类共同的问题和要求,需要相关的专业人员予以更好的解决。顾客部门化是建立在差异化的顾客需求基础之上的。例如,一些电脑公司分别设置了集团客户销售部和普通客户销售部,银行设置了 VIP 客户服务中心,百货商场设置会员服务中心等。每个部门的顾客存在共同的问题和要求,组织通过为顾客分别配置有关专家,提供专业化的产品或服务来更好地满足顾客的需求。

顾客部门化的优点是可以通过设立不同的部门来满足目标顾客各种特殊而广泛的需求,同时能有效获得用户真诚的意见反馈,这有利于企业不断改进工作;同时能够持续、有效地发挥企业的核心专长,不断创新顾客的需求。但顾客部门化存在的一些缺点是可能会增加部门与顾客需求不匹配而引发的矛盾和冲突,同时需要更多能妥善协调和处理部门与顾客关系问题的管理人员和一般人员;另外也可能因为差别化的待遇,容易导致其他顾客的不满,从而造成一部分顾客的流失。

以上各类部门化的方法不是独立的,组织可以根据实际的需要,把各类部门化的方法适当地融合在一起,从而能取得更好的效果。

3. 命令链

当员工在工作中遇到了问题时应该向谁请示?这就是组织中的命令链问题。命令链是指从组织最高层贯穿到最基层的不间断的职权路线,它明确指出谁向谁汇报工作,又是一条从上到下的垂直指挥链。长期以来,命令链一直是组织设计的基石,组织机构必须合理化,形成一条从上至下的权力线,它涵盖了全体员工,实行一级对一级负责,且须职责明确。命令链的形成来源于管理者的职权和职责,管理者通过所掌握的职权来发布命令,而下属则负有执行命令相关任务的职责。管理者所拥有的职权是和其所处的职位是联系在一起的,无论是谁,只要居于某个职位,就会拥有相应的职权。而职责则是和职权相对的,有多大的职权就应该承担多大的职责。每个管理职位在命令链中都有自己的位置,每位管理者为完成自己的职责任务,都要被授予一定的职权。任何命令传递的过程都是职责和职权轮换、交替的过程,每一个层级的管理者都可以利用职权指挥下属去做什么、怎样去做,同时下属要向上司汇报工作并说明任务完成结果的合理性,要对任务的完成情况负责。因此,可以说如果没有职权和职责,命令就无法传递和下达,相关的工作任务也无法完成。

在命令链中,对于指挥的统一性有较高的要求。统一指挥原则是法约尔提出的14条管理原则之一,强调每个下属应当而且只能向一个上级主管直接汇报工作。统一指挥有助于保持权威链条的连续性,而不至于让下属面临多头指挥的局面而无所适从。

另外,命令链的顺利衔接也依赖于良好的授权机制。管理者要善于把职权和职责授予在组织结构中位于其下的管理人员,在授权时,首先要做到适度授权,即授权者必须向被授权者明确所授事项的目标、任务、职责和范围,对被授权者所授的工作量不要超过被授权者的能力、体力所能承受的限度;其次,授权要可控,不是放任、撒手不管,而是保留某种控制权;最后,授权的同时要连带责任,权力和责任同时授予下属,有利于控制权力实施的效果。

近年来,随着计算机技术的发展,命令链对于组织发挥的作用也在降低,现在一个基层雇员能在几秒钟内得到20年前只有高层管理人员才能得到的信息,员工之间的沟通和交流也变得越来越方便、快捷。组织规模的扩大,也使得层级式的命令链变得很长,既增加了管理的成本又降低了沟通效率,这些都大大削弱了命令链在组织中的重要性。

 管理案例

沃尔玛的授权

随着沃尔玛的发展,越来越多的管理人才被吸收进入沃尔玛,沃尔玛给每位管理者都留下了充分发挥其能力的空间。更值得推崇的是,沃尔玛高层甚至认为十分有必要将职责和职权下授给第一线的工作人员,尤其是清理货架和经常接触顾客的部门经理,沃尔玛采取"店中有店"(每个人所负责的区域就是一个"店",每个人就是自己店的总经理)的方法,授权部门经理管理业务,只要能力足够,这些"店中有店"被允许有极高的销售额。在此基础上,沃尔玛认为信息共享下的授权才会真正起作用,对于员工来说,所有的资料,如经营方式、采购价格、运输成本和利润都是透明的,从而可以达到有效监督目的。这种适当的授权和良性的竞争调动了每一个员工的职权、积极性和创造性,使得以人为本的内控制度得以展开。

4. 控制跨度

控制跨度是指向一个管理者直接汇报工作的下属的人数,也就是一个管理者可以有效地指导多少个下属,这个问题在组织设计中非常关键,因为在很大程度上,控制跨度决定着组织要设置多少层次,配备多少管理人员。和控制跨度相对应的是管理层次,它是指组织设立的行政等级的数目,即组织中最高主管到具体工作人员之间的层次。

在组织人员规模一定的情况下,控制跨度越窄,组织层次的设置就越多,从而组织就表现为高而窄的结构特征,因而称这种组织为高耸型组织,如图7.1(a)所示。控制跨度越宽,组织层次就越少,从而该组织就成为扁平型组织,如图7.1(c)所示。

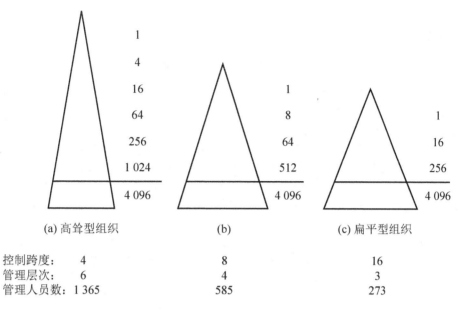

图 7.1　组织控制跨度与层次

在高耸型组织中，窄跨度的监督控制可能使管理者对下属的指导更加详细和周密，上下级易于协调；但由于管理层次多，不仅加长了信息的传递渠道，影响信息传递的速度和组织活动的效率，而且导致管理者对于下属监督过严，妨碍下属的自主性。在扁平型组织中，上下级的距离较短，可以密切上下级关系，信息纵向流通快，管理费用低，下级管理人员有较大的自主性、积极性、满足感，同时也有利于更好地选择和培训下级管理人员；但由于不能严密地监督下级，上下级协调较差，控制跨度加大，加重了同级间相互沟通、联络的困难。控制跨度这一问题吸引了早期学者的大量注意力，虽然在具体的数目上无法形成一致，但古典学者都主张窄小的跨度，以便对下级保持紧密控制。但现在越来越多的组织正努力扩大控制的跨度，尽可能地减少管理层次，建立扁平型组织，这与各个公司努力降低成本、削减企业一般管理费用、加速决策过程、增加灵活性、缩短与顾客的距离、授权给下属等的趋势是一致的，但仍旧无法绝对化控制跨度大和小的优劣。因此，管理者应该综合考虑多方面因素。影响管理跨度的因素归纳见表 7-2。

表 7-2　影响管理跨度的因素

更宽的控制跨度	更窄的控制跨度
下级从事简单、重复的程序化工作	下级从事的工作比较复杂，变化大
管理人员和下属的能力强	管理人员和下属的能力不高
下级的职权明确度高	下级职权不够明确
处理的多是常规性的事务	处理的多是不确定性的事务
计划的完备程度高	计划不全面、不明确
组织内部稳定、变革速度慢	组织内部不稳定、变革速度快
外部环境复杂、变化快	外部环境简单、稳定

管理故事

摩西和管理幅度的故事

　　管理幅度问题和历史上出现组织一样的古老，它出自《圣经》关于摩西组织以色列人逃出埃及的这段故事。摩西和十几名长老带领 20 余万人，在埃及沙漠中迁徙，但行进速度极为缓慢，每天行程不到 20 千米，而且迁徙队伍长达数十里(1 里＝0.5 千米)。摩西的岳父注意到摩西和十几名长老费了这么多的时间去管理这么多人，于是劝告他："你这样做不好。你和这些百姓都很疲惫，因为这事情太重，你独自一人处理不好。现在你要听我的话，我给你出个主意，你要从百姓中挑选有才能的人，派他们当千夫长、百夫长、五十夫长、十夫长，叫他们随时管理百姓，大事要呈到你这里，小事他们自己可以审判。这样，你就轻松些，他们也可以同当此任。你若这样做，上帝也这样吩咐你，你就能受得住，这些百姓也都能平平安安回归他们的住处。"

　　于是，摩西听从了岳父的话。他从以色列人中挑选了有才能的人，立他为百姓的首领，当千夫长、百夫长、五十夫长、十夫长。他们随时审判百姓，有难断的案子就呈到摩西那里，但各种小事则由他们自己审判。

5. 集权与分权

　　集权与分权是指职权在不同的管理层次之间的分配与授予，也就是指组织职权的分散程度。集权是指组织的高层管理者拥有较多的关键决策权，下级部门和机构只能依上级的指示、指令行事。分权则是指组织的低层管理者被授予较多的决策权，可以充分行使这些权力，支配组织的某些资源，并在其工作职责范围内自主地解决某些问题。任何组织正常运行都必然存在着集权和分权的问题，集权能够保证组织行为的统一，分权则能提高问题解决的专业性和灵活性。没有任何组织是绝对的集权，也没有任何组织是绝对的分权。因为绝对的分权会形成无组织的局面，最终势必造成组织的解体；同样，绝对的集权会影响组织的活力。因此，有效发挥职权的作用关键是要取得集权和分权之间的平衡，集权和分权的程度要受以下几方面因素的影响。

　　(1) 环境因素。处于简单稳定的环境中，组织倾向于集权化管理，这样能充分发挥集权化的统一高效的决策优势，使问题迅速得到解决；处于复杂多变的不稳定环境中，组织常常面临的是不确定性问题，问题的解决需要充分了解和掌握实际情况，这时组织则倾向于分权化管理，把权力授予熟悉现实情况的基层管理者，可以提高问题解决的灵活性。

　　(2) 组织因素。当组织规模扩大之后，组织需要及时分权，以减缓决策层的工作压力，使其能够集中精力于最重要的事务；在组织成长的初始阶段，组织往往采取集权式的管理方式，随着组织的成长，管理的复杂性逐渐增强，组织分权的压力也就比较大，管理者对权力的偏好就会减弱；组织问题本身也是一个重要因素，重要的、影响范围广的、迫切需要解决的问题，适合集权化的管理，但是小的、不重要的问题，宜采用分权化管理；另外，如果组织内部各个方面的政策是统一的，集权最容易达到管理目标的一致性。

　　(3) 人员因素。人是行使权力的主体，从集权到分权的过程也是上级授予下级相关权力的过程，这个过程取决于高层管理者和低层管理者的主观意愿和客观能力。高层管理者专制、独裁的不能容忍别人触犯他们小心戒备的权力，低层管理者胆小怕事，不愿承担责任，以及低层管理者缺乏必要的决策能力和经验等，这些都会导致组织管理的集权化。相反，高层管理者开放民主的作风和低层管理者独立决策等能力、经验及勇于承担责任的意愿，这些则会增大组织分权的程度。

 管理案例

集权还是分权

比特丽公司是美国一家大型联合公司，总部设在芝加哥，下属有450个分公司，经营着9 000多种产品，其中许多产品，如克拉克棒糖、乔氏中国食品等，都是名牌产品。公司每年的销售额达90多亿美元。

多年来，比特丽公司都采用购买其他公司来发展自己的积极进取战略，因而取得了迅速的发展。公司的传统做法是：一方面，每当购买一家公司或厂家以后，一般都保持其原来的产品，使其成为联合公司一个新产品的市场；另一方面，对下属各分公司都采用分权的形式，允许新购买的分公司或工厂保持其原来的生产管理结构，这些都不受联合公司的限制和约束。由于实行了这种战略，公司变成由许多没有统一目标、彼此又没有什么联系的分公司组成的联合公司。

1976年，负责这个发展战略的董事长退休以后，德姆被任命为董事长。新董事长德姆的意图是要使公司朝着他新制定的方向发展。根据新制定的战略，德姆卖掉了下属56个分公司，但同时又买下了西北饮料工业公司。

根据德姆的说法比特丽，公司除了面临发展方向方面的问题外，还面临着另外两个主要问题：一个是下属各分公司都面临着向社会介绍并推销新产品的问题，为了刺激各分公司的工作，德姆决定采用奖金制，对下属干得出色的分公司经理每年奖励1万美元，但是，对于这些收入远远超过1万元的分公司经理人员来说，1万元奖金恐怕起不了多大的刺激作用；另一个面临的更严重的问题是，在维持原来的分权制度下，应如何提高对增派参谋人员必要性的认识，应如何发挥直线与参谋人员的作用问题。德姆决定要给下属每个部门增派参谋人员，以便更好地帮助各个小组开展工作。但是，有些管理人员则认为只增派参谋人员是不够的，有的人则认为，没有必要增派参谋人员，可以采用单一联络人联系几个单位的方法，即集权管理的方法。

公司专门设有一个财务部门，但是这个财务部门根本就无法控制这么多分公司的财务活动，造成联合公司总部甚至无法了解并掌握下属部门支付支票的情况等。

6. 正规化

正规化是指组织工作的手段和目的明确化、书面化、标准化和强制性的程度。工作正规化降低了员工选择工作行为的可能性，也使员工无需考虑其他行为方案，正规化程度越高，员工自行决定工作方式的权力越小。组织的正规化是指通过制度设计和行为安排，促使组织中的个人按照组织设计行使职能从而实现组织效率最大化的管理过程。组织结构是组织正规化的载体，高度正规化的组织结构以规则和程序规定每个成员应该做什么。组织结构的正规化特征是组织工作的基础，规范了组织中的人、物质、资金、信息等各类资源的运作模式，使组织各项活动有序进行。部门和岗位的设置明确了组织任务的分工，职位和职务的设置则限定了组织成员的工作职责和权力。书面化的工作说明书和规章制度约束了组织成员的行为，使其符合组织目标和工作标准的要求。

组织之间或组织内部不同工作之间正规化程度差别很大。在企业里，市场营销部门的工作正规化程度就比较低，组织赋予营销人员较大的自由，营销人员的推销用语不要求标准划一，在行为约束上，也比较宽松，一般是以产品销量作为标准来衡量。但是同一家公司的财务部门、行政部门等工作人员则要求其工作行为严格遵守管理人员制定的一系列详尽的规章制度。在大学里，教师职务的人员只规定其课时量和科研数量，不要求按时上下班，而同样的行政工作人员每天则要按照规定的上下班时间工作。因此，组织正规化的程度要跟随工作性质和内容的变化而变化。

7.2 组织结构设计

 管理案例

宇宙冰箱厂的两难问题

H 市宇宙冰箱厂近几年来有了很大的发展，该厂厂长周冰是个思路敏捷、有战略眼光的人，早在前几年"冰箱热"的风潮中，他已预见到今后几年中"冰箱热"会渐渐降温，变畅销为滞销，于是命该厂新产品开发部着手研制新产品，以保证企业能够长盛不衰。果然，不久冰箱市场急转直下，各大商场冰箱都存在着不同程度的积压。好在宇宙冰箱厂早已有所准备，立即将新研制生产出的小型冰柜投入市场，这种冰柜物美价廉且很实用，一问世便立即受到广大消费者的欢迎，宇宙冰箱厂不仅保住了原有的市场，而且又开拓了一些新市场。但是，近几个月来，该厂产品销售出现了一些问题，用户接二连三地退货，要求赔偿，影响了该厂产品的声誉。究其原因，原来问题主要出在生产上，主管生产的副厂长李英是半年前从 H 市二轻局调来的。李英今年 42 岁，是个工作勤恳、兢兢业业的女同志，工作认真负责，口才好，有一定的社交能力，但对冰箱生产技术不太了解，组织生产能力欠缺，该厂生产常因所需零部件供应不上而停产，加之质量检验没有严格把关，尤其是外协件的质量常常不能保证，故产品接连出现问题，影响了宇宙冰箱厂的销售收入，原来较好的产品形象也有一定程度的破坏，这种状况如不及时改变，该厂几年来的努力也许会付诸东流。周冰为此很伤脑筋，有心要把李英撤换下去，但又为难，因为李英是 H 市二轻局派来的干部，并且她也没犯什么错误，如非要撤换，也许会弄僵上下级之间的关系（因为该厂隶属于 H 市二轻局）。若不撤换，生产又抓不上去，长此以往，企业很可能会出现亏损局面。周冰想来想去不知如何是好，于是就去找该厂的咨询顾问某大学王教授商量，王教授听罢周冰的诉说，思忖一阵，对周冰说："你何不如此如此呢……"周冰听完，喜上眉梢，连声说："好办法、好办法"。于是便按王教授的意图回去组织实施。果然，不出两个月，宇宙冰箱厂又恢复了生机。王教授到底是如何给周厂长出谋划策的呢？原来他建议该厂再设一个生产指挥部，把李英升为副指挥长，另任命懂生产、有能力的赵翔为生产指挥长主管生产，而让李英负责抓零部件、外协件的生产和供应，这样既没有得罪 H 市二轻局，又使企业的生产指挥的强化得到了保证，同时又充分利用了李英、赵翔的特长，调动了两人的积极性，解决了一个两难的难题。

组织结构设计就是根据组织目标及工作的需要确定各个部门及其成员的职责范围，明确组织结构，其目的就是要通过创建柔性灵活的组织，动态地反映内外环境变化的要求，保证组织工作的顺利进行，以便实现组织目标。

7.2.1 组织结构设计的任务及主要工作

1. 组织结构设计的任务

组织结构设计的任务就是设计清晰的组织结构，规划和设计组织中各部门的职能和职权，确定组织中各种职权的活动范围并编制职务说明书。概括来说，就是要提供组织结构系统图和编制职务说明书。

1) 组织结构系统图

组织结构系统图是描述组织中所有部门及部门之间关系的框图,如图7.2所示。

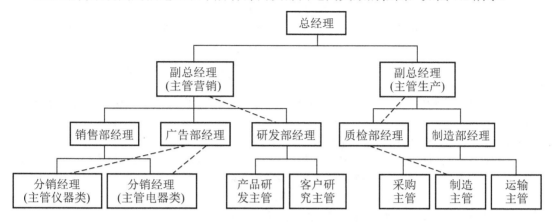

图 7.2　组织结构系统图

图 7.2 的方框表示各种管理职务及相应的职能部门,通过线段将各方框连接,表明各种管理职务或部门在组织结构中的地位及其之间的位置关系和职权关系。

组织系统结构图简洁、形象地描述了组织的整个框架,通过组织结构系统图,组织内部、外部的人员可以直接、清晰地了解组织的整个机构部门的设置情况,各部门之间的关系及职权和职责的归属,内部员工还可以清楚地知道自己所在部门的位置。在组织结构需要进行调整时,组织结构图可以帮助管理者在总体上把握哪些部门需要加强,哪些部门需要裁减。

2) 编制职务说明书

职务说明书是描述管理岗位上的管理者的工作内容、职权职责范围、任务性、与其他部门及管理者之间的关系、组织的职权分配、信息传递方式、部门划分,以及组织的集权分权程度,管理者应当具备的基本素质、学历、工作经验等内容的文件。有些职务说明书甚至还包括对该职务完成任务的考核指标、完成任务后的奖励、未完成工作任务的惩罚等内容。

通过编制职务说明书,对每一项职务经过仔细、深入的分析,使每一项职务变得十分清晰,重复或者是被忽视的问题浮现出来,有利于职务的清晰、完整及职务之间的分工与配合。职务说明书可以使任何一个刚刚走上工作岗位的管理者迅速地了解与其工作有关的一切情况。

 知识链接

职务说明书如下。
职务名称:市场部经理
部　　门:市场部
直接上司:营销副总经理
直接下属:5人
职　　位:市场推广、公关助理、美工
职务概述:市场信息网络的建设和管理;品牌推广;广告、宣传;客户接待;部门管理。

工作目标：建立全国性市场信息网络，逐年提高公司品牌的知名度和美誉度。

工作职责：

(1) 根据公司营销策略，指导各区域办事处制订市场开发计划。

(2) 负责对各办事处在网络的建设、市场信息的收集、公关活动、广告宣传等方面进行专业性地指导和监督。

(3) 直接负责与国家级设计院、政府有关部门的关系的建立，并督促区域办事处与之进行日常沟通、联络。

(4) 指导并监督区域办事处区域合作网络(包括和单位与个人)的建立、维护与发展。并建立合作网络档案。

(5) 每月一次，向营销副总经理提交市场总体分析报告。

(6) 根据各区域市场的情况，计划、指导、监督办事处开展区域的钢结构产品推广活动或品牌推广活动。

(7) 根据客户的重要程度分别制定接待方案，承担客户接待工作。

(8) 负责各区域广告、宣传计划的制订，并负责组织实施。

(9) 负责统一制作公关活动和广告宣传所需各类资料和物品。

(10) 负责各区域办事处新闻稿件的征集、汇编，并于每月的25日前向总部办公室传递。

(11) 负责对各区域对外发布的 VI(visual identity，视觉识别)系统各要素进行管理。

(12) 负责对本部门员工的工作情况进行监督、考核。

(13) 在本部门人员编制范围内，提出人员招聘、解聘、调动等建议。

(14) 批准本部门员工的休假和一天以内的事假，但本人例外。

任职资格：

(1) 教育水平，营销或公关专业本科及以上学历。

(2) 工作经验，从事营销、公关或相关管理工作两年以上。

(3) 特殊技能和能力，思维活跃，富有创意；良好人际交往能力和表达能力。

(4) 个性品质，为人热情、开朗，热爱交际，有良好的修养和风度。

工作情况：

(1) 工作时间，每天8小时。

(2) 加班要求，有时需要加班。

(3) 该岗位其他条件或要求，需要经常出差。

2. 组织结构设计的主要工作

为了能更好地完成组织结构设计的任务，组织设计者要开展的主要工作有以下几方面。

(1) 职能与职务的分析与设计。根据组织的任务和目标分解，设计与确定组织内从事具体管理工作所需的职务类别和数量，每个职位所对应的职责和职权，分析每个任职人员应该担负的责任和应该具备的知识、能力、基本素质等。

(2) 建立组织部门。部门划分就是指根据各个职务所从事的工作内容、性质及职务之间的相互关系，依照一定的原则，将从事相同、相似及紧密联系工作的职务组合起来形成一个独立的工作单位的过程，部门划分应建立在职务设计的基础上。有关部门化的具体理论在上文已经做了详细的阐述，划分部门时要特别注意几个问题：首先，部门的划分与产生要以完成组织目标所必须为根本原则；其次，部门与部门之间的职能应界定清楚，避免出现重复和遗漏；最后，部门之间的工作量应当基本相等，部门的人员安排应与其工作量要求相匹配。

(3) 组织结构设计。职务设计与部门划分是根据工作要求来进行的，在此基础上，还要根据组织内外能够获得的各种资源，对初步设计的职务和部门进行调整，以使组织结构更合理，接下来的工作就是要根据各种工作的性质和内容，规定各管理部门之间的职责、权限的相互关系，使各管理部门和职务形成一个严密而系统的组织结构网络。

7.2.2 组织结构设计的原则

组织结构设计是指对一个组织的组织机构进行规划、构造、创新或再造，以便从组织的结构上确保组织目标的有效实现。也就是说，管理人员在设立或变革一个组织的结构时，就是在进行组织结构设计的工作。为了能设计出适合组织实际的高效的组织结构，组织结构设计应遵循一些基本的原则。

1. 目标可行原则

从根本上讲，组织结构是一种实现目标的工具，所以必须先于组织结构的开发而系统地提出一套目标。规定各项目标，会使组织机构有一种明确的方向感，以便指导工作的实施和促进全面管理的过程。如果没有明确的目标，不仅会使组织机构的工作盲目无序，而且也将丧失组织机构存在的理由。

2. 因事设职与因职用人相结合的原则

组织设计的根本目的是为了保证组织目标的实现，是使目标活动的每项内容都落实到具体的岗位和部门上，即事事有人做，而非人人有事做。因此，在组织设计中，逻辑性地要求首先考虑工作的特点和需要，要求因事设职、因职用人，而非相反。但这并不意味着在组织设计中可以忽视人的因素，忽视人的特点和人的能力。

3. 分工合理原则

劳动分工即并非一个人完成全部工作，而是将工作划分为若干步骤，由一个人单独完成其中的一个步骤。在组织内部合理分工要做到事事有人做、人人有事做，既不留有空当，也不出现重叠。如果组织中出现了空当和重叠，即有些事情没人去做，有些事情争着去做，那么给想做事的人制造了麻烦，给不想做事的人提供了借口。虽然分工有许多优点，可以带来经济性，但过细的分工也可能带来某些负面影响，产生非经济性。因为过细的劳动分工会使工作变得高度重复、枯燥、单调，导致职工产生厌烦和不满情绪，甚至会造成缺勤、离职和工作质量下降等消极后果。

4. 统一指挥原则

除了位于组织金字塔顶部的最高行政指挥外，组织中的所有其他成员在工作中都会收到来自上级行政部门或负责人的命令，根据上级的指令开始或结束、进行或调整、修正或废止自己的工作。但是，一个下属如果可能同时接受两个上级的指导，而这些上级的指示并不总是保持一致的话，那么他的工作就会造成混乱。如果两位上级的命令相互矛盾，下属便会感到无所适从。这时，下属无论依照谁的指令行事，都有可能受到另一位上级的指责。当然，如果下属足够聪明，且有足够的胆略的话，他还可利用一位上级的命令去影响另一位上级的指示，不采取任何执行行动。这显然也会给整个组织带来危害。这种现象是组织设计中应注意避免的。组织工作中不允许存在多头领导现象。与之相对立的统一指挥的原则指的是组织中的任何成员只能接受一个上级的领导。

5. 权责对等原则

在管理组织中,每个部门和职务都必须完成规定的工作,而为了从事一定的活动,都需要利用一定的人、财、物等资源。因此,为了保证事事有人做,事事都能正确地做好,则不仅要明确各个部门的任务和责任,而且在组织结构设计中,还要规定相应的取得和利用人力、物力、财力及信息等工作条件的权力。从各级管理机构到各级管理人员,都应该具有责任和权限,并使两者最佳结合从而形成约束力量。责任是核心,组织中各个部门、各个管理人员都应对自己所从事的业务活动、所做出的决策,以及对组织目标和本单位的利益负责;权限是前提,有多大的责任,就应该有多大的权限,权责必须对等。

有效的管理组织必须是责权相互制衡的。有责无权,责任就难以落实;责任大于权限,则大部分责任就会难以实现;有权无责,就会滥用职权;权限大于责任,则多余的权限就会节外生枝。因此,必须实现责权的对等和统一。

特别提示

事实上,组织结构设计应该考虑职、责、权、利4个对等,而不仅是权责对等。

6. 精简效能原则

组织机构必须坚持精简效能原则。要精简一切可有可无的机构,剔除多余的或不能胜任工作的人员,以精简的机构、精练的人员,进行低成本、高效能的运转。

机构臃肿、层次重叠、人浮于事、冗员众多是现代组织常见的问题。这必然造成人员之间相互推诿,专务清谈,不讲实绩,脱离群众,高高在上,从而大大降低了组织的效能。坚持精简效能原则,就是要把组织机构能取消的取消,能合并的合并,能代替的代替。通过职能转变、机构消肿及人员精简来提高组织效率。

7. 有效管理幅度原则

管理幅度也称管理跨度、管理宽度,是指一名领导者直接领导的下属人员的数目。

管理幅度并不是越大越好。事实上,由于领导者受时间和精力等方面因素的限制,往往不能够直接指挥组织各方面的活动。如果管理幅度过大,超出领导者的能力,就会造成组织管理的混乱;而管理幅度过小,则会造成管理费用高、资源浪费,因而需要确定一个适宜的管理幅度。

影响管理幅度的因素有很多,如管理者的素质,下属的素质、职务或工作的性质等,还有一个非常重要的因素就是管理层次。管理层次也称组织层次,是指从组织最高管理层到最低管理层的各个组织等级。管理幅度与管理层次成反比。在组织规模一定的情况下,管理幅度越宽,组织层次越少;反之,管理幅度越窄,组织层次越多。

知识链接

外包是指在讲究专业分工的20世纪末,企业为维持组织核心竞争力,且因面临组织人力不足的困境,可将组织的非核心业务委托给外部的专业公司,以降低营运成本,提高品质,集中人力资源,提高顾客满意度。企业有效地运用外包策略,不仅可避免组织无限膨胀,更能达到精简、专注专业的目标。例如,在企业行政业务中,盛行运用"人力派遣"的外包策略,将企业内部的季节性、突发性的人力需求,委托人力派遣公司聘雇约聘人员、临时人员、行政助理、专技人才,再派遣到企业上班,借此节省人力成本及庞大的劳健保费用。另外,公司的清洁工作、事务性工作或编辑业务、收账业务等,亦可委托外包办理。在企业经营的趋势中,外包策略愈来愈受到企业负责人的青睐,外包的好处在于对公司业务可增加灵活性、弹性与代替性。

7.2.3 常见组织结构的类型

组织结构是随着社会的发展而发展的。从组织结构的发展过程来看,大体经历了两个历史阶段,即传统阶段组织形式和现代阶段组织形式。这两个阶段都有其由简单到复杂的发展过程。其中传统的组织结构形式有直线制、职能制、直线-职能制等,现代的组织结构形式有事业部制、矩阵制、多维组织等。

1. 直线制

直线制是最早也是最简单的组织结构,是一种集权式的组织结构形式,又称军队式结构。其基本特点:各种职位都是按照垂直系统直线排列的,下级从上级那里直接接受命令,上级对下级进行综合管理;企业管理的全部职能由各级行政领导者负责,不另设职能管理机构。权限是直线的,关系是明确的,并按照有效的管理幅度和企业总人数,决定企业组织的层次。直线制组织结构如图 7.3 所示。

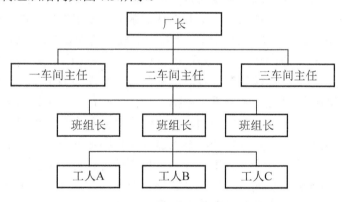

图 7.3 直线制组织结构

直线制组织的优点:这种组织结构设置简单、机构简化、权力集中、责权分明、命令统一,便于统一指挥、集中管理、迅速决策,提高工作效率。直线制组织的缺点:缺乏横向的协调关系,没有专业的职能机构和人员做领导的助手,要求企业领导者通晓各种业务,成为全能人物,容易产生忙乱现象,一旦企业的生产规模扩大,产品结构复杂,管理工作复杂化,企业领导者势必因知识、精力不济而顾此失彼,难以进行有效管理。因此,这种组织形式仅适用于规模不大、职工人数不多、生产和管理都比较简单的小型企业。

2. 职能制

随着生产力的发展和科学技术的进步,企业规模不断扩大,管理工作日趋复杂,直线制组织结构下的管理已经无法满足组织活动的要求,组织开始设立专业职能人员和机构,把相应的管理职责与权力交给职能部门，这就是职能制的组织结构。职能制组织最早是由泰罗在1903年出版的《工厂管理》一书中提出来的，职能制组织结构建立的基础是工作方法和技能的专业性，通过将专业技能紧密联系的业务活动归类组合到一个部门内部，各个专业部门在其职责范围内，对下级行使管理职责，可以更有效地开发和使用技能，职能制组织结构如图7.4所示。

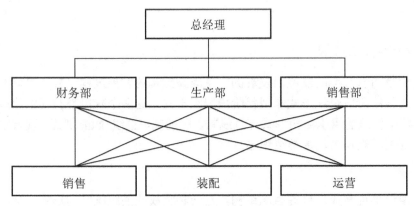

图7.4 职能制组织结构

职能制组织结构的优点：这种组织结构能适应现代生产技术比较复杂和管理分工较细的特点，提高了管理的专业化程度，减轻了各级行政负责人的工作负担，职能部门任务专业化，可以避免人力和物质资源的重复配置，便于发挥职能专长；另外，各部门和各类人员实行专业化分工，有利于管理人员注重并能熟练掌握本职工作的技能，有利于强化专业管理，提高工作效率；此外，专业化的运作能够产生规模经济效益，从而降低管理的费用。

但是职能制也存在明显的缺点：一是职能部门之间的协调性差。高度的专业化分工及稳定性使各职能部门的眼界比较狭窄。各职能部门过分片面强调本部门工作的重要性，希望提高本部门在组织中的地位，十分重视维护本部门的利益，特别致力于提高本部门的工作效率。因此，容易形成各行其事的局面，造成许多摩擦和内耗，使职能部门之间的横向协调比较困难。二是多头领导，即每个职能人员都有权指挥下属，形成基层的多头领导，以致基层无所适从。这既不符合一般组织原则，更不符合社会化大生产对统一指挥的客观要求。三是不利于培养素质全面的、能够经营整个企业的管理人才。由于各部门的主管人员属于专业职能人员，工作本身限制着他们扩展自己的知识、技能和经验，而且养成了注重部门工作与目标的思维方式的行为习惯，使得他们难以胜任也不适合担任对企业全面负责的高层领导工作。

职能制组织结构适应日益大型化、复杂化的组织管理上的需要，但通常适用于只有单一类型产品或者少数几类产品面临相对稳定的市场环境的组织采用。

3. 直线-职能制

直线-职能制组织是指把直线组织和职能组织结合在一起的组织形式，它是以直线为基础，各级管理组织根据需要设置必要的职能机构，分别从事专业管理工作，但这些职能机构只是该级直线领导者的参谋和助手，有权提出建议、提供信息并对下级职能机构进行业务指导。职能部门制定的计划方案，统一由直线领导者批准下达，无权对下一级的行政负责人发号施令。组织管理实行主管统一指挥和职能部门参谋、指挥相结合的组织结构形式。

直线-职能制组织结构如图7.5所示。

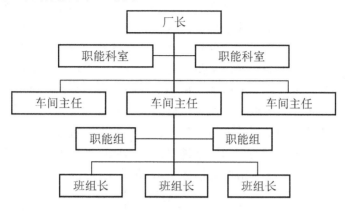

图 7.5　直线-职能制组织结构

直线-职能制同时具备了直线制和职能制的优点，既保持了直线制的集中统一指挥的优点，又吸取了职能制专业管理的长处，从而提高了管理的效率，使组织管理向前迈进了一大步，直到今天，这种组织形式还在被普遍应用。

但直线-职能制也存在一些不足之处：①权力集中于最高管理层，下级缺乏必要的自主权；②职能部门之间的横向联系较差，容易产生脱节与矛盾；③各参谋部门与指挥部门之间的目标不一致，容易产生矛盾；④直线人员负担重，参谋部门积极性不高；⑤信息传递线路长，反馈慢，适应环境变化能力差。直线-职能制是一种典型的集权式管理组织结构。

 管理寓言

鼹鼠的忠告

鹰王和鹰后从遥远的地方飞到远离人类的森林，它们打算在密林深处定居下来，于是就挑选了一棵又高又大、枝繁叶茂的橡树，在最高的一根树枝上开始筑巢，准备夏天在这里孵养后代。鼹鼠听到这个消息，大着胆子向鹰王提出警告："这棵橡树可不是安全的住所，它的根几乎烂光了，随时都有倒掉的危险。你们最好不要在这儿筑巢。"鹰王：老鹰还需要鼹鼠来提醒？你们这些躲在洞里的家伙，难道能否认老鹰的眼睛是锐利的吗？鼹鼠是什么东西，竟然胆敢跑出来干涉鹰王的事情？鹰王根本不听鼹鼠的劝告，立刻动手筑巢，并且当天就把全家搬了进去。不久，鹰后孵出了一窝可爱的小鹰。

一天早晨，正当太阳升起来的时候，外出打猎的鹰王带着丰盛的早餐飞回家来。然而，那棵橡树已经倒掉了，它的鹰后和子女都已经摔死了。看见眼前的情景，鹰王悲痛不已，它放声大哭道："我多么不幸啊！我把最好的忠告当成了耳边风，所以命运就给予我这样严厉的惩罚。我从来不曾料到，一只鼹鼠的警告竟会是这样准确。""轻视从下面来的忠告是愚蠢的"，谦恭的鼹鼠答道，"你想一想，我就在地底下打洞，和树根十分接近，树根是好是坏，有谁还会比我知道得更清楚的呢？"

以上是几种典型的传统组织结构形式，随着现代化工业的发展，原来的传统组织结构形式已经不能适应日益发展的需要，一些新的组织结构形式纷纷出现，从目前情况来看，主要有以下几种形式。

4. 事业部制

事业部制是指按照组织所经营的事业，包括按产品、按地区、按顾客(市场)等来划分部门，设立若干事业部。每个事业部都是在组织的统一领导下，拥有自己的产品和独立的市场，拥有一定的经营自主权，实行独立经营、独立核算的部门，既是受组织控制的利润中心，具有利润生产和管理的职能，又是产品责任单位或市场责任单位，对产品设计、生产制造及销售活动具有统一领导的职能。按照"集中政策、分散经营"的管理原则，组织最高管理机构拥有决策、财务控制、规定价格幅度、监督等权力，并利用利润等指标对事业部进行控制。事业部经理根据总公司总裁或总经理的指示进行工作，统一领导其主管的生产、市场、研发、技术等辅助部门。这种组织形式适用于规模巨大、产品种类较多、市场分布面较广的企业，事业部制组织结构如图 7.6 所示。

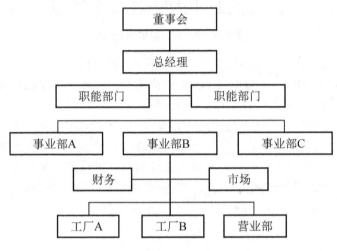

图 7.6 事业部制组织结构

事业部制的主要优点：各事业部单独核算，在生产经营上拥有较大的自主权，提高了管理的灵活性和适应性，这样有利于调动各事业部的积极性和主动性；有利于培养和训练高级管理人才，便于各事业部之间展开竞争；也有利于增强企业对环境变化的适应能力；有利于高层管理者摆脱日常行政事务，集中精力做好企业有关大政方针的决策；便于组织专业化生产，便于采用流水作业，有利于提高生产效率。

事业部制的主要缺点：管理层次较多，增加了管理人员和管理费用；各个事业部都需要设置一套齐备的职能机构，部门结构重复设置严重，导致机构臃肿、资源浪费；各事业部自主经营、独立核算，考虑问题往往从本部门出发，忽视整个企业的利益，影响各事业部间的协作。

 管理案例

组织模式的选择

20 世纪 80 年代，某大型企业由于任务不足，允许各分厂对外承揽加工业务。这样一来，传统的计划管理模式就不大适应了，主要问题是管得太死，缺乏灵活性。企业领导决定改革传统的组织结构模式，由直线职能制改为事业部制，成立了供应事业部、制造事业部、装配事业部、销售事业部。各事业部都有相应的人事权和财务权,事业部的领导们无不喝彩,认为企业领导有开拓精神,改革意识强。但是,这种组织模式运行不久,就发现了一系列问题:各事业部自行其是,不听调遣,争抢有利的业务,推托无利的活,连主导产品的配套任务都无法完成。最后形成主业不兴、副业不旺、人心涣散的局面。企业不得已又收回各事业部的权力,恢复到原来的直线职能制。

5. 矩阵制

矩阵制又称目标-规划制。矩阵制结构是指在直线-职能制垂直管理系统的基础上,再增加一种为完成某一任务而组成的横向管理系统。具体地讲是指从垂直领导系统的各单位或部门中,抽调各有关专业人员,组成能完成特定规划任务(如研制某种新产品或完成某项工程)的工作项目团队。参加该项规划任务的成员一般都要接受两个方面的领导,即在日常工作业务方面、规划任务方面,接受规划任务负责人的领导;一旦任务完成,人员即回原来单位。这种组织结构具有纵横交错两套管理系统,与数学中的矩阵形状类似,因而被称为矩阵制组织,如图 7.7 所示。

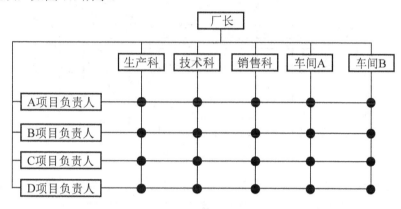

图 7.7 矩阵制组织结构

矩阵制组织一般适用于横向协作和攻关项目,可用来完成涉及面较广的、临时性的、复杂的重大工程项目或管理改革任务。矩阵制组织也适用于因技术发展迅速和产品品种较多而创新性强、管理复杂的组织。例如,军工工业、航天工业(飞机、导弹)公司采用这种组织结构形式,具有突出的优越性。一般工业企业中的科研、新产品试制和规划工作,也可运用这种形式。

矩阵制组织结构的优点:通过具有横向报告关系的管理系统,把各职能部门的有关人员联系起来,便于沟通信息、交换意见,有利于加强各职能部门之间的协作配合,保证全面实现企业的整体目标;可根据完成某一特定任务的要求,把具有各种专长的人员调集在一起,集思广益、各展其能,加之横向协调方面的优越性,有利于该项目任务的顺利完成;可根据不同任务的具体情况,选择所需要的专业人员,能提高中层和基层管理的灵活性及工作效率;通过纵横两个层次的协调,可以减轻上级主管人员的负担,有利于高层管理集中精力制定战略目标、决策和规划,以及对执行情况进行监督。

矩阵制组织结构的缺点:按产品或项目成立的组织,其成员经常变动,人事关系不稳定,同时,小组成员来自各职能部门,任务完成后仍要回去,容易产生临时观点,组织的稳定性较差;团队中存在双重领导,容易产生责任不清、多头指挥的混乱现象,需要花费大量的时间进行沟通和协调。

6. 多维组织

多维组织又称主体组织，是矩阵制和事业部制结构形式的综合发展的一种复杂结构形态。它是从系统的观点出发，建立多维立体的组织结构，由3方面管理系统组成：一是按产品划分的事业部，是产品利润中心；二是按职能(技术研究、生产、营销等)划分的专业职能机构，是专业成本中心；三是按地区划分的管理机构，是地区利润中心。三维立体组织结构如图 7.8 所示。在这种组织形式下，管理的决策由产品事业部、专业职能部门和地区性管理机构3方面共同做出，各个事业部管理者不能单独做出决策。多维立体组织结构适用于多种产品开发、跨地区经营的公司，可以为这些公司在不同产品、不同地区增强市场竞争力提供组织保证。

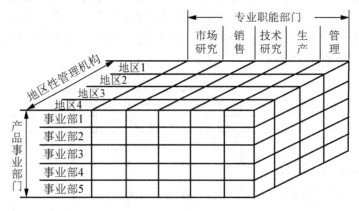

图7.8　三维立体组织结构

多维组织的优点：把产品事业部门以产品利润为中心的管理和地区性管理机构以地区利润为中心的管理与专业职能部门以成本为中心的管理较好地结合在了一起，协调了产品事业部门之间、地区部门之间的矛盾，使组织在保持总体的机械式结构的同时，获得了灵活的应变能力。多维组织结构形式有助于各部门之间及时互通情报、集思广益、共同决策，形成群策群力、信息共享、共同决策的协作关系，充分发挥整个企业组织系统的整体效能，为实现组织的总目标服务。

多维组织的缺点：组织结构过于复杂，不同的产品处于不同地区和不同市场，组织活动特征差异性比较大，相互协调比较困难，决策速度缓慢，不易达成一致的协议，管理的成本也较高。

7. 网络结构组织

网络结构组织又称虚拟组织，是利用现代信息技术手段发展起来的一种新型的组织结构。该组织本身仅拥有非常精简的中心机构，通过合同把制造、分销、营销或其他关键业务的经营活动交给其他外部的组织来承担，他们之间形成了一种网络关系，其中契约合同是建立和维持网络关系的基础。处于网络中的组织成员之间并没有正式的资本所有关系和行政隶属关系，只是通过相对松散的契约纽带，通过一种互惠互利、相互协作、相互信任和支持的机制来进行密切的合作。网络结构组织并不是对所有的企业都适用的，它比较适用于玩具和服装制造企业。这些企业需要相当大的灵活性以对时尚的变化做出迅速反应。

网络结构组织也适用于那些制造活动需要低廉劳动力的公司。网络结构组织的具体形式如图 7.9 所示。

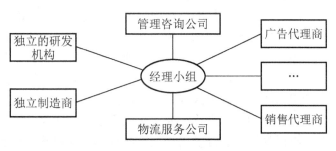

图 7.9 网络结构组织

网络结构组织的优点：网络结构组织成员之间的动态连接关系具有更大的灵活性和应变能力，借助于现代通信技术、网络技术进行沟通与交流，统一协调，开展研究开发、共同营销、互补生产等活动，以加快资金回收，避免重复投资，降低管理成本，提高管理效益。网络结构组织形式有助于组织在全世界范围内对供应链与销售环节进行整合。另外，网络结构组织简化了机构和管理层次。

网络结构组织的缺点：网络结构组织的管理中心机构对其各项外包的组织业务活动缺乏传统组织具有的紧密的控制力，也很难控制各个成员活动的质量；另外，网络结构组织所取得的设计上的创新很容易被窃取，因为创新产品要交由其他组织的管理当局进行生产，保密工作无法保障。

 管理案例

耐克公司的网络结构组织

耐克公司是利用网络结构组织抢占市场成功的公司之一。耐克公司是世界上最大的一家运动鞋供应商和制造商，其将主要的财力、物力、人力投入到产品的设计和销售上，甚至样鞋也不靠自己生产，生产活动完全在中国台湾和其他地区的企业中进行。耐克公司的许多经理经常在全球穿梭以寻找合适的生产合作伙伴。20 世纪 70 年代，耐克公司与菲律宾、马来西亚、英国、爱尔兰等地的制鞋厂合作；80 年代耐克转向中国台湾地区、韩国等地谋求合作；90 年代耐克公司对中国、印度尼西亚、泰国等国又信心十足。耐克公司的成绩是惊人的，从 1985 年到 1992 年，它的纯利润增长了 24 倍。耐克公司成功的关键是恰当地组建网络结构组织，并在网络结构组织中处于领导地位，从而实现低成本、高利润。

7.2.4 影响组织设计的因素

1. 组织战略

组织战略是指为实现组织的长期生存和持续发展而制定的发展目标，以及围绕目标的实现而采取的一系列行动和资源分配规划。组织战略规划了组织活动的性质和根本任务，但战略任务的实施要落实到组织的具体活动中，要通过组织设计安排来得以实现，由此可见，组织战略和组织结构有着密切的关系。美国学者弗雷德·钱德勒最先对组织战略和组织结构的关系进行了研究，他具体考察了杜邦公司、通用汽车公司、新泽西标准石油公司和零售商业的西尔斯·罗巴克公司。通过对这 4 个美国公司的发展历史进行研究，钱德勒发现，随着公司的发展、地理区域的扩大与多样化程度的增加，为了适应公司战略的改变，公司的组织结构实际上都会发生相应的变化，并在此基础上提出了"结构跟随战略"的命题。钱德勒明确分析了战略发展阶段与组织结构的关系，具体来讲战略发展有 4 个不同阶段，每个阶段应有与之相适应的组织结构。第一个阶段为数量扩大阶段，即许多组织开始建立时，往往只有一个单独的工厂，只是比较单一地执行制造或销售等职能。这个阶段的组织结构很简单，有的只有一个办公室。组织面临的重要战略是如何扩大规模。第二个阶段为地区开拓阶段，即组织随着向各地区开拓业务，为了把分布在不同地区的同行业组织有机地组合起来，就产生了协调、标准化和专业化的问题。这就要求建立一种新的组织结构即职能部门。第三个阶段为纵向联合发展阶段，即在同一行业发展的基础上进一步向其他领域延伸扩展，如从专门销售服装用品的零售商店扩大到销售各种用具和家具的商场等。这种发展战略要求建立与此相适应的职能结构。第四个阶段为产品多样化阶段，即为了在原产品的主要市场开始衰落的时候，更好地利用和组织现有的资源、设备和技术，而转向新行业内新产品的生产和新服务的提供。这种战略的组织结构要考虑对新产品与新服务的评价和考核，考虑到对资源的分配及部门的划分、协调等问题，要求建立与此相适应的产品型组织结构。

美国管理学家雷蒙德·迈尔斯则把组织战略对组织结构的影响概括为：①防守型战略，这种战略追求稳定和效益，环境相对稳定，组织结构的特征是严格控制、专业化分工程度高、规范化程度高、规章制度多、集权程度高；②进攻型战略，这种战略追求快速灵活反应，环境动荡而复杂，组织结构特征是松散型结构，劳动分工程度低、规范程度低、规章制度少、分权化；③分析型战略，这种战略追求稳定效益与灵活性相结合，处于变化的环境，组织结构的特征是适度集权控制，对现有的活动实行严格控制，但对一部分部门采用让其分权或者相对独立自主的方式，组织结构采用一部分有机式、一部分机械式。

由此可见，有什么样的组织战略，就有什么样的组织结构。不同的战略要求不同的业务活动，从而影响管理职务和部门设计，并且战略重点的改变也会引起组织工作重点的改变，从而引起各部门和职务在企业中重要程度的改变，并最终引起各管理职务及部门之间关系的相应调整。此外，组织结构也在很大程度上对企业的发展目标和政策产生很大影响，并决定着企业各类资源的合理配置。企业战略目标与企业组织结构之间是作用与反作用的关系。因此，企业组织结构的设计和调整，要寻求和选择与企业经营战略目标相匹配的结构模式。

2. 组织环境

在本书第 3 章，对组织管理所面临的各类环境做了详细的介绍和分析，由此可知任何组织都处于一定的环境状态之下，只有不断地与环境进行物质和关系的交换，组织才能生存与发展。当组织面临自身无法控制和改变的外部环境时，唯一能做的就是主动适应环境，通过对组织结构不断地进行调整来保持组织与环境的动态适应。具体来说，组织环境对组织结构的影响表现在以下 3 个方面。

(1) 组织环境的变化会影响到组织结构的整体特征。在变化缓慢、相对稳定的环境中，组织通常采用"机械式的组织结构"。它具有严格的等级关系、详细刻板的规章制度、明确的职责分工、固定的工作程序，这种结构在稳定的环境中有很高的运作效率。而在竞争激烈、存在多种不确定因素的快速变化的动荡环境中，组织会采用具有更多灵活性的"有机式的组织结构"，它具有强调合作与横向沟通、等级结构和权责界限相对模糊、更有利于快速地对环境变化做出反应等特征。

(2) 组织环境的变化影响着职务和部门的设置。职务和部门设置的依据是组织的工作任务和内容，外部环境的变化会对组织工作的内容提出一些新的要求。因此，相应的职务和部门设置也会随之变化，其中有些职务和部门会随之消失，也会有些新的职务和部门出现。例如，在物质不丰富的时代，企业处于产品供不应求的卖方市场环境中，企业的工作重心是如何生产尽可能多的产品以满足顾客的需求。因此，在相应的组织结构中，生产部门居于中心地位，销售任务很简单，多是负责处理订单和发货等事务性工作，销售人员也较少，销售部门在组织中处于附属地位。而随着物质生产的极大丰富，企业进入供大于求的买方市场环境，能为顾客提供更好的产品或服务，才能在市场中获得竞争优势，市场营销成为企业经营管理中的关键环节。为了更好地满足顾客的需求，市场部门的工作任务大大增加，从销售前的顾客调查研究到销售活动，再到售后的服务；从顾客到竞争对手，再到合作伙伴；从产品到价格，再到销售渠道和促销等一系列策略的制定，这些都成为了市场部门的常规性工作，相应的工作人员也都有了增加，也增加了营销经理、产品经理、地区销售经理等职务。企业中的计划、采购、生产制造和新产品开发都要以营销为基础，营销部门成为了企业中的核心部门。

(3) 组织环境的变化影响着各部门之间的关系。在组织中，各部门的划分是建立在专业分工基础之上的。组织把其战略任务进行分解，根据任务内容的专业要求下达到不同的部门，各部门利用其专业人才完成相关的工作任务，每个部门都各司其职，同时又适当地互相配合。在简单稳定的环境中，组织面临的问题比较单一，部门之间的联系不多，简单的配合和合作往往是由上级部门统一协调。但在复杂多变的环境中，常常会有突发的情况出现，一个部门对于突发事件的处理状况会影响到其他部门及整体工作的完成，并且很多细节性的内容由上级来协调会更加麻烦。因此，部门之间的沟通交流非常重要，一件事情常常需要反反复复地进行沟通，增加部门之间的横向联系。

总之，当环境由简单的稳定性向复杂的变动性转移时，关于环境的信息不完整性也逐渐增强，管理决策过程中的不确定因素也大为增加。一般情况下，如果一个组织能够在环境变化的情况下，及时地调整自己的组织结构模式，使之适应环境的变化，那么该组织就能够在激烈的竞争中取得巨大的优势，并可持续发展下去；反之，该组织将会走向衰亡。只有与外部环境相适应的组织结构才可能成为有效的组织结构。

 管理案例

乐百氏集团组织结构的改革

乐百氏集团于 1989 年在广东中山市的一个小镇上创立。据乐百氏集团一位高层人员介绍，创业初期，公司创建人等与公司的每个员工都保持一种很深的交情，甚至同住、同吃、同玩，使大家都感觉到，乐百氏集团就像一个大家庭。公司提倡"有福同享，有难同当"的经营管理理念，使得公司有很强的凝聚力。这时公司所采用的是直线-职能制的组织结构管理模式，使得乐百氏集团在创业初期得到快速且稳定的发展。然而，随着乐百氏集团日渐壮大，达能集团这个欧洲第三大食品集团对其开展一系列收购行动。乐百氏集团原有的组织结构模式明显跟不上现有环境的变化需要，改革势在必行，必须采用与现代环境相适应的组织结构，公司才能生存下去。改革后，乐百氏集团的组织结构已经由过去直线式转变成较扁平化的组织结构模式，使得企业继续发展壮大下去。

由乐百氏集团的例子可以看出，企业组织结构其实是多个环境因素共同作用的结果。因此，企业的组织结构必须能够适应、跟上环境的变化需求，这样才能在激烈的市场竞争中保持活力。

3. 科学技术

科学技术是指在将投入转换为产出的过程中所使用的技术、工具、装备、方法、工艺和设施。组织的活动需要利用一定的技术和技术设备来进行，技术及技术设备的水平不仅影响组织活动的效率和效果，而且会作用于组织活动的内容划分、职务的设置和工作人员的素质要求。因此，组织的设计就需要因技术的变化而变化。有关技术和组织结构关系的研究成果也非常丰富，伍德沃德等人根据制造业技术的复杂程度把技术划分为 3 类：单件小批量生产技术、大批量生产技术和流程生产技术。单件小批量生产是由定制产品(如定制服装和车床等)的单件生产或小批量生产所组成。大批量生产是由大批和大量生产的制造商组成，它们提供诸如家电和汽车之类的产品，这些产品一般可以通过专业化流水线技术生产实现规模经济。流程生产是技术中最复杂的一类，如钢铁厂、炼油厂、纺织厂这类连续流程。这 3 类企业中的每一类都要求有相对应的组织结构特征，具体见表 7-3。

表 7-3 技术类型与组织结构特征

组织结构特征	技术类型		
	单价小批量生产	大批量生产	流程生产
管理层次数目	3	4	6
高层领导的管理幅度	4	7	10
基层领导的管理幅度	23	48	15
基本工人与辅助工人的比例	9∶1	4∶1	1∶1
管理人员占全体员工的比例	低	中等	高
工人的技术的熟练程度	高	低	高
工作流程的规范化程序	少	多	少
集权程度	低	高	低
口头沟通的数量	多	少	多
书面沟通的数量	少	多	少
整体结构类型	有机式	机械式	有机式

可见，单件小批量生产和流程生产企业采用有机式结构最为有效，而大批量生产企业与机械式结构相匹配，则是最为有效的。

查尔斯·佩罗把技术分为了 4 种类型：①常规性技术指只有少量例外情况，问题便于分析；②工程性技术指有大量例外情况，总是便于分析；③技艺性技术指问题相对复杂，少量例外情况；④非常规技术指过多例外情况，问题难以分析。佩罗进一步研究得出了技术与组织结构特性的对应关系：①常规性技术适合高度正规化、高度集权化的组织结构；②工程性技术适合中等集权化、中等正规化的组织结构；③技艺性技术适合中等集权化、中等正规化的组织结构；④非常规技术适合高度分权化、极低正规化的组织结构。

当今，计算机革命和信息技术迅猛发展，对组织的生产和管理方式均产生了深刻的影响。计算机数控(computer numerical control，CNC)、计算机辅助制造(computer aided manufacturing，CAM)、计算机辅助设计(computer aided design，CAD)、计算机集成制造系统(computer integrated manufacturing system，CIMS)或柔性制造系统(flexible manufacturing system，FMS)的运用，使得生产部门能够以较低的成本、在较短的时间内生产出大量高质量的各种定制产品。相应的组织具有管理幅度较小、层级较少、专业化程度较低、高度分权等结构特点。先进的自动化办公设备、完善的管理信息系统、即时通信工具、电子邮件、视频会议等现代化的信息沟通工具，在组织工作活动中广泛应用。工作时间被缩短，同样的任务只需要配备较少的人员就能完成，精简了组织结构，缩短了工作流程，也使组织发展摆脱了地域的制约，跨地区或跨国家的公司成为了一些大型组织的常见的扩张模式。

因此，组织技术类型与相应的组织结构之间存在明显的相关性，成功的组织能根据技术的要求而采取合适的结构安排。

4. 组织发展阶段

组织的成长是一个由非正式到正式、低级到高级、简单到复杂、幼稚到成熟的阶段性发展过程。奎因和卡梅隆把组织的发展划分为4个阶段：创业阶段、集合阶段、规范化阶段和精细阶段。组织在发展的不同阶段，要求有与之适应的组织结构形态。

(1) 创业阶段。这是组织最初创立的阶段，通常是由创始人和几位合作伙伴组成，规模较小，组织经营活动的内容也比较单一，组织面临着很大的不确定性，采用的是非正规化的组织形式。组织各项职能活动主要由成员个体来承担，决策则主要由高层管理者个人做出，对协调要求也不高，组织内部信息沟通主要是个人之间的非正式的交流。

(2) 集合阶段。在这个阶段，组织已经初步得到了社会的认可，明确了发展的目标和方向，进入了迅速成长期。组织人员和业务活动大量增加，当组织取得一定的成功之后，随着业务的发展，组织内部的许多决策无法再集中于创业者一个人手中，组织内部开始形成一定的权力分配关系。组织结构开始变得复杂，逐步建立了职能专业化分工，明确了各职能部门的任务分工，开始制定一定的工作方式和标准。但组织结构可能仍然欠规范合理。一个突出的矛盾是，高层主管往往居功自傲、不愿放权。组织面临的任务是如何使基层的管理者更好地开展工作，如何在放权之后协调和控制好各部门的工作。

(3) 规范化阶段。组织经历过快速成长后进入了规范化阶段，在这个阶段，组织的经营活动内容和经营活动范围基本稳定，常规性的事务性活动增多，此时组织的主要目标是提高内部的稳定性和扩大市场。为了提高工作效率，组织制定了各部门、各项活动的工作规则、程序和控制标准，并严格按照规则和标准来运行，组织结构呈现出典型的官僚制特征。

(4) 精细阶段。成熟的组织往往显得规模巨大和官僚化，如果继续演化可能会使组织步入僵化的衰退期。这时，组织管理者可能会尝试跨越部门界限组建团队来提高组织的效率，阻止进一步的官僚化。组织还采用分权的方法来应对由职能结构引起的种种问题，组织结构以产品或地区事业部为基础来建立，目的是在企业内建立"小企业"，使后者按创业阶段的特点来管理。为了加强对各"小企业"的控制，企业一级的行政主管增加了许多参谋助手，以增加决策的准确性。

5. 组织规模的影响

组织规模对组织结构有显著影响。布劳等人曾对组织规模与组织设计之间的关系做了大量研究，认为组织规模是影响组织结构的最重要的因素，即大规模会提高组织复杂性程度，并提高专业化和规范化程度。可以想象，当组织业务呈现扩张趋势、组织员工增加、管理层次增多、组织专业化程度不断提高时，组织的复杂化程度也会不断提高，这必然给组织的协调管理带来更大的困难，而随着内外环境不确定因素的增加，管理层也愈难把握实际变化的情况并迅速做出正确决策，组织进行结构的调整和变革是必然的。大型组织与小型组织在组织结构上的区别主要体现在以下几个方面。

(1) 复杂化程度。大型组织的高度复杂性是显而易见的，由于横向和纵向的复杂性，大型组织经常需要建构新的部门来应对由于规模扩大所带来的新问题，同时，随着组织中部门规模的扩大，部门管理者的控制力也会不断减弱，部门又会产生新的再细分压力，结果造成部门林立的臃肿格局。另外，随着员工数量的增加，在一定控制幅度条件下，管理的层级数也必然增多，这都会大大增加管理的成本，降低管理的效率。

(2) 集权化程度。在大型官僚型层级组织中，决策往往是由那些具有完全控制权的高层主管做出的，因而组织的集权化程度也比较高。事实上，为了快速响应日趋复杂的环境变化，组织规模越大就越需要分权化，而在分权化程度较高的组织中，决策更多的是在较低的层级上做出的，决策速度越快，信息反馈也就越及时。

(3) 规范化程度。大型组织可以通过制定和实施严格的规章制度，并按照一定的工作程序来控制和实现标准化作业，员工和部门的业绩也容易考核，因而组织的规范化程度也比较高；相反，小型组织可以凭借管理者的能力来对组织进行控制，组织显得比较松散而富有活力，因而规范化程度也比较低。

7.3 非正式组织

非正式组织是指未经正式筹划而由人们在交往中自发形成的一种关于个人与社会的关系网络，这种关系网络并非由法定的权力机构所建立，也不是出于权力机构的要求，而是在人们彼此交往的联系中自发形成的，如知青会、校友会、钓鱼协会、桥牌协会及家庭都属于非正式组织。一般而言，非正式组织可以存在于任何一种群体之中，只要群体中的成员对这种组织形式有一定的需求。

非正式组织没有正式组织机构，一般也不具备自觉的共同目标，它产生于与工作有关的联系，并由此形成一定的看法、习惯和准则，是代表一定利益的团体。

7.3.1 非正式组织的基本特征

非正式组织有以下3个基本特征。

1. 自发性

非正式组织中共同的个人行动虽然有时也能达成某种共同的结果，但人们并不是本着有意识的共同目的参与活动的。人们只是由于自然的人际交往，如以某种共同利益、观点和爱好为基础而自发地产生交互行为，由此形成一种未经刻意安排的组织状态。

2. 内聚性

非正式组织虽然没有严格的规章制度来约束其成员的行为，但它通过成员的团队意识、团队固有的规范和压力,以及非正式领导者的说明和影响作用而将人们团结在一起,并产生很强的凝聚力。

3. 不稳定性

由于非正式组织是自发产生、自由结合而成的,因而呈现出不稳定性的特征。非正式组织可以随着人员的变动或新的人际关系的出现而发生改变,从而使其结构表现出动态的特征。

7.3.2 非正式组织与正式组织的关系

任何正式组织中都有非正式组织的存在,两者常常是相伴而存、相促而生的。非正式组织是伴随着正式组织的运转而形成的。在正式组织展开活动的过程中,组织成员必然发生业务上的联系。这种工作上的接触会促进成员之间的相互认识和了解,他们会渐渐发现在其他同事身上也存在一些自己所具有、所欣赏、所喜爱的东西,从而相互吸引和接受,并开始工作以外的联系。频繁的非正式联系又促进了成员之间的相互了解。这样,久而久之,一些正式组织的成员之间的私人关系从相互接受、了解逐步上升为友谊,一些无形的、与正式组织有联系,但又独立于正式组织的小群体便逐渐形成了。这些小群体形成以后,其成员由于工作性质相近、社会地位相当、对一些具体问题的认识基本一致、观点基本相同,或者在性格、业余爱好及感情相投的基础上,产生了一些被大家所接受并遵守的行为规则,从而使原来松散、随机性的群体渐渐成为趋向固定的非正式组织。

形成过程和目的的不同,决定了正式组织和非正式组织的存在条件也不一样。正式组织的活动以成本和效率为主要标准,要求组织成员为了提高活动效率和降低成本而确保形式上的合作,并通过组织成员在活动过程中的表现予以正式的物质与精神的奖励或惩罚来引导其行为。因此,维系正式组织的主要是理性的原则。而非正式组织则主要以感情和融洽的关系为标准,要求其成员遵守共同的不成文的行为规则。不论这些行为规范是如何形成的,非正式组织都有能力迫使其成员自觉或不自觉地遵守。对于那些自觉遵守和维护规范的成员,非正式组织会予以赞许、欢迎和鼓励,而对于那些不愿遵守或违反规定的成员,非正式组织则会通过一些手段予以惩罚。因此,维系非正式组织的主要是接受与欢迎或孤立与排斥等感情上的因素。

由于正式组织与非正式组织的成员是交叉混合的,人们感情的影响在许多情况下要胜于理性的作用。因此,非正式组织的存在必然要对正式组织的活动及其效率产生影响。

正式组织与非正式组织共存于一个统一体内,两者之间既可能是相互排斥的关系,也可能是相互促进的关系。正式组织与非正式组织的相互排斥关系表现在两者的价值准则不同,正式组织受"效率的逻辑"的支配,而非正式组织则为"感情的逻辑"所支配,两者可能会产生冲突。非正式组织在某些情况下,也有利于促进正式组织目标的实现。当非正式组织意识到正式组织的目标符合其利益、愿望和要求时,或正式组织的管理人员得到非正式组织的赞同时,或者非正式组织的领导受到正式组织的重视而愿意协作时,非正式组织就能够促进正式组织目标的实现。

7.3.3 非正式组织的作用

非正式组织的存在及其活动既可对正式组织目标的实现起到积极促进的作用,也可能对正式组织产生消极的影响。

1. 非正式组织的积极作用

1) 可以满足职工的需要

非正式组织是自愿性质的，其成员甚至是无意识地加入进来的。他们之所以愿意成为非正式组织的成员，是因为这类组织可以给其带来某些需要的满足。例如，工作中或作业间的频繁接触及在此基础上产生的友谊，可以帮助人们消除孤独的感觉，满足其"被爱"及"施爱之心于他人"的需要；基于共同的认识或兴趣，对一些共同关心的问题进行谈论甚至争论，可以帮助人们满足"自我表现"的需要；从属于某个非正式组织这个事实本身，可以满足人们"归属"、"安全"的需要等。组织成员的许多心理需要是在非正式组织中得到满足的，这类需要能否得到满足，对人们在工作中的情绪有很大的影响，从而对工作的效率产生非常重要的影响。

2) 增强团队精神

人们在非正式组织中的频繁接触会使相互之间的关系更加和谐、融洽，从而易于产生和加强合作的精神。这种非正式的协作关系和精神如能带到正式组织中来，则无疑有利于促进正式组织的活动协调地进行。

3) 促进组织成员的成长

非正式组织虽然主要是发展一种业余的、非工作性的关系，但是其对成员在正式组织中的工作情况也往往是非常重视的。对于那些工作中的困难者、技术不熟练者，非正式组织中的成员往往会给予自觉的指导和帮助。成员间的这种自觉、善意的帮助，可以促进他们技术水平的提高，从而可以对正式组织起到一定的培训作用，促进组织成员的成长。

4) 非正式组织也是在某种社会环境中存在的

就像对环境的评价会影响个人的行为一样，社会的认可或拒绝也会左右非正式组织的行为。非正式组织为了群体的利益，为了在正式组织中树立良好的形象，往往会自觉或自发地帮助正式组织维护正常的活动秩序。虽然有时也会出现非正式组织的成员犯了错误互相掩饰的情况，但为了不使整个组织在公众中留下不受欢迎的印象，非正式组织对那些严重违反正式组织纪律的成员，通常会根据自己的规范、利用自己特殊的形式予以惩罚。

2. 非正式组织的消极作用

1) 可能与正式组织产生冲突

非正式组织的目标如果与正式组织冲突，则可能对正式组织的工作产生极为不利的影响。例如，正式组织力图利用职工之间的竞赛以达到调动积极性、提高产量与效益的目标，而非正式组织则可能认为竞赛会导致竞争，造成非正式组织成员的不和，从而会抵制竞赛，设法阻碍和破坏竞赛的展开，其结果必然是影响企业竞赛的气氛。

2) 可能束缚组织成员的发展

非正式组织要求成员一致性的压力，往往也会束缚成员的个人发展。有些人虽然有过人的才华和能力，但非正式组织一致性的要求可能不允许其展现出来，从而使个人才智不能得到充分发挥，对组织的贡献不能增加，这样便会影响整个组织工作效率的提高。

3) 可能影响组织的变革

非正式组织的压力还会影响正式组织的变革，发展组织的惰性。这并不是因为所有非正式组织的成员都不希望改革,而是因为其中大部分人害怕变革会改变非正式组织赖以生存的正式组织的结构,从而威胁非正式组织的存在。

7.3.4 正确对待非正式组织

不管承认与否、允许与否、愿意与否,非正式组织总是客观存在的,它对正式组织的正反两方面的作用也是客观存在的。要想有效地实现正式组织的目标,就要求充分发挥非正式组织的积极作用,努力克服和消除非正式组织的不利影响。

1. 允许存在、谋求吻合

利用非正式组织,首先要认识到非正式组织存在的客观必然性和必要性,允许乃至鼓励非正式组织的存在,为非正式组织的形成提供条件,并努力使之与正式组织吻合。例如,正式组织在进行人员配备工作时,可以考虑把性格相投、有共同语言和兴趣的人安排在同一部门或相邻的工作岗位上,使他们有频繁接触的机会,这样就容易使两种组织的成员基本吻合;在正式组织开始运转以后,注意展开一些必要的联欢、茶话、旅游等旨在促进组织成员间感情交流的联谊活动,为成员提供业余活动的场所,在客观上为非正式组织的形成创造条件。

促进非正式组织的形成,有利于正式组织效率的提高。人通常都有社交的需要。如果一个人在工作中或工作之后与别人没有接触的机会,则可能心情烦闷,感觉压抑,对工作不满,从而影响效率。相反,如果能有机会经常与别人交流对某些事情的看法,说出自己生活或工作中的障碍,甚至发发牢骚,那么就容易卸掉精神上的包袱,以轻松、愉快、舒畅的心理状态投身到工作中。

2. 积极引导、不断规范

通过建立和宣传正确的组织文化来影响非正式组织的行为规范,引导非正式组织做出积极的贡献。非正式组织形成以后,正式组织既不能利用行政方法或其他强硬措施来干涉其活动,也不能任其自由,因为这样有产生消极影响的危险,所以对非正式组织的活动应该加以引导。这种引导可以通过借助组织文化的力量、影响非正式组织的行为规范来实现。

许多管理学者在近期的研究中发现,不少组织在管理的结构上并无特殊的优势,但却获得了超常的成功,成功的奥秘在于有一种符合组织性质及其活动特征的组织文化。所谓组织文化,是指被组织成员共同接受的价值观念、工作作风、行为准则等群体意识的总称,属于管理的软件范畴。组织通过有意识地培养、树立和宣传某种文化,来影响成员的工作态度,使成员的个人目标与组织的共同目标尽量吻合,从而引导其自觉地为组织目标的实现积极工作。

如果说合理的结构、严格的等级关系是正式组织的专有特征的话,那么组织文化则有可能被非正式组织所接受。正确的组织文化可以帮助人们树立正确的价值观念和工作与生活的态度,从而有利于产生符合正式组织要求的非正式组织的行为规范。

本 章 小 结

本章主要介绍了组织和组织结构的基本概念和理论,组织结构的设计这两部分内容。在组织和组织结构基本概念和理论这一部分,介绍了有关组织的不同理解、组织的含义、常见的组织类型,以及管理中组织职能的含义、作用。同时,明确了组织的构成要素和组织结构的概念,并详细阐述和分析了组织结构的理论基础,主要包括工作专门化、部门化、命令链、控制跨度、集权与分权、正规化这6个方面。在组织结构设计这一部分,主要介绍了组织设计的任务、组织设计的主要工作和组织设计的原则。同时,介绍和分析了常见的组织结构类型,包括直线制、职能制、直线-职能制等传统的组织结构形式,事业部制、矩阵制、多维组织等现代的组织结构形式。然后从组织战略、组织环境、科学技术、组织发展阶段、组织规模的影响几个方面分析了组织设计的影响因素。最后介绍了非正式组织的基本特征及其作用,以及如何正确对待非正式组织。

名人名言

所谓组织,是一种工具,用以发挥人的长处,中和人的短处,使其无害。

——彼得·德鲁克

人是社会性的动物,只有在集体中才能更好地体现出人的价值,脱离了群体的人是没有任何社会意义的。

——韦伯

凡权力行使的地方,就有责任。

——亨利·法约尔

徒有责任而没有权力,会摧残一个人的自尊。

——M. K.阿什

将合适的人请上车,不合适的人请下车。

——詹姆斯·柯林斯

组织是每一种人群联合为了达到某种共同的目标的形式。

——詹姆斯·穆尼

优秀公司之所以优秀是因为其能把普通人组织起来做出不普通的业绩。

——汤姆·彼得斯

经理人员的任务在于知人善任,提供企业一个平衡、密合的工作组织。

——洛德·凯特寇得

一、复习题

1. 判断题

(1) 组织结构就是组织中正式确定的使工作任务得以分解、组合和协调的框架体系。（   ）
(2) 通过组织结构图,可以清楚地了解组织的部门构成及相互关系。（   ）
(3) 工作专门化是指将组织的职位加以组合,使任务得以协调开展的过程。（   ）
(4) 高层管理者的管理幅度一定比基层管理者的管理幅度大。（   ）
(5) 集权是指决策权相对集中于较低层次的管理者。（   ）
(6) 集权是指决策权在组织层级系统中较高层次上集中。（   ）
(7) 较低层次的管理者自由决策的权利越大、机会越多,组织就越具有分权的特点。（   ）
(8) 较低层次的管理者所做的决策越受到来自于上级的监督,组织就越具有分权的特点。（   ）
(9) 非正式组织是伴随着正式组织的运转而形成的。（   ）
(10) 任何正式组织内都有非正式组织存在。（   ）

第7章 组　织

2. 单选题

(1) 通过工作专门化设立不同职位后,要将这些职位加以组合形成部门,使任务得以协调开展。这句话讲的是(　　)。
　　A．工作专门化　　B．部门化　　C．组织结构设计　　D．组织变革

(2) 将工作任务细分成若干步骤,每个员工完成其中的一个步骤。这句话讲的是(　　)。
　　A．工作专门化　　B．部门化　　C．组织结构设计　　D．组织变革

(3) 将职能相似的岗位组合为一个部门,如生产部、财务部等。这是按照(　　)标准进行的。
　　A．职能部门化　　B．产品部门化　　C．地区部门化　　D．顾客部门化

(4) 根据产品或服务来设置部门,如冰箱事业部、彩电事业部等。这是按照(　　)标准进行的。
　　A．职能部门化　　B．产品部门化　　C．地区部门化　　D．顾客部门化。

(5) 按照地理区域来划分组织的业务活动,如西北销售部、东北销售部等。这是按照(　　)标准进行的。
　　A．职能部门化　　B．产品部门化　　C．地区部门化　　D．顾客部门化

(6) 根据目标顾客的不同利益需求来组合工作,如培训机构根据学员的不同特点划分为口语听力部、写作部等。这是按照(　　)标准进行的。
　　A．职能部门化　　B．产品部门化　　C．地区部门化　　D．顾客部门化

(7) 分工不合理导致工作效率下降,违反了(　　)。
　　A．专业分工与协作相结合的原则　　B．统一指挥原则
　　C．目标可行原则　　D．有效管理幅度原则

(8) 由于存在多头指挥导致工作效率下降,违反了(　　)。
　　A．专业分工与协作相结合的原则　　B．统一指挥原则
　　C．目标可行原则　　D．有效管理幅度原则

(9) 由于高层与基层对组织的目标理解不一样而导致工作效率下降,违反了(　　)。
　　A．专业分工与协作相结合的原则　　B．统一指挥原则
　　C．目标可行原则　　D．有效管理幅度原则

(10) 部门经理由于管理太多的下属分身乏术而出现放羊现象,导致工作效率下降,违反了(　　)。
　　A．专业分工与协作相结合的原则　　B．统一指挥原则
　　C．目标可行原则　　D．有效管理幅度原则

(11) 由于缺乏监督而导致管理者滥用职权从而导致工作效率下降,违反了(　　)。
　　A．权责对等原则　　B．统一指挥原则
　　C．因事设职与因职用人相结合的原则　　D．有效管理幅度原则

(12) 由于裙带关系盛行,使得很多管理者虽然不符合岗位要求依然被安排在重要岗位,从而导致工作效率下降,违反了(　　)。
　　A．权责对等原则　　B．统一指挥原则
　　C．因事设职与因职用人相结合的原则　　D．有效管理幅度原则

(13) (　　)最能够体现专业管理的特点。
　　A．直线制组织结构　　B．职能制组织结构
　　C．直线-职能制组织结构　　D．矩阵制组织结构

(14) (　　)最大的缺点是多头指挥。
　　A．直线制组织结构　　B．职能制组织结构
　　C．直线-职能制组织结构　　D．事业部制组织结构

(15) (　　)最大优点是可以培养大量高级综合管理人才。
　　A．直线制组织结构　　B．职能制组织结构
　　C．直线-职能制组织结构　　D．事业部制组织结构

(16) (　　)是矩阵制组织结构的优点。
   A．容易培养综合型的高级经理人才　　B．资源利用率很高
   C．命令统一　　D．能将专业管理与多种经营结合起来
(17) 以下选项中，除(　　)，都是非正式组织的积极作用。
   A．可以满足职工的需要　　B．增强团队精神
   C．能帮助组织节约费用　　D．促进组织成员的成长
(18) 以下选项中，除(　　)，都是非正式组织的消极作用。
   A．可能与正式组织产生冲突　　B．可能束缚组织成员的发展
   C．可能影响组织变革　　D．影响组织的团队协作
(19) 下列选项中，除(　　)，都是事业部制组织结构的缺点。
   A．容易出现多头指挥　　B．各事业部职能重复，管理费用上升
   C．事业部之间容易发生不良竞争　　D．容易出现过度分权而架空总部

3. 多选题
(1) 组织的构成要素有(　　)
   A．宗旨和目标　　B．人员与职务　　C．组织结构
   D．劳动分工与协作　　E．设备
(2) (　　)可以促进管理者管理幅度的扩大。
   A．下属的能力提高　　B．管理者本身的能力提高
   C．使用现代化的通信、交通设备　　D．任务变得越来越比较复杂
   E．环境基本稳定
(3) (　　)阻碍管理者管理幅度的扩大。
   A．下属能力差　　B．下属工作意愿低
   C．环境复杂且变化莫测　　D．管理者本身缺乏管理经验
   E．任务相对简单
(4) 组织设计的任务有(　　)。
   A．根据组织的性质与特点，进行横向管理部门的划分
   B．设计职务类别与数量，确定管理层级
   C．明确规定各管理职位之间的权责义务关系，选择合适的组织结构形态
   D．确定组织目标
   E．研究组织环境
(5) 直线-职能制组织结构是结合了(　　)两个组织结构的特点而成。
   A．直线制组织结构　　B．矩阵制组织结构
   C．直线-职能制组织结构　　D．事业部制组织结构
   E．职能制组织结构
(6) (　　)是事业部制的优点。
   A．组织可以将多种经营与专业化管理很好地结合起来
   B．以利润为核心，能保证总部稳定的收益
   C．能很好地调动中层管理人员的积极性
   D．命令统一
   E．有利于培养综合型高级经理人才
(7) (　　)是事业部制组织结构的缺点。
   A．对事业部经理要求太高
   B．各事业部职能重复，管理费用上升

C. 事业部之间容易发生不良竞争
D. 容易出现过度分权而架空总部
E. 容易出现多头指挥

(8) 非正式组织具有( )特点。
A. 自发性　　B. 松散性　　C. 内聚性
D. 不稳定性　　E. 规范性

(9) ( )是非正式组织的积极作用。
A. 满足职工的需要　　B. 增强团队精神
C. 促进组织变革　　D. 促进组织成员的成长
E. 有利于节约成本

(10) ( )是非正式组织的消极作用。
A. 可能与正式组织产生冲突　　B. 可能束缚组织成员的发展
C. 可能影响组织的变革　　D. 影响组织的团队协作
E. 增加组织费用

4. 简答题
(1) 组织一般通过哪些标准进行部门化？
(2) 简述组织结构设计的原则。
(3) 简述事业部制组织结构的优点和缺点。
(4) 简述正式组织与非正式组织之间的关系。
(5) 简述非正式组织有哪些积极作用及消极作用。
(6) 组织应该如何正确对待非正式组织？

5. 论述题
(1) 论述组织应如何处理与非正式组织之间的关系。
(2) 论述违背组织结构设计原则是如何影响组织效率的。

二、案例应用分析

明鑫集团调整组织结构

1. 住院

58 岁的江西明鑫企业集团公司总裁江方住进了医院。其实，早在一个多月以前集团卫生所的李大夫就曾向他建议，由于他的心律有点问题，希望他能够去医院治疗与休息一段时间。可集团让江方操心的事情实在太多了，他哪能安心住院呢？江西财经大学驻集团专家组组长林教授前天交来的一份关于明鑫集团兽药厂经营状况的调查材料，引起了江方的高度重视，因为其中专门谈及明鑫集团兽药产业管理体制的改革问题。材料指出：目前集团内兽药产业不景气，兽药厂与发酵制品厂连年亏损，其中一个很重要的原因就是集团内部的兽药产业存在着严重的管理体制问题。如果要从根本上解决兽药产业的亏损问题，就必须彻底改组集团的兽药产业管理体制，调整其管理组织结构，并就此项改革提出了自己的方案。江方认为这份材料分析透彻，很有见地。他觉得，内部管理体制的问题也许并不仅仅存在于兽药产业，或许整个集团公司的管理组织结构都有问题，要使集团明年有较大的起色，调整集团的管理组织结构也许就是一项重要的前提性工作。但是，调整集团的管理组织结构是一件非常复杂的事情，它不仅涉及集团组织机构增减并撤和各机构权责利重新确认的问题，还涉及非常敏感的人事问题。江方最担心的是对集团管理体制动如此大的手术，是否真能达到预期目的，让集团目前停滞不前的经营状况出现明显的改观。他觉得这项工作事关重大，一定要慎重。他必须暂时摆脱总是缠绕在身的繁杂事务，好好静下心来周密地考虑一下这个问题。于是，他决定接受李大夫的建议。早晨，他未去集团上班，只给兼任集团办公室主任的总裁助理老张打了个电话，便让司机将自己送到省医院住院来了。

2. 思索

次日下午，江方坐靠在自己的病榻上，将刚才又重新浏览了一遍的那份专家组材料放在了床头柜上，心中开始回忆起集团的发展情况及集团现行管理组织体系的形成过程。江西明鑫企业集团公司的前身是江西省农业厅下属的国营明鑫生物制药厂，原厂主要生产生物药品、兽药与抗生素原料，效益平平。1986年产值为246万元，利润为31万元。1987年投资建厂生产猪用饲料一举成功，当年实现利润就突破百万元。以后逐年直线上升。1991年实现利润逾1 000万元。1992年6月经省政府批准，建立江西明鑫企业集团公司。1993年经国家审定为国家大型二类企业。集团现有职工1 200余人，产品涉及饲料、兽药、化肥、绿色食品等6个产业，在省内外共有生产经营企业科研机构20余个，自有资产总额达2亿余元，年利润最高时超过4 000万元，是一个集科、工、贸于一身的大型集团公司。1994年集团进入全国企业500强行列，在江西省最大工业企业中排第12位，在我国国有饲料企业中排第1位。这个辉煌发展过程的每一步都凝聚了江方的大量心血。但是进入今年以后，集团的经营却开始出现滑坡，现在已是10月了，集团的效益状况仍然很不理想，集团所属6个产业共十几家企业，除了饲料厂的赢利水平令江方满意外，其他好几个厂的利润都几近为零，最令他头痛的是作为集团第二大厂的兽药厂还存在较严重的亏损。正是为了揭开这个谜，江方在两周前请江西财经大学专家组派人到兽药厂去考察。专家组的同志经过深入调查和研究，认为明鑫兽药产业的管理体制不能适应其发展，必须进行大的改革。这对江方震动很大。受此启发，江方则对自己提出了一个新的问题：整个明鑫集团的管理体制是否也到了应该改革的时候了？客观地说，明鑫集团所采取的管理组织结构确实仍是一种比较简单的直线职能制形式。在这种组织结构下，集团实行的是两级管理，上面是集团总部，下面就是各个工厂、公司或科研所等。工厂、公司、科研所之间的关系是并列的，它们均直属集团总部领导。江方知道，这个体制几乎就是从过去明鑫生物制药厂时期沿用过来的。不同的只是厂部变成了集团总部，车间经过注册后成了法人企业。集团的所有下属企业充其量都只能算是利润中心，它们只负责产品生产与销售，完成总部下达的生产销售任务和利润(或减亏)指标，而在财务、劳动人事、固定资产与技术等无形资产的管理方面，均无任何自主权。此外，它们还要分担总部的全部费用。不过外地的子公司与联营厂的经营自主权要大得多，与分布在总部附近的集团直属企业单位相比较，它们在财务、劳动人事及固定资产处理等方面都拥有较大的自主权。这种简单的管理组织结构有其优点，其中最为突出的就是有利于集团对下属各个单位的有效控制，另外也有一定的适用性。因为在集团内部的各个工业企业中，只有发酵制品厂是完全为本集团内兽药厂、生物药厂、饲料厂(有时也为食品厂)生产相关发酵制品，它们之间在生产经营上存在着内在的紧密联系。而其他各厂在生产经营上都是独立的，彼此很少有生产经营联系与协作，就是包装编织袋厂与饲料厂之间也是如此。如果不是集团强调饲料厂只能使用本集团生产的编织袋，那么它们两家在生产经营上也是完全独立的，所以让所有企业都直属集团总部领导，在一定情况下也是可行的。但是它也存在许多不足，如不能适应产业差别和产品市场差别较大的企业集团内部实行专业化管理的要求等。当然，对于专家组的那份材料，江方也有一些不同看法。他认为，在管理组织结构上，集团的饲料产业其实也和兽药产业是一样的，但饲料厂并未因此亏损，反而成为集团的赢利大户，并使饲料产业成为集团的主导产业。为何如此？关键是在饲料产业中，饲料厂与饲料批发市场的关系不同。在饲料产业中，集团所属各饲料厂的产品都可在集团饲料批发市场销售，但这只占各厂产品销售量的很少一部分。每个饲料厂都不依赖集团饲料批发市场，它们都有自己的销售渠道网络，且大部分产品都是通过这个网络出售的。兽药产业则不同，集团中几个兽药厂的产品都全部集中于兽药批发市场销售。集团的饲料批发市场仅仅是集团饲料产业直接面对市场的一个窗口，而兽药批发市场则成为集团兽药产业所有产品通向市场的唯一大门。各兽药厂均未寻求自己的其他销售渠道。他知道，集团兽药产品的这种销售模式是自己当初决定的，这也许是自己当初决策的一次失误。另外，也有一个问题江方还把握不准，那就是那份材料提出的集团兽药产业管理体制改革模式。那份材料建议把原集团的生物药厂、发酵制品厂、兽药厂和兽药批发市场联合起来组建成兽药总公司，兽药总公司作为独立的经济实体直接归属集团总部领导。生物药厂、发酵制品厂、兽药厂等均不再作为独立的经济实体，而只作为兽药总公司的下属分部等。按照这个方案，总公司可能还要进行工商注册。而生物药厂、发酵制品厂、兽药厂和兽药批发市

4家法人企业,如取消它们的独立的经济实体地位就意味着要将它们注销。否则,它们作为法定的经济实体和纳税人就必须是独立的经济实体。如果整个集团都按材料提出的这种模式来改革,就可能意味着集团现有的十几个二级法人企业都将注销。这样做,下面的企业,尤其是饲料厂的员工未必愿意。当然,自己也可能不很情愿。想到此,江方无奈地摇了摇头。

3. 决策

经过3天的思考,江方最后认为,集团的管理组织结构必须进行调整,且在反复斟酌后确定了这次调整的4条基本原则:第一,管理组织结构的调整应该涉及整个集团,而不应仅仅包括兽药产业。第二,外地、外省的子公司、联营厂与集团之间的关系是否也包括在这次调整范围之内,视最后方案情况而定,如方案可行则把它们纳入调整范围;如方案尚有不足或大家意见较大,则将其暂搁一边,待方案实施完善后再进行考核。第三,调整后的集团管理组织结构必须有利于提高管理效率和各种信息传递与反馈,有利于明确各部门、各单位的责任、权限与分工协作关系,能够充分调动集团、企业等各方面生产经营的积极性与创造性。第四,调整后的集团管理组织结构必须能够明显地改善集团管理目前存在的各种缺陷,使整个集团能有效地组织自己的各项生产经营活动,各个企业单位以后的减亏增盈工作能够取得突出的成效。有关集团管理组织结构调整的具体方案,江方准备在认真听取各副总、各企业主要负责人和公司聘请的有关专家、教授的意见以后再确定。

问题:

(1) 明鑫企业集团的管理组织结构属于哪种类型?它具有哪些优点?又存在哪些不足?为什么?

(2) 作为一个企业集团一般应采取什么样的管理组织结构形式?为什么?

(3) 明鑫企业集团是否有必要在总部与工厂之间加一个"总公司"层次?为什么?

(4) 根据案例资料为明鑫集团总裁江方先生设计一个新的明鑫集团管理组织结构框架图,并阐述设计思想。

 阅读材料

美国西南航空公司

美国西南航空公司创建于1971年,当时只有少量顾客、几包袋和一小群焦急不安的员工,现在已成为美国第六大航空公司,拥有1.8万名员工,服务范围已横跨美国22个州的45个大城市。

1. 总裁用爱心管理公司

现任公司总裁和董事长的赫伯·凯勒是一位传奇式的创办人,他用LUV建立了这家公司。LUV说明了公司总部设在达拉斯的友爱机场,也是在纽约上市股票的标志,又是美国西南航空公司的精神。这种精神从公司总部一直感染到公司的门卫、地勤人员。当踏进美国西南航空公司总部大门时,你就会感受到一种特殊的气氛。一个巨大的、敞顶的3层楼高的门厅内,展示着公司历史上值得纪念的事件。当你穿越欢迎区域,进入把办公室分列两侧的长走廊时,你就会沉浸在公司为员工举行庆祝活动的气氛中——布置着有数百幅配有相框的图案,镶嵌着成千上万张员工的照片,歌颂内容有公司主办的晚会和集体活动、垒球队、社区节目及万圣节、复活节。早期员工的一些艺术品,连墙面和油画也巧妙地穿插在无数图案中。

2. 公司处处是欢乐和奖品

你到处可以看到奖品,饰板上用签条标明心中的英雄奖、基蒂霍克奖、精神胜利奖、总统奖和幽默奖(这张奖状当然是倒挂着的),并写上了受奖人的名字。你甚至还可以看到当月顾客奖。

当员工轻松地迈步穿越大厅过道,前往自己的工作岗位时,到处洋溢着微笑和欢乐,谈论着"好得不能再好的服务"、"男女英雄"和"爱心"等。公司制定的"三句话训示"挂满了整个建筑物,最后一行写着:"总之,员工在公司内部将得到同样的关心、尊敬和爱护,也正是公司盼望他们能和外面的每一个顾客共同分享。"

这里有西南航空公司保持爱心精神的具体事例:在总部办公室内,每月进行一次空气过滤,饮用水不断循环流动，纯净得和瓶装水一样。

节日比赛丰富多彩。情人节那天有最高级的服装，复活节有装饰考究的节日彩蛋，还有女帽竞赛，当然还有万圣节竞赛。每年一度规模盛大的万圣节到来时，总部大楼全部开放，让员工的家属及附近的小学生都参加"恶作剧或给点心"游戏。公司专为后勤人员设立心中的英雄奖，其获得者可以把本部门的名称用油漆刷在指定的飞机上作为荣誉，为期一年。

3. 透明式的管理

如果你要见总裁，只要他在办公室，你可以直接进去，不用通报，也没有人会对你说："不，你不能见他。"

每年举行两次"新员工午餐会"，领导和新员工直接见面，保持公开联系。领导向新员工提些问题，如"你认为公司应该为你做的事情都做到了吗？"、"我们怎样做才能做得更好些？"、"我们怎样才能把西南航空公司办得更好些？"员工的每项建议在 30 天内必能得到答复。一些关键的数据，包括每月载客人数、公司季度财务报表等员工都能知道。

"一线座谈会"是一个全日性的会议，是专为那些在公司里已工作了 10 年以上的员工而设的。会上副总裁对自己管辖的部门先做概括介绍，然后公开讨论。题目有"你对西南航空公司的感觉怎样？"、"我们应该怎样使你不断前进并保持动力和热情？"、"我能回答你一些什么问题？"

4. 领导是朋友又是亲人

当你看到一张赫伯和员工一起拍的照片时，他从不站在主要地方，总是在群众当中。赫伯要每个员工知道他不过是众员工之一，是企业合伙人之一。上层经理每季度必须有一天参加第一线实际工作，担任订票员、售票员或行李搬运工等。"行走-英里计划"安排员工每年一天去其他营业区工作，以了解不同营业区的情况。旅游鼓励了所有员工参加这项活动。

为让员工对学习公司财务情况更感兴趣，美国西南航空公司每 12 周给每位员工寄去一份"测验卡"，其中有一系列财务上的问句，答案可在同一周的员工手册上找到。凡填写"测验卡"并寄回全部答案的员工都登记在册，有可能得到免费旅游的奖励。

这种爱心精神在美国西南航空公司内部闪闪发光，正是依靠这种爱心精神，当整个行业在赤字中跋涉时，他们连续 22 年有利润，创造了全行业个人生产率的最高纪录。1999 年有 16 万人前来申请工作，人员调动率特别低，国家运输部连续 3 年授予美国西南航空公司"三皇冠"奖，表彰其在航班准时、处理行李无误和客户意见最少这 3 方面取得的最佳成绩。

第 8 章 领 导

教学目标

通过本章的学习,了解领导的概念、领导特质理论;熟悉领导与管理的区别、领导的作用、领导的权力构成和3种典型的领导行为理论;掌握四分图理论、管理方格理论、费德勒模型、领导生命周期理论。

教学要求

知识要点	能力要求	相关知识
领导的概念	(1) 领导概念的理解能力 (2) 领导作用的理解能力	领导、领导的作用
领导的权力构成	领导权力构成的理解、分析能力	领导权力构成
领导特质理论	(1) 特质理论的理解能力 (2) 特质理论的运用能力	(1) 西方早期领导特质理论 (2) 现代领导者的素质理论
领导行为理论	(1) 领导行为理论的理解、分析能力 (2) 3种理论之间的递进关系分析能力	(1) 勒温的3种典型领导行为理论 (2) 四分图理论 (3) 布莱克和莫顿的管理方格理论
领导权变理论	领导生命周期理论的实际运用和分析能力	(1) 菲德勒模型 (2) 赫塞和布兰查德的领导生命周期理论

> 真正的领导者不是要事必躬亲,而在于他要指出路来。
> ——米勒

基本概念

领导 领导的权力 领导特质理论 领导行为理论 领导权变理论 3种典型领导行为理论 四分图理论 管理方格理论 菲德勒模型 领导生命周期理论

 导入案例

刘邦的感悟

刘邦在打败项羽的庆功宴会上向群臣提问："我为什么能得天下？"群臣各抒己见，可刘邦均不满意。后来刘邦解释说："运筹帷幄，我不如张良；决胜于千里之外，我不如韩信；筹集粮草银饷，我不如萧何；而他们都被我所用，这就是我得天下的原因。"

点评：领导的核心是用人。

毛泽东同志曾指出，领导者的责任归纳起来主要是出主意、用干部两件事。这里的用干部即用人之意。一个领导者各方面的才能并不一定都要高于下属，但用人方面的才能一定要出类拔萃。知人善任是领导者成功的一个关键因素。

8.1 领导概述

一个组织通过环境研究，找到组织发展的目标，并把目标写入计划中，然后组织各种资源去实现这一目标。但是组织是由很多人组成的，组织的高层明白组织的战略目标，但更多的中下层员工未必完全了解组织目标，这时就需要管理者扮演"指路人"的角色，告诉下属未来活动的方向。这就是管理的第三个职能——领导。领导职能是保证组织的计划目标顺利实现的重要手段之一。

8.1.1 领导的概念

领导一词通常有两种含义，一是作为名词，指领导者，即组织中确定和实现组织目标的首领。斯蒂芬·罗宾斯认为"那些能够影响他人并拥有管理权力的人就是领导"。领导者有两种类型，一种是居于职位上，组织正式赋予其权力，确定和实现组织目标的人；另一种是并不居于职位上，但实实在在能影响别人的人。二是作为动词，是把领导作为一项管理工作、管理职能，通过该项职能的行使，领导者能促成被领导者努力地实现既定的组织目标。这就是管理者的领导职能，本章所说的领导是指后一种含义。

 特别提示

领导的"领"是带领的意思，"导"是引导、指导的意思，而带领、引导、指导都是告诉别人方向的意思。因此，领导的含义就是告诉别人方向。

国外学者对领导含义的理解并不统一。

彭宁顿、霍夫和凯西认为"领导是通过命令获取他人顺从、信赖、尊重和忠诚合作的方式，是把个人意志加于他人的艺术"。

巴斯认为"领导是组织内部两个或两个以上的人之间的相互作用，这种相互作用通常会涉及建立或重建一种构架，以及组织成员的意见和期望"。

皮格思认为"领导是相互刺激的过程，这个过程通过有关个体差异的相互作用在追求共同事业过程中控制人际能量"。

斯托克迪尔认为"领导是基于期望相互作用来开创和维持组织结构的角色"。

纽曼和萨默认为"领导是指管理人员个人积极地与下属共同进行工作,以指导和激励下属的行为,使其能符合既定的计划和职务;了解下属的感情及下属在按计划行动时所面临的各种问题"。

孔茨认为"领导是一种影响力,它是影响人们心甘情愿地和满怀热情地为实现群体目标努力的艺术和过程"。

本书认为,领导是指为了实现组织的目标,领导者依靠影响力,对被领导者或追随者进行指挥、协调、激励的活动和艺术。这个含义包含以下几个方面。

(1) 领导的目的是为了实现组织的目标。领导的根本目的在于通过影响被领导者或追随者为实现组织的目标而努力。不能为领导而领导。

(2) 领导包含领导者和被领导者两个方面。领导者是领导的主体,被领导者是领导者工作的对象,而领导是领导者和被领导者之间的一种关系。没有被领导者,领导也无从谈起。

(3) 领导的基础是领导者的影响力。领导者的影响力可能来自于职位,也可能来自于职位之外的因素,如个人影响力。而被领导者之所以愿意受领导者影响,要么是屈从于领导者职位的压力,要么是感召于领导者个人的影响力。

(4) 领导是一种活动,这个活动包括指挥、协调、激励被领导者,以实现组织目标的过程。

8.1.2 领导与管理

组织中的活动有两种:操作和管理,与此相对应,组织中的人也分为两类:操作者和管理者。但这里所说的领导者与管理者不是一个概念,很多人把领导与管理、领导者与管理者混为一谈,事实上两者之间有明显的区别。综合国内外学者对于两者差异的研究,领导与管理的区别可以归纳为表 8-1 中的几个方面。

表 8-1 领导与管理的区别

方　面	领　导	管　理
产生方式	正式任命、自发产生	正式任命
工作对象	人	人、才、物、信息
职能	激励、指导、沟通	计划、组织、领导、控制
影响别人的方式	正式或非正式权威的影响力	正式权威的影响力
所处理的问题	建立远景、制定策略	制订计划和预算
思维特点	感性、直觉、冒险、创造	理性、规范、程序、安全
目标	通过变化和运动谋求效率	通过秩序和一致谋求效率

领导者和管理者也有区别。领导者不一定是管理者,管理者也不一定是领导者。两者分离的原因在于,管理者的本质是依赖被组织任命而拥有某种职位所赋予的合法权利而进行管理,其影响力来自职位所赋予的正式权力,管理者存在于正式组织中;领导者的本质是被领导者的追随和服从,它完全取决于追随者的意愿,而不一定取决于领导者的职位与合法的权力。管理者是以理性为原则的,而领导者是以情感为纽带的。管理者的权力范围仅限于正式组织中职位所圈定的部门范围,而领导者的影响面常常打破部门界限。现实组

织中，有些管理者拥有显赫的职位，但却不具有影响下属的能力，他不是真正的领导者；而有些人可能并没有正式的职位，但却能实实在在地对其他人产生影响力，其他人发自内心的愿意追随他，他是真正的领导者。为了提高组织效率，组织应该把每个管理者培养成领导者，尽可能选择领导者来承担管理工作或合理利用这些人的影响力。

特别提示

优秀的管理者，必定也是领导者，既有职位，又能实实在在地影响别人。

8.1.3 领导者的作用

在组织管理活动中，领导者的作用体现在 3 个方面：指挥、协调和激励。

1. 指挥作用

所谓指挥，是指为别人指明活动的方向。组织是由很多人组成的，但组织又具有统一的目标，统一的目标要求组织中的成员要尽可能步调一致地朝着目标前进，但由于种种原因并不是所有人都了解组织的目标。此时需要领导者作为带头人向其追随者指明组织目标的方向，并引导他们前进，保证每个人都能沿着正确的方向前进。

2. 协调作用

组织成员虽然明确了活动的方向，但不同的人对目标的理解不同、对技术的掌握不同、能力大小不同、工作态度不同、对客观情况的认识不同，加上个人的知识、信念等方面的差异，人们在思想上发生分歧、行动上出现偏离目标的现象不可避免。因此，领导者需要利用自己的影响力统一思想、协调关系，保证组织团队能步调一致地朝着组织的目标前进。

3. 激励作用

组织成员即便明确了组织的目标，即便团结一致，组织在现实中也经常会出现整个部门效率下降，或者一段时间内整个组织员工情绪低落，此时需要领导者发挥激励的作用。领导者的激励作用在于能够给追随者有效地激励，使员工保持旺盛的工作积极性而不衰落。领导者要激励员工，就需要与员工充分沟通，了解员工的真正需求，然后通过物质、非物质的激励因素去满足员工的需求，从而激发员工的工作积极性，使员工最后以最大的努力自觉地为实现组织的目标而奋斗，而且员工也愿意追随、拥戴能给自己激励的领导者。

8.1.4 领导者的影响力构成

领导者之所以能影响别人，是因为领导者拥有能够让别人愿意追随他的一种影响力。一个人如果能够提供或剥夺他人想要却无法从其他途径获得之物，此人就拥有影响别人的权力。领导者通过手中的权力来奖勤罚懒，使整个组织或群体都明白奖罚的原因，以形成一种价值导向，从而建立起领导者所希望的行为模式。在一个组织内，领导者的权力大致来源于以下几个方面。

第8章 领导

特别提示

甲要对乙具有影响力,要求具备3个条件:有一种资源甲有而乙没有;这种资源对乙是非常重要的;对乙而言这种资源是稀有的。

1. 法定权力

法定权力(legitimate power)也称职位权力,是指个人在组织中的职务和地位。领导者凭借组织所授予的职位所带来的强制别人的力量,可以左右被领导者的行为、处境,甚至前途、命运,并使被领导者产生敬畏感。领导者的职位越高、权力越大,别人对他的敬畏感也越强,其影响力也就越大。

2. 奖赏权力

奖赏权力(reward power)是决定提供还是取消奖励、报酬的权力。奖赏权力来源于被领导者期望奖励的心理,即被领导者感觉到领导者能奖赏自己,这些奖赏能满足他的某些需要,因而愿意追随和服从领导者。奖赏的目的是激励下属,而激励的起点是员工为了满足需要。因此,要很好地激励追随者,要求领导者必须通过沟通确切地了解追随者的需要,并有针对性地奖励他们,才能取得良好的领导效果。

3. 惩罚权力

惩罚权力(coercive power)是指通过精神上或物质上的威胁,强迫别人服从的一种权力。从心理学的角度看,惩罚之所以能起到作用,实际上是利用人们对惩罚和失去既得利益的恐慌心理而影响和改变人们的态度和行为。这些权力对那些意识到不服从命令就会受到惩罚或者承担其他不良后果的追随者的影响力是最大的。需要注意的是,惩罚权力操作不好是有负面作用的,即很容易引起被惩罚者的不满、怨恨,甚至对领导者打击报复,需要慎重使用。

4. 专长权力

专长权力(expert power)是指领导者具有各种专门的知识和特殊的技能或者学识渊博而获得他人的尊重和佩服,从而在各项工作中显示出在学术上或专业上一言九鼎的影响力。例如,技术专家、经验丰富的老员工、学术权威者等都在自己的专长领域对别人有相当的影响力。需要注意的是,这种影响力的影响基础一般是非常狭窄的,仅限于专业领域,而且要成为某个领域的专家,需要漫长的学习和积累。同时专长权力很容易被后起之秀所挑战,这就要求领导者要不停地学习,才有可能保持专家的地位。

5. 参照权力

参照权力(referent power)也称感召权力,是指由于领导者优良的领导作风、思想水平、职业道德等人格魅力,而在组织成员中树立起来的德高望重的影响力。这种影响力是建立在他人对领导者认可的基础之上的,这种认可也许与职位、知识、能力没有关系,但是与品德、思想、作风有关,它通常与有超凡魅力或声名卓著的领导者相联系。这种影响力对他人的作用是通过潜移默化而变成被领导者的内驱力来实现的。赢得被领导者发自内心的信任、支持和尊重,对被领导者的影响和激励作用不仅很大,而且持续时间很长。

也有学者将前3种影响力即法定权力、奖赏权力、惩罚权力称为与职位相关的影响力,而把后两种即专长权力和参照权力称为非职位影响力。

 知识链接

韦伯认为,组织中的权力有3种形式:合理-合法的权力、传统的权力和超凡的权力。

8.2 领导理论

领导者是一个组织中的关键人物,对于组织目标的实现起着决定性作用。那么,什么样的人能够成为领导者?领导者与其他人有什么不同?有效的领导者应具备什么样的素质?领导者的素质理论就是研究这些问题的理论。

8.2.1 领导特质理论

1. 西方早期领导特质理论

如果询问走在大街上的普通人,他们心目中的领导者应该是什么样的,可能会得到一系列的品质特征,如智慧、热情、正直、自信、公正等。这些回答反映出的是领导特质理论的本质。领导者特质理论寻求的是区分领导者与非领导者的特质或特性。

20世纪30年代以前,西方的一些管理学家一直把领导者个人品质特征作为描述和预测其领导成效的因素,他们对领导者的探索着重于探索有效领导者和无效领导者之间、高层领导者与基层领导者之间的个人品质差异。有的甚至认为,领导者的品质与生俱来,领导者是天生的"伟人",不具有领导才能的人,就不能成为有效的领导者。因此,这一时期的特质理论又称"伟人论",这一理论的研究者的观点也不尽相同。

吉布的研究认为,天才的领导者应具备下列品质:善言、外表潇洒、智力过人、具有自信心、心理健康、较强的支配欲、外向而敏感。

斯托格迪尔比较了成功的领导者与被领导者之间的差异,认为领导者有自信、毅力顽强、社会心和责任心强。

本书将众多学者的研究成果进行总结,从以下4个方面归纳出了领导者的特质。

1) 人格特质

领导者表现出具有信心、主动、积极、外向、坚毅、勇敢、热忱、正直、高度投入,以及努力、有领导欲望、乐观、有教养等内在人格特质。

2) 社会特质

领导者表现出具有待人技巧高、富有同情心、能体谅及关怀别人、情商高、出身背景良好等社会性特质。

3) 生理特质

领导者具有身高较高、仪表出众、穿着贴切、精力旺盛等外在表征。

4) 智力特质

领导者具有聪明、教育程度高、知识渊博、独立思考能力强等理性特质。

领导者特质理论认为，领导者是天生的，这受到越来越多的人的怀疑和否定，但是，领导者特质理论所描述的一些领导者应具备的素质对人们进行自我培训、提升领导素质还是有一定的积极作用的。

 管理故事

你的决定灭了谁

朋友手拿一份报纸说让我做一个小测验，我欣然同意了。问题一：如果你知道有一个女人怀孕了，她已经生了8个小孩，其中有3个耳朵听不见，两个眼睛看不见，一个智能不足，而这个女人自己又有梅毒，请问，你会建议她堕胎吗？我刚要回答，朋友制止了我，又问我第二个问题。问题二：现在要选举一名领袖，而你这一票很关键。下面是关于这3位候选人的一些事实。候选人A：跟一些不诚实的政客有往来，而且会咨询占星学家，他有婚外情，喜欢抽烟，每天喝8～10杯的马丁尼。候选人B：他过去有两次被解雇的记录，睡觉睡到中午才起来，大学时吸过鸦片，而且每天傍晚会喝一夸特(1夸特＝946毫升)的威士忌。候选人C：他是一位受勋的战争英雄，素食主义者，不抽烟，只偶尔喝一点啤酒，从没有发生过婚外情。请问你会在这些候选人中选哪一个？

朋友让我把答案写在纸上，然后告诉我说：候选人A是富兰克林·罗斯福，候选人B是温斯顿·丘吉尔，候选人C是阿道夫·希特勒。我听了答案后惊讶地张大了嘴巴。朋友表情凝重地问我：你是不是为世界人民选择了希特勒？那你会建议这位妇女堕胎吗？我说：这个问题不用考虑，我们受计划生育优生优育教育多年，我建议她堕胎。朋友说：你杀了贝多芬，她是贝多芬的母亲。我又一次吃惊地张大了嘴巴。朋友说：吓一跳吧？本来你认为很好、很人道主义的答案，结果却扼杀了贝多芬、创造了希特勒。最后朋友总结道：所以不要用既定的价值观来思考事物。我抓过朋友手中的报纸，原来真是一个测验题，题目是《你的决定灭了谁》。这样的结果，真的很令人错愕！我们认为有好品格的人不一定是一个贤君，而我们所认为的伟人也不一定是品格高尚的人，这值得我们深思……

2. 现代领导者的素质理论

20世纪70年代以来，国外一些学者在对领导者的素质进行研究时，虽然否定了领导特质理论的观点，但他们认为有效的领导者必须具备一定的素质，只不过这些素质不是天生的，而是在实践中逐步形成和积累起来的，可以通过教育进行培养。此外，选择领导者需要有明确的标准，对领导者的选用和培训也需要有具体的方向和内容。比较有代表性的观点有以下几个。

1) 德鲁克的观点

管理大师德鲁克认为，一个有效的领导者，必须具有以下5个习惯。

(1) 要善于处理和利用自己的时间，把认清自己的时间花在什么地方作为起点。

(2) 注重贡献，确定自己的努力方向。

(3) 善于发现和利用人之所长，包括自己的、上级的和下级的长处。

(4) 能分清工作的主次，集中精力于少数主要的领域。

(5) 能做有效的决策，知道一个有效的决策必是在"议论纷纷"的基础上做出的判断，而不是在"众口一词"的基础上产生的。

2) 鲍莫尔的"十大条件"论

美国普林斯顿大学教授鲍莫尔提出了企业领导人应具备的"十大条件"论。这十大条件是合作精神、决策能力、组织能力、精于授权、善于应变、敢于创新、勇于负责、敢担风险、尊重他人、品德高尚。

3) 日本企业界的"双十"论

日本企业界将领导者的素质归结为十项品德和十项能力。

十项品德包括使命感、责任感、信赖感、积极性、忠诚老实、进取心、忍耐心、公平、热情和勇气。十项能力包括思维决定能力、规划能力、判断能力、创造能力、洞察能力、劝说能力、理解人的能力、解决问题的能力、培养下级的能力和调动积极性的能力。

不同的研究者对领导者素质的描述各不相同,那是因为领导者的素质不是天生的,必须是在社会实践中逐步培养锻炼形成的。对领导者素质的要求不是一个静态的活动,而是同领导者所处的环境相关,它必须适应时代的要求。因此,必须根据时代的要求,努力培养锻炼自己的领导素质。

特别提示

领导特质理论系统地分析了领导者所应具备的能力、品德和为人处世的方式,向领导者提出了希望和要求,对组织选择、培养和考核领导者提供了帮助。但领导者特质理论不能回答这样的问题:为什么同一个人领导的效率时高时低?按照领导者特质理论,只要具有了优秀领导者所应该具有的特质,其领导效率就应该很高,但现实中这样的例子很多,如史玉柱做巨人汉卡和保健品都很成功,为什么巨人大厦夭折了?这些问题用领导者特质理论是解释不清楚的。那就是说,在影响领导者领导效率高低的因素中,除了特质以外,一定有其他的因素。这些因素是什么?就是接下来要介绍的领导行为理论和领导权变理论。

8.2.2 领导行为理论

从 20 世纪 40 年代开始,许多研究者将目光转向具体的领导者所表现出来的行为上,因而被称为领导行为理论。这种理论主要研究什么样的行为是最有效的领导行为,并研究各种领导行为对下属的影响,以期寻找最有效的领导行为,并认为有效的领导行为与无效的领导行为有很大的区别,有效的领导行为在任何环境中都是有效的。有关领导行为方面的理论最有代表性的有 3 种典型的领导行为理论、四分图理论、管理方格理论。

1. 3 种典型的领导行为理论

美国社会心理学家勒温把领导者在领导过程中表现出来的极端的工作作风分为 3 种类型:专制型、民主型和自由放任型。

知识链接

库尔特·勒温(1890—1947)是德裔美国心理学家、拓扑心理学的创始人、实验社会心理学的先驱、格式塔心理学的后期代表人、传播学的奠基人之一。1890 年勒温生于德国普鲁士的波森省莫吉尔诺乡村(今在波兰)的一个中产阶级犹太家庭。勒温 1910 年开始攻读心理学哲学博士,1914 年完成博士生必修课,此时正逢第一次世界大战爆发,直到 1916 年他才获得博士学位。1921 年他成为柏林大学心理学研究所的研究人员,1922 年任讲师,1927 年晋升为教授。他 1933 年从德国来到美国定居,1940 年成为美国公民,1944 年受聘到麻省理工学院任教,并担任由他创办的群体动力学研究中心的主任。1947 年 2 月 12 日,他因心脏衰竭于马萨诸塞州纽顿维尔突然逝世,终年 56 岁。勒温对现代心理学,特别是社会心理学,在理论与实践上都有巨大的贡献。

1) 专制型领导

专制型领导又称独裁专断型领导。这种类型是指领导者个人决定一切，所有的政策、步骤、工作分配、奖惩等均由领导者单独决定，并要求下属绝对服从和执行，领导者就像拥有全部职权的大家长、独裁者。

2) 民主型领导

民主型领导是指领导者针对有关决策同下属磋商，集思广益，经群体讨论后再做决定。领导者采取鼓励及协商的态度，员工间可相互交流，领导者与被领导者共享职权。

3) 自由放任式领导

自由放任式领导是指领导者极少运用其权力，放手不管，工作进行情况全由各人自行负责。领导者仅提供资料及信息，并不主动干涉，也即如老子所说的"无为而治"的领导方式。职权虽为领导者拥有，但领导者可以完全授权甚至弃权。

不同的领导或管理方式对群体凝聚力和士气有不同的影响。勒温于1939年做了一次实验，比较专制、民主、自由放任这3种管理方式下各实验小组的效率与群体氛围。结果表明：在专制型领导团队中，团队成员对领导者服从，但表现自我或引人注目的行为多，而在民主型领导团队中，彼此以工作为中心的接触多；在专制型团队中，团队成员攻击性言论很多，而在民主型团队中彼此则比较友好；专制型团队中的成员以"我"为中心，而民主型团队中"我们"的使用频率要远远高于"我"的使用频率；当遇到工作挫折时，专制型团队彼此推卸责任或进行人身攻击，民主型团队则团结一致，努力解决问题；当领导不在现场时，专制型团队工作动机大大降低，也无人组织作业，民主型团队则像领导在场一样继续工作；专制型团队成员对团队活动缺乏满足感，而民主型团队中成员对团队活动有较高的满足感。

最后，勒温得出结论：在放任型领导风格下，工作效率最低；在专制型领导风格下，虽然通过严格管理使员工达到工作目标，但员工普遍会情绪低落、态度消极；在民主型领导风格下，工作效率最高。

2. 四分图理论

四分图理论是由美国的一些领导行为研究学者提出来的。其中最有名的有俄亥俄州立大学根据关怀及规定的高低而绘制的领导行为坐标，以及密歇根大学根据体恤及主动结构的高低而绘制的领导行为坐标。他们认为，3种典型领导行为理论从一个维度来研究领导行为是不妥的，应该从两个维度，即领导者对员工的关心程度和对工作的关心程度来分析领导者的领导风格。

 特别提示

管理是一门科学，只要目标一致、研究方法类似，结果基本一致，四分图理论的诞生就充分证明了这一点：两个学校完全独立地研究，结果却惊人得相似。

关怀和体恤是一种关系导向型领导行为，即重视人际关系的领导行为。此导向型的领导者重视组织氛围和信息交流，主要表现在以员工为中心，关心员工，非常尊重员工的感受，让员工觉得受重视，加强与员工的交流、沟通，鼓励员工参与决策等方面。一些典型的说法，如"领导者能找出时间听取群体成员的意见"、"领导者能注意照顾组织成员的个人福利"、"领导者平易近人和蔼可亲"等。领导者对下属的关怀、体恤程度可以分为两种：关怀、体恤程度高与关怀、体恤程度低。

规定和主动结构是一种工作导向型领导行为，即重视组织任务和组织目标实现的领导行为。此导向型的领导者重视组织设计、规章制度、责权关系，主要表现在关心生产，以工作为中心，注重工作的组织和计划、规定成员的工作职责、建立明确的信息沟通渠道和工作程序等方面。一些典型的说法，如"领导者安排好要做的工作进度计划"、"领导者制定好考核绩效的明确标准"、"领导者要求组织成员遵守有关规章制度"等。领导者对工作的关心程度也可以分为两种：对工作关心程度高和对工作关心程度低。

这两类因素的具体组合就构成了4种领导行为，如图8.1所示。

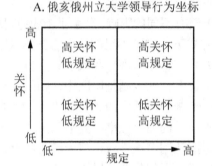
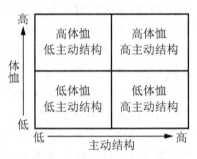

图8.1 两个学校不同的领导行为四分图

事实上，这两个大学的研究成果是完全一样的，即从两个维度来研究领导者的行为，一个维度是领导者对员工的关心程度，如果领导者对员工高度关怀，则称之为高关怀的领导风格，如果领导者对员工漠不关心，则称之为低关怀的领导风格；另一个维度是领导者对工作的关心程度，如果领导者对工作高度关怀，则称之为高工作的领导风格，如果领导者对工作漠不关心，则称之为低工作的领导风格。这样，就把领导者的领导风格分为4种，即高关怀、高工作，高关怀、低工作，低关怀、高工作，低关怀、低工作，如图8.2所示。

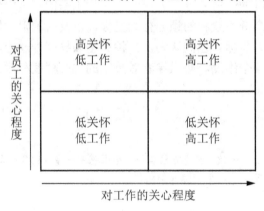

图8.2 整合以后的领导行为四分图

1) 高关怀、高工作型领导者

高关怀、高工作型领导者注重严格执行规章制度、建立良好的工作秩序和责任制，同时也重视人际关系，关心爱护下属，经常与下属交流信息，想方设法调动下属的积极性，在下属心目中可敬可亲。这是一种相对高效成功的领导者类型。

2) 高关怀、低工作型领导者

高关怀、低工作型领导者重视人际关系，但不采用严格的控制方式，所以组织内规章制度不严格、工作秩序不佳。这是一种相对仁慈的领导者类型。

3) 低关怀、高工作型领导者

低关怀、高工作型领导者注意严格执行规章制度，建立良好的工作秩序和责任制，但是不注意关心爱护下属，不与下属交流信息，与下属关系不融洽。这是一个相对严厉的领导者类型。

4) 低关怀、低工作型领导者

低关怀、低工作型领导者不注意关心爱护下属，不与下属交流信息，与下属不融洽，而且也不注意执行规章制度，工作无序，效率低下。这是一个相对无能、不合格的领导者。

四分图理论得出的结论：员工导向的领导与高群体生产率和高工作满意度成正相关；工作导向的领导与低群体生产率和低工作满意度联系在一起。具体而言，在高关怀、高工作型领导风格下，工作效率高，员工满意度高，它是效率最高的领导风格；在高关怀、低工作型领导风格下，员工之间非常融洽，员工满意度比较高，但很难保质保量完成任务；在低关怀、高工作型的领导风格下，虽然能完成工作任务，但士气低落；在低关怀、低工作型领导风格下，既不能完成工作任务，同时员工满意度也非常低，属于最无效的领导风格。

 特别提示

事实上，哪种领导风格效果好是不肯定的，要看具体的领导情景因素，这一点在领导权变理论中将展开讨论。

3. 管理方格理论

在四分图理论的基础上，美国得克萨斯大学的行为科学家罗伯特·布莱克和简·莫顿在 1964 年出版的《管理方格》一书中提出了管理方格理论。

 知识链接

罗伯特·布莱克(1918—2004)，美国应用心理学家，出生于马萨诸塞州的布鲁克林，逝于得克萨斯州奥斯汀。他 1941 年从弗吉尼亚获得心理学硕士学位，1947 年在得克萨斯大学获得哲学博士学位，随后成为该校的心理学教授。1949—1950 年间，他作为一名学者担任英国阅读大学讲师、伦敦塔维斯托克诊所名誉临床心理学家，并成为哈佛大学的一名讲师和研究人员。他是一名在管理和组织发展领域开展应用行为科学研究的倡导者，是前科学方法(scientific methods)公司总裁。1997 年退休后，他把公司卖给方格(grid)国际公司，并继续担任该公司顾问。他在哈佛大学、牛津大学和剑桥大学都开过课，也曾以傅尔布莱特学者身份在伦敦泰维史塔克诊所进行一项长期的特别任务。他曾为许多大学、政府单位、《财富》500 强公司担任顾问。

简·莫顿(1930—1987)是管理方格理论的提出者，1930年出生于美国。1957 年在得克萨斯大学获得心理学哲学博士学位，不久担任该校心理学系副教授，专门从事行为科学，特别是组织与管理领域的研究。她曾经是科学方法公司总裁及共同创办人，和罗伯特·布莱克共同研发管理方格理论。她是美国心理学会会员，拥有产业和组织心理学暨美国人心理学委员会的证照，美国人科学促进协会会员。她除了在组织发展领域的研究之外，也参与顺从、输赢冲突动力学及创造性决策等主题的研究。

布莱克和莫顿设计了一个管理方格图，沿用了四分图理论的两个维度，即横坐标表示领导者对生产的关心度，纵坐标表示领导者对人的关心度。其中，对生产的关心度指的是领导者对组织各类事项所抱的态度，如对组织目标的实现、政策决议的质量程序与过程、研究工作的创造性、职能人员的服务质量、工作效率和产量等所抱的态度。对人的关心度指的是领导者对组织成员的关心程度，如对工作环境状况、人际关系状况、信息沟通状况等的关心程度。不同的是，他们认为四分图理论将两个维度简单地划分为高度关怀和漠不关心两个极端是不合适的，他们认为一个领导者对员工或对工作的关心程度应该是两个极端中间的无数多种。因此，布莱克和莫顿把管理方格图的横坐标和纵坐标都划分为 9 个尺度(注意：此处的 9 只代表很多，并不具有具体的数字含义)，纵横交叉就形成了一个共有 81 个小方格的管理方格图，每个小方格代表一种领导方式，这样，这一管理方格图就表示了关心生产和关心人这两个因素不同程度结合的 81 种领导方式，如图 8.3 所示。

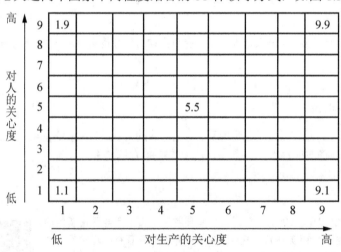

图 8.3　管理方格图

布莱克和莫顿在管理方格图中列出了 5 种典型的领导方式。

1) 1.1 型领导方式

1.1 型领导方式又称贫乏型管理方式。领导者对员工和生产几乎都漠不关心，对组织运行放任自流、无所事事、无所作为，放弃领导应有的责任。这种领导方式将会导致失败，这是很少见的极端情况。

2) 9.1 型领导方式

9.1 型领导方式又称任务第一型管理方式。领导者十分关心生产和工作、关心组织目标的实现。但对人的关心不够,很少注意员工的发展和士气,组织内工作气氛不佳,员工积极性不高。

3) 1.9 型领导方式

1.9 型领导方式又称乡村俱乐部型管理方式。在这类管理中,主管人员很少甚至不关心生产,而只关心人。组织内员工都能感受到轻松、友谊与快乐的环境,但很少甚至没有人关心通过协同努力以实现组织的目标。

4) 9.9 型领导方式

9.9 型领导方式又称团队式或集体协作型管理方式。领导者对生产和人都极为关心,努力使员工个人的需要和组织的目标最有效地结合,注意使员工了解组织的目标、关心工作的成果,使员工与组织之间建立"命运共同体"的关系,因而员工关系协调,士气旺盛,能进行自我控制,生产任务完成得也极好。

5) 5.5 型领导方式

5.5 型领导方式是一种中间型管理方式。这种领导方式对人的关心度和对生产的关心度虽然都不算高,但是能保持平衡。一方面能比较注意管理者在计划、指挥和控制上的职责;另一方面也比较重视对员工的引导、鼓励,设法使员工的士气保持在必须的满意水平上。但是,这种领导方式缺乏创新精神,只追求正常的效率和可以满意的士气。

布莱克和莫顿认为 9.9 型领导方式是最有效的,领导者应该客观地分析组织内外的各种情况,努力创造条件,将领导方式转化为 9.9 型领导方式,以求得最高的效率。

管理方格理论在识别和区分领导者管理作风方面是一个非常有用的工具,可用来指导和调整领导者的领导方式。

管理方格理论虽然比其他理论更进了一步,但依然没有考虑领导的情景因素,所以导致有很多特例用领导行为理论是解释不清楚的。例如,按照领导行为理论,普遍认为民主型领导风格效率高,专制型领导风格效率低,但在一些特殊场合,如火灾现场的指挥官、战场的指挥官,如果过度地发扬民主也许会贻误战机,相反看似专制的当机立断也许是最好的选择;普遍认为自由放任、双低、1.1 型领导方式是效率低的,但是对一些需要很大自由创作空间的工作,如写作、绘画、设计等,也许民主、专制的领导效果都不及给他们自由发挥的空间效果更好。

8.2.3 领导权变理论

在影响领导效率的因素中,领导者的特质、领导者的行为都很重要,但如前所述,领导特质理论和领导行为理论都是有局限性的,都不能绝对地提高领导效率。究竟是为什么?原因是影响领导效率的因素除了领导者内在的特质、外化的行为以外,还受被领导者的特点、领导环境的影响,领导效率是诸多因素相互作用、相互影响的过程。这就是权变的思想,这个观点可以用公式表示为

$$领导 = f(领导者、被领导者、环境)$$

没有一种领导方式对所有情况都是有效的,没有一成不变的、普遍适用的"最好的"管理理论和方法,领导者展示什么特质、运用什么领导风格,完全取决于当时的被领导者

状况和环境状况。或者反过来讲,要求领导者根据被领导者的特点和环境的特点因地制宜、随机应变地选择合适的领导行为,方能提高领导效率。

最具有代表性的领导权变理论有菲德勒模型和领导生命周期理论。

1. 菲德勒模型

美国管理学家菲德勒在 20 世纪 50 年代末提出了第一个综合的权变模型,即菲德勒模型,也称最难共事者模型。他认为,任何一种领导风格都可能是有效的,也可能是无效的,关键是它是否适合于特定的领导环境。因此,对领导行为有效性的考察或预测,要从 3 个方面进行:领导者风格的确定、领导情境的确定、领导者风格与领导情境的匹配。菲德勒模型如图 8.4 所示。

上下级关系	好				差			
任务结构	明确		不明确		明确		不明确	
职位权力	强	弱	强	弱	强	弱	强	弱
情境类型	1	2	3	4	5	6	7	8
情境特征	有利				中间状态			不利
有效领导方式	任务型				关系型			任务型

图 8.4 菲德勒模型

知识链接

弗雷德·菲德勒(1922—)是权变管理创始人,美国当代著名心理学家和管理专家。早年就读于芝加哥大学,获博士学位,毕业后留校任教。1951 年菲德勒移居伊利诺伊州,担任伊利诺伊大学心理学教授和群体效能研究实验室主任,直至 1969 年前往华盛顿。他所提出的领导权变理论开创了西方领导学理论的一个新阶段,从以往盛行的领导形态学理论研究转向了领导动态学研究的新轨道。菲德勒被西方管理学界称为权变管理的创始人。菲德勒的主要著作有《一种领导效能理论》、《让工作适合管理者》、《权变模型——领导效用的新方向》、《领导游戏:人与环境的匹配》。

1) 领导风格的确定

菲德勒相信影响领导成功的关键因素之一是个体的基本领导风格,因而他为这种基本领导风格而设计了最难共事者(least preferred co-worker, LPC)调查问卷,问卷由 16 组对应的形容词构成。作答者要先回想一下同自己共过事的所有同事,并找出一个最不喜欢的同事,在 16 组形容词中按 1~8 等级对其进行评估。如果作答者以相对积极的词汇描述最不喜欢的同事(LPC 得分高,一般为等于或大于 64 分),则作答者很乐于与同事形成良好的人际关系,就是关系导向型;相反,如果对最不喜欢同事的看法很消极(LPC 得分低,一般低于58分),则说明作答者可能更关注生产,就称为任务导向型。菲德勒运用 LPC 调查问卷(见表8-2)将绝大多数作答者划分为两种领导风格,也有一小部分处于两者之间(一般得分为58~64分),很难勾勒,必须根据具体情境来分析,这部分人能占到 16%,因而下面的讨论都是针对其余84%的人进行的。

表8-2 LPC 调查问卷

令人愉快的	8	7	6	5	4	3	2	1	令人不愉快的
友好的	8	7	6	5	4	3	2	1	不友好的
随和的	8	7	6	5	4	3	2	1	不随和的
乐于助人的	8	7	6	5	4	3	2	1	使人泄气的
热情的	8	7	6	5	4	3	2	1	冷淡的
轻松的	8	7	6	5	4	3	2	1	紧张的
密切的	8	7	6	5	4	3	2	1	疏远的
温暖人心的	8	7	6	5	4	3	2	1	冷若冰霜的
易合作的	8	7	6	5	4	3	2	1	不好合作的
支持的	8	7	6	5	4	3	2	1	敌意的
有趣的	8	7	6	5	4	3	2	1	讨厌的
和谐的	8	7	6	5	4	3	2	1	爱争执的
自信的	8	7	6	5	4	3	2	1	优柔寡断的
效率高的	8	7	6	5	4	3	2	1	效率低的
兴高采烈的	8	7	6	5	4	3	2	1	低沉阴郁的
开诚布公的	8	7	6	5	4	3	2	1	怀有戒心的

菲德勒认为,一个人的领导风格是与生俱来的,个人不可能改变自己的风格去适应变化的情境。这意味着如果领导情境要求任务导向型的领导者,而在此领导岗位上的却是关系导向型领导者时,要想达到理想效果,则要么改变领导情境,要么替换领导者。

2) 领导情境的确定

用 LPC 调查问卷对个体的基础领导风格进行评估之后,需要再对领导情境进行评估,并将领导者与领导情境进行匹配。菲德勒认为,决定领导有效性的情境因素有 3 个:上下级关系、任务结构和职位权力。

第一,上下级关系。这是指下属对其领导者的信任、喜爱、忠诚、愿意追随的程度,以及领导者对下属的吸引力。

第二,任务结构。这是指下属担任的工作的明确程度,是枯燥乏味的例行公事,还是需要一定创造性的任务。

第三,职位权力。这是指与领导者职位相关联的正式职权,以及领导者从上级和整个组织各个方面所取得的支持程度。这一职位权力是由领导者对下属的实有权力所决定的,假如一位车间主任有权聘用或开除本车间的职工,则他在这个车间就比经理的职位权力还要大,因为经理一般并不直接聘用或开除一个车间工人。

菲德勒接下来根据 3 个权变变量来评估领导情境。上下级关系有好或差,任务结构有明确或不明确,职位权力有强或弱。他指出,上下级关系越好,任务结构越明确,职位权力越强,则领导者拥有的控制力和影响力越高,对领导者提高领导效率越有利;相反,如果上下级关系越差,任务结构越不明确,职位权力越弱,则领导者拥有的控制力和影响力越低,对领导者提高领导效率越不利。例如,一个非常有利的情景可能包括下属对领导者非常喜欢与尊重、所从事的工作具体明确、领导者可以给员工提供大量的奖励或惩罚。3项权变变量综合起来,就得到8种不同的情境类型,每个领导者都可以从中找到自己的位置。

3) 领导风格与领导情境的匹配

菲德勒认为,领导者风格与领导情境相互匹配时,会达到最佳的领导效果。菲德勒长期追踪研究了1 200个工作群体,得出结论:任务导向型的领导者在非常有利和非常不利的情境下工作效率更高。具体来说,当面对1、2、3、8类型的情境时,任务导向型的领导者领导效率更高。而关系导向型的领导者则在中间状态的情境类型中领导效率更高,具体来说,当面对4、5、6、7类型的情境时,关系导向型的领导者领导效率更高。

菲德勒由此得出以下结论。

第一,在不同的环境下,各种领导方式的有效性不同。在环境对领导者非常有利或不利的情境下,以工作为中心(即任务导向型)的领导方式比较有效;而在环境对领导者是否有利处于中间状态时,以人际关系为中心(即关系导向型)的领导方式比较有效。不能说哪种领导方式一定有效、哪种领导方式一定无效,要用权变的观点,要视环境状况而定。

第二,领导的有效性既然取决于两个方面的互相匹配,那么要提高领导者的领导效率,就要从两个方面去努力:在环境已定的情况下,要提高领导效率,就需要安排领导风格与环境相匹配的领导者,或者改变现有领导者的领导风格以适应环境;当领导风格很难改变,而组织又想起用该领导者时,则必须寻找与其领导风格相匹配的领导环境,或者改变环境以适应该领导者的领导风格。

特别提示

权变就是因地制宜、随机应变的意思。

2. 不成熟-成熟理论

不成熟-成熟理论是由美国哈佛大学著名学者阿吉里斯提出来的,其目的是探索领导方式对个人行为和其在环境中成长的影响。他认为,一个人由不成熟转变为成熟的过程,主要表现在以下7个方面的转变,见表8-3。

表8-3 由不成熟到成熟转变比较

不成熟	成 熟
被动	主动
依赖	独立
少量的行为	能做多种的行为
错误而浅薄的兴趣	较深与较强的兴趣
时间和知觉性短	时间和知觉性较长
附属的地位	同等或优越的地位
不明白自我	明白自我、控制自我

阿吉里斯认为以上由不成熟到成熟的变化是持续的、循序渐进的。一般正常的人都是随着年龄的变化,生理也不断变化,心理也由不成熟日趋成熟。

阿吉里斯在长期对工厂工人观察中发现，工人对工作漠不关心及不努力并不单单是惰性的原因，更多的是领导方式不合适。传统的领导方式，把人们当做小孩对待，完全束缚了人们对环境的控制能力。人们被指定从事具体的、过分简单的和重复性的劳动，完全是被动的，人们的主动性得不到发挥，工作没有挑战性，这样，就阻碍了人们向成熟发展的功能。

因此，领导者应针对下级不同的成熟程度分别指导，对那些心理不成熟或心智迟钝的人，应使用传统的领导方式；而对比较成熟的人，应该扩大个人的责任，创造一个有利于其发挥才能和成长的社会环境。

知识链接

克里斯·阿吉里斯是美国著名的行为学家，曾获哈佛大学和耶鲁大学的名誉博士学位，并在哈佛大学担任教育学和组织行为学的教学工作。他是美国许多举足轻重的大型企业的高级顾问，同时受聘于许多欧洲国家的政府，担任经理人员培训和教育培训的顾问，在国际上有广泛的影响力。阿吉里斯勤于著述，先后出版了多部著作，发表了140多篇论文，代表作有《个性与组织》、《理解组织行为》、《个性与组织的结合》、《组织研究》等。

管理故事

成熟的人明白自我

有一个自以为是全才的年轻人，毕业以后屡次碰壁，一直找不到理想的工作，他觉得自己怀才不遇，对社会感到非常失望。多次的工作碰壁让他伤心而绝望，他感到没有伯乐来赏识他这匹"千里马"。痛苦绝望之下，有一天，他来到大海边，打算就此结束自己的生命。在他正要自杀的时候，正好有一位老人从附近走过，看见了他，并且救了他。老人问他为什么要走绝路，他说自己得不到别人和社会的承认，没有人欣赏并且重用他。老人从脚下的沙滩上捡起一粒沙子，让年轻人看了看，然后就随便地扔在了地上，对年轻人说："请你把我刚才扔在地上的那粒沙子捡起来。""这根本不可能！"年轻人说。老人没有说话，从自己的口袋里掏出一颗晶莹剔透的珍珠，也是随便地扔在了地上，然后对年轻人说："你能不能把这颗珍珠捡起来呢？""当然可以！""那你就应该明白是为什么了吧？你应该知道，现在你自己还不是一颗珍珠，所以你不能苛求别人立即承认你。如果要别人承认，那你就要想办法使自己成为一颗珍珠才行。"年轻人蹙眉低首，一时无语。

有的时候，你必须知道自己是普通的沙粒，而不是价值连城的珍珠。你要卓尔不群，那要有鹤立鸡群的资本才行。因此，忍受不了打击和挫折，承受不住忽视和平淡，就很难达到辉煌。若要自己卓然出众，那就要努力使自己成为一颗珍珠。

3. 领导生命周期理论

领导生命周期理论也称情景领导理论。这个理论是由美国心理学家科曼首先提出来的，后由赫塞和布兰查德予以发展。这个理论是把领导行为四分图理论与不成熟-成熟理论结合起来，创造了三维空间(工作行为、关系行为和被领导者的成熟程度)领导效率模型。

科曼等人在分析领导行为四分图理论时加入了第三个因素——被领导者的成熟程度。

他们认为，高工作、高关怀的领导并不经常有效，低工作、低关怀的领导也不一定完全无效，这要看下级的成熟程度而定。他们发现，被管理者的成熟周期由 4 个阶段构成：不成熟、初步成熟、比较成熟和成熟。工作行为、关系行为与成熟度之间是一种曲线关系。管理者对处在不同阶段的被管理者应采取不同的领导方式。图 8.5 中的曲线就表明了这种关系。具体可划分为 4 个象限，并形成命令式管理、说服式管理、参与式管理和授权式管理 4 种基本的领导方式。

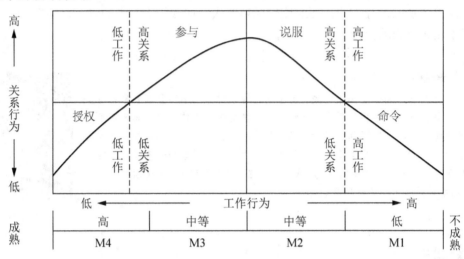

图 8.5　领导生命周期理论

从图 8.5 可以看出，它是由上、下两部分组成的。上半部分是四分图理论，四分图理论认为，要研究一个领导的领导行为，应该从两个维度来分析，一是考察领导对工作的关心程度即工作行为；二是要考察领导对下属的关心程度即关系行为。对工作的关心程度有两种，即高度关心工作的高工作、对工作漠不关心的低工作；对下属的关心程度也有两种，即高度关心下属的高关系、对下属漠不关心的低关系。

依照这两个维度，将领导行为分为 4 种：高工作、低关系，高关系、高工作，高关系、低工作，低工作、低关系。并且四分图理论认为，高关系、高工作的领导行为最有效；低工作、低关系的领导行为最无效；高工作、低关系的领导行为能完成任务，但下属会情绪低落；高关系、低工作的领导行为会使下属心情愉悦，但很难完成工作任务。

下半部分是不成熟-成熟理论，该理论认为，判断下属的成熟程度要从两个角度来分析，即下属的工作能力和工作态度。下属的成熟程度分为 4 种：M1——最不成熟、M2——比较不成熟、M3——比较成熟、M4——最成熟。

M1——最不成熟员工的特点是工作能力差，即不能胜任工作，同时工作态度也差，即不愿意主动工作；M2——比较不成熟员工的特点是工作能力依然不高，但工作态度端正，即愿意工作；M3——比较成熟员工的特点是工作能力比较强，但工作态度比较差，即不愿意服从领导分配的工作；M4——最成熟员工的特点是工作能力强，同时工作态度好。

赫塞和布兰查德认为，没有哪种领导行为是永远有效的，也没有哪种领导行为是完全无效的，某一种领导行为是否有效，关键取决于这种领导行为是否与下属的成熟程度相匹配。如果能与下属的成熟程度相匹配，即便低工作、低关系的领导行为也有效，如果与下属的成熟程度不相匹配,即便是高工作、高关系的领导行为也会无效。

具体而言,该理论认为,面对M1——最不成熟的下属应该采取高工作、低关系的命令式的领导行为效果比较好;面对M2——比较不成熟的下属应该采取高工作、高关系的说服式的领导行为效果比较好;面对M3——比较成熟的下属应该采取高关系、低工作的参与式的领导行为效果比较好;面对M4——最成熟的下属应该采取低工作、低关系的授权式的领导行为效果比较好。

领导者生命周期理论充分说明对不同成熟程度的下级,只有采用不同的领导方式,才能获得最有效的领导效果。不难发现,随着下属成熟度的不断提高,领导者不但可以不断减少对活动的控制,还可以不断减少关系行为。

 特别提示

刚参加工作且为试用期的应届大学生基本属于最不成熟的员工,其特点是能力差、态度差。根据领导生命周期理论,领导会采取命令式的领导行为,意味着领导只会给他下达任务而很少关心他。此时需要他着力展示工作态度、工作意愿。当领导发现他工作态度转好后,即便能力依然不强,领导也会转变对他的领导风格,开始全方位关心他,因为他已经向成熟迈进一步(比较不成熟的员工的特点是能力差、态度好)。

4. 途径-目标理论

途径-目标理论是由加拿大多伦多大学教授豪斯于1971年提出的。他将弗鲁姆的期望理论和四分图理论结合起来而创造了该理论。

途径-目标理论的基本要点:领导者一方面要阐明对下属任务的要求,帮助下属排除实现目标的障碍,使之能顺利达成目标;另一方面,领导者要在实现目标的过程中不断满足下属的需要和成长发展的机会。领导者在这两方面发挥的作用越大,越能提高下级对目标价值的认识程序,激发其积极性。

1) 领导行为

为了达到上述目标,领导者必须采用不同类型的领导行为以适应特殊环境的要求。途径-目标理论归纳了4种领导方式,可供同一领导者在不同环境下选择使用。

(1) 指导型。该类型的特点是领导者向下属明确组织目标,并对应该如何完成目标提供具体的指导,而且确信相应的目标和指导能得到下属的认可和接受。该类型的领导者需要有严格的计划、固定的工作标准,并强调下属遵守标准和规则,但下属的参与性差。

(2) 支持型。该类型的领导者对下属较为关心,态度友好,平易近人,注意联络与下属的感情,但不太注意通过工作使下属满意。

(3) 参与型。领导者在做决策时注意征求下属的意见,认真考虑和接受下属的建议,并相信下属的参与对实现组织目标大有益处。

(4) 成就导向型。领导者向下属提出挑战性的目标,希望下属最大限度地发挥潜力并相信他们能达到目标。而且领导者不断制定新的目标,使下属经常处于被激励状态。

2) 情境因素

与菲德勒的领导行为观点相反,豪斯认为领导者是弹性灵活的,同一领导者可以根据不同的情境表现出任何一种领导风格。领导者究竟要选择哪种领导方式要考虑两方面的因素。

(1) 下属的个性特点。

下属的个性特点包括下属的领悟能力、教育程度，对成就的需求，对独立的需求，愿意承担责任的程度等。

当下属感到自身能力不足时，指导型的领导方式就比较受欢迎。反之，当下属有足够的能力去完成工作任务时，则喜欢参与型的领导方式。

当员工把所发生的事情看做由他们自己控制和影响时，称之为内控型的员工，当员工把所发生的事情看做是由外在环境的力量控制和影响时，则称之为外控型的员工。研究结果表明，内控型的员工愿意接受参与型的领导，而外控型的员工则适合指导型的领导。此外，员工的特殊需求也会影响到他们对不同领导类型的接受程度。对于成就动机非常高的员工，成就导向型的领导较受欢迎；而重视人际关系的员工，则更喜欢支持型、参与型的领导。

(2) 环境因素。

环境因素包括工作性质、权力结构、工作群体情况。当任务非常明确时，采用指导型的领导方式效果较差，如果正式权力非常明确，则下属更愿意接受指导型的领导方式。工作群体的性质也会影响领导方式的选择，如果工作群体为个体提供了支持与满足，则支持型的领导方式就不为下属所需要，而指导型和成就导向型的领导方式则更受欢迎。

总之，根据途径-目标理论，对于一个领导者来说，没有什么固定不变的领导方式，一定要根据下属的不同特点及环境因素的变化选用适当的领导方式。

本 章 小 结

本章主要介绍了领导的基本概念、领导的作用、领导与管理的区别；领导的权力构成；领导理论。领导理论包括3部分：领导特质理论、领导行为理论、领导权变理论。重点是领导行为理论和领导权变理论。领导行为理论介绍了勒温的3种典型领导行为理论、四分图理论、布莱克和莫顿的管理方格理论；领导权变理论重点介绍了菲德勒模型、赫塞和布兰查德的领导生命周期理论、阿吉里斯的不成熟-成熟理论、豪斯的途径-目标理论。

领导是指为了实现组织的目标，领导者依靠影响力对被领导者或追随者进行指挥、协调、激励的活动和艺术。领导者的作用体现在3个方面：指导、协调和激励。领导和管理不同，领导者和管理者也不同，管理者是理性思维，主要依赖职位权力；领导者注重情感，主要依赖追随者的拥戴。领导的权力包括5个方面：法定权力、奖赏权力、惩罚权力、专长权力和参照权力。

领导特质理论强调优秀的领导者应该具有与生俱来的优秀特质，具备了这些特质，其领导效率就高。领导行为理论认为领导效率的高低取决于领导者采取什么样的领导行为，并且普遍认为不同的领导行为其效率是不一样的。例如，3种典型领导行为理论认为民主的效率高，自由放任的效率低；四分图理论认为高工作、高关怀的效率高，而低工作、低关怀的效率低；管理方格理论认为9.9型领导方式的效率高，而1.1型领导方式的效率低。但是领导特质理论和领导行为理论由于没有考虑领导的情境因素，所以其结论显得武断，并不能解释管理实践中的许多特例，如对成熟的老员工，采用自由放任的领导风格效率可能最高，消防队现场指挥也许采用专制的领导风格效率最高。领导权变理论认为，没有一种永远效率高的领导风格，也没有一种永远无效的领导风格，任何一种领导风格都可能效率高或者效率低，关键取决于这种领导风格是否与领导的情境相匹配，如果能匹配，任何领导风格都可能效率高，如菲德勒模型理论确定了3项变量：上下级关系、任务结构、职位权力。在最有利和最不利的两种情况下，以任务为中心的指令型(工作导向型)领导者能取得好的效果；在处于中间状态的环境中，以人为中心的宽容型(关系导向型)领导者能做得更好。领导生命周期理论认为存在4种领导风格：命令、参与、说服和授权。领导者选择何种风格取决于下属的工作成熟度和心理成熟度。如果下属的成熟度较高，领导者的做法是减少控制和参与。

名人名言

我的全部工作便是选择适当的人。

——杰克·韦尔奇

没落的组织通常都是管理过度、领导不足。

——沃伦·本尼斯

领导者必须有勇气使用违背专家意见的人。

——詹姆斯·卡拉汉

成为真正的领导者之前不可或缺的一项经验就是失败。

——约瑟夫·博耶特、吉米·博耶特

领导的能力是应该要学习的，而且是可以被习得的。

——彼得·德鲁克

所有领导者的共通点是，他们都会让下属心悦诚服。

——约瑟夫·博耶特、吉米·博耶特

讨论这些领导者的属性与特质，根本就是一件徒劳无功、浪费时间的事。

——彼得·德鲁克

领导者聪明与否不重要，重要的是是否认真做事。

——彼得·德鲁克

没有无用之兵，只有无用之将。

——拿破仑

领导者与追随者之间距离是不变的，若领导者绩效提高，追随者绩效对应提高；提高领导者绩效远比提高追随者绩效容易得多。

——彼得·德鲁克

成功的领导来自领导者的影响力，而非职权。

——肯尼思·布兰查德

强将手下无弱兵。

——中国谚语

一、复习题

1. 判断题

(1) 领导是指个体影响一群个体实现共同目标的一个过程。　　　　　　　　　　(　)
(2) 领导者必须要有职位。　　　　　　　　　　　　　　　　　　　　　　　　(　)
(3) 指挥下属是领导者的重要作用之一。　　　　　　　　　　　　　　　　　　(　)
(4) 领导者由于拥有良好的职业道德而能影响别人，其权力来源属于来自于职位的法定权力。(　)
(5) 领导行为理论认为领导者之所以成为领导者是因为他们具有与生俱来的特质。　(　)
(6) 勒温认为，专制的领导行为会导致高效率。　　　　　　　　　　　　　　　(　)
(7) 四分图理论认为，高工作、高关怀的领导方式，效率最高。　　　　　　　　(　)
(8) 管理方格图理论认为，1.1型领导方式，效率最高。　　　　　　　　　　　　(　)

(9) 菲德勒认为，在最不利的环境中，领导者应该采取关系导向型领导风格效率才会高。（　　）
(10) 领导生命周期理论认为，对最不成熟的下属应该采取命令式的领导方式，效率会比较高。
（　　）
(11) 领导生命周期理论认为，最不成熟员工的特点是能力差、态度好。（　　）
(12) 领导生命周期理论认为，最成熟员工的特点是能力强、态度差。（　　）
(13) 领导生命周期理论认为，对最成熟的下属应该采取参与式的领导方式，效率会比较高。（　　）
(14) 领导生命周期理论认为，对比较成熟的下属应该采取参与式的领导方式，效率会比较高。
（　　）
(15) 领导生命周期理论认为，比较成熟员工的特点是能力强、态度差。（　　）

2. 单选题

(1) 领导者要帮助追随者分析环境，明确活动的方向。指的是领导者的(　　)。
　　A．监督作用　　　　B．指挥作用　　　　C．协调作用　　　　D．激励作用
(2) 领导者要协调组织成员的关系，朝着共同的目标前进。指的是领导者的(　　)。
　　A．监督作用　　　　B．指挥作用　　　　C．协调作用　　　　D．激励作用
(3) 领导者要调动职工的积极性。指的是领导者的(　　)。
　　A．监督作用　　　　B．指挥作用　　　　C．协调作用　　　　D．激励作用
(4) 由于领导者拥有职位而影响别人，指的是(　　)来源。
　　A．法定权力　　　　B．强制权力　　　　C．奖赏权力　　　　D．专长权力
(5) 领导者通过惩罚、批评来影响别人，指的是(　　)来源。
　　A．法定权力　　　　B．强制权力　　　　C．奖赏权力　　　　D．专长权力
(6) 领导者通过奖励、表扬来影响别人，指的是(　　)来源。
　　A．法定权力　　　　B．强制权力　　　　C．奖赏权力　　　　D．专长权力
(7) 领导者由于拥有某方面的专长以影响他人，指的是(　　)来源。
　　A．法定权力　　　　B．强制权力　　　　C．奖赏权力　　　　D．专长权力
(8) 领导者由于优秀的个人品质、良好的职业道德以影响他人，指的是(　　)来源。
　　A．法定权力　　　　B．强制权力　　　　C．奖赏权力　　　　D．参照权力
(9) 某些人天生具有一些特质，这些特质会使他们成为伟大的领导者。这是(　　)的观点。
　　A．领导特质理论　　B．领导行为理论　　C．领导权变理论　　D．都不是
(10) 勒温认为，(　　)领导行为的效率最低。
　　A．折中　　　　　　B．专制　　　　　　C．民主　　　　　　D．自由放任
(11) 四分图理论认为，效率最高的领导方式是(　　)。
　　A．低工作、低关怀　　　　　　　　B．高工作、低关怀
　　C．低工作、高关怀　　　　　　　　D．高工作、高关怀
(12) 四分图理论认为，效率最低的领导方式是(　　)。
　　A．低工作、低关怀　　　　　　　　B．高工作、低关怀
　　C．低工作、高关怀　　　　　　　　D．高工作、高关怀
(13) 管理方格图中的9.9型领导行为，类似于四分图理论中的(　　)领导行为。
　　A．低工作、低关怀　　　　　　　　B．高工作、低关怀
　　C．低工作、高关怀　　　　　　　　D．高工作、高关怀
(14) 管理方格图中的9.1型领导行为，类似于四分图理论中的(　　)领导行为。
　　A．低工作、低关怀　　　　　　　　B．高工作、低关怀
　　C．低工作、高关怀　　　　　　　　D．高工作、高关怀
(15) 管理方格图中的1.9型领导行为，类似于四分图理论中的(　　)领导行为。
　　A．低工作、低关怀　　　　　　　　B．高工作、低关怀
　　C．低工作、高关怀　　　　　　　　D．高工作、高关怀

(16) 管理方格图中的1.1型领导行为,类似于四分图理论中的(　　)领导行为。
    A. 低工作、低关怀　　　　　　　　　B. 高工作、低关怀
    C. 低工作、高关怀　　　　　　　　　D. 高工作、高关怀
(17) 根据菲德勒模型,在对领导者最不利的环境中,应该采取(　　)领导风格。
    A. 任务导向型　　B. 关系导向型　　C. 自由放任型　　D. 民主型
(18) 根据菲德勒模型,在对领导者最有利的环境中,应该采取(　　)领导风格。
    A. 任务导向型　　B. 关系导向型　　C. 自由放任型　　D. 民主型
(19) 根据赫塞和布兰查德的领导生命周期理论,最不成熟的员工具有(　　)特点。
    A. 能力低、态度差　　　　　　　　　B. 能力低、态度好
    C. 能力强、态度差　　　　　　　　　D. 能力强、态度好
(20) 根据赫塞和布兰查德的领导生命周期理论,比较不成熟的员工具有(　　)特点。
    A. 能力低、态度差　　　　　　　　　B. 能力低、态度好
    C. 能力强、态度差　　　　　　　　　D. 能力强、态度好
(21) 根据赫塞和布兰查德的领导生命周期理论,比较成熟的员工具有(　　)特点。
    A. 能力低、态度差　　　　　　　　　B. 能力低、态度好
    C. 能力强、态度差　　　　　　　　　D. 能力强、态度好
(22) 根据赫塞和布兰查德的领导生命周期理论,最成熟的员工具有(　　)特点。
    A. 能力低、态度差　　　　　　　　　B. 能力低、态度好
    C. 能力强、态度差　　　　　　　　　D. 能力强、态度好
(23) 根据赫塞和布兰查德的领导生命周期理论,对最不成熟即能力低、态度差的下属,应该采取(　　)领导方式。
    A. 命令式　　　B. 说服式　　　C. 参与式　　　D. 授权式
(24) 根据赫塞和布兰查德的领导生命周期理论,对比较不成熟即能力低、态度好的下属,应该采取(　　)领导方式。
    A. 命令式　　　B. 说服式　　　C. 参与式　　　D. 授权式
(25) 根据赫塞和布兰查德的领导生命周期理论,对比较成熟即能力强、态度差的下属,应该采取(　　)领导方式。
    A. 命令式　　　B. 说服式　　　C. 参与式　　　D. 授权式
(26) 根据赫塞和布兰查德的领导生命周期理论,对最成熟即能力强、态度好的下属,应该采取(　　)领导方式。
    A. 命令式　　　B. 说服式　　　C. 参与式　　　D. 授权式

3. 多选题
(1) 领导者必须具备的3个条件是(　　)。
    A. 领导者必须有追随者　　　　　　B. 领导者拥有影响追随者的能力
    C. 领导行为具有明确的目的　　　　D. 领导者必须有职位
    E. 领导者必须是专家
(2) 领导者的作用是(　　)。
    A. 监督作用　　B. 指挥作用　　C. 协调作用
    D. 激励作用　　E. 控制作用
(3) 领导者的权力来源有(　　)。
    A. 法定权力　　B. 强制权力　　C. 奖赏权力
    D. 专长权力　　E. 参照权力
(4) (　　)属于领导行为理论。
    A. 四分图理论　　　　　　　　　　B. 管理方格理论
    C. 领导生命周期理论　　　　　　　D. 勒温的3种典型领导行为理论

E. 菲德勒模型
(5) (　　)属于领导权变理论。
　　A. 四分图理论　　　　　　　　　　B. 管理方格理论
　　C. 领导生命周期理论　　　　　　　D. 勒温的3种典型领导行为理论
　　E. 菲德勒模型
(6) 勒温认为，领导者有(　　)3种典型的领导行为。
　　A. 热情　　　　B. 专制　　　　C. 民主
　　D. 自由放任　　E. 折中
(7) 四分图理论是从(　　)两个维度来分析领导行为的。
　　A. 领导者对下属的关心程度　　　　B. 领导者对职位的关心程度
　　C. 领导者对工作的关心程度　　　　D. 领导者对利润的关心程度
　　E. 领导者对权力的关心程度
(8) 菲德勒认为，对领导者领导效率影响最大的3种情境因素是(　　)。
　　A. 上下级关系　　B. 环境稳定性　　C. 任务结构
　　D. 职位权力　　　E. 工作难度
(9) 根据赫塞和布兰查德的领导生命周期理论，不同成熟程度的下属，分别表现为(　　)特点。
　　A. 能力低、态度差　　　　　　　　B. 能力低、态度好
　　C. 能力强、态度差　　　　　　　　D. 能力强、态度好
　　E. 都不对
(10) 根据领导生命周期理论，面对不同成熟程度的下属，领导者可以选择的领导方式有(　　)。
　　A. 传统式　　　　B. 命令式　　　　C. 参与式
　　D. 授权式　　　　E. 说服式

4. 简答题
(1) 简述领导与管理的区别。
(2) 简述四分图理论的理论内涵。
(3) 简述赫塞和布兰查德的领导生命周期理论的理论内涵。

5. 论述题
(1) 论述领导者如何运用赫塞和布兰查德的领导生命周期理论来提高领导效率。
(2) 论述如何综合运用领导理论提高领导效率。

二、案例应用分析

保罗的领导方式

　　保罗在1971年从美国中西部的一所名牌大学拿到会计专业的学士学位后，到一家大型的会计师事务所的芝加哥办事处工作，由此开始了他的职业生涯。9年后，他成了该公司的一名最年轻的合伙人。公司执行委员会发现了他的领导潜能和进取心，遂在1983年指派他到纽约的郊区开办了一个新的办事处。其工作最主要的是审计，这要求有关人员具有高程度的判断力和自我控制力。尽管保罗相当地以任务为导向，但他采取了一种民主的领导方式。他主张工作人员之间要以名字直接称呼，并鼓励下属人员参与决策制定。对长期的目标和指标，每个人都很了解，但对实现这些目标的方法却是相当不明确的。

　　办事处发展得很迅速。到1988年，专业人员达到30名。保罗被认为是一位很成功的领导者和管理人员。保罗在1989年年初被提升为达拉斯的经营合伙人。他采取了帮助他在纽约工作时取得显著成效的同种富有进取心的管理方式。他马上更换了25名专业人员，并制订了短期和长期的客户开发计划。职员人数增加得相当快，为的是确保有足够数量的员工来处理预期扩增的业务。很快，办事处有了约40名专业人员。

　　但在纽约成功的管理方式并没有在达拉斯取得成效。办事处在一年时间内就丢掉了最好的两个客户，

保罗马上认识到办事处的人员过多了。因此，他决定解雇前一年刚招进来的12名员工，以减少开支。

他相信挫折只是暂时性的，因而仍继续采取他的策略。在此后的几个月时间里又增加雇了6名专业人员，以适应预期增加的工作量，但预期中的新业务并没有接来，所以又重新缩减员工队伍。在1991年夏天的那个"黑暗的星期二"，13名专业人员被解雇了。

伴随着这两次裁员，留下来的员工感到工作没有保障，并开始怀疑保罗的领导能力。公司的执行委员会了解到问题后将保罗调到了新泽西的一个办事处，在那里他的领导方式显示出很好的效果。

问题：
1. 保罗作为一位领导者的权力来源是什么？
2. 这个案例更好地说明了领导的行为理论，还是领导的权变理论？为什么？
3. 保罗在纽约取得成功的策略，为什么在达拉斯没能成功？其影响因素有哪些？

(资料来源：曹嘉晖，赵元凤. 管理学[M]. 南京：南京大学出版社，2011.)

 阅读材料

领导艺术点评

1. 威信

诸葛亮第一次指挥军队抗击曹军进犯时，关羽和张飞均不服气。后来，诸葛亮神机妙算接连打了几个胜仗，关羽、张飞两人才口服心服。从此，诸葛亮树立了自己的威信。

威信是指个体所具有的一种尊严并使人感到信服的精神感召力量。要当好领导者，有无威信十分重要，这是有效开展工作的前提。但威信不是上级授予的，更不是自封或主观认定的，而是靠自己的真本事和实际行动逐步树立起来的。

2. 宽容

一次楚庄王大宴群臣，令其爱妾许姬敬酒，恰遇风吹烛灭，黑暗中有人拉了许姬飘舞起来的衣袖，许姬顺手摘下那人的帽缨，并要楚庄王掌灯追查。楚庄王说："酒后狂态人之常情，不足为怪。"并请群臣都摘下帽缨后再掌灯。不久，吴国侵犯楚国，有个叫唐狡的将军屡建战功后对楚庄王说："臣乃先殿上绝缨者也。"

宽容，这是领导者的一种美德和修养。"宰相肚里能撑船"这句俗语就形象地说明领导者要有宽广的胸怀和气量。倘若楚庄王没有宽广的胸怀和气量，就不可能有卫国战役中战功显赫的唐狡。领导者宽容待人，就是在组织内部创造友好和谐的气氛、民主平等的环境，既能保证顺利开展工作，也有助于解除下属的后顾之忧，最大限度地发挥其聪明才智。

3. 知人善任

刘邦在打败项羽的庆功宴会上向群臣提问："我为什么能得天下？"群臣各抒己见，可刘邦均不满意。后来刘邦解释说："运筹帷幄，我不如张良；决胜于千里之外，我不如韩信；筹集粮草银饷，我不如萧何；而他们都被我所用，这就是我得天下的原因。"

毛泽东同志曾指出，领导者的责任归纳起来主要是出主意、用干部两件事。这里的用干部即用人之意。一个领导者各方面的才能并不一定都要高于下属，但用人方面的才能一定要出类拔萃。知人善任是领导者成功的一个关键因素。

4. 善于感情投资

据《三国演义》第四十二回载：长坂坡一战，刘备被曹操打得丢盔卸甲、仓皇逃命，连爱子阿斗也陷落敌阵。当赵子龙浴血奋战，冒死救出阿斗交还给他时，刘备却将其丢在一旁："为汝这孺子，几损我一员大将！"

也许刘备爱将胜过爱子，也许刘备口是心非要诈术。但不管怎样，人们的着眼点应该放在刘备这一行为所产生的结果上：赵子龙感到，他的位置在刘备的心目中比阿斗更重要，从而激发其为刘备打天下的热情。刘备不但善于抓住任何一个机会进行感情投资，而且方法独到，值得今人借鉴。

5. 示范

《三国演义》第十七回记载了曹操"割发代首"这一妇孺皆知的事。曹操出兵攻打张绣时恰逢麦熟季节，沿途百姓因兵至而纷纷逃避，不敢割麦。曹操知晓后便严申军法：凡过麦田，皆"大小将校，若有践踏者，斩首"。不想曹操乘马正行，忽然麦田中惊起一鸠，那马眼生，窜入麦田，践踏了一大块麦田。曹操即叫来行军主簿，拟议自己践麦之罪。主簿问："丞相岂可议罪？"曹操答："吾自制法，吾自犯之，何以服众？"于是拔剑就要自刎，众人急忙救住并以"法不加于尊"的《春秋》古训来说服曹操，曹操沉吟良久，最后"割发代首"。

尽管后人说这是曹操耍的诈术，但不得不承认这一"示范行为"所产生的效果：从此，曹操成为令行禁止、威震千军的人物。

6. 能"容人之短"与"用人之长"

美国南北战争期间，林肯总统为了保证战争的绝对胜利，力求选拔没有缺点的人任北军统帅。可事与愿违，他所选拔的这些几乎没有缺点的统帅在拥有众多人力物力、占据优势的情况下，一个个接连被南军将领打败，有一次差点丢了华盛顿。林肯很受震动，经过分析，他发现南军将领都是有明显缺点却又具有个人特长的人。于是林肯毅然任命嗜酒贪杯的格兰特将军为总司令，当时有人告诉他此人好酒，难当大任。林肯却不以为然，他何尝不知道酗酒可能误事，但他更清楚，在诸将领中唯格兰特将军是决胜千里的帅才。后来的事实也证明，格兰特将军的受命正是南北战争的转折点。

人的成长受多种因素的影响和制约。因此，一个人诸方面的发展是不平衡的，必然有所长和有所短。一个人如果没有缺点，那么也就没有什么优点。用人时倘若能有容人之短的度量和用人之长的胆识，就会找到帮助自己获取成功的满意之人。

7. 倾听相反的意见

20世纪初，流传着美国通用汽车公司总经理斯隆的一则故事。他在一次高层决策会议结束时说："诸位先生，在我看来，我们对这次决策都有了完全一致的看法。"与会者频频点头表示同意。斯隆接着说："我宣布休会，此一问题延到下次会议时再讨论。我希望下次会议能听到相反的意见，这也许才能得到对这项决策的真正看法。"该公司之所以能成为当时世界汽车业魁首，与重视相反意见不无关系。

优秀的领导者在做出重大决策之前，绝不武断拍板，总是希望听到相反的意见，其原因主要有4点。首先，相反意见意味着有更多可供选择的方案。倘若只有一种方案，则具有很大的"一锤子买卖"风险性。其次，能进一步优化决策方案。不同意见之间互攻所短，各扬所长，能使各自的利弊得以充分显现，从而取长补短，防止"一失策成千古恨"。再次，不同意见争论的过程就是统一认识的过程，而一旦决策，就能齐心协力地实施，既减少了阻力，又有利于发挥大家的主动性和创造性。最后，"智者千虑，终有一失"。在实施过程中一旦发现决策有误，原来的相反意见往往就是一个现成的补救方案，不至于临渴掘井。卓有成效的决策往往不是从"众口一词"中得来的，而是从互相冲突、七嘴八舌的意见中筛选产生的。胸怀宽阔、谦虚待人、闻"争"则喜，善于从相反意见中汲取有益的营养，是每个领导者应具备的素养。

(资料来源：章立早. 领导艺术案例点评[J]. 秘书，2011，(5)：8~9.)

第 9 章 激 励

教学目标

通过本章的学习，了解激励的过程、激励的作用；熟悉激励的内涵、公平理论、归因理论、挫折理论；掌握需要层次理论、双因素理论、期望理论、强化理论。

教学要求

知识要点	能力要求	相关知识
激励概述	(1) 理解激励的含义 (2) 运用激励过程、作用分析激励原理的能力	(1) 激励的概念 (2) 激励的过程 (3) 激励的作用
人性的假设	运用人性假设分析管理问题	(1) 经济人假设 (2) 社会人假设 (3) 自我实现人假设 (4) 复杂人假设
内容型激励理论	(1) 对理论内涵的理解 (2) 结合实际运用理论分析管理问题	(1) 马斯洛的需要层次理论 (2) 赫茨伯格的双因素理论 (3) 奥尔德弗的ERG理论 (4) 麦克利兰的成就需要理论
过程型激励理论	(1) 对理论内涵的理解 (2) 结合实际运用理论分析管理问题	(1) 弗鲁姆的期望理论 (2) 亚当斯的公平理论
行为修正型激励理论	(1) 对理论内涵的理解 (2) 结合实际运用理论分析管理问题	(1) 斯金纳的强化理论 (2) 亚当斯的挫折理论 (3) 韦纳等人的归因理论
当代激励理论的综合	(1) 运用波特-劳拉综合激励模式分析管理现实问题 (2) 理解各种激励理论之间的关系	波特-劳拉综合激励模式

> 一个没有受过激励的人，仅能发挥其能力的 20%~30%，而当他受到激励时，其能力可以发挥 80%~90%。
>
> ——威廉·詹姆斯

基本概念

激励　经济人假设　社会人假设　自我实现人假设　复杂人假设　需要层次理论　X-Y 理论　双因素理论　ERG 理论　成就需要理论　期望理论　公平理论　强化理论　归因理论　挫折理论

导入案例

驴子与胡萝卜

农夫既想节省胡萝卜而又想让驴子行进，于是，就想了一个办法：把胡萝卜绑在一根棍子上，再把绑着胡萝卜的棍子捆在驴子身上，让胡萝卜摇摇晃晃地挂在驴子的鼻子前，引诱驴子。驴子为了要吃胡萝卜，就往前跨进一步，但是因为棍子是捆在驴子身上的，于是驴子前进一步，胡萝卜也就前移一步，嘴越要咬，脚越会赶，不知不觉中就往前走了。

点评：激励要投其所好。

每个员工都有自己想要的东西，要让员工努力工作，管理者就得研究员工的需要，给其想要的东西，这样才能调动员工的积极性。

9.1　激　励　概　述

组织是由人组成的，组织之间的竞争归根结底是人之间的竞争。如何通过激励手段激发人的潜能以加强组织的竞争力，成为所有管理者每天必须思考的问题。然而美国学者研究却发现，按时计酬的职工一般仅发挥 20%~30%的能力，即可保住职业而不被解雇。如果能受到充分的激励，职工的能力则可发挥到 80%~90%。这巨大的差距就是激励的作用。

特别提示

激励属于心理学和行为科学领域，为了更好地理解和运用激励原理，需要课外更多地涉猎心理学及行为科学方面的知识。

9.1.1　激励的内涵

激励来源于拉丁文的动词 movere，其含义是移动。管理学中所讲的激励是激发和鼓励之意，激发是对人的动机而言的，鼓励则是对人的行为趋向加以控制。激励实际上是一个针对所激励对象的需要，采取外部诱因对其进行刺激，并使被激励对象按激励实施者的要求行动的心理过程。通俗地讲，激励就是调动员工积极性的过程。

第 9 章 激 励

管理学中的激励属于心理学和行为科学领域。激励作为一种内在的心理活动过程或状态，是没有直接观察的外部形态的。但是，由于激励对人的行为具有驱动和导向作用，因此又可以通过行为的表现及效果对激励的程度进行推测。

综上所述，所谓激励，就是管理者通过各种内部和外部的管理手段，刺激人的需要，激发人的动机，使人产生一种内在的驱动力，从而调动其积极性、智慧和创造力，努力朝着管理者所期望的目标前进的心理活动过程。

9.1.2 激励的过程

根据心理学所揭示的规律，人的一切行动都是由某种动机引起的，动机是人类的一种精神状态，它对人的行动起激发、推动、加强的作用。而动机又产生于人们未满足的需要，所谓需要，是指人们对某种目标的渴求和欲望，每个人总有自己未满足的需要，这种未满足的需要是产生行为的原动力。当人们的需要未得到满足时，内心就会产生不安与紧张状态，这种心理紧张就成为一种内在的驱动力，即动机。当动机积累到一定程度，人们就会采取行动以消除这种紧张的心理。这种行为就是组织所希望的工作，行为的结束会产生双重效应：一是组织目标的实现，组织会支付报酬，这种报酬会更加强化人们的动机，从而促进组织希望的行为继续出现；二是个人需要的满足，当个人需要得到满足后，心理紧张消除，在内外部刺激下会产生新的未满足的需要，开始新一轮的激励。这样周而复始，使人们不断向组织所希望的目标前进。激励过程如图 9.1 所示。

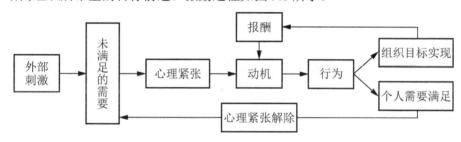

图 9.1 激励过程

从图 9.1 可以看出，一个完整的激励过程包括以下几个要素。

1. 需要

需要是指人们在生存与发展的过程中，感到欠缺某种条件而又力求满足时的心理状态，如饥饿会促使人们寻找食物、孤独会使人寻求关心等。未满足的需要是形成人的行为动机的根本原因。对需要的含义，可以从以下几个方面理解。

(1) 需要是客观需求在主观上的反应。人们通过社会比较，意识到自己缺乏某种东西，同时主观上又迫切地想得到它，就形成了需要。如果只是感到缺乏，而没有力求满足的愿望，也不能形成需要。

(2) 需要都是有客观对象的。需要的对象不外乎两大类：物质需要、精神需要。

(3) 人的需要受环境的影响。需要是社会比较的结果，必然受到社会环境的影响，在不同的社会环境中，人的需要是不一样的。例如，某人的同事都喜欢周末结伴骑车出游，他就有买自行车的需要；某人的同学都考上了研究生，他就有了继续深造的需要。

(4) 需要是人类行为的心理基础，是行为的内动力源泉。人们之所以付出艰辛的努力采取某些行动，是为了追求需要的满足。内心的需要越强烈，所采取的行动就越坚决、持久。

(5) 人的需要是多样而复杂的。人的需要是多种多样的，既有物质的也有精神的，既有经济的也有社会的，既有主导需要也有次要需要。

(6) 人的需要是变化的。人的需要是因人而异、因时而异、因事而异的，是随时随地处于变化中的，这一特点即使通过引导改变人的需要成为可能，又给判断人的需要提出了难题。

2. 动机

动机是建立在需要的基础上的。动机是鼓励和引导一个人为实现某一目标而行动的内在力量，是一个人产生某种行为的直接原因。动机产生的根源是人为了满足某种需要而产生的紧张的状态。当人们产生某种需要而未能满足时，就会引起人们的欲望，这种欲望会使人处于一种不安和紧张状态，从而成为某种行为的内驱力。心理学上把这种内驱力称为动机。一个人是否愿意从事某项工作及工作积极性的高低，完全取决于他是否具有从事这项工作的动机及动机的强弱。

动机产生有两个原因：驱力、诱因。驱力是指人的内在需要和愿望，诱因是指外部刺激。其中驱力是产生动机的根本原因，诱因是产生动机的外部条件。

3. 外部刺激

外部刺激是指在激励过程中，人们所处的外部环境中各种影响需要的条件和因素，是产生需要的外部诱因。在组织管理中，外部刺激主要是管理者为实现组织目标而对被管理者所采取的各种管理手段和所营造的各种管理环境。

4. 行为

管理学中的行为是指人的机体在环境影响下所引起的内在生理和心理变化的外在反应。如前所述，人的行为是建立在需要和动机的基础上的，即需要产生动机，动机促成行为。动机对于行为意义重大，表现在 3 个方面：一是始发功能，即动机是推动行为的原动力；二是选择功能，即动机决定个体的行为方向；三是维持和协调功能，当行为达成目标时，相应的动机会强化，促使行为持续下去，相反，目标没有达成，动机就会减弱，行为的积极性就会降低甚至停止。

需要注意的是，并不是每个动机都必然会引起行为，这取决于两个方面：一是动机的多少，在多种动机下，只有优势动机才会引发行为；二是动机的强弱，动机必须积累到足够的强度才能引发行为。管理者需要做的是想方设法引导、开发、迎合员工的需要，强化员工的动机，刺激员工产生有利于组织的行为。

9.1.3 激励的作用

激励的作用体现在以下 4 个方面。

1. 有利于组织目标的实现

组织目标的实现需要包括资金、设备和技术等多种因素的支持，但最关键的是人，组织的目标是由人的行为来实现的，而人的行为则是由积极性推动的。若没有人的积极性或积极性不高，再雄厚的资金、再先进的技术都无法保证组织目标的真正实现。那么积极性从何而来呢？又如何使已有的积极性继续保持呢？答案是激励。著名的美国通用食品公司总裁 C.弗朗克斯曾说："你可以买到一个人的时间，你可以雇用一个人到指定的岗位工作，你甚至可以买到按时或按日计划的技术操作，但你买不到热情，你买不到主动性，你买不到全身心的投入……"而激励却能做到这些，从而有利于组织目标的实现。

2. 有利于开发人的巨大潜能

除了日常所表现的能力之外，人的身上还存在着许多尚未表现出来或发掘出来的能力，这就是潜能。人的潜能是惊人的。根据美国哈佛大学詹姆斯教授的一项研究发现：一般情况下，人们只需要发挥 20%～30%的能力就能应付自己的工作，但如果给予他们充分的激励，其能力就能发挥到 80%～90%，甚至更高，并能在工作中始终保持高昂的热情。从而可以看出，平时状态中的能力只相当于激励状态下的 1/3 或 1/4，或者说，激励能激发人的 3～4 倍于平时能力的潜能，由此可见激励的重要性。

3. 有利于引导组织中个人目标与组织目标的统一

组织中的个人都有其个人目标和个人需要，这是保持其行为的基本动力。个人目标和组织目标之间既有一致性又存在许多差异，这就产生了矛盾。当个人目标与组织目标一致时，个人目标有利于组织目标，但当两者发生背离时，个人目标往往会干扰甚至阻碍组织目标的实现。这时组织可以通过激励强化那些符合组织要求的行为，惩罚那些不符合组织要求的行为，以个人利益和需要的满足为基本作用力促使个人原有行为方向或方式的调整和转变，从而引导组织中的人把个人目标统一于组织目标之中。

4. 有利于提高组织成员的社会责任感和自身素质

通过对优秀人物和先进事件的表扬及奖励、对不良行为的批评和惩罚，激励能起到一种示范作用，引导组织成员提高自己对社会要求和组织要求的认识，树立正确的人生观、是非观、价值观等，并用于监督和约束自己的思想和行为。激励还具有激发成员荣誉感和羞耻感、培养成员积极的进取心和坚强意志的作用。这些有利于提高成员的社会责任感和自身素质。

9.2 人性的假设

在日常管理实践中，管理者采取什么样的激励手段，与管理者对下属的人性假设有很大的关系，所以在研究激励理论之前，有必要先介绍一下有关人性假设的相关内容。

美国管理学家埃德加·沙因综合了梅奥的人际关系学说、麦格雷戈的 X-Y 理论和马斯洛的需要层次理论，加上自己的观点，提出以下 4 种关于人的本性的假设：经济人假设、社会人假设、自我实现人假设和复杂人假设。

知识链接

埃德加·沙因是美国麻省理工学院斯隆商学院的教授，1947 年毕业于芝加哥大学教育系，1949 年在斯坦福大学取得社会心理学硕士学位，1952 年在哈佛大学取得博士学位，此后一直任职于麻省理工学院斯隆商学院。在组织文化领域中，他率先提出了关于文化本质的概念，对文化的构成因素进行了分析，并对文化的形成、文化的同化过程提出了独创的见解。埃德加·沙因是在国际上享有盛誉的实战派管理咨询专家，"企业文化"一词被业界公认为是由他"发明"的。

9.2.1 经济人假设

1. 经济人假设的含义

经济人假设起源于英国经济学家亚当·斯密的关于劳动交换的经济理论。亚当·斯密认为，人的本性是懒惰的，必须加以鞭策；人的行为动机源于由经济和权力维持的员工的效力和服从。

美国工业心理学家麦格雷戈在他的《企业中人的方面》(1960)一书中，提出了两种对立的管理理论：X 理论和 Y 理论。其中 X 理论就是对经济人假设的概括。(X、Y 理论将在后面的章节介绍)

经济人假设认为，人是经济人，经济人就是以完全追求物质利益为目的的而进行经济活动的主体，人都希望以尽可能少的付出，获得最大限度的收获，并为此可不择手段。经济人的意思为理性经济人，也可称实利人。这是古典管理理论对人的看法，即把人当做经济动物来看待，认为人的一切行为都是为了最大限度地满足自己的私利，工作的目的只是为了获得经济报酬。

2. 相应的管理措施

根据经济人假设，管理者必然会采取相应的管理措施，可以归纳为以下 3 点。

(1) 管理工作的重点在于提高生产率、完成生产任务，而对于人的感情和道义上应负的责任，则是无关紧要的。简单地说，就是重视完成任务，而不考虑人的情感、需要、动机、人际交往等社会心理因素。从这种观点来看，管理就是计划、组织、经营、指导、监督。这种管理方式称为任务管理。

(2) 管理工作只是少数人的事，与广大工人群众无关。工人的主要任务是听从管理者的指挥。

(3) 在奖励制度方面，主要是用金钱来刺激工人的生产积极性，同时对消极怠工者采用严厉的惩罚措施，即"胡萝卜加大棒"的政策。

3. 对经济人假设的评价

经济人假设曾盛行于 20 世纪初到 30 年代的欧美企业管理界。这种理论改变了当时放任自流的管理状态，加强了社会对消除浪费和提高效率的关心，促进了科学管理体制的建立。这对我国目前的管理实践有一定借鉴作用。但经济人假设也有很大的局限性。

(1) 经济人假设是以享乐主义哲学为基础的，它把人看成完全理性的、天生懒惰而不

第9章 激励

喜欢工作的自然人。这是20世纪初个人主义价值观点统治思想的反映,泰勒从企业家与工人都有的赢利心来寻求提高效率的根源,把人看成机器。这与马克思主义的人是社会的人、人的本质就是社会关系的总和的观点是相对立的。

(2) 经济人假设的管理是以金钱为主的机械的管理模式,否认人的主人翁精神,否认人的自觉性、主动性、创造性与责任心。经济人假设认为,由于人是天性懒惰的,因而必须采用强迫、控制、奖励与惩罚等措施,以便促使人们达到组织目标。

(3) 经济人假设认为,大多数人缺少雄心壮志,只有少数人起统治作用,因而把管理者与被管理者绝对对立起来,反对工人参与管理,否认工人在生产中的地位与作用,其人性观是完全错误的。

9.2.2 社会人假设

1. 社会人假设的含义

社会人假设的理论基础是人际关系学说,社会人又称社交人。社会人假设最早来自于梅奥主持的霍桑实验(1924—1932年)。梅奥认为,人是有思想、有感情、有人格的活生生的社会人,人不是机器和动物。作为一个复杂的社会成员,金钱和物质虽然对其积极性的产生具有重要影响,但是起决定因素的不是物质报酬,而是职工在工作中发展起来的人际关系。之后又经英国塔维斯托克学院煤矿研究所再度验证。后者发现,在煤矿采用长壁井采法先进技术后,生产力理应提高,但由于破坏了原来的工人之间的社会组合生产力反而下降了。后者吸收了社会科学的知识,重新调整了生产组织,生产力就上升了。这两项研究的共同结论是人除了物质需要外,还有社会需要,人们要从社会关系中寻找乐趣。

知识链接

乔治·埃尔顿·梅奥于1880年出生于澳大利亚的阿德莱德,20岁时在澳大利亚阿德莱德大学取得逻辑学和哲学硕士学位,应聘至昆士兰大学讲授逻辑学、伦理学和哲学。后赴苏格兰爱丁堡研究精神病理学,对精神上的不正常现象进行分析,从而成为澳大利亚心理疗法的创始人。

1922年梅奥在洛克菲勒基金会的资助下移居美国,在宾夕法尼亚大学沃顿管理学院任教。期间,梅奥曾从心理学角度解释产业工人的行为,认为影响因素是多重的,没有一个单独的要素能够起决定性作用,这成为他后来将组织归纳为社会系统的理论基础。1923年梅奥在费城附近一家纺织厂就车间工作条件对工人的流动率、生产率的影响进行实验研究。1926年他进入哈佛大学工商管理学院专事工业研究,以后一直在哈佛大学工作直到退休。梅奥代表著作有《工业文明的人类问题》、《工业文明的社会问题》。

社会人假设认为,在社会上活动的员工不是各自孤立存在的,而是作为某一个群体的一员有所归属的社会人,是社会存在。人具有社会性的需求,人与人之间的关系和组织的归属感比经济报酬更能激励人的行为。社会人不仅有追求收入的动机和需求,他在生活、工作中还需要得到友谊、安全、尊重和归属等。因此,社会人假设为管理实践开辟了新的方向。社会人假设的管理理论的代表人物主要有梅奥、马斯洛、赫茨伯格和麦格雷戈等。

2. 相应的管理措施

根据社会人假设，管理者必然会采取相应的管理措施，可以归纳为以下几点。

(1) 管理人员不应只注重完成生产任务，而应把重点放在关心人和满足人的需要上。

(2) 管理人员不能只注重指挥、监督、计划、控制和组织等，而更应重视职工之间的关系，培养和形成职工的归属感和整体感。

(3) 在实际奖励时，提倡集体的奖励制度，而不主张个人奖励制度。

(4) 管理人员的职能也应有所改变，不应只限于制订计划、组织工序、检验产品，而应在职工与上级之间起联络人的作用。一方面，要倾听职工的意见和了解职工的思想感情；另一方面，要向上级呼吁、反映。

(5) 提出参与管理的新型管理方式，即让职工和下级不同程度地参加企业决策的研究和讨论。

(6) 重视和发挥非正式组织的积极作用，使员工的目标和企业的目标一致。

3. 对社会人假设的评价

(1) 随着社会生产力的发展、企业之间竞争的加剧和企业劳资关系的紧张，管理者开始重新认识"人性"问题。从经济人假设到社会人假设、从以工作任务中心的管理到以职工为中心的管理无疑是在管理思想与管理方法上进了一步。资本家实行参与管理，满足工人一些需要，在企业中确实起到了缓和劳资矛盾的效果。在这方面，西方尤其是许多企业都收到了显著的效果。同时，社会人假设的出现开辟了管理和管理理论的一个新领域，并且弥补了古典管理理论的不足，为以后行为科学的发展奠定了基础。尽管如此，社会人假设也存在不可摆脱的局限性。

(2) 社会人假设中的人际关系并未改变资本主义社会的雇用关系、剥削关系，也没涉及社会生产关系的改变，因而它不能解决资本主义社会的阶级矛盾与冲突。例如，我国企业实行民主管理的目的是发展生产力，不断提高人民群众的物质和文化生活水平；资本主义企业让职工参与管理的目的是提高企业效益，追求资本利润；我国国有企业普遍有职工代表大会，保证工人行使民主权利，企业领导和工人在政治、经济地位上是平等的同志式的关系，而资本主义社会的职工参与管理并不能保证劳动者的合法权益，资本家和劳动者之间处于剥削与被剥削的雇用关系。

(3) 社会人假设认为，人与人之间的关系对于激发动机、调动职工积极性是比物质奖励更为重要的，这一点对于企业制定奖励制度有一定参考意义。但社会人假设过于偏重非正式组织的作用，对正式组织有放松研究的趋向。这是一种依赖性的人性假设，对人的积极主动性及其动机研究还缺乏深度。

9.2.3 自我实现人假设

1. 自我实现人假设的含义

自我实现人假设是 20 世纪 50 年代末由马斯洛、阿吉里斯、麦格雷戈等人提出的。所谓自我实现，是指人都需要发挥自己的潜力，表现自己的才能，只有人的潜力充分发挥出来，人的才能充分表现出来，人才会感到最大的满意。这种假设认为，人有好逸恶劳的天性，人的潜力需要充分挖掘，才能得以发挥。这就要求企业应把人作为宝贵的资源，通过富有挑战性的工作以激发员工的成就感，使其得到内在激励。

自我实现人假设认为，人是有自我价值、自我激励和自我控制的需要的，人都要求提高和发展自己的能力并充分发挥个人的潜能。它把人的精神和利益上的需要都提到空前的高度，认为组织要想得到发展，就要使个人的利益得到最大限度地满足，为个人发挥潜能提供富有挑战性的工作，建立良好的激励机制，并通过充分的授权来实现个人能力。这种假设认为，只要组织工作富有吸引力和创造力，能够满足员工的成就感，个人就会具有内在的激励，通过自我激励来实现目标。这种假设对人的价值做出了充分的肯定，但忽略了外部环境的作用和影响。

2. 相应的管理措施

根据自我实现人假设，管理者必然会采取相应的管理措施，可以归纳为以下几点。

(1) 经济人假设把管理重点放在生产管理上，重物轻人；社会人假设则将满足人的社会和心理需要作为管理重点，重视人的作用和人际关系，把物质因素置于次要地位；而自我实现人假设的专注点却转移至工作环境上，即创造一个适宜的工作环境和工作条件，以利于人们充分发挥自己的潜力和能力，实现自我。

(2) 管理者的职责在于排除使人的才智难以充分发挥的障碍，创造适宜的工作环境，根据不同人的不同需求，分配其富有意义和挑战性的工作。

(3) 关于如何调动人的积极性，经济人假设的管理是运用物质刺激；社会人假设的管理是满足人的社会需要，搞好人际关系，这些均是外在激励；自我实现人假设的管理，则采用更深刻、更持久的内在激励。近些年，西方国家的工作重新设计(即工作扩大化、丰富化)、企业内的民主参与制度、自我培训计划、提高工作和生活质量、满足员工高层次需要等，均是激发员工内在积极性的管理方法。

(4) 以自我实现人假设为基础的管理意图，是保证员工充分发挥自己的才能，充分发挥积极性、创造性的管理制度，实施管理权力下放，建立决策参与制度、提案制度、劳资会议制度及制订发展计划，将个人需要与组织目标相结合。

(5) 制订企业和员工个人的发展计划，把个人目标和组织目标结合起来。

3. 对自我实现人假设的评价

(1) 自我实现人假设是资本主义高度发展的产物。在机械化生产条件下，工人的工作日益专业化，特别是传送带工艺的普遍运用，把工人束缚在狭窄的工作范围内。工人只是重复简单、单调的动作，看不到自己的工作与整个组织任务的联系，工作的"士气"很低，影响产量和质量的提高。正是在这种情况下，才提出了自我实现人假设和Y理论，并采取了相应的管理措施，如工作重新设计等。

(2) 从理论上来看，自我实现人的理论基础是错误的。人既不是天生懒惰的，也不是天生勤奋的，此外，人的发展也不是自然成熟的过程。自我实现人假设认为人的自我实现是一个自然发展过程，人之所以不能充分地自我实现(马斯洛自己也承认，现实社会中真正达到自我实现的人是极少数)，是由于受到环境的束缚和限制。实际上，人的发展主要是社会影响，特别是社会关系影响的结果。

(3) 在批判其错误观点的同时，其中一些管理措施也值得借鉴。例如，如何在不违反集体利益的原则下为职工和技术人员创造较适当的客观条件，以利于充分发挥个人的才能。又如，把奖励划分为外在奖励和内在奖励，与人们所说的物质奖励和精神奖励有一定的类似，可以吸取其中对人们有用的奖励形式。再如，自我实现人假设中包含企业领导人要相信职工的独立性、创造性的含义，这对提高管理效率是有积极作用的等。

9.2.4 复杂人假设

1. 复杂人假设的含义

复杂人假设是 20 世纪 60 年代末至 70 年代初由沙因提出的。根据这一假设，提出了一种新的管理理论，与之相应的是超 Y 理论。

超 Y 理论具有权变理论的性质，是由摩尔斯、洛斯奇分别对 X 理论和 Y 理论的真实性进行实验研究后提出来的。

他们认为，X 理论并非一无用处，Y 理论也不是普遍适用，应该针对不同的情况，选择或交替使用 X、Y 理论，这就是超 Y 理论。

复杂人假设认为，组织中存在着各种各样的人，不能把所有人都简单化、一般化地归为前述某一种假设之下，而应看到不同的人甚至同一个人在不同情况下会有不同的动机和需要。因此，激励的措施也应因人而异、灵活机动。

复杂人假设的主要内容如下。

(1) 每个人都有许多不同的需求和动机。人的工作动机是复杂而且多变的，许多动机安排在多种多样的需要层次中。这种动机层次的构成不仅因人而异，而且同一个人也会因时、因地而异。各种动机之间交互作用、交互影响从而形成复杂的动机模式。

(2) 人在组织中可以获得新的需求和动机。因此，一个人在组织中所表现出来的动机模式是其原有的动机与组织经验相互作用的结果。

(3) 人在不同的组织和部门中可能表现出不同的动机。在正式组织中不能合群的人，在非正式组织中很可能满足其社会需要和自我实现的需要。因此，在某些复杂的组织中，可以利用成员的不同动机来达到组织的目标。

(4) 一个人在组织中是否感到满意，是否愿意为组织尽力，取决于其本身的动机结构和同组织之间的相互关系。工作的性质、自身的工作能力和技术水平、动机的强弱及与同事之间的相处状况，都可能对此产生影响。

2. 相应的管理措施

根据复杂人假设，要求管理人员根据具体的人的不同，灵活地采取不同的管理措施，即因人、因事而异，不能千篇一律。根据复杂人的观点，产生了权变理论。权变理论认为，不存在对任何时代、任何组织或任何人都普遍适用的管理模式，管理应强调因地制宜、随机应变，即管理方法必须要富有弹性。

3. 对复杂人假设的评价

复杂人假设强调根据不同的具体情况，针对不同的人采取灵活机动的管理措施，对于管理工作是有一定的启发意义的。但复杂人假设只强调人们之间差异性的一面，而在某种程度上忽视了人们共性的一面，是片面的。在阶级社会中，人们的共性首先是由在生产关系中所处的地位所决定的阶级性,对于人的阶级性,复杂人假设避而不谈,这说明,复杂人假设并未摆脱历史唯心主义观点。

综上所述,可以看到,在西方管理心理学中,从经济人假设,提出 X 理论;从社会人假设,提出人际关系理论;从自我实现人假设,提出 Y 理论;从复杂人假设,提出权变理论。这些人性假设的介绍,不仅能让人们了解西方管理心理学中关于人性观点的演变过程,更重要的是促使人们思考一个问题:如何看待组织中的职工,并以此来确定管理原则。这也是学术界和企业界需要深入研究的一个重要问题。

9.3 激励理论

随着经济与社会的发展,出现了劳动分工与交易,而激励问题就是伴随着劳动分工与交易而出现的。激励理论是行为科学中用于处理需要、动机、目标和行为四者之间关系的核心理论。行为科学认为,人的动机来自需要,由需要确定人的行为目标,激励则作用于人的内心活动,激发、驱动和强化人的行为。

主要的激励理论有三大类,分别为内容型激励理论、过程型激励理论和行为修正型激励理论。

9.3.1 内容型激励理论

内容型激励理论属于心理学范畴,主要研究激励的原因与满足人们需要的内容,即人们需要什么就满足什么,从而激发人们的动机。通俗地讲,就是研究给人们什么东西,才能调动人们工作积极性的问题。下面主要介绍需要层次理论、双因素理论、ERG 理论、成就需要理论。

1. 马斯洛的需要层次理论

马斯洛(1908—1970)于 1943 年初次提出了需要层次理论,他把人类纷繁复杂的需要分为生理的需要、安全的需要、社交的需要、尊重的需要和自我实现的需要 5 个层次,如图 9.2 所示。

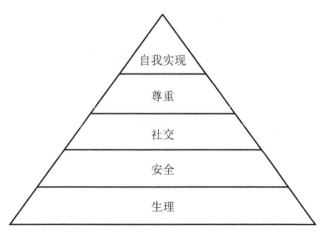

图 9.2 马斯洛的需要层次

知识链接

1954 年，马斯洛在《激励与个性》一书中又把人的需要层次发展为 7 个，由低到高的 7 个层次：生理的需要、安全的需要、社交的需要、尊重的需要、求知的需要、求美的需要和自我实现的需要。

生理的需要——人们最原始、最基本的需要，如空气、水、吃饭、穿衣、性欲、住宅、医疗等。若不满足，则有生命危险。这就是说，生理的需要是最强烈的不可避免的最低层次需要，也是推动人们行动的最基本的动力。

安全的需要——包括两种：人身财产安全需要和工作安全需要。人身财产安全需要是指所有人都不希望自己人身受到伤害，都希望自己的财产不被侵害。工作安全需要是希望自己劳动安全、职业安全、未来有保障等。安全需要比生理需要较高一级，当生理需要得到满足以后就要保障这种需要。

社交的需要——也称友爱与归属的需要，是指个人渴望得到家庭、团体、朋友、同事的关怀、爱护、理解，是对友情、信任、温暖、爱情的需要。社交的需要比生理和安全的需要更细微、更难捉摸，其与个人性格、经历、生活区域、民族、生活习惯、宗教信仰等都有关系，这种需要是难以察悟、无法度量的。

尊重的需要——一般人会理解为别人对自己的尊重，但问题是如何获得别人对自己的尊重？要求人们首先要学会自尊，然后尊重别人，这样才可能换来别人对自己的尊重，没有自尊的人即便他一味地尊重对方，也未必能换来别人对他的尊重。

 管理故事

有自尊的人才有尊严

几十年前，挪威一位青年男子漂洋到法国，他要报考著名的巴黎音乐学院。考试的时候，尽管他竭力将自己的水平发挥到最佳状态，但主考官还是没能看中他。身无分文的青年男子来到学院外不远处一条繁华的街上，勒紧裤带在一棵榕树下拉起了手中的琴。他拉了一曲又一曲，吸引了无数人的驻足聆听。饥饿的青年男子最终捧起自己的琴盒，围观的人们纷纷掏钱放入琴盒。一个无赖鄙夷地将钱扔在青年男子的脚下，青年男子看了看无赖，最终弯下腰拾起地上的钱递给无赖说："先生，您的钱丢在了地上。"无赖接过钱，重新扔在青年男子的脚下，再次傲慢地说："这钱已经是你的了，你必须收下！"青年男子再次看了看无赖，深深地对他鞠了个躬说："先生，谢谢您的资助！刚才您掉了钱，我弯腰为您捡起。现在我的钱掉在了地上，麻烦您也为我捡起！"无赖被青年出乎意料的举动震撼了，最终捡起地上的钱放入青年男子的琴盒，然后灰溜溜地走了。围观的人群中有双眼睛一直默默关注着青年男子，是刚才的那位主考官。他将青年男子带回学院，最终录取了他。这位青年男子叫比尔撒丁，后来成为挪威小有名气的音乐家，他的代表作是《挺起你的胸膛》。

当我们陷入生活最低谷的时候，往往会招致许多无端的蔑视；当我们处在为生存苦苦挣扎的关头，往往又会遭遇肆意践踏你尊严的人。针锋相对的反抗是我们的本能，但往往会让那些缺知少德者更加暴虐。因此，不如理智应对，以一种宽容的心态展示并维护我们的尊严。那时你会发现，任何邪恶在正义面前都无法站稳脚跟。弯弯腰，拾起你的尊严！

自我实现的需要——最高等级的需要。满足这种需要就要求完成与自己能力相称的工作，最充分地发挥自己的潜在能力，成为所期望的人物。这是一种创造的需要。有自我实现的需要的人，竭尽所能使自己趋于完美。自我实现意味着充分地、活跃地、忘我地、集中全力地、全神贯注地体验生活、实现理想。

 知识链接

亚伯拉罕·马斯洛(1908—1970)出生于纽约市布鲁克林区，智商高达 194，是美国社会心理学家、人格理论家和比较心理学家，人本主义心理学的主要发起者和理论家，心理学第三势力的领导人。马斯洛于 1926 年入康奈尔大学，3 年后转至威斯康星大学攻读心理学，在著名心理学家哈洛的指导下，1934 年获得博士学位，之后，留校任教。1935 年在哥伦比亚大学任桑代克学习心理研究工作助理。1937 年任纽约布鲁克林学院副教授。1951 年被聘为布兰迪斯大学心理学教授兼系主任。1969 年离任，成为加利福尼亚劳格林慈善基金会第一任常驻评议员。第二次世界大战后转到布兰迪斯大学任心理学教授兼系主任，开始对健康人格或自我实现者的心理特征进行研究。1967—1970 年曾任美国心理学学会主席。是《人本主义心理学》和《超个人心理学》两个杂志的首任编辑。

1) 需要层次理论的内涵

(1) 肯定了人是有需要的，而且人的需要有多种，分别是生理的需要、安全的需要、社交的需要、尊重的需要、自我实现的需要。

(2) 人存在主导需要，不同的人在不同的时期其主导需要是不一样的，只有满足人们的主导需要，对人的激励作用才最大。或者人最大的内在驱动力来自于其主导需要的追求与满足。

(3) 这 5 种需要不是并列的，是从低到高排列的，排列顺序如图 9.2 所示。当较低层次的需要得到满足以后人们才会去追求较高层次的需要。

(4) 人们在追求较高层次的需要时，较低层次的需要并没消失，只是不再成为主导需要。

2) 需要层次理论的启示

(1) 需要层次理论把人的需要分为 5 个层次，揭示了人类有多种需要的特征，有其刻意的因素，对研究人的需要有一定的参考价值。

(2) 需要层次理论提出人的需要有一个从低到高的过程，在一定程度上反映了人类需要发展的一般规律。

(3) 需要层次理论的精华在于重视人的需要，强调尊重人、关心人。对了解和关心员工的需要，并根据不同情况采取不同措施，合理地予以满足，以调动员工的积极性，有启发意义。

(4) 需要层次理论指出在某一时期，只有一种需要占主导地位，其他需要则处于从属地位。这告诉人们，要提高对员工的激励效果，除了要一般性地了解员工的需要以外，更要研究员工某一时刻的主导需要。因为满足员工的主导需要，对员工的激励作用最大。

3) 需要层次理论的不足

(1) 5 种需要层次的划分过于机械，或者说，需要归类有重叠倾向，如一个人需要工作，不仅是安全的需要，也有社交、尊重的需要。

(2) 需要并不一定按照等级层次递增，如革命时期，仁人志士的生理的需要都不能得到满足，但他们依然在追求自我价值的实现——为革命理想而奋斗。

(3) 人的动机是行为的原因，但需要层次理论强调人的动机是由人的需要决定的。

(4) 一个人的人生观、价值观等会影响需要层次理论对人的激励作用。人的较低层次的需要满足以后，未必一定追求更高层次的需要。

(5) 需要满足的标准和程度是模糊的。一个人甚至自己都无法准确判断自己的某种需要是否已经被完全满足。更何况，在不同时空下，人们对某种需要的满足标准是不一样的。

2. 赫茨伯格的双因素理论

美国心理学家赫茨伯格等人，采用"关键事件法"对 200 多名工程师和会计师进行了调查访问，于 1959 年提出了双因素理论，又称保健-激励因素理论。

知识链接

弗雷德里克·赫茨伯格(1923—2000)，曾获得纽约市立学院的学士学位和匹兹堡大学的博士学位，以后在美国和其他 30 多个国家从事管理教育和管理咨询工作，是犹他大学的特级管理教授，曾任美国凯斯大学心理系主任。在激励因素取得成功以后，经过一段时间的间歇，赫茨伯格回到了与他于 1968 年在《哈佛商业评论》杂志上发表过的一篇论文的争论上，这篇论文的题目是"再问一次，你如何激励员工？"重印后共售出 100 万份的成绩使其成为该刊有史以来最受欢迎的文章。赫茨伯格还在各种学术刊物上发表了《再论如何激励员工》等 100 多篇论文。在美国和其他 30 多个国家，他多次被聘为高级咨询人员和管理教育专家。访问主要围绕两个问题：在工作中，哪些事项是让他们感到满意的，并估计这种积极情绪持续多长时间；又有哪些事项是让他们感到不满意的，并估计这种消极情绪持续多长时间。

赫茨伯格在管理学界的巨大声望，是因为他提出了著名的双因素理论。双因素理论是他最主要的成就，在工作丰富化方面，他也进行了开创性的研究。

1) 双因素理论内涵

(1) 激励因素。赫茨伯格认为，引起员工满意和不满意的因素是不一样的。引起员工满意的因素是与工作本身有关的，如工作富有成就感、自豪感，工作成绩能得到承认，工作本身具有挑战性，工作中负有重大责任，所从事的工作能促使员工在职业上发展成长，由于工作出色而额外得到的奖励、职务晋升、国外进修机会等。这些因素都是员工由于工作出色，在基本劳动付出都得到补偿以后而"额外"得到的"奖励"。这类因素具有这样的特点：如果得到改善，员工就会非常满意(即员工会感到意外的惊喜)，就会被激励从而更加努力地工作；但相反，如果这些因素没有得到改善，员工未必就不满意(引起员工不满意的因素是其他方面)，只是没有满意(即没有意外惊喜)而已。赫茨伯格把这类因素称为激励因素。

(2) 保健因素。引起员工不满意的因素是与工作条件和工作环境有关的，如物质工作条件、办公设施设备、基本工资、福利、安全措施、政策、工作监督、人际关系、管理措施等。这些因素都是员工开展正常工作所必需要具备的条件，和由于前期的劳动付出而理所当然应该得到的补偿。如果没有提供这些因素，员工的前期劳动付出不能得到及时、足额的补偿，工作不能正常开展。这些因素的特点是：如果不能够提供这些因素，员工会非常不满意，积极性会受到极大打击，会意志消沉，连最基本的工作状态都没法保证；但相反，如果提供了这些因素，员工也不会因此而被激励，从而更加努力地额外工作，只是没有不满意，即没有抱怨而已。赫茨伯格把这类因素称为保健因素。

(3) 满意与不满意的关系。基于以上分析，赫茨伯格认为，传统的观点——满意的对立面是不满意是不确定的。满意的对立面应该是没有满意，不满意的对立面应该是没有不满意，如图 9.3 所示。保健因素的作用是尽量消除不满意，保持没有不满意的基本、正常工作状态；激励因素的作用是让员工感到满意，从而受到激励，额外努力地工作。

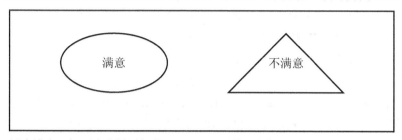

没有满意：矩形中非椭圆部分　　　　没有不满意：矩形中非三角形部分

图 9.3　没有满意与没有不满意图示

2) 双因素理论对管理的重要启示

(1) 管理者要善于区分保健因素和激励因素。究竟哪些是保健因素哪些是激励因素，必须是员工自己认为是，而不是管理者想当然地认为是。

(2) 要通过保健因素保持基本的工作状态。管理者要意识到，保健因素是必须要提供给员工的，如果没有，势必会导致正常的工作都无法开展，但即便有了，也未必能起到激励作用。

(3) 要通过激励因素激励员工的工作积极性。管理者要意识到，要调动员工的工作积极性，在保障基本的工作条件的前提下要让员工有额外的收获、感到非常满意，员工才会被激励从而额外努力地工作。

(4) 不要混淆保健因素和激励因素，既不要把激励因素当做保健因素来发放，更不要只通过保健因素的发放就试图让员工更加努力地工作。

双因素理论是以工程师、会计师为样本进行研究的，而研究样本属于典型的知识型员工，所以双因素理论更适用于知识型员工。

3. 奥尔德弗的 ERG 理论

美国耶鲁大学的奥尔德弗在马斯洛提出的需要层次理论的基础上，进行了更接近实际经验的研究，提出了一种新的人本主义需要理论。奥尔德弗认为，人们共存在 3 种核心的需要，即生存(existence)的需要、相互关系(relatedness)的需要和成长发展(growth)的需要，因而这一理论被称为 ERG 理论。

 知识链接

克莱顿·奥尔德弗是一位著名的管理学家，是美国耶鲁大学行为学家教授、心理学家。奥尔德弗在马斯洛提出的需要层次理论的基础上，进行了更接近实际经验的研究，提出了一种新的人本主义需要理论——ERG 需要理论。该理论认为人们共有 3 种核心需要,即生存(existence)的需要、相互关系(relatedness)的需要、成长(growth)的需要。

1) 理论内涵

(1) 3 种需要划分。

① 生存的需要,指的是全部的生理需要和物质需要,如吃、住、睡等。组织中的报酬、对工作环境和条件的基本要求等,也可以包括在生存需要中。这一类需要大体上和马斯洛的需要层次中生理和部分安全的需要相对应。

② 相互关系的需要,指人与人之间的相互关系、联系(或称之为社会关系)的需要。这一类需要类似马斯洛需要层次中部分安全的需要、社交的需要,以及部分尊重的需要。

③ 成长的需要,指一种要求得到提高和发展的内在欲望,它指人不仅要求充分发挥个人潜能、有所作为和成就,而且还有开发新能力的需要。这一类需要可与马斯洛需要层次中部分尊重的需要及整个自我实现的需要相对应。

(2) 各个层次的需要得到的满足越少,越为人们所渴望。

(3) 较低层次的需要越是能够得到较多的满足,则较高层次的需要就越渴望得到满足。

(4) 如果较高层次的需要一再受挫,得不到满足,人们会重新追求较低层次需要的满足。这一理论不仅提出了需要层次在满足后的上升趋势,而且也指出了挫折后倒退的趋势,这在管理工作中很有启发意义。

(5) ERG 理论还认为,一个人可以同时有一个以上的需要。

2) ERG 理论的启示

(1) 马斯洛的需要层次是一种刚性的阶梯式上升结构,即认为较低层次的需要必须在较高层次的需要满足之前得到充分的满足,两者具有不可逆性。而 ERG 理论并不认为各类需要层次是刚性结构。例如,即使一个人的生存和相互关系的需要尚未得到完全满足,他仍然可以为成长发展的需要工作,而且这 3 种需要可以同时起作用。这就为激励员工拓宽了思路。

(2) ERG 理论还提出了一种叫做"受挫—回归"的思想。马斯洛认为,当一个人的某一层次需要尚未得到满足时,他可能会停留在这一需要层次上,直到获得满足为止。而 ERG 理论则认为,当一个人在某一更高等级的需要层次受挫时,那么作为替代,他的某一较低层次的需要可能会有所增加。例如,如果一个人社会交往的需要得不到满足,可能会增强他对得到更多金钱或更好的工作条件的愿望。因此,管理措施应该随着人的需要结构的变化而做出相应的改变,并根据每个人不同的需要制定出相应的管理策略。

4. 麦克利兰的成就需要理论

成就需要理论,也称激励需要理论。20 世纪 50 年代初期,美国哈佛大学的心理学家麦克利兰集中研究了人在生理和安全的需要得到满足后的需要状况,特别对人的成就需要进行了大量的研究,从而提出了一种新的内容型激励理论——成就需要理论。

知识链接

戴维·麦克利兰(1917—1998),美国社会心理学家,1987 年获得美国心理学会杰出科学贡献奖。他出生于美国纽约州弗农山庄,因心力衰竭逝于美国马萨诸塞州列克星敦市。

麦克利兰 1938 年获韦斯利恩大学心理学学士,1939 年获密苏里大学心理学硕士学位,1941 年获耶鲁大学心理学哲学博士学位。之后曾先后任康涅狄格女子大学讲师、韦斯利昂大学教授及布林莫尔学院教授，1956年开始在哈佛大学任心理学教授，1987年后转任波士顿大学教授直到退休。1963年，他开创了麦克伯顾问公司，这是一家专业协助管理人员评估和员工培训的公司。同年，他向国际教育协会提交了设立高校七级学术奖学金的方案，旨在激励学生的学习动机。他在《美国心理学家》上发表论文，指出招聘中常用的智商和个性测试对于选取合格员工的无力和不足，他认为企业招聘应建立在对应聘者在相关领域素质的考查基础之上，应采用SAT(scholastic assessment test，学术能力评估测试)方法。他那一度被认为过于激进的想法现今被企业界广为采用。

成就需要理论认为，人在生存需要基本得到满足的前提下，在工作中有3种主要的需要。

1) 成就需要

高成就需要的人总是力求把每一件事情做得更完美、取得超越他人的成就，不断获得新的成功的强烈内驱力。有高度成就需要的人，有极强的事业心，他们总是寻求能够独立处理问题的工作机会，并且希望及时地了解自己工作的成效。他们具有获得成功的强烈动机。高成就者不是赌徒，他们不喜欢靠运气获得成功，他们喜欢接受困难的挑战，能够承担成功或失败的个人责任，而不是将结果归于运气或其他人的行为。重要的是，他们不喜欢那些他们认为非常容易或非常困难的任务。他们想要克服困难，但希望感受到成功或失败是由于他们自己的行为产生的。这意味着他们喜欢具有中等难度的任务。

2) 权力需要

高权力需要的人拥有一种发挥影响力和控制他人的愿望。他们往往会追求组织中的高层职位，大多能言善辩、性格刚强、头脑冷静，总是希望他人服从自己的意志并证明自己是正确的。他们喜欢承担责任，努力影响其他人，喜欢处于竞争性和重视地位的环境。与有效的绩效相比，他们更关心威望和获得对他人的影响力。

3) 归属需要

高归属需要的人拥有寻求被他人喜爱和接纳、力图建立友好亲密的人际关系的愿望与要求。他们往往热心肠，乐于帮助别人，努力寻求友爱，喜欢合作性的而非竞争性的环境，渴望有高度相互理解的关系。

在大量研究的基础上，麦克利兰对成就需要与工作绩效的关系进行了十分有说服力的推断，虽然对于权力需要和归属需要的研究相对较少，但其结果是较为一致的。

第一，高成就需要者喜欢独立负责，可以获得信息反馈和中度冒险的工作环境。在这种环境下，他们可以被高度激励。不少证据表明，高成就需要者在企业中颇有建树，如在经营自己的企业、管理大公司中一个相对独立的部门或处理销售业务等方面。

第二，高成就需要者并不一定就是一个优秀的管理者，尤其是对规模较大的组织来说。

第三，归属需要与权力需要和管理的成功密切相关。最优秀的管理者是权力需要很高而归属需要很低的人。

第四，员工可以通过训练来激发其成就需要。如果某项工作要求高成就需要者，那么管理者可以通过直接选拔的方式找到一名高成就需要者，或者通过培训的方式培养自己原有的下属员工。

9.3.2 过程型激励理论

过程型激励理论是指着重研究人从动机产生到采取行动的心理过程,其主要任务是找出对行为起决定作用的某些关键因素,弄清它们之间的相互关系,以预测和控制人的行为。这类理论表明,要使员工出现企业期望的行为,须在员工的行为与员工需要的满足之间建立起必要的联系。

1. 弗鲁姆的期望理论

期望理论又称效价-手段-期望理论,是美国著名心理学家和行为科学家弗鲁姆于 1964 年在《工作与激励》一书中提出的激励理论。

知识链接

维克托·弗鲁姆,著名心理学家和行为科学家、国际著名管理大师,早年于加拿大麦吉尔大学先后获得学士及硕士学位,后于美国密执安大学获博士学位。他曾在原宾州大学(现名为宾西法尼亚大学)和卡内基梅隆大学执教,并长期担任耶鲁大学管理学院"约翰塞尔"讲座教授兼心理学教授,曾任美国管理学会主席、美国工业与组织心理学会会长。

弗鲁姆于 1998 年获美国工业与组织心理学会卓越科学贡献奖,2004 年获美国管理学会卓越科学贡献奖,是国际管理学界最具影响力的科学家之一。

弗鲁姆教授曾为全球 500 强的大多数公司做过管理咨询,其中包括 GE、联邦快递、贝尔实验室、微软公司等跨国巨头。

1) 期望理论的内涵

期望理论认为,一个员工工作是否努力及努力的程度取决于对 3 个联系的判断:①努力与绩效的联系,即个人通过努力完成任务的可能性;②绩效与奖赏的联系,即个人完成任务后,组织兑现承诺的可能性;③奖赏与个人目标的联系,即个人对奖赏物效价大小的判断。

这种联系可以概括为激励公式:

$$激励力 = 期望值 \times 效价$$

其中,激励力表示受激励动机的强度,即激励作用的大小,它表示一个人为达到目标而努力的程度;期望值表示采取某种行动实现目标可能性的大小,即实现目标的概率;效价表示目标对于满足个人需要的价值,即一个人对某一结果的偏爱程度,或者个人对于激励物价值大小的主观判断(与激励物本身价值大小没有必然联系)。

这种需要与目标之间的关系用过程模式表示即个人努力—个人成绩(绩效)—组织奖励(报酬)—个人需要。

2) 期望理论的启示

期望理论对管理者的启示有以下几个方面。

(1) 要选择员工感兴趣、评价高的激励手段。这一点有两层含义:第一,给员工提供的激励手段一定要员工自己认为值得为之努力,而不一定是管理者认为有价值,同时,效价高的激励物未必是价值高的物品;第二,员工的需要是非常复杂的、多元的,而且随时随地变化的,要求管理者要随时研究被激励者的主导需要,做到有针对性。

 管理故事

比尔·盖茨的钥匙

2001年5月,美国内华达州的麦迪逊中学在入学考试时出了这么一个题目:比尔·盖茨的办公桌上有5只带锁的抽屉,分别贴着财富、兴趣、幸福、荣誉、成功5个标签,盖茨总是只带一把钥匙,而把其他的4把钥匙锁在抽屉里,请问盖茨带的是哪一把钥匙?其他的4把钥匙锁在哪一只或哪几只抽屉里?

一位刚移民美国的中国学生,恰巧赶上这场考试,看到这个题目后,一下慌了手脚,因为他不知道它是一道语文题还是一道数学题。考试结束,他去问他的担保人——该校的一名理事。理事告诉他,那是一道智能测试题,内容不在书本上,也没有标准答案,每个人都可根据自己的理解自由地回答,但是老师有权根据他的观点给一个分数。这位中国学生在这道题上得了5分。老师认为,他没有答一个字,至少说明他是诚实的,凭这一点应该给一半以上的分数。让他不能理解的是,他的同桌回答了这个题目,却仅得了1分。同桌的答案是盖茨带的是财富抽屉上的钥匙,其他钥匙都锁在这只抽屉里。后来,这道题通过电子邮件被发回国内。这位学生在邮件中对同学说,现在我已知道盖茨带的是哪一把钥匙,凡是回答这把钥匙的,都得到了这位大富豪的肯定和赞赏,你们是否愿意测试一下,说不定从中会得到一些启发。

同学们到底给出了多少种答案,我们不得而知。但是,据说有一位聪明的同学登上了美国麦迪逊中学的网页,他在该网页上发现了比尔·盖茨给该校的回函,函件上写着这么一句话:在你最感兴趣的事物上,隐藏着你人生的秘密。

(2) 要重视目标难度设计。要求目标设置不能太高也不能太低。目标太高,如果员工判断即便努力也未必能完成目标,就会放弃努力;目标太低,如果员工判断不需要努力,轻而易举就能完成任务而达到目标,就不会努力去工作。如何设置目标呢?需要考虑两个标准:对大多数员工而言,要求大多数员工通过努力能够完成;对个人而言,要求目标要略高于本人能力。

(3) 工作成绩要与奖酬挂钩。在一个组织中,对许多人来说,做好工作并不是其终极目标。人们总是希望在取得好的成绩后,获得适当的奖励或报酬。如果工作成绩与奖酬之间没有关联,那他的工作热情就很难保持下去。因此,管理者应制定出按劳分配的工资和奖励制度,使员工能够多劳多得。

(4) 管理者要讲诚信。管理者要慎重对下属承诺,一旦承诺就要兑现。虚假的承诺可能欺骗下属一时,而不能欺骗下属永远;可能欺骗一个下属,而不能欺骗所有下属。管理者一旦在下属面前失去诚信,管理效率就会一落千丈。

2. 亚当斯的公平理论

亚当斯的公平理论又称社会比较理论,由美国心理学家亚当斯于1965年提出:员工的激励程度来源于对自己和参照对象的报酬和投入的比例的主观比较感觉。

知识链接

约翰·斯塔希·亚当斯，美国著名心理学家，1965 年提出著名的公平理论，也称社会比较理论。该理论是研究人的动机和知觉关系的一种激励理论，在亚当斯的《工人关于工资不公平的内心冲突同其生产率的关系》(1962，与罗森鲍姆合写)、《工资不公平对工作质量的影响》(1964，与雅各布森合写)、《社会交换中的不公平》(1965)等著作中有所涉及，侧重于研究工资报酬分配的合理性、公平性及其对职工生产积极性的影响。

1) 公平理论的内涵

公平理论基本内容包括 3 个方面。

(1) 公平是激励的动力。公平理论认为，人能否受到激励，不但视他们得到了什么或者得到了多少而定，还要视他们所得与别人所得比较后是否感觉公平而定。

公平理论的心理学依据就是人的知觉对于人的动机的影响关系很大。该理论指出，一个人不仅关心自己本身的所得所失，而且还关心与别人所得所失的关系。人们是以相对付出和相对报酬全面衡量自己的得失的。如果得失比例和他人相比大致相当时，就会心理平静，认为公平合理而心情舒畅；比别人高则令其兴奋，是最有效的激励，但有时过高会带来心虚，不安全感增加；低于别人时产生不安全感，心理不平静，甚至满腹怨气，工作不努力、消极怠工。因此，分配合理性常是激发人在组织中工作动机的因素和动力。

(2) 公平理论的模式(即方程式)。公平理论的基本观点：当一个人做出了成绩并取得了报酬以后，他不仅关心自己所得报酬的绝对量，而且还关心自己所得报酬的相对量。因此，他要进行种种比较来确定自己所获报酬是否合理，比较的结果将直接影响今后工作的积极性。比较方式有两种，一种比较称为横向比较，一种比较称为纵向比较。

① 横向比较。

所谓横向比较，即一个人要将自己获得的"报偿"(包括金钱、工作安排及获得的赏识等)与自己的"投入"(包括教育程度、所做努力、用于工作的时间、精力和其他无形损耗等)的比值与组织内其他人作横向比较，只有相等时他才认为公平。横向比较公式为

$$OP/IP = OC/IC$$

其中，OP 表示自己对自己所获报酬的感觉；OC 表示自己对他人所获报酬的感觉；IP 表示自己对自己所做投入的感觉；IC 表示自己对他人所做投入的感觉。

当上式为不等式时，可能出现以下两种情况。

一是前者小于后者。他可能要求增加自己的收入或减少自己今后的努力程度，以便使左方增大，趋于相等；他也可能要求组织减少比较对象的收入或让其今后增大努力程度以便使右方减少，趋于相等；此外，他还可能另外找人作为比较对象以便达到心理上的平衡。

二是前者大于后者。他可能要求减少自己的报酬或在开始时自动多做些工作，久而久之，他会重新估计自己的技术和工作情况，终于觉得他确实应当得到那么高的待遇，于是产量便又会回到过去的水平了。

② 纵向比较。

所谓纵向比较，即把自己目前投入的努力与目前所获得报偿的比值同自己过去投入的努力与过去所获报偿的比值进行比较，只有相等时他才认为公平。纵向比较公式为

$$OP/IP = OH/IH$$

其中，OH 表示自己对自己过去所获报酬的感觉；IH 表示自己对自己过去投入的感觉。当上式为不等式时，人也会有不公平的感觉，这可能导致工作积极性下降。当出现这种情况时，人不会因此产生不公平的感觉，但也不会感觉自己多拿了报偿从而主动多做些工作。调查和实验的结果表明，不公平感的产生绝大多数是由于经过比较认为自己目前的报酬过低而产生的；但在少数情况下也会由于经过比较认为自己的报酬过高而产生。

(3) 不公平的心理行为。当人们感到受到不公平待遇时，在心里会产生苦恼，呈现紧张不安的状态，导致行为动机下降，工作效率下降，甚至出现逆反行为。个体为了消除不安，一般会出现以下一些行为措施：通过自我解释达到自我安慰，主观上造成一种公平的假象，以消除不安；更换对比对象，以获得主观的公平；采取一定行为，改变自己或他人的得失状况；发泄怨气，制造矛盾；暂时忍耐或逃避。

公平与否的判定受个人的知识、修养的影响，即使外界氛围也是要通过个人的世界观、价值观的改变才能够起作用。

 特别提示

所谓公平，并不是物质上绝对相等，而是员工的一种心理感受。

2) 公平理论的启示

(1) 管理者必须高度重视相对报酬问题。员工对自己的报酬进行横向、纵向比较这是必然的现象。管理者如果不加以重视，很可能出现"增收"的同时亦出现"增怨"的现象，中国自古就有"不患寡而患不均"这种普遍的社会现象。因此，管理者必须始终将相对报酬作为有效激励的方式来加以运用。

(2) 要尽可能实现相对报酬的公平性。我国国有企业改革，打破"大锅饭"，实行"多劳多得，少劳少得"的按劳分配的分配制度正是体现了这种公平理论的要求。

(3) 当出现不公平现象时，要做好工作，积极引导，防止产生负面作用，并通过管理的科学化，消除不公平，或将不公平产生的不安心理引导到正确行事的轨道上来。

9.3.3 行为修正型激励理论

行为修正型激励理论重点研究管理手段对员工接下来工作行为的改造或修正，以期望通过激励手段，将员工接下来的工作行为修正到符合组织目标上来。行为修正型激励理论主要有斯金纳的强化理论、亚当斯的挫折理论、韦纳等人的归因理论等。

1. 斯金纳的强化理论

强化理论是美国哈佛大学心理学教授斯金纳在巴甫洛夫条件反射理论的基础上提出的，又称操作条件反射理论，它着眼于行为的结果，认为人类(或动物)为了达到某种目的，本身就会采取行为作用于环境。当行为的结果有利时，这种行为就重复出现；不利时，这种行为就减弱或消失。

知识链接

斯金纳生于1904年，他于1931年获得哈佛大学的心理学博士学位，并于1943年回到哈佛大学任教，直到1975年退休。斯金纳于1968年曾获得美国全国科学奖章，是第二个获得这种奖章的心理学家。

1) 强化理论的内涵

在管理实践中，常用的强化手段有正强化、负强化、惩罚和自然消退4种类型。

(1) 正强化。又称积极强化，是指对某种行为给予肯定或奖赏，以增强其重复出现的可能性的方法。通俗地讲就是干得好，就奖励。其心理学原理：只要干得好就给以奖励，员工会把干得好与奖励联系起来，认为只要干得好，就能得到奖励；反过来，要得到奖励，就要努力干得好。

(2) 负强化。又称消极强化，是指通过人们不希望的结果的结束，而使行为者得到强化。例如，员工努力按时完成任务，就可以避免领导的批评，于是员工就一直按时努力完成任务。通俗地讲就是干得好，就不罚。其心理学原理：只要干得好就不受罚，员工就会将干得好和不罚联系起来，认为只要干得好，就不会受罚，所以为了不受罚，员工会努力干得好。员工之所以努力完成任务，是为了避免领导的批评。

(3) 惩罚。是指当某种组织不希望的行为出现后，给予其某种带有强制性、威胁性的不利后果，以减少这种行为出现的可能性或消除该行为的方法。例如，当有的员工工作没有做好时，管理者即施以不利的回报，如警告、记过、降职、罚款、开除等。通俗地讲就是干得不好，就罚。其心理学原理：只要干得不好就给以惩罚，员工就会将干得不好与惩罚联系起来，认为只要干得不好，就会受到惩罚；反过来，为了避免惩罚，就只能少干那些不好的事。

(4) 自然消退。自然消退是指对某种组织所不希望的行为不予理睬，以表示对该行为的轻视或某种程度的否定。例如，对于那些喜欢打小报告的人，领导可以采取故意不理会的态度，以使这类人因自讨没趣而自动放弃这种不良行为。通俗地讲就是干得不好，就不理。其心理学原理：如果员工的行为管理者没有理睬，员工就会认为自己的行为是被管理者否定的，这种行为就会逐渐减少或消失。

2) 强化理论的启示

(1) 奖励与惩罚相结合。即对正确的行为，对有成绩的个人或群体给予适当的奖励；同时，对于不良行为，对于一切不利于组织工作的行为则要给予处罚。大量实践证明，奖惩结合的方法优于只奖不罚或只罚不奖的方法。

(2) 以奖为主，以罚为辅。强调奖励与惩罚并用，并不等于奖励与惩罚并重，而是应以奖为主，以罚为辅。因为过多运用惩罚的方法，会带来许多消极的作用，所以在运用时必须慎重。

(3) 及时而正确强化。所谓及时强化，是指让人们尽快知道其行为结果的好坏或进展情况，并尽量地予以相应的奖励；而正确强化就是要赏罚分明，即当出现良好行为时就给予适当的奖励，而出现不良行为时就给予适当的惩罚。及时强化能给人们以鼓励，使其增强信心并迅速地激发工作热情。但这种积极性的效果是以正确强化为前提的。相反，乱赏乱罚绝不会产生激励效果。

(4) 奖人所需,形式多样。要使奖励成为真正强化因素,就必须因人制宜地进行奖励。每个人都有自己的特点和个性,其需要也各不相同,因而人们对具体奖励的反应也会大不一样。因此,奖励应尽量不搞一刀切,应该奖人之所需,形式多样化,只有这样才能达到奖励的效果。

2. 亚当斯的挫折理论

挫折理论是由美国心理学家亚当斯提出的。挫折理论主要揭示人的动机行为受阻而未能满足需要时的心理状态,并由此而引起的行为表现,力求采取措施将消极性行为转化为积极性、建设性行为。管理者应该重视管理中职工的挫折问题,采取措施防止挫折心理给职工和企业安全生产带来的不利影响。

1) 挫折的类型

个体受到挫折与其动机的实现密切相关。人的动机导向目标时,受到阻碍或干扰可有4种情况。

(1) 虽然受到干扰,但主观和客观条件仍可使其达到目标。

(2) 受到干扰后只能部分达到目标或使达到目标的效益变差。

(3) 由于两种并存的动机发生冲突,暂时放弃一种动机,而优先满足另一种动机,即修正目标。

(4) 由于主观因素和客观条件影响很大,动机的结局完全受阻,个体无法达到目标。

在第四种情况下人的挫折感最大,第二和第三种情况次之。挫折是一种普遍存在的心理现象,在人类现实生活中,不但个体动机及其动机结构复杂,而且影响动机行为满足的因素也极其复杂。因此,挫折的产生是不以人们的主观意志为转移的。

2) 挫折对人的不同影响

对于同样的挫折情境,不同的人会有不同的感受。引起某一个人挫折的情境,不一定是引起其他人挫折的情境。挫折的感受因人而异的原因主要是由于人的挫折容忍力不同。所谓挫折容忍力,是指人受到挫折时免于行为失常的能力,也就是经得起挫折的能力,它在一定程度上反映了人对环境的适应能力。对于同一个人来说,对不同的挫折,其容忍力也不相同,如有的人能容忍生活上的挫折,却不能容忍工作中的挫折,有的人则恰恰相反。挫折容忍力与人的生理、社会经验、抱负水准、对目标的期望及个性特征等有关。

挫折对人的影响具有两面性:一方面,挫折可增加个体的心理承受能力,使人猛醒,汲取教训,改变目标或策略,从逆境中重新奋起;另一方面,挫折也可使人们处于不良的心理状态中,出现负向情绪反应,并采取消极的防卫方式来对付挫折情境,从而导致不安全的行为反应,如不安、焦虑、愤怒、攻击、幻想、偏执等。在企业管理中,有的人由于安全生产中的某些失误,受到领导批评或扣发奖金,由于其挫折容忍力小,可能就会发泄不满情绪,甚至采取攻击性行动,在攻击无效时,有可能暂时将愤怒情绪压抑,对安全生产采取冷漠的态度,得过且过。人受挫折后可能产生一些远期影响,如丧失自尊心、自信心,自暴自弃,精神颓废,一蹶不振等。

3) 对挫折的管理措施

在企业安全生产活动中,职工受到挫折后,所产生的不良情绪状态及相伴随的消极性行为,不仅对职工的身心健康不利,而且也会影响企业的安全生产,甚至易于导致事故的发生。因此，应该重视管理中职工的挫折问题，采取措施防止挫折心理给职工和企业安全生产带来的不利影响。对此，可以采取的措施包括：①帮助职工用积极的行为适应挫折，如合理调整无法实现的行动目标；②改变受挫折职工对挫折情境的认识和估价，以减轻挫折感；③通过培训提高职工工作能力和技术水平，增加个人目标实现的可能性，减少挫折的主观因素；④改变或消除易于引起职工挫折的工作环境，如改进工作中的人际关系、实行民主管理、合理安排工作和岗位、改善劳动条件等，以减少挫折的客观因素；⑤开展心理保健和咨询，消除或减弱挫折心理压力。

3. 韦纳等人的归因理论

1958 年，海德在他的著作《人际关系心理学》中，从通俗心理学的角度提出了归因理论，该理论主要解决的是在日常生活中人们如何找出事件的原因。其后，阿布拉姆森、凯利、琼斯和戴维斯等人都对归因理论做过不同的研究。

1974 年，美国心理学家韦纳在前人研究的基础上，提出了自己的归因理论。

知识链接

伯纳德·韦纳(1935—)，美国当代著名教育心理学家和社会心理学家。韦纳于 1952 年进入芝加哥大学学习，1955 年获学士学位，1957 年获硕士学位。1959 年进入密歇根大学，并于 1963 年获得哲学博士学位。1963—1965 年在明尼苏达大学任助教。1965 年至今任洛杉矶加利福尼亚大学心理学教授。在任加利福尼亚大学心理学教授期间，他先后担任过其他几所大学的访问教授。1969—1970 年，他在纽约大学城研究中心任访问教授。接着他又到德国波鸿鲁尔大学做了一年的访问教授。此外，他还先后到过德国芒内奇马克思-普朗克研究所、密歇根大学、华盛顿大学等进行访问研究工作。此外，韦纳还历任美国多种主要心理学刊物，如《认知发展》、《认知和情绪》、《教育心理学杂志》等的顾问或编辑。

1) 归因类型

韦纳认为，人们对行为成败原因的分析可归纳为以下 6 项原因。

(1) 能力，根据自己评估个人对该项工作是否胜任。

(2) 努力，个人反省、检讨在工作过程中曾否尽力而为。

(3) 任务难度，凭个人经验判定该项任务的困难程度。

(4) 运气，个人自认为此次各种成败是否与运气有关。

(5) 身心状况，在工作过程中，个人当时身体及心情状况是否影响工作成效。

(6) 其他因素，个人自认为在此次成败因素中，除上述 5 项外，还有一些其他事关人与事的影响因素(如别人帮助或评分不公等)。

2) 归因的 3 个维度

以上 6 项因素作为一般人对成败归因的解释或类别，韦纳按各因素的性质，将其分别纳入以下 3 个维度之内。

(1) 因素来源：当事人自认为影响其成败因素的来源，是个人条件(内控)，抑或来自外在环境(外控)。在此一向度上，能力、努力及身心状况 3 项属于个人条件，其他各项则属于外在环境。

(2) 稳定性：当事人自认为影响其成败的因素，在性质上是否稳定，是否在类似情境下具有一致性。在此一向度上，6项因素中能力与任务难度两项是不随情境改变的，是比较稳定的，其他各项则均为不稳定者。

(3) 可控性：当事人自认为影响其成败的因素，在性质上是否由个人意愿所决定。在此一向度上，6项因素中只有努力一项是可以凭个人意愿控制的，其他各项均非个人所能为之。

3) 韦纳的归因理论的主要论点

作为对成就需要理论的一个补充，归因理论特别强调成就的获得有赖于对过去工作是成功还是失败的不同归因。如果把成功和失败都归因于自己的努力程度，就会增强今后努力行为的坚持性；反之，如果把成功与失败归因于能力低、任务重这些原因，就会降低自身努力行为的坚持性。运气或机遇是不稳定的外部因素，过分地归因于这一因素会使人产生"守株待兔"的坚持行为，也是具有高成就需要的人所不屑为之的。总之，只有将失败的原因归因于内外部的不稳定因素时，即努力的程度不够和运气不好时，才能使行为人进一步坚持原行为。

韦纳认为，教育和培训将使人在成就方面发生激励变化并促进激励发展，培训的重点是教育人们相信努力与不努力的结果大不一样。

9.4 当代激励理论的综合

波特和劳拉1968年在《管理态度和成绩》一书中，导出了更完备的激励模式，该理论建立在期望理论、公平理论、强化理论、双因素理论和需要层次理论的基础上，较好地说明了整个激励过程，如图9.4所示。

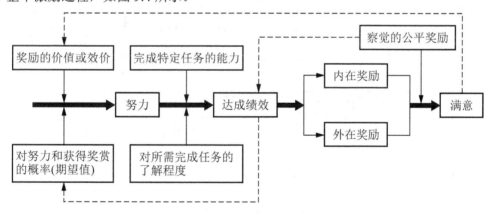

图9.4 波特-劳拉综合激励模式

波特-劳拉综合激励模式的主要观点如下。

(1) 个人是否努力及努力的程度不仅取决于奖励的价值，而且还受到个人察觉出来的努力(指认为需要或应付出的努力)和受到奖励期望值(指其对于付出努力之后得到奖励的可能性的期望值)的认知的影响。很显然，过去的经验、实际绩效及奖励的价值将对此产生影响。如果个人有较确切地把握完成任务或曾经完成过并获得相当价值的奖励的话，那么他将乐意付出相当的或更高程度的努力。

(2) 个人实际能达到的绩效不仅取决于其努力的程度，还受到个人能力的大小及对任务了解和理解程度深浅的影响。特别是对比较复杂的任务，如高难度技术工作或管理工作、个人能力，以及对此项任务的理解比其实际付出的努力所能达到绩效的影响更大。

(3) 个人所应得到的奖励应当以其实际达到的工作绩效为价值标准，尽量剔除主观评估因素。要使个人看到只有当完成了组织的任务或达到目标时，才会受到精神和物质上的奖励。不应先有奖励，后有努力和成果，而应先有努力的结果，再给予相应的奖励。这样，奖励才能成为激励个人努力达到组织目标的有效刺激物。

(4) 个人对于所受到的奖励是否满意及满意的程度如何，取决于受激励者对所获报酬公平性的感觉。如果受激励者感到不公平，则会导致不满意。

(5) 个人是否满意及满意的程度将会反馈到其完成下一个任务的努力过程中。满意会激励个人进一步地努力，而不满意则会导致努力程度的降低甚至使个人离开工作岗位。

综上所述，波特-劳拉的激励模式是对激励系统比较全面和恰当的描述，它告诉人们，激励和绩效之间并不是简单的因果关系。要使激励能产生预期的效果，就必须考虑奖励内容、奖励制度、组织分工、目标设置、公平考核等一系列的综合性因素，并注意个人满意程度在努力中的反馈。

事实上，激励的综合模型中还可以加入更加丰富的内容，如图9.5所示。

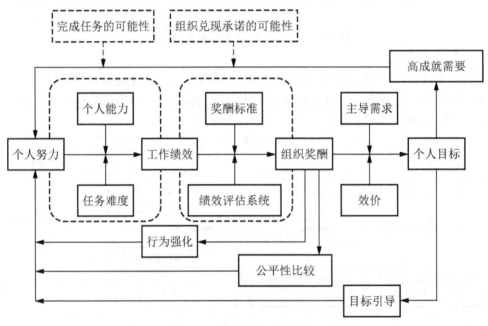

图9.5　激励理论综合

本 章 小 结

本章主要介绍了激励的基本含义、过程、作用，人性假设，内容型激励理论、过程型激励理论、行为修正型激励理论及当代激励理论的综合。激励源于人为满足的需要，激励过程是一个非常复杂的心理活动过程，激励的作用体现在4个方面：有利于组织目标的实现、有利于开发人的巨大潜能、有利于引导组织中个人目标与组织目标的统一、有利于提高组织成员的社会责任感和自身素质。经济人假设认为，人只有物质利益需求；社会人假设认为，人除了物质利益外还有思想情感的需求；自我实现人假设认为，人的主要需求是追求自我价值的实现；而复杂人假设认为，人的需要是多元的、变化的。内容型激励理论主要研究激励的原因与满足人们需要的内容，主要介绍了需要层次理论、双因素理论、ERG 理论、成就需要理论。过程型激励理论着重研究人从动机产生到采取行动的心理过程，主要任务是找出对行为起决定作用的某些关键因素，弄清它们之间的相互关系，以预测和控制人的行为，主要介绍了期望理论、公平理论。行为修正型激励理论重点研究管理手段对员工接下来工作行为的改造或修正，以期望通过激励手段，将员工接下来的工作行为修正到符合组织目标上来，主要有强化理论、挫折理论、归因理论。波特-劳拉模型对当代激励理论做了很好的综合，能看出各种激励理论之间的相互关系，但事实上，该模型可以整合进去更多的激励理论。

 名人名言

作为一个领导，你可以不知道下属的短处，却不能不知道下属的长处。

每一个人都是责、权、利的中心，"人人是经理，人人是老板"把每个人的潜能释放出来。

部下的素质低，不是你的责任；但不能提高部下的素质，是你的责任。

对员工忠诚，员工反过来就会对你忠诚；对员工负责，员工反过来就会对你负责。

上下同欲者，胜。

人人是人才，赛马不相马，给每一个愿意干事的人才以发挥才干的舞台。

求才，识才，容才，用才，培才，育才，护才，将才为"八才"。企业必须关心人、理解人、尊重人、爱护人，即把人当做"人"而非"非人"。

——张瑞敏

一、复习题

1. 判断题

(1) 激励源于人的需求。　　　　　　　　　　　　　　　　　　　　　　　　　（　）
(2) 亚当斯的公平理论属于内容型激励理论。　　　　　　　　　　　　　　　　（　）
(3) 马斯洛的需要层次理论属于内容型激励理论。　　　　　　　　　　　　　　（　）
(4) 根据马斯洛的需要层次理论，每个员工都渴望身体免受伤害，这种需要属于生理的需要。（　）
(5) 根据马斯洛的需要层次理论，每个员工都渴望友谊、爱情、归属感，这种需要属于社交的需要。
　　　　　　　　　　　　　　　　　　　　　　　　　　　　　　　　　　　（　）
(6) 任何一种较低层次的需要得到满足后，并不因为较高层次的需要而消失。　　（　）
(7) 根据双因素理论，满意的对立面是不满意。　　　　　　　　　　　　　　　（　）
(8) 根据双因素理论，不满意的对立面是没有不满意。　　　　　　　　　　　　（　）
(9) 根据双因素理论，保健因素的提供只能消除不满，而不能起到激励作用。　　（　）
(10) 根据双因素理论，激励因素如果不提供，员工的感觉将是没有满意，并不是不满意。（　）
(11) 根据公平理论，只有所有人都感到公平对整个组织才是最有利的。　　　　（　）
(12) 根据期望理论，只有组织提供给员工的激励物使员工感觉有价值，他才有可能努力工作。
　　　　　　　　　　　　　　　　　　　　　　　　　　　　　　　　　　　（　）
(13) 根据期望理论，为了调动员工的积极性，应该尽可能高地设置员工的任务量。（　）
(14) 根据期望理论，如果管理者不能兑现对员工的承诺，员工接下来的工作积极性将下降。（　）
(15) 当行为对结果有利时，行为会重复出现。　　　　　　　　　　　　　　　（　）
(16) 如果员工将成功归功于外部因素(如运气好)，将有利于员工的发展。　　　（　）
(17) 如果员工将成功归功于内部因素(如个人努力)，将不利于员工的发展。　　（　）
(18) 如果员工将失败归结于能力差，会降低工作积极性。　　　　　　　　　　（　）
(19) 如果员工将失败归结于没有努力，将会降低工作积极性。　　　　　　　　（　）

(20) 面对不同的员工应该采取不同的激励手段。 (　)

2. 单选题

(1) 每个员工都渴望自己的身体、情感免受伤害。这属于(　　)。
　　A. 生理的需要　　B. 安全的需要　　C. 社交的需要　　D. 尊重的需要

(2) 每个员工都渴望爱情、归属感、友谊等。这属于(　　)。
　　A. 生理的需要　　B. 安全的需要　　C. 社交的需要　　D. 尊重的需要

(3) 每个员工都渴望成功、渴望实现理想。这属于(　　)。
　　A. 自我实现的需要　B. 安全的需要　　C. 社交的需要　　D. 尊重的需要

(4) 人天生是好逸恶劳的。这是(　　)的观点。
　　A. X理论　　B. Y理论　　C. 需要层次理论　　D. 公平理论

(5) 人是愿意主动承担责任的。这是(　　)的观点。
　　A. X理论　　B. Y理论　　C. 需要层次理论　　D. 公平理论

(6) 根据赫茨伯格的双因素理论,使一个人满意的因素与(　　)有关。
　　A. 工作本身　　B. 工作条件　　C. 工作环境　　D. 工作设备

(7) 根据赫茨伯格的双因素理论,导致一个人不满意的因素与(　　)有关。
　　A. 工作本身　　B. 工作条件　　C. 工作目标　　D. 工作结果

(8) 根据赫茨伯格的双因素理论,使员工满意的因素属于(　　)。
　　A. 物质因素　　B. 思想因素　　C. 保健因素　　D. 激励因素

(9) 根据赫茨伯格的双因素理论,导致员工不满意的因素属于(　　)。
　　A. 物质因素　　B. 思想因素　　C. 保健因素　　D. 激励因素

(10) 根据赫茨伯格的双因素理论,(　　)属于保健因素。
　　A. 照明　　B. 职位晋升　　C. 对未来的期望　　D. 职务上的责任感

(11) 根据赫茨伯格的双因素理论,(　　)属于激励因素。
　　A. 照明　　B. 职位晋升　　C. 矿工的安全帽　　D. 冬天的暖风

(12) 根据亚当斯的公平理论,最理想的状态是所有员工都感到(　　)。
　　A. 自己比别人所得多　　　　B. 自己比别人付出少
　　C. 公平　　　　　　　　　　D. 自己比别人付出多

(13) 根据斯金纳的强化理论,干得好,就奖励属于(　　)的强化手段。
　　A. 正强化　　B. 负强化　　C. 惩罚　　D. 自然消退

(14) 根据斯金纳的强化理论,干得好,就不罚属于(　　)的强化手段。
　　A. 正强化　　B. 负强化　　C. 惩罚　　D. 自然消退

(15) 根据斯金纳的强化理论,干得不好,就罚属于(　　)的强化手段。
　　A. 正强化　　B. 负强化　　C. 惩罚　　D. 自然消退

(16) 根据斯金纳的强化理论,干得不好,就不理不属于(　　)的强化手段。
　　A. 正强化　　B. 负强化　　C. 惩罚　　D. 自然消退

(17) 如果员工将失败归结为没有努力,接下来他的工作状况会是(　　)。
　　A. 更加努力　　B. 积极性降低　　C. 工作状态不变　　D. 不能判断

(18) 如果员工将失败归结为能力太差,接下来他的工作状况会是(　　)。
　　A. 更加努力　　B. 积极性降低　　C. 工作状态不变　　D. 不能判断

(19) 如果员工习惯于将成功归结为运气好,对员工的发展是(　　)。
　　A. 正面影响　　B. 负面影响　　C. 没有影响　　D. 无法判断

(20) 如果员工将成功归结为任务难度小,(　　)。
　　A. 他会感到满意　　　　　　B. 他会感到幸运
　　C. 他会感到有成就感　　　　D. 他会感到自豪

3. 多选题

(1) 普遍接受的观点是，激励理论包含(　　)几个部分。
    A．内容型激励理论   B．管理层激励理论
    C．过程型激励理论   D．行为修正型激励理论
    E．员工激励理论

(2) (　　)属于内容型激励理论。
    A．马斯洛的需要层次理论   B．亚当斯的公平理论
    C．赫茨伯格的双因素理论   D．麦格雷戈的X-Y理论
    E．弗鲁姆的期望理论

(3) (　　)属于过程型激励理论。
    A．马斯洛的需要层次理论   B．亚当斯的公平理论
    C．赫茨伯格的双因素理论   D．麦格雷戈的X-Y理论
    E．弗鲁姆的期望理论

(4) (　　)属于行为修正型激励理论。
    A．斯金纳的强化理论   B．亚当斯的公平理论
    C．亚当斯的挫折理论   D．麦格雷戈的X-Y理论
    E．韦纳等的归因理论

(5) 马斯洛认为，人的需要包括(　　)。
    A．生理的需要   B．安全的需要   C．社交的需要
    D．尊重的需要   E．自我实现的需要

(6) 根据赫茨伯格的双因素理论，(　　)属于激励因素。
    A．照明   B．职位晋升   C．对未来的期望
    D．职务上的责任感   E．夏天的空调

(7) 根据赫茨伯格的双因素理论，(　　)属于保健因素。
    A．照明   B．职位晋升   C．矿工的安全帽
    D．冬天的暖风   E．工作的成就感

(8) 员工感觉不公平有时属于心理作用，(　　)会导致员工感觉不公平。
    A．一般人会高估自己的劳动付出   B．一般人会低估自己的劳动所得
    C．一般人会高估别人的劳动所得   D．一般人会低估别人的劳动付出
    E．一般人会高估别人的劳动付出

(9) 根据弗鲁姆的期望理论，员工对待工作的态度取决于(　　)因素。
    A．绩效与公司目标的联系   B．努力与绩效的联系
    C．绩效与奖励的联系   D．奖励与个人目标的联系
    E．绩效与个人目标的联系

(10) 根据弗鲁姆的期望理论，员工是否努力工作，取决于对(　　)因素的判断。
    A．奖励物对员工而言效价的高低
    B．个人通过努力完成任务的可能性
    C．个人完成任务后管理者兑现承诺的可能性
    D．个人目标与组织目标是否一致
    E．环境是否变化

(11) 根据斯金纳的强化理论，管理者用来激励员工的强化手段有(　　)。
    A．纪律严明   B．正强化   C．负强化
    D．惩罚   E．自然消退

(12) 根据归因理论，人们的行为获得成功或遭受失败，可以归结为(　　)因素。
    A．能力   B．环境   C．努力

D. 任务难度　　　　　E. 运气
(13) (　　)是影响员工工作状态的内因。
A. 能力　　　　B. 努力　　　　C. 工作目标
D. 任务难度　　　　　E. 运气
(14) (　　)是影响员工工作状态的外因。
A. 能力　　　　B. 努力　　　　C. 工作目标
D. 任务难度　　　　　E. 运气

4. 简答题
(1) 简述马斯洛的需要层次理论的理论内涵，以及对管理的启示。
(2) 简述赫茨伯格的双因素理论的理论内涵，以及对管理的启示。
(3) 简述亚当斯的公平理论的理论内涵，以及对管理的启示。
(4) 简述弗鲁姆的期望理论的内涵，以及对管理的启示。
(5) 简述韦纳等人的归因理论的理论内涵，以及对管理的启示。

5. 论述题
(1) 论述企业如何通过双因素理论激励员工。
(2) 论述员工成功或失败的归因倾向及对工作状态的影响。

二、案例应用分析

工资全额浮动为何失灵

WH建筑装饰工程总公司是国家建设部门批准的建筑装饰施工一级企业，实力雄厚，经济效益可观。

铝门窗及幕墙分厂是总公司下属最大的分厂，曾经在一线工人和经营人员中率先实行工资全额浮动，收到了不错的效果。为了进一步激发二线工人、技术人员及分厂管理干部的积极性，该分厂宣布全面实行工资全额浮动。决定宣布后，连续两天，技术组几乎无人画图，大家议论纷纷，抵触情绪很强。经过分厂领导多次做思想工作，技术组最终被迫接受了现实。

实行工资全额浮动后，技术人员的月收入是在基本生活补贴的基础上，按当月完成设计任务的工程产值提取设计费。例如，玻璃幕墙设计费，基本上按工程产值的0.27%提成，即设计的工程产值达100万元，可提成设计费2 700元。当然，技术人员除了画工程设计方案图和施工图，还必须作为技术代表参加投标，负责计算材料用量，以及加工、安装现场的技术指导和协调工作。分配政策的改变使小组每日完成的工作量有较大幅度提高，组员主动加班加点，过去个别人"磨洋工"的现象不见了。然而，随之而来的是，小组里出现了争抢任务的现象，大家都想做产值高、难度小的工程项目设计，而难度大或短期内难见效益的技术开发项目备受冷落。

彭工原来主动要求开发与自动消防系统配套的排烟窗项目，有心填补国内空白，但实行工资全额浮动3个月后，他向组长表示，自己能力有限，希望放弃这个项目，要求组长重新给他布置设计任务。

李工年满58岁，是多年从事技术工作的高级工程师。实行工资全额浮动后，他感到了沉重的工作压力。某年9月，他作为呼和浩特市某装饰工程的技术代表赴呼和浩特市投标，因种种复杂的原因，该工程未能中标。他出差了20多天，刚接手的另一项工程设计尚处于准备阶段，故当月无设计产值，仅得到基本生活补贴78元。虽然在随后的10月，他因较高的设计产值而得到1 580元的工资，但他依然难以摆脱强烈的失落感，他向同事表示他打算提前申请退休。

尽管技术组组长总是尽可能公平地安排设计任务，平衡大家的利益，但是意见还是很多。小组内人心浮动，好几个人有跳槽的意向，新分配来的大学生小王干脆不辞而别。组长感到自己越来越难做人了。

问题：
(1) 该企业中技术人员的需要层次有何特点？

(2) 该企业中技术人员实施工资全额浮动后有什么变化?
(3) 试用赫茨伯格的双因素理论解释工资全额浮动失灵的原因。

(资料来源：罗帆．工资全额浮动为何失灵[J]．企业管理，2002，(04):65~66.)

阅读材料

猎人与兔子

阅读下列资料，设想你就是猎人，你想怎样对待猎狗？

一条猎狗将兔子赶出了窝，一直追赶它，追了很久仍没有抓到。牧羊人看到此情景，讥笑猎狗说："你们两个小的反而跑得快得多。"猎狗回答说："你不知道我们两个的跑是完全不同的！我仅仅为了一顿饭而跑，他却是为了性命而跑呀！"

这话被猎人听到了，猎人想：猎狗说得对啊，那我要想得到更多的猎物，得想个好法子。

想想都有什么方法？

如果猎人这样：

猎人又买来几条猎狗，凡是能够在打猎中抓到兔子的，就可以得到几根骨头，抓不到的就没有饭吃。这一招果然有用，猎狗纷纷去努力追兔子，因为谁都不愿意看着别人有骨头吃，自己没得吃。就这样过了一段时间，问题又出现了。大兔子非常难抓到，小兔子好抓，但抓到大兔子得到的奖赏和抓到小兔子得到的骨头差不多，猎狗善于观察发现了这个窍门，专门去抓小兔子。慢慢地，大家都发现了这个窍门。猎人对猎狗说："最近你们抓到的兔子越来越小了，为什么？"猎狗们说："反正没有什么大的区别，为什么费那么大的劲去抓那些大兔子呢？"

接下来你怎么办？

如果猎人这样：

猎人经过思考后，决定不将分得骨头的数量与是否抓到兔子挂钩，而是采用每过一段时间就统计一次猎狗抓到兔子的总重量。按照重量来评价猎狗，决定其一段时间内的待遇。于是猎狗抓到兔子的数量和重量都增加了，猎人很开心。但是过了一段时间，猎人发现，猎狗抓兔子的数量又少了，而且越有经验的猎狗，抓兔子的数量下降得越厉害。于是猎人又去问猎狗，猎狗说："我们把最好的时间都奉献给了您，主人，但是我们随着时间的推移会老，当我们抓不到兔子的时候，您还会给我们骨头吃吗？"

接下来你还要怎么办？

如果猎人这样：

猎人做了论功行赏的决定，分析与汇总了所有猎狗抓到兔子的数量与重量，规定如果抓到的兔子超过一定的数量后，即使抓不到兔子，每顿饭也可以得到一定数量的骨头。猎狗都很高兴，大家都努力去达到猎人规定的数量。一段时间过后，终于有一些猎狗达到了猎人规定的数量。这时，其中有一只猎狗说："我们这么努力，只得到几根骨头，而我们抓到的猎物远远超过了这几根骨头。我们为什么不能给自己抓兔子呢？于是，有些猎狗离开了猎人，自己抓兔子去了。你怎么办？"

猎人意识到猎狗正在流失，并且那些流失的猎狗像野狗一般和自己的猎狗抢兔子。情况变得越来越糟，猎人不得已引诱了一条野狗，问他到底野狗比猎狗强在那里。野狗说："猎狗吃的是骨头，吐出来的是肉啊！"接着又道："也不是所有的野狗都顿顿有肉吃，大部分最后骨头都没的舔！不然也不至于被你诱惑。"于是猎人进行了改革，使得每条猎狗除基本骨头外，可获得其所猎兔肉总量的 $n\%$，而且随着服务时间加长，贡献变大，该比例还可递增，并有权分享猎人总兔肉的 $m\%$。就这样，猎狗与猎人一起努力，将野狗逼得叫苦连天，纷纷强烈要求重归猎狗队伍。故事还在继续。

过了一段时间，猎人发现邻居家的猎狗和自己的一样多，可抓到的兔子却比自己多得多。猎人很奇怪，就去问邻居。邻居介绍说："我的猎狗中有能力强的，有能力差的。我就让能力强的去帮助能力差的，让它们之间互相学习。另外，我将猎狗编成几组，每一组猎狗分工配合，这样，抓到的兔子数量就明显上升了。"

猎人觉得这样的方法非常好，回家后也决定让自己的猎狗互相学习、互相配合，并将猎狗编成几个小组。实行一段时间后，猎人发现效果一点也不好，猎狗根本就没有学习的积极性，每个小组抓到的兔子数量反而没有以前单干时抓到的多。是哪里出了问题呢？

让猎狗互相学习，提高抓兔子的本领，这点肯定没错；将猎狗分成几组，分工配合，应该也没有错，因为猎人的邻居就是这样做的呀。猎人决定和猎狗开会讨论，猎人对猎狗说道："我让你们互相学习，提高抓兔子的技能，你们为什么不愿意学习呢？另外，为什么配合起来还不如单干的时候成绩好呢？"猎狗说："抓兔子已经很辛苦了，学习还要占用我们的时间，抓到的兔子当然少了，但骨头还是按照以前的分配方式，你让我们怎么愿意去学习呢？另外，你将我们编成几组，分骨头的时候却没有考虑到我们是怎样分配工作的，我们每个小组内部经常为分骨头而打架，你让我们怎么合作？"

猎人觉得猎狗说得也有道理，决定彻底改革分骨头的办法。不管猎狗每天能否抓到兔子，都给固定数量的骨头，抓到兔子以后，还有另外的奖赏。但是仔细一想，还有很多问题，因为现在是按照小组来工作的，小组中有的猎狗负责追赶兔子，有的负责包抄，有的负责在外围巡逻，防止兔子从包围圈中逃跑。每个小组按照抓到的兔子来领取奖赏，小组内部应该怎样分配呢？骨头数量是永远不变，还是过一段时间调整一次？分工不同的猎狗得到的固定骨头数量是否该一样呢？猎狗会不会自己跑出去抓兔子，而不上缴呢？

（资料来源：http://wenku.baidu.com/view/902865e5524de518964b7dfc.html.）

这个故事至少说明以下道理。

第一，一个企业，员工的问题往往根源在机制，责任在老板。因此，管理者要多研究机制，少责备员工，这样，管理才会不断完善，劳资关系才会更加融洽与和谐。

第二，激励很重要，采取什么样的激励方法更重要。

第三，员工的需求是变化的，管理者必须研究员工不断变化的需求，有针对性的激励才有效。

第四，激励必须用权变的思想，没有哪一种激励手段是永远有效的，管理者必须研究激励对象、环境的变化，因地制宜、随机应变地采取激励手段才有效。

第五，管理者不要害怕问题的出现，任何问题总有解决的方法，只要善于思考，办法总比问题多。

第 10 章 沟 通

教学目标

通过本章的学习，了解沟通的基本概念；掌握沟通的过程、主要类型及要素；理解正式沟通与非正式沟通的内涵与应用；同时，领会谈判沟通对于解决冲突问题的意义和价值。

教学要求

知识要点	能力要求	相关知识
沟通的内涵	(1) 理解沟通的一般内涵 (2) 掌握沟通的要素与执行	(1) 沟通的概念 (2) 沟通的目的 (3) 管理职能与沟通 (4) 管理者角色与沟通 (5) 执行与沟通
沟通过程	(1) 理解沟通过程 (2) 领会沟通过程中的各种影响因素及其作用方式	(1) 信息发送者 (2) 编码与解码 (3) 渠道或媒介 (4) 接受者 (5) 反馈 (6) 噪声 (7) 背景
沟通类型	(1) 理解各类沟通的含义 (2) 领会不同类型沟通的应用价值	(1) 语言沟通与非语言沟通 (2) 口语沟通与书面沟通 (3) 有意沟通与无意沟通 (4) 自我沟通与人际沟通
正式沟通与非正式沟通	(1) 理解一般性正式沟通与非正式沟通的区别 (2) 掌握公司内部的正式沟通与非正式沟通的应用 (3) 深入领会正式沟通的流向与形态	(1) 正式沟通与非正式沟通的一般含义 (2) 公司内部的正式沟通与非正式沟通 (3) 正式沟通的流向 (4) 正式沟通的形态

续表

知识要点	能力要求	相关知识
沟通改进	(1) 掌握影响沟通的因素 (2) 运用沟通改进技巧改进沟通	(1) 影响沟通的因素 (2) 改进沟通的途径
冲突与谈判	(1) 理解冲突的概念、发展过程和原因 (2) 掌握沟通解决冲突的应用	(1) 冲突的概念 (2) 冲突的发展过程 (3) 冲突产生的原因 (4) 解决冲突的谈判沟通 (5) 谈判策略

> 少说些漂亮话，多做些日常平凡的事情。
>
> ——列宁

基本概念

沟通　沟通过程　信息发送者　编码　解码　媒介　接受者　反馈　噪声　沟通类型　正式沟通　非正式沟通　语言沟通　非语言沟通　书面沟通　人际沟通　冲突　谈判

导入案例

沟通的重要性

约斯塔福德航空公司是美国西北部一个发展迅速的航空公司。在一段时期内其总部发生了一系列的传闻：公司总经理波利想卖出自己的股票，但又想保住自己总经理的职位。他为公司制定了两个战略方案：一个是把航空公司的附属单位卖掉；另一个是利用现有的基础重新振兴发展。他曾对两个方案的利弊进行了认真的分析，并委托副总经理本查明提出一个参考的意见。本查明为此起草了一份备忘录，随后让秘书比利打印。比利打印完后来到职工咖啡厅，在喝咖啡时碰到了另一位副总经理肯尼特，并把这秘密告诉了他："我得到了一个爆炸性的新闻，他们正准备成立另一个公司。虽说不会裁员，但我们应早有准备。"这些话恰巧被在附近办公室的汤姆听见了，他马上把这个新闻告诉了上司杰姆森，杰姆森认为事态严重，有必要向人事副总经理约翰汇报，于是约翰也加入了他们的联合阵线，要求公司承诺不裁员。

第二天，比利正在打印两份备忘录，备忘录又被路过办公室探听消息的摩罗看见了。摩罗随即跑到办公室说："我真不敢相信公司会做出这样的事情。我们要被卖给联合航空公司了，而且要大量削减职工呢！"这消息传来传去，3天后又传回到总经理波利的耳朵里。波利也接到了许多极不友好，甚至是敌意的电话和信件。人们纷纷指责他企图违背诺言而大批解雇职工，但有的人也表示为能与别的公司联合而感到高兴。而波利则被弄得迷惑不解。

最后波利左思右想，终于想明白了：比利太爱造谣言、搬弄是非。这次趁着向员工解释清楚的同时，一定要解雇比利，以安定军心。

 点评：无规矩无以成方圆，无制度无以建秩序。

管理企业如同管理军队，必须有严明的纪律和制度约束，以保证企业管理的严肃性，这是基本要求。由捕风捉影的小道消息传播所形成的沟通，往往有损企业在公众心目中的形象，并因此损害经济利益。案例中，波利解雇搬弄是非的员工比利，对于内部员工和外部公众而言，都是一种试图挽回影响的沟通方式，这将为一个社会组织重塑形象而传递积极的信号。

10.1 沟通概述

沟通是人类社会交往的基本行为过程,人们具体的沟通方式、形式多种多样。沟通即沟通联络,是信息凭借一定的符号载体,在个人或群体之间从发送者到接收者进行传递并获取理解的过程。沟通具有目的性、信息传递性和双向交流性等特点。

10.1.1 沟通的内涵

成功学家戴尔·卡耐基(1888—1955)认为,沟通是人类行为的基础,涉及各式各样的活动:劝说、演讲、教授及谈判等。一个人要在这些活动中游刃有余,培养出高效沟通所需的技巧,首先必须理解沟通的内涵。

1. 沟通的概念

政府和人民之间的"管道"不通畅了,有了民怨,要沟通;公司与职员之间有了"鸿沟",造成劳资纠纷,要沟通;父母与子女之间有了"代沟",出现了所谓叛逆的子女、霸道的父母,要沟通。

沟通就是把不通的管道打通,让"死水"成为"活水",彼此能对流、能了解、能交通、能产生共同意识。因此,沟通就是将一个人的意思、观念和信息传达给对方,以期获得对方相应的反应和反馈的过程,从而使双方达成共识。

(1) 沟通首先是意义上的传递。如果信息和想法没有被传递到,则意味着沟通没有发生。也就是说,说话者没有听众或写作者没有读者都不能构成沟通。

(2) 意义不仅需要被传递,还需要被理解。如果一个不懂外文的人阅读外文书籍,那么他所从事的活动就无法称为沟通。沟通是意义上的传递和理解。有效的沟通,应该是信息经过传递后,接受者感知到的信息应与发送者发出的信息完全一致。

(3) 在沟通过程中,传递于沟通者之间的,只是一些符号,而不是信息本身。信息并不能像有形物品一样由发送者传送给接受者,信息的传递需要借助其他载体符号,如语言、文字、身体动作、表情等都是一种符号。发送者把传递的信息"翻译"成符号,而接受者则进行相反的"翻译过程"。由于每个人的"信息-符号储存系统"各不相同,对同一符号常存在着不同的理解。

(4) 良好的沟通常被错误地理解为沟通双方达成协议,而不是准确理解信息的意义。沟通双方能否达成一致协议,对方是否接受自己的观点,往往并不是由沟通良好与否这一个因素决定的,它还涉及双方根本利益是否一致、价值观念是否类同等其他关键因素。例如,在会议过程中如果双方存在根本利益的冲突,即使沟通过程中不存在任何噪声干扰、双方沟通技巧十分娴熟,往往也不能达成一致协议,但沟通双方都已充分理解了对方的观点和意见。

(5) 沟通的信息包罗万象。在沟通中,人们不仅传递信息,而且还表达赞赏、不快之情,或提出自己的意见观点。这样沟通信息就可分为事实、情感、价值观、意见观点。如果接受者对信息类型的理解与发送者不一致,有可能导致沟通障碍和信息失真。在许多引起误解的问题中,其核心都在于接受者对信息到底是意见观点的叙述还是事实的叙述混淆不清。

在理解沟通内涵时，需要强调，真正的沟通首先是一种态度，其次才是方法和技能。态度占沟通成败的60%，技术和口才只占40%。同一件事，与不同的人沟通最终会得到不一样的结果，同样的沟通，语言方式不同结果也不同。为什么？因为态度不同。沟通态度包括眼神、表情、口气、手势、坐姿、站姿、呼吸方法等，这些都会在沟通中不自主地向对方传达认同或反对的信息。"不食嗟来之食"，一个人明明是在乞食，但遇到态度不好的施舍者，他宁愿顾全自尊也不接受食物。沟通也是一样，你若用高姿态或强势的态度，对方一样不能接受，态度不当是沟通的最大杀手，即使能力再好、口才再棒，若沟通态度不好一样会失败。真正有效的沟通必定是建立在双方友好态度之上的，沟通的态度决定了沟通的结果。

 管理故事

通天塔故事

大洪水过后，诺亚一家在陆地上开始了新的生活。诺亚的后代越来越多，遍布地面。那时候人们的语言、口音都没有分别。他们在底格里斯河和幼发拉底河之间发现了一块异常肥沃的土地，于是就在那里定居下来，修建城池，建造了繁华的巴比伦城。后来人们为自己的业绩感到骄傲，决定在巴比伦城修一座通天塔，来传颂自己的赫赫威名，并作为集合全天下弟兄的标记，以免分散。因为大家语言相通，同心协力，阶梯式的通天塔修建得很顺利，很快就高耸入云。

上帝看到人们这样统一强大，心想，他们语言都一样，如果真修成宏伟的通天塔，那以后还有什么事做不成呢？上帝于是离开天国来到人间，变乱了人们的语言。人们各自操起不同的语言，感情无法交流，思想很难统一，就难免出现互相猜疑、各执己见、争吵斗殴的现象。这就是人类之间误解的开始，修造工程因语言纷争而停止了，通天塔最终半途而废。人们分裂了，按照不同的语言形成许多部族，又分散到世界各地。

上帝在这里变乱了人们的语言。变乱一词在希伯来语中读作巴比伦。因此，以后人们就把那座城市称为巴比伦城，把那座半途而废的塔称为巴比伦塔。

2. 沟通的目的

沟通要有目的，不同层次的沟通，不论是一对一、交叉协调，还是讲课、做简报、做说明，甚至做说服的动作都是常见的沟通形式。如何做好沟通？而且有目的地贯彻？如何把目标讲清楚？如何让对方在理解清楚之外还要被说服、接受这个目标对他的重要性，进而去执行？这是沟通非常重要的一环。因此，沟通有4层次的目的：让对方记住某些信息、让对方了解某些信息、让对方认同某些信息和希望对方能采取行动。

这4层次的目的通常具有连贯性。沟通的过程就像交朋友的过程，首先是彼此相识，初步建立对姓名、体貌特征的基本了解。如果沟通要深入就要有彼此投机的话题，加深了解之后，情感日渐深厚，成为挚友。这就是沟通从记忆到情感的过程。

沟通中"沟"是手段，"通"是目的。怎样才是真正"通"了呢？"通"就是对方被你影响了，甚至按你的意思做事情了，就是"通"了。如果沟通以后，对方没有"通"，那就只是被你"沟"了一下而已，没有达成沟通的目的。因此，沟通无定法，也没有固定的模式，个人风格不同、面对的对象不同、场景不同，就有不同的方法和技巧。

3. 管理职能与沟通

沟通是管理的基础，任何组织的任何管理工作都离不开沟通。随着全球化进程的深入、社会从产品经济时代进入服务经济时代、互联网等新技术的发展，现代组织中的沟通比以往任何一个时期都更加重要，而且沟通在方式、渠道、内容、频率等各个方面都发生了重要变化。在现代信息社会，组织管理的本质和核心是沟通。许多企业由于沟通的不足和失误，有限的人力资源和其他资源无法实现最佳配置，严重影响了企业的正常运行和发展前景。沟通的问题现在变得如此的多样和突出，以至于在现代社会，离开沟通管理就无从谈起。

管理的实质是对各种资源的一种整合，从而有效地实现组织的目标。客观上各种资源彼此独立隔绝，无法直接互相发生组合和联系，这就需要第三者，即管理者，为了达到某种目的对这些资源进行有效的配置和协调，从而在它们之间建立有效和牢固的联系。沟通就是其中的桥梁和纽带。沟通，简单理解就是信息与情感的有效传达。一个目标设定是沟通，一项任务安排是沟通，一个规章制度也是沟通。任何管理者做的任何一件事都是沟通。

知识链接

现代管理之父彼得·德鲁克(1909—2005)提出，经理即管理者有两项具体任务，第一项任务是造就出一个真正的团队，团队不仅仅是个体成员能力的简单集合，良好的团队还能使全体成员的能力倍增。作为经理人，要协调大量活动，协调是管理的精要所在。企业必须协调股东、客户、社会、员工和管理人员之间的冲突。经理的任务是创造出一个大于其各组成部分总和的真正的、富有活力的整体，把投入其中的各项资源转化为比各项资源的总和更多的东西。第二项任务是采取某些行动或某些决策时，必须权衡目前利益与长远利益之间的关系。经理所做的一切必须既有利于当前，又有利于根本的长期目标和原则，即使不能把这两个方面协调起来，至少也必须使之取得平衡。这两项任务的核心是协调，而协调本身就是沟通。管理学家切斯特·巴纳德(1886—1961)认为，管理艺术就是把内部平衡与外部适应和谐地综合起来，这需要人与人之间的协作，而协作必须沟通，协作的过程也就是沟通的过程。

现代管理理论提出管理的四大职能是计划、组织、领导、控制。这些职能的实现离不开沟通。计划的过程需要以大量的市场调研和内部资源分析讨论为前提，市场调研和分析讨论就是沟通的重要形式。计划的形成又是良好沟通的结果。组织、领导与控制本身的过程，就是沟通的过程。没有沟通，就不能规划组织角色结构、配备人员、安排权责；没有沟通，就不能对员工施加影响，使其为实现组织目标而努力工作；没有沟通，没有信息的掌握和及时反馈，就不能对员工开展绩效评估，及时发现并纠正偏差，确保计划得以最终完成。在一定意义上讲，沟通就是组织的生命线，传递着组织的发展方向、期望、过程和目标。

从管理职能与沟通的关系(见表10-1)看，计划提出了管理者追求的目标，组织提供了完成这些目标的机构设置、人员配备与权责安排；领导提供了激励的氛围；控制提供了计划实施进程的评估与校正干预。显然，管理的4项职能都与沟通密切相关。因此，沟通是所有管理职能的整合。

表 10-1 管理职能与沟通工作

计划	组织	领导	控制
阐明目标	分配角色	发布命令	绩效评估
分解计划	布置任务	授予职权	控制进程
实施计划	安排职位	激励员工	信息反馈

4. 管理者角色与沟通

人与人之间的沟通，最重要和最根本的是角色定位。由于人身份的多重性与复杂性，使得管理者在不同情况下应有不同的角色定位。管理学家明茨伯格将管理者在计划、组织、领导、控制组织资源过程中所要履行的职责简化为 10 种角色。管理者通过扮演各种角色来影响组织内外个人和群体的行为。组织内部的人员包括其他管理者和非管理层员工，组织外部的人员包括股东、客户、供应商、组织所在地的公众，以及任何与组织活动有关的政府或当地机构。明茨伯格把这 10 种角色组合为表 10-2 中描述的三大类：决策方面的角色、信息方面的角色和人际关系方面的角色。在参与计划、组织、领导、控制这些更为基本的职能的同时，管理者经常不断地扮演这些角色。这些角色对如何进行管理沟通都提出了相应的要求，为了提升管理效率，管理者必须不断与公司内外的人员，如上司、下属、政府、银行、媒体、供应商、中间商、顾客等进行有效的沟通。

表 10-2 管理者角色与沟通工作

角色类型	具体角色	角色工作
决策方面的角色	企业家	利用组织资源开发创新产品和服务；决定国际化扩张，为组织产品获取新顾客
	危机处理者	迅速行动，采取正确措施应对组织面临的来自外部环境的突发事件和来自内部环境的突发事件
	资源分配者	在组织的不同职能和部门之间分配资源，为中层和基层管理者设定预算和薪资计划
	谈判者	与供应商、分销商、工会就投入产品的质量和价格、技术、人力资源等达成一致，与其他组织就合作项目的资源筹集达成协议
信息方面的角色	监控者	监控者评估承担不同职能的管理者的工作成果，采取正确的措施提高绩效；监控可能在未来对组织产生影响的内部环境的变化
	信息传播者	告知员工发生在内、外部环境中可能对其及组织产生影响的变动，就组织的前景和目标与员工进行沟通
	发言人	发起全国性的广告宣传活动，提高新产品和新服务的知名度；在当地社区宣讲组织未来的发展意向
人际关系方面的角色	挂名首脑	在公司会议上向员工展示未来的组织目标，主持公司新的总部大楼落成仪式，阐述组织的道德原则和员工在与顾客、供应商交往时应遵循的行为准则
	领导者	为员工树立学习的榜样，向员工发布直接的命令和指示，就人力和技术资源的使用做出决策，动员员工支持特定的组织目标
	联络者	协调不同部门管理者的工作；与不同的组织建立联盟关系，以共享资源，生产新的产品和提供新的服务

第10章 沟通

5. 执行与沟通

决策和执行是企业管理的两把利剑，其水平的高低及能力的强弱直接影响和决定着企业的兴衰成败。一个企业的素质优劣、经营管理水平高低、竞争能力强弱最终都会反映到这两方面上。所谓执行力，通常是指企业内部员工贯彻经营者战略思路、方针政策和方案计划的操作能力和实践能力。执行力是把意图、规划转化为现实的具体执行效果好坏的体现，其强弱程度也直接制约着企业经营目标能否得以顺利实现。

美国当代领导学和心理学大师斯蒂芬·科维博士提出XQ(execution quotient，执行能力商数)的概念，强调组织要重视员工的XQ，认为大多数组织不能达成目标的原因是缺乏执行力，并在关于XQ的调查中提出缺乏执行力的组织的5项共同特征。

(1) 组织缺乏明确的目标。不到15%的受测者能明确说出组织的目标。
(2) 成员不认同组织目标。只有10%的受测者表示认同。
(3) 目标和成员间缺少联系。只有10%的受测者表示了解目前工作与组织目标间的关系。
(4) 缺少坦率沟通。只有1/3的受测者认为自己可以明确表达自己的意见。
(5) 成员不能清楚自己的责任。低于1/3的受测者清楚自己应承担的责任。

5个方面都与沟通密切相关。因此，有效沟通是提升企业执行力的基础，企业内的信息沟通系统好似人体内的神经系统，既能够将企业运行所需要的信息反馈到企业的战略层面，为企业战略的制定提供依据，同时也能够将企业的愿景、战略意图、管理者的指令反馈到企业的实施操作层面，为短期经营决策提供依据，从而使目标制定和目标执行形成一个闭环。企业目标能否得到有效执行，取决于目标是否具有可执行性、目标是否得到企业员工的普遍认同、在目标实施过程中企业的各种资源和能力能否得到有效协调，以及目标执行能否得到有效控制。而这一切又都取决于管理过程中的沟通效果。

 管理故事

把信送给加西亚

美西战争爆发以后，美国总统麦金莱急需相关情报，因为他很明白，取胜的关键在于同古巴的起义军协同作战，这就必须了解：在古巴岛上西班牙的兵力有多少，他们的战斗力、士气如何，当然还有他们的指挥官的脾性；另外，春夏秋冬时古巴的路况，西班牙军、起义军甚至整个国家的医疗状况，双方的装备，以及在美军动员集期间古巴起义部队要想困住敌人需要些什么援助。

美国急需与起义军首领加西亚将军取得联系。但是，加西亚将军隐藏在古巴辽阔的崇山峻岭中，没有人知道确切的地点，因而无法送信给他。

"到哪儿才能找到一个能够把信送给加西亚的人？"麦金莱总统问军事情报局局长阿瑟·瓦格纳上校。上校当即回答："在华盛顿有个名叫罗文的中尉，他一定能给你把信送到。"

"派他去！"总统下达了命令。

命令是如此简洁，与瓦格纳的回答一样干脆利落。

他们将罗文找来，交给他一封信——写给加西亚的信。罗文拿了信，将它装进一个油纸袋里，密封，吊在胸口藏好，在3个星期之后，徒步穿越一个危机四伏的国家，历尽艰辛最后终于将信送到加西亚的手中，从而缓解了美西战争的压力，扭转了整个美西战争的局势。

10.1.2 沟通过程

沟通过程就是信息发送者将信息通过选定的渠道传递给接受者的过程。该过程主要包括信息发送者、编码与解码、渠道或媒介、接受者和反馈等要素。此外，在这个过程中还有可能存在一些干扰或者妨碍沟通的因素，如图 10.1 所示。

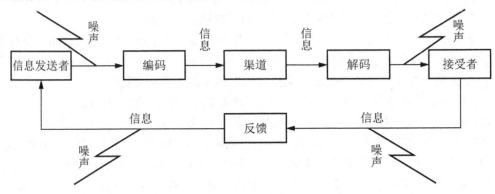

图 10.1　沟通过程模式

1. 信息发送者

信息发送者是沟通过程的主要要素之一。信息源于发送者，信息是否可靠、沟通是否有效，与信息发送者的可信度密切相关。信息发送者是利用生理或机械手段向预定对象发送信息的一方，可以是个人，也可以是组织。信息发送者的主要任务是信息的收集、加工及传播。

2. 编码与解码

编码是信息发送者将信息的意义符号化，编成一定的文字等语言符号及其他形式的符号。解码则恰恰与之相反，是接受者在接收信息后，将符号化的信息还原成为思想，并理解其意义。

完美的沟通，应该是信息发送者的信息 1 经过编码和解码两个过程后，形成的信息 2 与信息 1 完全吻合，即编码和解码完全对称。对称的前提条件是双方拥有相同或类似的背景、经验，以及相同或类似的代码系统，如果双方对信息符号、信息内容缺乏共同背景和经验，或双方编码、解码的代码系统不一致，则在解读信息与正确理解其内在意义的两个过程中必定会出现误差，容易造成沟通失误或失败。因此，信息发送者在编码过程中必须充分考虑到接受者的背景、经验，注重内容、符号对于接受者来说的可读性；而接受者在解码过程中也必须考虑到信息发送者的背景、经验，这样才能更准确地把握信息发送者意欲表达的真正意图，正确全面地理解收到的信息的本来意义。

3. 渠道或媒介

渠道是由信息发送者选择的、借由传递信息的媒介物。例如，口头交流时所采用的口头语言表达形式就是其沟通渠道；当人们发电子邮件进行沟通交流时，电子邮件即是其沟通渠道；有时人们不用语言表达，而只通过身体部位的一个小动作，就能传达信息发送者的意见或意思，这时身体语言就是其沟通渠道。

不同的信息内容要求使用不同的渠道。例如，工作总结报告就不宜采取口头形式而多采用正式文件作为通道；邀请朋友吃饭如果采取备忘录的形式就显得不伦不类。有时根据需要也可以使用两种或两种以上的沟通渠道。由于各种沟通渠道都有各自的特点和利弊，因此，选择沟通渠道时要因时、因地、因人制宜，根据当时、当地的具体情况来正确选择恰当的沟通渠道。在各种方式的沟通中，影响力最大的仍然是面对面的沟通方式。

4. 接受者

接受者是信息发送者的信息传递对象。人们通过沟通分享信息、思想和感情，这种分享不是一种单向的过程，这个过程可逆向而行。在大多数情况下，信息发送者与接受者在同一时间既发送又接受。因此，接受者的主要任务是接受信息发送者的思想和情感，并及时地把自己的思想和情感反馈给对方。

5. 反馈

完整无缺的沟通过程必定包括信息的成功传送与反馈两个过程。没有反馈的沟通过程容易出现沟通失误或失败。反馈是指接受者把收到并理解了的信息返送给信息发送者，以便信息发送者对接受者是否正确理解了信息进行核实。通过反馈，才能真正使对方对沟通的过程和有效性加以正确的把握。在没有得到反馈以前，信息发送者无法确认信息是否已经得到有效的编码、传递和解码与理解。

在沟通过程中，反馈可以是有意的，也可以是无意的。例如，演讲者在登台演讲时就存在一个与观众之间的沟通过程，此时观众可能以喝倒彩的形式表示他们对演讲者的不满，也可以在听演讲时显得疲惫与精神不集中，这种无意间的神情与表情的流露，同样可以反馈出他们对演讲内容和方式不感兴趣。作为一个沟通主体，无论是信息发送者，还是接受者，都应该尽量控制自己的行为，使沟通中的信息传递和反馈行为处于自我意识的控制状态之下，以确保信息传递和反馈无错误或无多余信息。

6. 噪声

噪声是沟通过程中的干扰因素，是理解信息和准确解释信息的障碍，可以说妨碍信息沟通的任何因素都是噪声。噪声存在于沟通过程的各个环节，并有可能造成信息损耗或失真。噪声分为环境噪声、语言噪声和非语言噪声等。

7. 背景

背景是指发生沟通的情境，沟通事实上总是在一定的背景中发生的。任何形式的沟通都会受到各种环境因素的影响。从某种意义上讲，沟通既是由沟通主体双方把握的，也是由背景环境共同控制的。影响沟通过程的背景因素有物理环境、社会角色关系和文化背景等方面，文化背景尤其重要。文化背景可以涵盖国家、地区、行业、企业、部门及个体。沟通者长期的文化积淀决定了沟通者较稳定的价值取向、思维模式和心理结构。沟通需要文化背景，文化背景更是潜在而深入地影响每一个人的沟通过程与沟通行为。当不同文化在沟通中发生激烈碰撞或交融时，人们能深刻地感受到文化的影响力。东西方国家的文化差异造成人们在一起共事时产生不少沟通障碍与问题。

10.1.3 沟通类型

沟通的类型十分复杂，每一种类型的沟通都与日常生活、工作有着密切的联系。这里主要讨论几种人际沟通的主要类型。

1. 语言沟通与非语言沟通

语言沟通是指以语言符号实现的沟通。而借助于非语言符号，如姿势、动作、表情、接触及非语言的声音和空间距离等实现的沟通称为非语言沟通。

语言沟通是沟通可能性最大的一种沟通，它使人的沟通过程可以超越时间和空间的限制。人不仅可以通过文字记载来研究古人的思想，也可以将当代人的成就留传给后代。借助于传播媒介，一个人的思想可以为很多人所分享。所有这些，没有语言沟通是无法实现的。

在人类的一切经验当中，共同性最大的就是语言。因此，语言沟通是最准确、最有效的沟通方式，也是运用最广泛的一种沟通方式。一个人如果缺乏语言能力，如不识字或出国不懂外语，那么与人沟通的过程就变得十分困难，有些沟通则根本无法实现。

非语言沟通的实现有 3 种方式。第一种方式是通过动态无声性的目光、表情动作、手势语言和身体运动等实现沟通；第二种方式是通过静态无声性的身体姿势、空间距离及衣着打扮等实现沟通。这两种非语言沟通统称身体语言沟通。虽然不用语言，但它对我们现实生活中的人际沟通具有不可或缺的重大意义。第三种非语言沟通的方式是通过非语言的声音，如重音、声调的变化、哭、笑、停顿来实现的。一句话的含义常常不是决定于其字面的意义，而是决定于其弦外之音。语言表达方式的变化，尤其是语调的变化，可以使字面相同的一句话具有完全不同的含义。例如，一句简单的口头语"真棒"，当音调较低、语气肯定时，表示由衷的赞赏；而当音调升高、语气抑扬时，则有可能完全变成刻薄的讥讽和幸灾乐祸。

知识链接

戈夫曼提到，非语言沟通在表达情绪方面特别有力，并且因为它不像语言那样容易控制，所以它传达的信息也更为真实。演员的表演是非常好的例子，他们努力的一个重要方面，就是提高控制非语言表达的能力，以传达那些通常在不能控制的条件下表达的感情。

知识链接

心理学研究发现，低音频是与愉快、烦恼、悲伤的情绪相联系的；而高音频则表示恐惧、惊奇或气愤。研究还发现，鉴别人说谎的最可靠线索就是声调。不老练的说谎者说谎时会低头或躲避别人的视线；老练的说谎者则可以有意识地控制这些慌乱行为，说谎时不仅不脸红、不低头，还能有意识地以安详的表情迎接别人的目光。但是，说谎时声调提高却是不自觉、真实地透露出说谎者言不由衷的心态。

非语言沟通可以交流大量关于感觉、情绪和态度的信息。这些有关内部状态的信息以声音质量、眼神交流、面部表情、手势、身体运动和接触的方式表现出来。因此，非语言沟通常常被称作情绪语言。

2. 口语沟通与书面沟通

口语沟通与书面沟通是语言沟通的基本方式。口语沟通是指借助于口头语言实现的沟通。通常提及口语沟通时,一般都是指面对面的口语沟通。而通过广播、电视等实现的口语沟通通常称作大众沟通或大众传播。

口语沟通是日常生活中最为经常发生的沟通形式,如交谈、讨论、开会、讲课等都属于口语沟通。口语沟通是保持整体信息交流的最好沟通方式。在沟通过程中,除了语言之外,其他许多非语言性的表情、动作、姿势等,都会对沟通的效果起积极的促进作用。并且口语沟通时信息可以及时得到反馈并据此对沟通过程进行调节。口语沟通中,沟通者之间相互作用充分,因而沟通的影响力也大。不过,与书面沟通相比,口语沟通中信息的保留全凭记忆,不容易备忘。同时,在口语沟通时沟通者对说出的话没有反复斟酌的机会,因而容易失误。由于这种不足,在正式的公共场合中,人们常采用口语沟通和书面沟通相结合的形式,信息发送者常预先备稿,而接受者则往往做笔记或进行录音。

书面沟通是指借助于书面文字材料实现的信息交流,如通知、广告、文件、报纸杂志等都属于书面沟通形式。书面沟通由于有机会修正内容和便于保留,因而沟通不易失误,准确性和持久性也较高。同时,由于阅读接受信息的速度远比听讲快,因而单位时间内的沟通效率也较高。但是,由于书面沟通缺乏信息提供者背景信息的支持,因而其信息对人的影响力较低。当然,有一种情况是特殊的,即权威的文件所引起的重视程度远比口头传达强。但这里涉及的完全是另外一种机制。一方面,权威文件引起的效果是重视,并不意味着它就一定有高影响力;另一方面,口头传达文件时,传达者已不是真正的信息源,他们实际上只起传达媒介的作用。在传达过程中,通常没有传达者自身人格和情感因素的参与,这种传达过程与口语沟通有着实质的区别。

3. 有意沟通与无意沟通

在大多数情况下,沟通都具有一定的目的。这种沟通是有意沟通。但是,有时人们事实上在与他人进行信息交流,但并没有意识到沟通的发生。在这种情况下,沟通是无意沟通。当然,沟通者有时为了某种特定的目的,也会故意使自己的有意沟通在接受者那里造成错觉,使其看成无意沟通。例如,便衣诱捕小偷时,常常故意把钱包放在容易被小偷觉察的口袋里,甚至使钱包从口袋中露出一截,就属于这种情况。

有意沟通很容易理解。每一个沟通者对自己沟通的目的都会有所意识。通常的谈话、打电话、讲课、写信、写文章,甚至闲聊,都是有意沟通。表面上,闲聊好像没有沟通目的。实际上,闲聊本身就是沟通目的,沟通者可以通过闲聊消磨时光、排解孤独。

无意沟通不容易为人们所认识。事实上,出现在人们感觉范围中的任何一个人,都会与人们存在某种信息交流。心理学家发现,如果一个人在路上跑步或骑车,那速度通常比较慢,而如果有其他人(不管认识不认识)与你一起跑步或骑车,你的速度会不自觉地加快。同样的过程也发生在其他人身上。显然,人们彼此有了信息沟通,发生了相互影响。一个人走在大街上,无论来往行人的密度有多么大,你也很少与其他人相撞,因为你与其他人在走路过程中,随时都在调整彼此的位置。这说明,你在与许多人自觉或不自觉地保持着信息交流。

知识链接

　　心理学家谢立夫曾做过一个著名的"光点游动"实验。实验在一个完全黑暗的屋子里进行。研究者在一面墙上打上一个光点，随着光点的一亮一熄，在人的感觉上，会觉得这个实际上没有任何位置变化的光点在不断地移动。谢立夫发现，当人们分别单独判断光点所移动的距离时，不同的人所做的距离判断有很大差别。有些人认为只移动几厘米，有些人则认为移动的距离极大，最小距离与最大距离之间可以相差若干倍。

　　但是，当人们组成群体一同参加实验，彼此可以知道其他人的反应时，有意思的现象即发生了。此时，虽然仍然是各个人单独进行判断，但由于彼此知道了其他人如何进行反应，结果很快出现了相互参照、彼此比较的效应，各人的判断迅速趋向一个共同的适中距离，并最终达到一致。原来估计距离较小的人，自觉不自觉地增大了光点移动距离的估计，而原来估计距离较大的人，则自觉不自觉地减小了估计距离，并最终接受了一个共同的折中距离（实际上，光点自始至终都没有移动）。

　　在生活中的其他方面也是这样，只要知道了其他人如何判断，哪怕人们之间没有说过一句话，没有进行过任何有意识的沟通，人们的判断也会不自觉地受到其他人影响，向其他人靠拢。而且这种影响一旦发生了，还有相当的稳定性。当然，在其他人身上，也发生着完全相同的过程。

　　由此可见，无意沟通不仅是经常发生的，沟通的广泛程度远远超出人们的想象，而且这种沟通对人们有着意想不到的深刻影响。其实，文化背景对一个人的影响，更多的时候都是通过无意沟通实现的。影响个人行为与发展的社会比较，更多的时候也是通过无意沟通实现的。

　　4. 自我沟通与人际沟通

　　沟通不仅可以在个人与他人之间发生，也可以在个人自身内部发生。这种在个人自身内部发生的沟通过程就是自我沟通。个人内部神经系统是由信息传入和传出两个系统构成的。例如，人抓握一个东西，全部过程都是由反复的内部沟通构成的，首先是眼睛看到东西，信息由传入神经传到大脑。然后由人脑根据肌体需要发出抓握指令，指令经传出神经到达肌肉，被肌肉接受并引起收缩。如果抓握动作第一次不够准确，还会发生一系列的信息反馈调节过程。

　　自言自语是最明显的自觉的自我沟通过程。一个人在做事时常自己对自己不断发出命令，自己又接受或拒绝命令。小孩搭积木时，口中常念念有词："这一块应该放这儿。不对，应该放这儿。对，就是放这儿。"这是典型的自我沟通。

　　自我沟通是一切沟通的基础。事实上，人们在对其他人说出一句话或做出一个举动前，就已经经历了复杂的自我沟通过程。不过，只有在人们必须对一句话进行反复斟酌或对一个举动反复考虑时，才能清楚地意识到这种过程的存在。

　　人际沟通特指两个人或多个人之间的信息交流过程。这是一种与人们日常生活关系最为密切的沟通。人们之间关系的建立和继续，都必须通过这种沟通来实现。本书所涉及的沟通问题就主要是以人际沟通为核心的，更多的沟通分析都是有关人际沟通的知识。

10.2 正式沟通与非正式沟通

除了上述的沟通类型之外，沟通还可以分为正式沟通与非正式沟通。这两种沟通方式对人际交往和企业管理都有特殊的意义。

10.2.1 正式沟通与非正式沟通的含义

正式沟通是指在正式社交情境中发生的沟通，而非正式沟通是指在非正式社会情境中发生的信息交流。每个人在日常生活中都离不开这两种沟通。在正式沟通过程中，如参加会议、情人初次会面、发表讲话等，人们对语言性的、非语言性的信息都会高度注意，语言上用词会更准确，并会注意语法的规范化；对衣着、姿势和目光接触等也会十分注意。人们希望通过这些表现来为自己塑造一个好的形象，以便给其他人留下良好印象。在正式沟通过程中，往往存在典型的"面具"效应，即人们试图掩盖自己的不足，行为举止也会变得更符合社会期望。

在非正式沟通过程中，如小群体闲谈、夫妻居家生活等，人们会更为放松，行为举止也更接近其本来面目。沟通者对语言和非语言信息的使用都比正式沟通随意。每个人都会有体会，在自己家里或亲密好友家里同在上司家做客的感觉有明显的区别，不仅背景的心理紧张度不同，整个沟通过程也具有不同的性质。

10.2.2 公司内部的正式沟通与非正式沟通

正式沟通一般是指在组织系统内，依据组织明文规定的原则进行的信息传递与交流，如公司与其他单位的公函往来、组织内部的文件传达、召开会议等。

根据古典管理理论，正式沟通应遵循指挥或层级系统进行。严格地说，越级报告或命令，或不同部门人员间彼此进行沟通，都是不允许的。因此，在组织内只有垂直(纵向)的沟通流向，很少有同一水平的横向沟通流向。实际上，按照这种模式进行沟通，不但是不可能的，而且不能符合组织的需要。因此，产生了委员会或公文抄报之类的措施，以便在同级之间进行横向沟通，但这仍然属于正式结构所安排的路线，仍属于正式沟通性质。

1. 正式沟通的流向

1) 下向沟通

下向沟通是在传统组织内最主要的沟通流向。一般以命令方式传达上级组织或其上级所决定的政策、计划、规定之类的信息，有时颁发某些资料供下属使用。如果公司的结构包括多个层次，则通过层层转达，其结果往往使下向信息发生歪曲，甚至遗失，而且过程迟缓，这些都是在下向沟通中所经常发现的问题。

2) 上向沟通

上向沟通主要是下属依照规定向上级所提出的正式书面或口头报告。除此以外，许多机构还采取某些措施鼓励向上沟通，如意见箱、建议制度，以及由公司组织举办的征求意见的座谈会或态度调查等。有时某些上层主管采取所谓的"门户开放"政策，使下属可以不经层次向上报告。但这种沟通由于人事利害关系，往往使沟通信息发生与事实不符合或压缩的情形。

3) 横向沟通

横向沟通主要是同层次、不同业务部门之间的沟通。在正式沟通系统内，一般机会并不多，若采用委员会和举行会议的方式，往往所费时间、人力甚多，而达到的沟通效果并不很大。因此，公司为顺利进行其工作，必须依赖非正式沟通以弥补正式沟通的不足。

4) 斜向沟通

斜向沟通是指不同层次之间跨部门沟通，如财务经理与业务员的沟通、销售部经理与车间工人之间的沟通。斜向沟通一般不会发生，但特殊时期也会出现，征得直线主管同意后，可以向其下属直接命令。斜向沟通一般发生在业务指导和求助时。

沟通流向如图10.2所示。

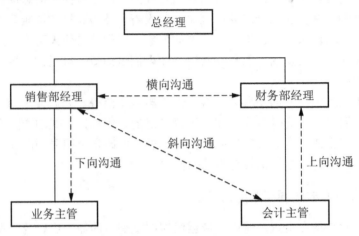

图 10.2　沟通流向

正式沟通的优点：沟通效果好，比较严肃，约束力强，易于保密，可以使信息沟通保持权威性。重要的消息和文件的传达、公司决策等，一般都采取这种方式。其缺点在于：因为依靠公司系统层层传递，所以很刻板，沟通速度很慢，此外也存在信息失真或扭曲的可能。

2. 正式沟通的形态

1) 链式沟通

链式沟通是一个平行网络，其中居于两端的人只能与内侧的一个成员联系，居中的人则可分别与两人沟通信息。在一个公司系统中，它相当于一个纵向沟通系统，代表一个等级层次，逐渐传递，信息可自上而下或自下而上进行传递。在链式沟通中，信息经层层传递，容易失真，各个信息传递者所接受的信息差异很大，平均满意程度有较大差距。此外，链式沟通还可表示组织中主管人员和下级部属之间中间管理者的组织系统，属控制结构。

在管理中，如果某一组织系统过于庞大，需要实行分权授权管理，那么链式沟通是一种行之有效的方法。链式沟通如图10.3(a)所示。

2) Y 式沟通

Y 式沟通是一个纵向沟通网络，其中只有一个成员位于沟通内的中心，成为沟通的媒介。在组织中，这一网络大体上相当于组织领导、秘书再到下级主管人员或一般成员之间的纵向关系。这种网络集中化程度高，解决问题速度快，组织中领导人员预测程度高。除中心人员外，组织成员的平均满意程度较低。Y 式沟通适用于主管人员的工作任务十分繁重，需要有人选择信息，提供决策依据，节省时间，而又要对组织实行有效的控制。Y 式沟通易于导致信息曲解或失真，影响组织成员的士气，阻碍组织提高工作效率。Y 式沟通如图 10.3(b)所示。

3) 轮式沟通

轮式沟通属于控制型网络，其中只有一个成员是各种信息的汇集点与传递中心。在组织中，轮式沟通大体相当于一个主管领导直接管理几个部门的权威控制系统。轮式沟通集中化程度高，解决问题的速度快，但沟通的渠道很少，组织成员的满意程度低，士气低落。

轮式沟通是加强组织控制、争时间、抢速度的一个有效方法。如果组织接受紧急任务，要求进行严密控制，则可采取轮式沟通。轮式沟通如图 10.3(c)所示。

4) 环式沟通

环式沟通可以看成链式形态的一个封闭控制结构，表示多个人之间依次联络和沟通。其中，每个人都可以同时与两个人沟通信息。在环式沟通中，组织的集中化程度和领导人的预测程度都较低，畅通渠道不多，组织中成员具有比较一致的满意度，组织士气高昂。如果在组织中需要创造出一种高昂的士气来实现组织目标，环式沟通是一种行之有效的措施。环式沟通如图 10.3(d)所示。

5) 全通道式沟通

全通道式沟通是一个开放式的网络系统，特别是在互联网和内联网应用日益广泛的今天。其中每个成员之间都有一定的联系，彼此了解。全通道式沟通中组织的集中程度很低。由于沟通渠道很多，组织成员的平均满意程度高且差异小，士气高昂，合作气氛浓厚。这对解决复杂问题、增强组织合作精神、提高士气均有很大作用。但是，由于全通道式沟通渠道太多，易造成混乱，且又费时，影响工作效率。全通道式沟通如图 10.3(e)所示。

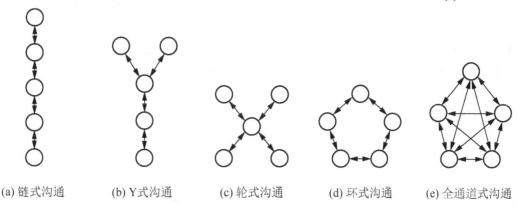

(a) 链式沟通　　(b) Y式沟通　　(c) 轮式沟通　　(d) 环式沟通　　(e) 全通道式沟通

图 10.3　正式沟通网络

上述 5 种沟通形态和网络都有其优缺点。作为一名主管人员，在管理实践中要进行有效的人际沟通，就需发挥其优点，克服其缺点，使组织的管理工作水平提高。5 种正式沟通形态的比较如表 10-3 所示。

表 10-3　5种正式沟通形态的比较

沟通形态 评价标准	链式沟通	Y式沟通	轮式沟通	环式沟通	全通道式沟通
集中性	适中	较高	高	低	很低
速度	适中	快	快(简单问题) 慢(复杂问题)	慢	快
正确性	高	较高	快(简单问题) 慢(复杂问题)	低	适中
领导能力	适中	高	很高	低	很低
全体成员满足感	适中	较低	低	高	很高
示例	命令链锁	领导任务繁重	主管对4个部属	工作任务小组	非正式沟通

3. 非正式沟通

1) 非正式沟通的含义

非正式沟通和正式沟通不同，因为非正式沟通的对象、时间及内容等各方面，都是未经计划和难以辨认的。非正式组织是由于组织成员的感情和动机上的需要而形成的，其沟通途径是通过组织内的各种社会关系，这种社会关系超越了部门、单位及层次的限制。

2) 非正式沟通的模式

非正式沟通渠道也有自己的沟通模式。非正式沟通的模式主要有单串型、饶舌型、集合型和随机型。

(1) 单串型。信息在个人之间相互转告依次传递到最终的接收者，如图10.4(a)所示。

(2) 饶舌型。某人告诉大家，即信息由①传递给各人，①是非正式渠道中的关键人物，他主动把信息传播给其他很多人，这个人是信息的控制源和核心，如图10.4(b)所示。

(3) 集合型。一些人有选择性转告给他人，即信息由①传递到几个特定的人⑤、⑨，然后再由他们传递给一些特定的人，如图10.4(c)所示。集合型的传播效率最高。

(4) 随机型。个人之间随机地相互转告，即信息随机地传递给某些人，某些人再随机地传递给另外一些人，如图10.4(d)所示。

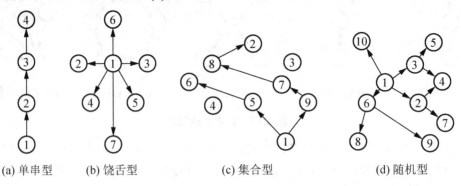

(a) 单串型　　(b) 饶舌型　　(c) 集合型　　(d) 随机型

图 10.4　非正式沟通网络

第10章 沟通

 管理案例

GE 的朋友制

Johnny Chang 收到 GE 人力资源部门发来的一个邮件,其中有录用通知、个人情况登记表和一封信。信中提到公司人力资源部门的做法是采用朋友制,根据这一制度,受聘人将与一位有经验的资深职员结成一对朋友,他会在您受聘期间及到职的第一个月内为您提供各种信息及帮助。

就在 Johnny 两周前参加 GE 求职面试时,这个赫赫有名的大企业在他心目中还多少显得有些高不可攀。现在 GE 不但聘用了他,还指定一位资深职员来帮助他。因此,Johnny 读完这封信后很高兴,他刚从旧金山来到纽约,的确很希望在这座人地生疏的大城市能多认识几个朋友。

当天晚上,Johnny 就接到了 Mary Li 的电话,他们相约在一间咖啡屋见面。在 Johnny 了解了 Mary 的一些情况后,他意识到公司人力资源部门选择 Mary 做他的朋友一定是通过非常慎重的思考和困难挑选的。首先,Mary 和自己一样也是华裔,彼此容易沟通;其次,Mary 非常熟悉纽约和 GE 的研发部门,可以帮助 Johnny 解决具体问题;最后,Mary 友善、热情、乐于助人,当 Johnny 一提出孩子上学的问题时,Mary 就很热心地向他介绍纽约州首府周围的学校情况,特意向他推荐一所学校。

上班的日子很快到了,Johnny 驱车来到 GE 研发部门的办公室。当他走进办公室时,一时间有些不知所措,正在此时,Mary 出现了。首先,Mary 带他去见主管经理,使他明确了自己的工作职务、内容、要求及基本程序,主管经理还向 Mary 布置了当天的工作;其次,Johnny 在 Mary 的带领下参观了办公室,领到了必需的办公用品;最后,Johnny 在一张宽敞的办公室桌前坐了下来。这时,Johnny 觉得一切不再陌生了。到了午餐时间,Mary 就像老朋友一样来招呼 Johnny 去吃饭,Mary、Johnny 和其他几位同事有说有笑地向餐厅走去。

3) 非正式沟通的优点

以上案例说明了非正式沟通对于企业良好人际关系的重要性。在相当程度内,非正式沟通的发展也是配合决策对于信息的需要的。非正式沟通比正式沟通具有较大的弹性,非正式沟通可以是横向流向,或是斜向流向,一般也比较迅速。在许多情况下,来自非正式沟通的信息反而获得接受者的重视。由于传递这种信息一般以口头方式,不留证据、不负责任,许多不愿通过正式沟通传递的信息却可能在非正式沟通中透露,因此合理利用非正式沟通可以有效提高管理效率。

 管理案例

善于成为下属的原动力

多年来,沃尔玛公司一直是美国居前 5 位的大零售商之一。在 20 世纪 70 年代,该公司的销售额从 4 500 万美元增长到 16 亿美元,商店由 18 家扩展到 330 家。在该公司,人称"山姆先生"的山姆·沃尔顿是这一成功的原动力。沃尔顿的办公法说起来很简单,不外乎就是关心他的职工。实际上,在他的坚持下,几乎所有管理人员都别着一个圆形小徽章,上面写着"我们关心自己的职工"字样。

沃尔顿先生有次夜不能寐,从床上翻身而起,到一家日夜面包房去买了 4 打(1 打=12 个)炸面包圈。晚上 2:30,他把这些面包送到一个分发货站去,跟装运码头的工人聊天。结果他发现那地方还需要增设两个淋浴间。在这么一家销售额达 20 亿美元的企业里的一位最高领导,居然能对他的职工有着这样的深切关怀。

基层职工最重要,这点在他的每项活动中都能反映出来。高级经理的办公室总是空的,总部就像一座仓库，原因在于沃尔顿手下的经理的大部分时间，总是在该公司的 11 个州的服务区现场里度过的。

在沃尔玛公司，人人都觉得自己像一个胜利者。每星期六早上 7:30，管理例会准时开始。当月的进货员会收到一枚奖章。每星期都有商店上"光荣榜"。每次总部突然派来一个维修分队来帮助这些商店装修门面时，都能证明那里工作做得很好。沃尔顿总要站起来大喝一声："谁是第一呢？"自然是大家齐声回答："沃尔玛！"

4) 非正式沟通的缺点

过分依赖非正式沟通也有很大的危险，因为这种信息遭受歪曲或发生错误的可能性相当大，而且无从查证。尤其与员工关系较密切的问题，如晋升、待遇之类，常常发生所谓的"谣言"。这种不实的散布，给组织往往造成较大的困扰。非正式沟通涉及较多的有关情感和个人情绪的问题，有很强的感情色彩，容易被不同动机、不同目的的人利用。

5) 应对非正式沟通的对策

任何组织都或多或少存在这种非正式沟通途径。对于这种沟通方式，主管既不能完全依赖用以获得必需的信息，也不能完全加以忽视，而是应当密切注意错误或不实信息产生的原因，设法给组织人员提供正确而清晰的事实，加以防止。

对于非正式沟通所采取的立场和对策有以下两个方面。

(1) 非正式沟通的产生和蔓延，主要是由于人员得不到其所关心的消息。因此，主管愈故作神秘，封锁消息，则背后流言愈加猖獗。正本清源，经理应尽可能使部门内沟通系统较为开放或公开，则不实的谣言将会不攻自破。要想予以阻止已经产生的谣言，与其采取防卫性驳斥，不如正面提出相反的事实更为有效。

(2) 闲散和单调乃是制造谣言的温床。为避免产生这些不实的谣言，扰乱人心士气，经理应注意不要使部门成员有过分闲散或过分单调枯燥的情形发生。最基本的做法是培养成员对企业管理当局的信任和好感，这样成员比较愿意听企业提供的消息，也较能相信。

10.3 沟通改进

从图 10.1 中可见到，信息传递的过程不可避免地会受到外来噪声的影响而失真，这种干扰因素既包括沟通系统外在因素的影响，也包括沟通内部系统功能的干扰。

10.3.1 影响沟通的因素

影响沟通的因素大致包括以下 4 个方面。

1. 物理方面的沟通障碍

物理方面的沟通障碍是指环境方面的某些要素可能会减弱或隔断信息的发放或接收，如传递的空间距离、传递中的噪音干扰、沟通媒体的运行故障、环境嘈杂等。

2. 管理方面的沟通障碍

管理方面的沟通障碍即在管理沟通观念、领导方式、沟通体制与制度、与沟通相关的权限、职责设置等方面影响沟通的因素。例如，一位专制型的、高高在上的管理者很难与下级进行很好的沟通；有些组织规定上班期间不可以无故串岗。

3. 心理方面的沟通障碍

沟通主体与沟通对象在个性、心理等方面的因素也会影响沟通的顺利进行。例如，一位对管理者心存偏见的下级就很难理解接受管理者的正常沟通信息，自负的管理者很难听进去下属合理的建议。

4. 语言方面的沟通障碍

语言是管理沟通中最基本的手段。在沟通过程中常常由于语言不同、表达不准确、语言有歧义或接受者理解上的不同而容易导致信息失真。

此外，选择合适的沟通渠道、沟通方式也非常重要，组织结构层次过多使得信息上下行环节太多，沟通效率就会下降，因为这样会导致信息再传递的误差累积增大，造成信息失真，对沟通效果影响很大。例如，在下行沟通中往往容易出现信息遗漏或被曲解的现象，同样，在上行沟通中则易出现信息被过滤现象，在向上级主管部门汇报工作时，人们往往习惯于报喜不报忧，这就妨碍了管理者了解事件真相。

10.3.2 改进沟通的途径

1. 克服认知差异，积极运用反馈

在沟通的过程中，接受者会根据自己的需要、动机、经验、背景等，有选择地去看或去听信息。相应地，接受者也会在解码时把自己的兴趣、期望带进信息中。

因此，在沟通的过程中应注意使用反馈通道，以减少由知觉的选择性造成的误解。

2. 创建共识区域

共识区域是指信息发送者和接受者各方在知识经验、兴趣爱好、文化传统等方面的相近之处。一般来说，信息发送者与接受者的类似经验越多，沟通的语言就越多，信息分享的程度也越高。因此，共同的经验范围往往是建立良好沟通的基础。

3. 抑制情绪化的反应

沟通过程中，情绪化的反应会给信息传送带来严重影响而失真。因此，当信息发送者或接受者中的一方情绪不稳时，最好的做法是停下来，保持冷静。

 特别提示

如果你是对的，就要试着温和地、技巧地让对方同意你；如果你错了，就要迅速而热诚地承认。这要比为自己争辩有效和有趣得多。

——卡耐基

4. 学会积极地倾听

积极地倾听是对信息的主动搜寻过程，是一项辛苦的劳动，需要集中精神彻底理解说话者所要表达的信息内容，而不是做一台只会翻录原声的录音机。积极地倾听应掌握以下4个基本要求。

特别提示

倾听对方的任何一种意见或议论就是尊重，因为这说明我们认为对方有卓见、口才和聪明机智，反之，打瞌睡、走开或乱扯就是轻视。

——霍布斯

1) 专注

倾听时应排除杂念，集中注意在别人说话的内容上，即概括综合所听到的信息，并能把新信息转化到自己的思维框架中。

2) 移情

学会换元思维，即站在说话者的立场上理解他所要表达的含义，而不是自己想理解的意思。

3) 接受

学会客观地倾听内容，而不要轻易过早地做出判断，这样以防倾听者与说话者在观点相异时，倾听者内心会对他人观点产生排斥，从而遗漏重要信息造成误解。

 特别提示

尽量去了解别人而不要用责骂的方式；尽量设身处地去想他们为什么要这样做。这比批评、责怪要有益、有趣得多，而且让人心生同情、忍耐和仁慈。做一个好听众，鼓励别人说说他们自己。

——卡耐基

4) 保持完整的倾听意愿

一个主动的倾听者会千方百计地从沟通中获得信息发送者所要表达的意愿，达到这一目的可用的方法有两个：第一，学会倾听情感；第二，学会提问以纠正理解偏差。

除以上 4 个基本要求外，还应掌握适当的倾听技巧。

5. 获取沟通的信任

成功的沟通者往往具有良好的权威效应，信息发送者的可信度既受信息发送环境的影响，更受沟通关系历史认识的影响。信任感的培养是一个一以贯之的过程。因此，日常行为中即形成良好的信誉意识至关重要，"狼来了"的故事即是最好的反例之一。

6. 注意非语言沟通的提示

生活中人们常说"说得好不如做得好"，这句话从一个侧面反映了行动比语言更加明确。因此，沟通中应注意非语言媒介的使用，如手势、衣着、姿势、面部表情等。作为沟通者，首先，你必须注意所传达的信息应与所使用的媒介具有一致性；其次，你应该学会"察言观色"，并能准确地解释所观察到的现象。总之，巧妙地运用非语言沟通的提示，会使沟通过程产生事半功倍的效果。

7. 语言力求简洁、明确

在沟通过程中，无论是书面语还是口语都应力求精准、简洁，口语沟通还应具有一定感情色彩。在口语沟通中，人们应注意使用容易理解的方式讲话，如比喻、类推、举例等；在书面沟通中，应注意文章清晰的结构、语法及完整明确的思维逻辑；此外，人们也可尝试用图片、标号、表格、色彩等吸引阅读者的兴趣。

当然书面语与口语的区别还是很明显的。例如，书面语可精心准备、随时修改，而口语则即时发出，且覆水难收、不易修改；书面语高度精炼、规范，口语则随意性较大。但是，口语沟通的反馈则比书面沟通快。

最后，因为口语是沟通中应用最多、最基本的语言形式，所以人们应注意掌握口语的技巧。

 管理故事

周总理巧对美国记者挑衅

新中国成立初期，在一次记者招待会上，有一位不怀好意的外国记者问周总理："中国现在还有没有娼妓？"面对这个挑衅性的提问，周总理沉稳地说："有，在台湾省。"还有一次，一位美国记者在采访周总理时在他的办公桌上发现了一支美国产的派克笔，于是便用讽刺的口吻说："你作为一个大国总理，为什么还要用我们美国生产的钢笔？"周总理风趣地说："这是一位朝鲜朋友的战利品，是他作为礼物送给我的。"还有一位美国记者不怀好意地问道："为什么我们美国人走路都是头朝上，而你们中国人走路都是头朝下？"周总理说："因为中国人走的是上坡路，而你们美国人走的是下坡路。"

口语的技巧包括以下几个方面。

(1) 要言之有理，并有足够的信息量。所说内容可以是新知识、新信息、新办法，至少是新见解。这样才能以内容吸引人，若属于信息沟通则一定要抓住中心，表述准确。

(2) 选择对方感兴趣的话题交谈。沟通交谈如同打乒乓球，你发过去的球对方接住了，谈话才能继续下去，若没有接住，谈话中断不说，对方可能还会认为你在故意刁难他，沟通双方自然很难建立良好关系。

(3) 尊重与赞美。实事求是地赞美不仅是在表示对对方的尊重，也是在传达一种良好的交往意愿，会明显地促进感情的融通。

(4) 回避忌讳的话题。在沟通中要避免涉及对方的隐私，更不可涉及民族、宗教等方面忌讳的话题。

(5) 学会运用幽默。幽默有助于调节谈话气氛、消除隔阂、拉近双方心理距离，排除尴尬局面。

 管理故事

马克·吐温

一年愚人节，有人为了愚弄马克·吐温，在纽约的一家报纸上报道说他去世了。结果，马克·吐温的亲戚朋友从全国各地纷纷赶来吊唁。当他们来到马克·吐温家的时候，只见马克·吐温正坐在桌前写作。亲戚朋友先是一惊，接着都齐声谴责那家造谣的报纸。马克·吐温毫无怒色，幽默地说："报纸报道我去世是千真万确的，不过把日期提前了一些。"

沟通技巧除了以上几点外，为使接受者容易理解，也为创造一个良好的沟通氛围，适当地使用行业术语，或采用与听话者一致的表达方式，都可有效地提高沟通质量。此外，当发言者要传递重要信息或公开演讲时，可提前做一些必要的准备，如把演讲稿散发下去，让听者有充足的思维准备及反馈时间，以使语言理解的差异造成的负面影响降到最低。

10.4 冲突与谈判

冲突是一种常见的社会现象，它普遍存在于社会关系的各个领域。冲突可以成为组织中一个严重的问题，它可能造成混乱的局面，导致员工几乎无法在一起工作。

谈判是现代社会无时不在、无处不有的现象。在组织和群体中，人们之间要相互交往、改善关系、协商问题就要进行谈判，也就是说谈判是日常生活的一部分。谈判是当事人为满足各自需要和维持各自利益而进行的协商过程，是解决冲突、维持关系或建立合作构架的一种方式。

引起谈判的原因包括利益冲突、缺乏规则或程序、希望避免争夺等。

10.4.1 冲突的概念

冲突是一个过程，当一方感觉到另一方对自己关心的事情产生不利影响或将要产生不利影响时，这种过程就开始了。产生冲突的双方或多方之间存在一种相互依赖的关系，如果双方或多方之间不存在相互依赖的关系就不可能发生冲突。

知识链接

冲突一词最早的意思是指军事上的突击和近战。《后汉书·刘虞传》："瓒乃简募锐士数百人，因风纵火，直冲突之。"北魏郦道元《水经注·渭水三》："操与马超隔渭水，每渡渭，辄为超骑所冲突。"南宋叶适《上宁宗皇帝札子》之二(开禧二年)："臣伏觐建炎、绍兴渡江之后，非不欲固守两淮、襄、汉，而虏人冲突无常，势不暇及。"明代王铎《太子少保兵部尚书节寰袁公神道碑》："(袁可立)命蹶张之士传飱，持一灵姑铚大暑中趋贼。贼持垒为险，单骑冲突，左右翼踏之。"刘揆一《黄花岗之役·黄兴传记》："战至距离相去二百米达时，敢死队伏而不动；及清军追至一百米达，乃奋起冲突，清军死至三千余人。"

为了使群体有效地完成组织目标和满足个人需要，必须建立群体成员和群体之间的良好和谐关系，即彼此间应互相支持，行动应协调一致。但是，现实的情况是个人间存在着各种差异，群体间有不同的任务和规范，对同一个问题就会有不同的理解和处理，于是就会产生不一致，或是不能相容的情况。也就是说，冲突在组织或群体内是客观存在的。

冲突可以定义为：个人或群体内部、个人与个人之间、个人与群体之间、群体与群体之间互不相容的目标、认识或感情，并引起对立或不一致的相互作用的任何一个状态。该定义强调了 3 个方面的内容。第一，冲突是普遍的现象，它可能发生于个人与个人之间、个人与群体之间、群体内部的人与人之间、群体与群体之间等。第二，冲突有 3 种类型：①目标性冲突，即冲突双方在具有不同的目标导向时发生冲突；②认识性冲突，即不同群体或个人在对待某些问题上由于认识、看法、观念之间的差异而引发的冲突；③感情性冲突，即人们之间由于存在情绪与情感上的差异而引发的冲突。第三，冲突是双方意见的对立或不一致，以及有一定程度的相互作用，它有各种各样的表现形式，如暴力、破坏、无理取闹、争吵等。

10.4.2 冲突的发展过程

1. 潜在的对立或失调

潜在的对立或失调表明了可能发生冲突机会的条件。这些条件并不一定会直接导致冲突，但它们是冲突发生的必要条件。这些必要条件可以简单地归为3类：沟通变量、结构变量和个人变量，分别对应由沟通、结构和个人因素导致的冲突。

2. 认知和人格化

只有当一方或多方意识到冲突或感受到、察觉到冲突时，潜在的对立和失调才显现出来。冲突发展的第二阶段是人们认识到了不一致，或一方对另一方关心的事情造成某种程度的消极影响。在这个阶段，人们对冲突的感知可以分为认知的冲突和情感的冲突。认知的冲突的存在并不意味着其人格化了，它并不会使人感到紧张或焦虑，也不一定会影响到对另一方的情感。情感的冲突是指冲突的个体有了情感上的卷入，此时双方都会体验到焦虑、紧张、挫折或敌对。

3. 行为意向

行为意向介于个体的认知、情感及其外显行为之间，指的是人们在面对某种冲突情景时采取某种特定方式从事活动的想法和打算。人们通常使用两个维度，即合作性(一方愿意满足另一方愿望的程度)和自我肯定性(一方愿意满足自己愿望的程度)来确定5种不同的处理冲突的行为意向：竞争(自信但不配合)、合作(自信且配合)、回避(不自信也不配合)、迁就(不自信但配合)和折中(配合性和自信性均处于中等程度)，如图10.5所示。

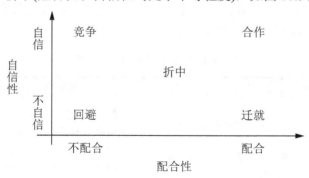

图10.5 冲突处理的行为模型

1) 竞争

竞争是一种对抗的态度。当一个人在冲突中寻求自我利益的满足，并自认为自己占据有利的位置，具有讨价还价的能力时，就会不考虑对方的要求，试图说服对方服从自己的观点和利益，或者迫使对方让步。

2) 合作

合作是一种全局的态度。当面对冲突时，人们不仅考虑自己的利益，同时也顾及其他人的利益，并且积极寻求双方的利益点，提升目标，解决问题，追求相互受益的结果，最终实现双方利益的最大化。

3) 回避

回避是一种逃避的态度。个体可能意识到了冲突的存在，但是他并不想应对目前的冲突，因而他采取转移或回避的态度，使自己跳出冲突之外。

4) 迁就

迁就是一种退让的态度。个体在冲突的时候愿意放弃自己的利益和立场来满足对方的利益。迁就多数是出于维护双方相互关系，或在某种强势之下不得已而为之的办法。

5) 折中

折中是一种妥协的态度。当冲突双方都寻求放弃某些东西，从而共同分享利益时，则会带来折中的结果。在折中做法中，没有明显的赢家或输家。冲突双方愿意共同承担冲突问题，并接受一种双方都达不到彻底满足的解决办法。

4. 行为

冲突行为通常是冲突各方实施各自行为意向的公开尝试。它首先是在对对方行为意向的判断和预测的基础上做出相应的反应，或对对方做出试探性的行为尝试，而对方也会依次做出自己的反应，由此交替进行，不断发展，形成冲突强度连续体。在连续体的低端，冲突以微弱、间接、高度控制紧张状况为特点。如果冲突水平升级到连续体的最顶端，则具有很大的破坏性。罢工、骚乱和战争都显然落在最顶端的位置。大多数情况下，处于连续体顶端位置的冲突常常是功能失调的。功能正常的冲突一般来说位于冲突连续体的较低水平。

5. 结果

冲突双方的"行为—反应"的互动导致了最终的结果。最终的结果可能有两种：一种结果是功能正常，提高组织绩效；另一种结果是功能失调，降低组织绩效。

冲突的消极与积极作用见表10-4。

表10-4 冲突的消极与积极作用

消极作用(降低组织绩效)	积极作用(提高组织绩效)
(1) 影响员工身心健康 (2) 导致员工不能参与某些重要问题的研究与处理 (3) 造成组织内不满与不信任 (4) 使组织内相互支持、相互信任的关系变得紧张 (5) 导致员工和整个组织变得封闭、孤立、缺乏合作 (6) 阻碍组织目标的实现	(1) 促进问题的公开讨论 (2) 促进问题的尽快解决 (3) 提高员工在组织事务处理中的参与程度 (4) 增进员工间的沟通与了解 (5) 化解积怨

冲突的发展一般要经历上述5个阶段，但这也不是绝对的。冲突是一个动态的发展过程。冲突的产生和发展过程都受到各种主客观条件的影响和制约，因而表现形态也会有很大差别。

10.4.3 冲突产生的原因

关于冲突的来源有两种思路。比较流行的思路认为，冲突是对稀有资源的竞争，对目标实施和自主权的渴望，是冲突的基本来源。当一个人的行为阻碍另一个人的目标达成时，就会产生冲突。另一种较流行的思路把冲突看成不相容的活动,认为冲突是由于一种活动以某种方式干涉或阻碍另一种活动的进行,从而产生不相容行为。无论人们是在合作还是在竞争方式下工作,不论目标利益是否一致,都会由此形成争议或挫折。这时,冲突是一种动机行为,人的价值观念及竞争或合作的动机导致不相容的活动,竞争因素往往会强化冲突倾向,而合作因素则产生协商动机,以便在冲突情景中达成一致意见。从管理心理学的研究来看,不相容的活动思路能够比目标竞争思路更好地解释和预测冲突行为及其过程,并且在研究中得到更多的实证支持。

影响冲突的因素很多,冲突的内容各不相同,造成冲突的原因更是多种多样。有关冲突的管理心理学研究表明,一些常见的造成冲突的因素包括:性格或价值观念不相容,对于诸如工作职务、薪酬、晋升等方面的期望落空,资源有限而产生竞争,工作职责边界重叠或者不明确,工作任务的相互依存和制约,工作任务的期限不合理或者高度的时间压力,沟通不良,寻求一致意见或决策的倾向,群体决策中的意见分歧或利益矛盾,部门工作利益不协调,管理政策或规章不合理或不明确,组织体制或管理层次复杂。

从影响冲突的因素类别来看,可以分成:①心理特征因素,如不同的性格、价值观、工作期望等;②任务特征因素,如任务依存程度、职责交叉的特点、任务期限等;③群体过程因素,如沟通不良、群体决策、部门协调等;④组织特征,如政策规章、组织体制等。对于不同的影响因素,需要采取不同的处理策略,以便减弱或转变"非功能冲突",利用和引导"功能性冲突"。

群体冲突是常见的一种冲突类型,其产生的原因比较复杂,包括对决策环境的知觉、特殊行为方式的偏好、群体之间目标的不相容性等。群体冲突具有下列特征。

(1) 群体冲突可能具有正面作用。在良好的群体工作设计条件下,群体冲突既有利于达到较好的经济目标,又能增强群体成员的工作动机,并形成良好的团队文化,增进群体成员间的信任和承诺度,协调个人、群体与组织的目标。管理心理学研究提出,只有当群体成员能公开争论、互相支持合作和充分投入时,才能提高群体工作效率;而高效率的工作又反过来促进群体成员间的支持气氛、对工作的投入,以及较高的满意感和对群体的承诺。研究发现,群体工作效率知觉对成员的满意感和承诺会产生直接的影响,群体工作成效促进成员对群体的承诺和工作满意感。

(2) 群体冲突可能促进多样化和创造性。研究表明,群体成员的多样化可以引进各种新观念、新思路,促进创造性地解决问题和成员间的动态合作,从而提高群体工作效率,尤其是高层管理部门群体的效能。当然,群体多样化也可能导致管理的难度,影响沟通效率,使成员产生紧张情绪,降低成员的群体承诺感,增加离职率。

(3) 群体冲突的处理方式具有跨文化差异。研究表明,在解决群体冲突时,所采用的策略存在文化差异。在中国文化条件下,人们倾向于采取低不确定性策略(如回避和折中策略);而在西方文化条件下,人们则更多采用高不确定性策略(如竞争和合作策略)。

10.4.4 解决冲突的谈判沟通

当冲突双方通过直接接触来解决分歧时,便会有对话。在对话的过程中双方互讲条件的过程就是谈判,它使双方有条不紊地找到解决问题的方法。对话和谈判都有某种风险,因为不能保证讨论集中于某种冲突,也不能保证双方都能控制住情绪。但是,如果人们能够在面对面讨论的基础上解决冲突，就会发现彼此间新的一面，进一步的合作将变得容易。通过直接的谈判可能会开始相对持久的态度转变过程。

尼伦伯格指出，当人们想交换意见、改变关系或寻求同意时，人们就开始谈判。这里所说的交换意见、改变关系和寻求同意都是人们的需要。人们想满足自己的某种利益就会产生需要。利益包含的内容非常广泛，有物质的、精神的，组织的、个人的等。当利益无法仅仅通过自身取得而必须同他人合作才能取得时，就要借助于谈判的方式来实现，而且需要越强烈，谈判的要求越迫切。

整合性谈判是解决冲突问题的重要途径。整合性谈判注重双方的基本利益、共同满意的选择和产生明智协议的公正标准，整合性谈判追求一种双赢的局面，关注双方的长期关系。出现冲突时，以整合性谈判来解决冲突问题需注意以下几点。

（1）把人和问题分开。如果谈判双方把注意力集中于实质性冲突而不是情感冲突，那么冲突问题更容易得到处理。在处理具体实质问题之前，人和问题必须相分离并分别处理。聚焦于问题，而不是另一方，这样有助于维持双方的关系。

（2）着眼于利益，而不是立场。所谓立场，就是在谈判中所提的要求或者想法；而利益是隐藏在要求背后的动机。要取得立场上的一致，极容易使谈判陷入僵局。冲突管理的目标是满足双方的利益。立场实质上是一方为获得一定利益的特定的解决方法，而获得某种利益可以有多种可行方法。如果谈判双方一开始就以坚持自己的立场为目的，那么极容易忽略满足双方需要的创造性选择方案。

（3）寻找互相得益的可行方案。当双方处于紧张的冲突阶段时，双方很难提出使其都能接受的创造性处理方案。只要双方共同努力，即使各方的利益互不相干，仍然有使双方互相得益的方案存在。

（4）坚持使用客观标准。在有些谈判中，不可能出现双赢的局面。这时，如果双方仍然以自己的意愿为基础来解决冲突，只能导致无休止的争论。解决问题的办法在于以独立于双方意志以外的东西为基础，即以客观标准为基础。人们通常引用的客观标准有市场价格、惯例、道德标准、科学判断、职业标准、习惯、效率和互惠等。

当双方冲突激烈并持续时间较长时，部门间的成员就会多疑并不合作，无法用整合性谈判来解决问题。这时，可以由第三方作为顾问来介入冲突，进行更为有效的沟通。第三方应该是行为问题方面的专家，能被冲突双方接受。第三方并不是要判断双方的是非曲直，而是要让双方了解其相互依赖的关系。通常组织中冲突调解的第三方由双方的共同上级充当。为了使双方合作，第三方需要做好以下工作：保证双方有良好的动机；使双方把注意力转移到问题的解决上；使双方在冲突中保持权力的平衡，因为如果双方地位不对等，那么公开的交流、信任和合作是不可能的；增加双方之间的透明度，并使双方在高透明度下不会受到对方的伤害。

 管理案例

亚通网络公司

亚通网络公司(以下简称亚通公司)是一家专门从事通信产品生产和电脑网络服务的中日合资企业。亚

第10章 沟通

通公司自 1991 年 7 月成立以来发展迅速，销售额每年增长 50% 以上。与此同时，亚通公司内部存在着不少冲突，影响着公司绩效的继续提高。

因为亚通公司是合资企业，尽管日方管理人员带来了许多先进的管理方法，但是日本式的管理模式未必完全适合中国员工。例如，在日本，加班加点不仅司空见惯，而且没有报酬。亚通公司经常让中国员工长时间加班，引起大家的不满，一些优秀员工还因此离开了亚通公司。

亚通公司的组织结构由于是直线-职能制，部门之间的协调非常困难。例如，销售部经常抱怨研发部开发的产品偏离顾客的需求，生产部的效率太低，使自己错过了销售时机；生产部则抱怨研发部开发的产品不符合生产标准，销售部门的订单无法达到成本要求。

研发部胡经理虽然技术水平首屈一指，但是心胸狭窄，总怕他人超越自己。因此，他常常压制其他工程师。这使得研发部人心涣散、士气低落。

分析：

冲突发生的条件有双方存在不同的利益；双方均认为对方会损害自己的利益；察觉到对方正在采取不利于自己的行为或预测到对方将会采取类似的行为。

亚通公司的管理层与中国员工之间的冲突存在于不同组织层次之间，可以称之为垂直(纵向)冲突。产生这种冲突的原因有多种，在这里主要有权力与地位、价值观不同、资源缺乏。解决问题的办法是，管理层应该根据具体的情况合理地设计报酬系统，重新激发员工的积极性，并在人力成本与员工绩效之间取得一个动态平衡。

各部门之间的冲突存在于同一组织层次不同部门之间，可以称之为水平(横向)冲突。由于亚通公司采用的组织结构是直线-职能制，出现这种类型的冲突就不足为怪了。产生这种冲突的原因主要有任务相互依赖、目标不兼容。解决的办法是，企业可以通过信息管理系统来促进信息的流通，让各部门及时得到有用的数据；企业可以实施关联性绩效评估，把具有依赖性的部门的绩效关联起来；企业可以考虑对主管进行恰当的培训，增强其整体性观念。

10.4.5 谈判策略

1. 开诚布公

开诚布公是指谈判人员在谈判过程中以诚恳、坦率的态度向对手和盘托出自己的真实思想和观点，实事求是地介绍己方情况，客观地提出己方的要求，以促使对方通力合作，使双方在诚恳、坦率的气氛中有效地完成各自的使命。运用开诚布公策略的前提是双方必须都对谈判怀有诚意，都把对方当做唯一的谈判对象。

特别提示

为一件过失辩解，往往使这过失显得格外重大，正像用布块缝补一个小小的窟窿眼儿，反而欲盖弥彰一样。

——莎士比亚

2. 曲线求利

建立友好的合作关系是谈判顺利进行的前提，在谈判开始之前，问候与寒暄是必不可少的，可以恰当地恭维对方几句，或是根据对方的专长引出对方感兴趣的话题。在谈判过程中，向对方赠送礼品以表示友好情感和合作意愿。应当指出的是，赠送礼品不等于行贿。

在谈判的业余时间，双方进行私下接触，如一起就餐、娱乐，以增进友谊、融洽关系，从而促使谈判成功。

3. 投石问路

投石问路是指事先假设某种情况存在，以探视对方的反应。例如，己方提出"如果扩大订货，贵方打算在价格上做出什么让步？"提出假设条件可以从两方面考虑：一是在己方认为不太重要的问题上提出假设条件，如果对方对此反应敏感，则说明对方对这一问题比较重视；二是在己方认为比较重要的问题上提出假设条件，如果对方也很看重这一问题，说明要获得对方的让步会很困难，必须有所准备。

4. 声东击西

声东击西是指为了达到目的，有意识地将议题引到对己方不重要的方面上，以分散对方的注意力。使用声东击西策略的目的在于：①尽管所讨论的问题对己方是次要的，但能表明己方对这一问题很重视，进而提高该项议题在对方心目中的价值，一旦己方做出让步后，能使对方更为满意；②作为一种障眼法，转移对方的视线；③为以后的正式会谈铺平道路，以声东击西的方式摸清对方的虚实，排除正式会谈可能会遇到的干扰；④把某一议题的讨论暂时搁置起来，以便抽出时间对有关的问题进行更深入的了解，搜集更多的信息和资料；⑤延缓对方所要采取的行动。

5. 软硬兼施

软硬兼施的通常做法是让谈判小组的人员分别扮演"红脸"和"白脸"等不同角色，先由己方"白脸"谈判者(通常不由主谈者充当)向对方提出苛刻条件，讨价还价时寸步不让，唇枪舌剑，采取强硬立场，从而在气势上压倒对方，给对方在心理上造成一种错觉，迫使对方让步。一旦己方主谈者估计已经取得预期效果时，他再充当"红脸"谈判者出面缓解紧张气氛，以诚恳的态度、亲切的言词，提出"合情合理"的要求(其条件往往高于或至少是等于其原订的计划)，使对方接受。对方可能会接受己方所提出的条件或做出某些让步。

特别提示

太阳能比风更快地脱下你的大衣；仁厚、友善的方式比任何暴力更容易改变别人的心意。

——卡耐基

6. 出其不意

为打乱对方的计划和部署，采取对方预想不到的措施。例如，提出出其不意的问题、临时改变谈判时间与地点、更换谈判人员等。最常用的方式是掌握令对方惊奇的事实、材料和信息，在关键时刻呈现给对方，迫使对方让步。

7. 后发制人

后发制人是指在谈判中隐藏自己的真实实力，先让对方表现，在适当的时候拿出自己的杀手锏。但这种方式容易引起对方的反感,要使后发制人策略取得好的效果,可使用以下方法。

(1) 少说多听。如果对方希望表现自己,就尽量保持沉默倾听,在倾听对方谈话时,尽量从对方的立场了解对方的看法、需求和顾虑,这样可以充分了解对方的想法,听出对方的言外之意。切忌打断对方的讲话,通常打断讲话是令人反感的。当然,如果未听清要求对方重复,对方是不会反感的。

(2) 不要急于说出自己的观点。最好让对方先说出他的观点,然后再有目的地发表自己的意见,这样不但有针对性,而且容易让对方信服。

(3) 在发表自己的意见时,用温和而有节制的态度说话。人们不会喜欢严厉或嘲笑的语气,这样只能使对方更加固执,而温和的态度会赢得对方的尊敬和同样的态度回报。

8. 以林遮木

以林遮木是指故意向对方介绍一些不相关的情况或提供一大堆琐碎的材料,以分散对方的注意力、掩盖自己的真实目的。如果对方采用本策略,应当注意:①保持清醒的头脑,绝不轻信那些滔滔不绝的介绍;②对复杂的资料进行分类、整理、抓住关键;③暗示己方掌握某些重要情况。

9. 休会

休会是指当谈判进行到某一阶段或遇到某种障碍时,双方中断谈判,休息片刻,以恢复体力、调整对策,应用本策略的情景有:①在谈判的某一阶段接近尾声时;②在谈判出现低潮时;③在谈判将要出现僵局时;④在一方不满现状时;⑤在谈判出现疑难问题时。

10. 最后通牒

大多数谈判都是在最后期限临近或到来时才达成协议的。提出谈判的最后期限会给对方很大的心理压力,从而为谈判成功创造条件。尤其是当对方负有签约使命时、己方因对方的出价太低而有损公司形象时、为了试探对方的诚意和权限时等,效果比较好。但是采用这种策略很可能会引起对方的敌意,因为这等于剥夺了对方选择的自由,所以采用该策略可配合使用一些方法:①在言语上尽量委婉,既要达到目的又不要锋芒毕露;②拿出一些合情合理的证据,用事实说话;③给予对方思考或请示的时间。

本 章 小 结

本章主要介绍了沟通含义、沟通过程、沟通类型及其要素,正式沟通与非正式沟通,冲突中的谈判沟通等内容。沟通含义主要介绍了沟通的内涵、沟通的目的、管理职能与沟通、管理者角色与沟通及执行与沟通。沟通过程主要介绍了信息发送者、编码与解码、渠道或媒介、接受者、反馈、噪声和背景等,其根本目的是提高沟通效率,还包括科学的方法进行沟通理论的运用。沟通类型主要介绍了语言沟通与非语言沟通、口语沟通与书面沟通、有意沟通与无意沟通、自我沟通与人际沟通。正式沟通与非正式沟通主要介绍了正式沟通与非正式沟通的一般含义、公司内部的正式沟通与非正式沟通、正式沟通的流向、正式沟通的形态。冲突与谈判主要介绍了冲突的概念、冲突的发展过程、冲突产生的原因、解决冲突的谈判沟通、谈判策略等。

名人名言

只有打算彼此开诚布公的人们之间，才能建立起心灵上的交流。

——巴尔扎克

如果人们不会互相理解，那么他们怎么能学会默默地互相尊重呢？

——高尔基

恰当地用字极具威力，每当我们用对了字眼，我们的精神和肉体都会有很大的转变，就在电光火石之间。

——马克·吐温

推心置腹的谈话就是心灵的展示。

——温·卡维林

谈话的艺术是听和被听的艺术。

——赫兹里特

有许多隐藏在心中的秘密都是通过眼睛被泄露出来的，而不是通过嘴巴。

——爱默生

在交谈中，判断比雄辩更重要。

——格拉西安

不愿说理是固执；不会说理是傻瓜；不敢说理是奴隶。

——德拉蒙德

打断蠢人的话头，让他闭口，是失礼的，而让他说下去，却是残忍的。

——富兰克林

对别人述说自己，这是一种天性；因此，认真对待别人向你述说的他自己的事，这是一种教养。

——歌德

将自己的热忱与经验融入谈话中，是打动人的速简方法，也是必然要件。如果你对自己的话不感兴趣，怎能期望他人感动。

——卡耐基

一、复习题

1. 判断题

(1) 沟通贯穿整个管理的全过程。 (　)
(2) 管理沟通就是指语言沟通。 (　)
(3) 不善于倾听是导致沟通障碍的重要客观因素。 (　)
(4) 环境混乱经常是导致沟通失败的重要客观因素之一。 (　)
(5) 积极反馈有利于促进沟通。 (　)
(6) 目标不一致是常见的冲突之一。 (　)
(7) 谈判的目标之一就是想办法让对方自己你的方法来看待问题。 (　)
(8) 为了达到谈判目的，适当的时候需要做出一定的让步。 (　)
(9) 谈判是解决冲突的有效方法之一。 (　)
(10) 业务谈判一般都是双向沟通。 (　)

2. 单选题

(1) 将沟通划分为正式沟通和非正式沟通，是(　)划分标准进行的。
　　A. 按照组织管理系统和沟通体制的规范程度
　　B. 按照沟通信息的流动方向
　　C. 按照是否有反馈
　　D. 按照沟通的层次

(2) 将沟通划分为上向沟通、下向沟通、横向沟通、斜向沟通，是( )划分标准进行的。
　　A．按照组织管理系统和沟通体制的规范程度
　　B．按照沟通信息的流动方向
　　C．按照是否有反馈
　　D．按照沟通的层次
(3) 将沟通划分为单向沟通、双向沟通，是( )划分标准进行的。
　　A．按照组织管理系统和沟通体制的规范程度
　　B．按照沟通信息的流动方向
　　C．按照是否有反馈
　　D．按照沟通的层次
(4) 下属向部门经理递交一份述职报告，属于( )方式。
　　A．上向沟通　　B．下向沟通　　C．横向沟通　　D．斜向沟通
(5) 书信来往属于( )方式。
　　A．口语沟通　　B．书面沟通　　C．电子媒介沟通　　D．肢体语言沟通
(6) 由于口齿不清而影响沟通，属于( )。
　　A．个体障碍　　B．理解偏差　　C．不善于倾听　　D．缺乏反馈
(7) 属于客观因素沟通障碍的是( )。
　　A．个体障碍　　B．理解偏差　　C．环境混乱　　D．缺乏反馈
(8) 属于主观因素沟通障碍的是( )。
　　A．地位影响　　　　　　　　B．环境混乱
　　C．信息渠道选择不当　　　　D．不善于倾听
(9) 有人看到领导就紧张以至于影响沟通，这是( )沟通障碍因素。
　　A．地位影响　　　　　　　　B．环境混乱
　　C．信息渠道选择不当　　　　D．文化差异
(10) 窗外在装修，噪声很大，导致开会无法进行下去。这属于( )沟通障碍因素。
　　A．地位影响　　　　　　　　B．环境混乱
　　C．信息渠道选择不当　　　　D．文化差异
(11) 面对冲突，有人会不惜一切代价为自己辩解。这属于( )反应。
　　A．悲伤　　B．消极防卫　　C．积极防卫　　D．建设性态度
(12) 有人害怕惹事而逃避冲突，这属于( )反应。
　　A．悲伤　　B．消极防卫　　C．积极防卫　　D．建设性态度
(13) 部门经理为了维护本部门的利益而与总经理发生冲突，属于( )类型。
　　A．目标性冲突　　B．认识性冲突　　C．行为冲突　　D．感情性冲突
(14) 小李由于很讨厌他的部门经理，导致双方经常发生冲突，属于( )类型。
　　A．目标性冲突　　B．认识性冲突　　C．行为冲突　　D．感情性冲突
(15) 打架斗殴属于( )类型。
　　A．目标性冲突　　B．认识性冲突　　C．行为冲突　　D．感情性冲突
(16) 解决冲突常用也是最好的方法是( )。
　　A．忍让　　B．谈判　　C．争辩　　D．宽恕

3．多选题
(1) 按照组织管理系统和沟通体制的规范程度可以将沟通划分为( )。
　　A．自我沟通　　B．正式沟通　　C．人际沟通
　　D．非正式沟通　　E．组织沟通
(2) 按照沟通信息的流动方向，沟通包括( )。
　　A．上向沟通　　B．下向沟通　　C．横向沟通

D. 斜向沟通　　　　　E. 自我沟通
(3) 按照是否有反馈，沟通可以划分为(　　)。
    A. 口语沟通　　　B. 单向沟通　　　C. 非正式沟通
    D. 双向沟通　　　E. 正式沟通
(4) (　　)属于影响沟通效果的主观因素。
    A. 个体障碍　　　B. 理解偏差　　　C. 环境混乱
    D. 缺乏反馈　　　E. 文化差异
(5) (　　)属于影响沟通效果的客观因素。
    A. 地位影响　　　B. 环境混乱　　　C. 信息渠道选择不当
    D. 缺乏反馈　　　E. 文化差异
(6) (　　)可以提高倾听的效果。
    A. 展示个性，坚持己见
    B. 少言多听，尊重对方
    C. 全神贯注，表示兴趣
    D. 听清听懂，再下论断
    E. 暗中回顾，整理思路
(7) 管理中常见的冲突有(　　)。
    A. 目标性冲突　　B. 认识性冲突　　C. 自我冲突
    D. 感情性冲突　　E. 行为冲突
(8) 面对冲突人们通常会表现出(　　)。
    A. 悲伤　　　　　B. 消极防卫　　　C. 积极防卫
    D. 建设性态度　　E. 愤怒

4. 简答题
(1) 简述影响有效沟通的障碍因素有哪些。
(2) 简述可以通过哪些途径改善沟通效果。
(3) 简述如何才能提高谈判的成功概率。
(4) 简述沟通的重要性。

5. 论述题
(1) 论述如何运用谈判技巧提高管理效率。
(2) 论述沟通在管理中的重要作用。

二、案例应用分析

危机管理中的沟通

1. 背景介绍

A集团下辖B酒厂、C果蔬有限责任公司、D酒业销售公司、E纯净水、F包装印刷有限责任公司等企业。2003年，随着白酒市场的萎缩和企业资金流转的困难，A集团的工作陷入困境，员工工资的发放都成了困难，除银行贷款外，还拖欠供应商货款6 000万元，其中最大的一家是原酒供应商，欠款金额达到2 400万元，由于该集团资金周转困难，供应商都不愿再行赊欠，而其所有资产相加也无法全额还款。

这样企业只有两条路可以走，一条是宣布破产，另一条是拖着。由于A集团在1993年生产改型的时候欠了县财政1 200万元，至今也没有还清，因此，县政府的批示是不得破产，另想办法。另外，供应商也想能多收回些欠款，所以两家企业协商成立一个新的公司，以A集团库存商品和未抵押的生产流水线作价576万元，冲抵供应商的欠款576万元，作为其出资，然后用D酒业销售公司总经理的一辆帕萨特汽车折价24万元，作为D酒业销售公司的出资，于2003年12月1日成立了G公司。

新公司成立伊始，按照协议全员接收了原A集团除了独立出去的某果蔬有限责任公司的人员外的所有人员，包括离退休人员76人、内退人员178人、病退人员15人、其他情况未上班的人员61人和在岗职工 589 人，共计 919 人。

但人事管理权还在 B 酒厂，新公司的人事管理只做日常内部人员调整，这样新公司一成立就没有和 B 酒厂完全脱离关系，为以后的人事管理造成了很大的麻烦。

为了节约和充分利用人力资源，G 公司的董事长在 2004 年 5 月和 B 酒厂签署了一项关于人事方面的协议，协议规定：G 公司将人员的工资福利，以及工、青、妇联的活动经费包干给 B 酒厂，由 B 酒厂决定是否发放工资。因为 G 公司的员工的档案和关系都在 B 酒厂。

在此包干合同之后，B 酒厂为了解决以前的遗留问题，就为原来答应的老职工的子女转正，准备从 2004 年 1 月 1 日起开始为这 23 个人缴纳养老保险金，但由于两个单位原来的协议上的内容不包括此项内容，G 公司对此项开支不予支付。而 B 酒厂人事部门就在职工内部散布新公司不予缴纳养老保险金的消息，导致人心浮动。

2. 涉及人员

人力资源部门经理李苏除了分管人力资源外，还主管内部行政管理、企业管理、宣传媒体等工作。李苏工作 6 年，做过原集团销售的市场调研、生产辅助部门的统计、企业管理部门的副处长工作，在企业管理过程中严格执行集团的规章制度，处事果断公正，在职工中很有威信、有说服力，但没有从事人力资源管理工作的经验。

公司总经理张明原是 A 集团销售公司的总经理，他性格温和、大度，为人宽厚，对人际关系很重视，在职工中的风评很好。张明在和 B 酒厂的关系上，一直想照顾 B 酒厂，在人事管理委托 B 酒厂管理的问题上起了主导作用。

B 酒厂劳动人事处处长曾来才，是转业军人，现为 B 酒厂纪检委书记兼人事处处长，有多年的人事管理经验，但为人不够正直，为职工办事不力，经常收受职工送礼。

由于新公司一直没有接手完全的人事管理，而是委托给 B 酒厂管理，公司大部分所在的生产和装酒车间的工人没有归属感，没有分清 B 酒厂和 G 公司是两个独立的法人，互不相干，而是认为 G 公司和 B 酒厂是一家，领导不过是想在这里赚钱，不在乎职工的利益。

G 公司的领导也没有认识到这个问题会很严重，作为 G 公司总经理的张明，也一再在公开的场合强调两个公司的依存关系，强调 B 酒厂对新公司的重要作用，在人事问题上，他要求李苏除了做日常在岗人员的调整外，其他管理都交给某酒厂劳动人事处处理。而这也在一定程度上造成了干部和职工对人力资源管理轻视，李苏的人力资源工作很难完全开展。

3. 事件

G 公司运行一年下来，管理成本每月都在 150 万元左右，其中人力成本每月的开支都在 80 万元以上，新公司董事会和 B 酒厂厂部协同决议让 38 岁以上的女工和 40 岁以上男工离岗休息，实行发放基本生活费、强制休息的方式。在 2005 年 2 月 27 日，以两公司联合红头文件的形式下发了相关的规定。

根据职工的档案，符合条件的有 78 人，规定一下发就引起了轩然大波。按规定要求，在 2003 年 3 月 20 日前，相关人员到新公司人力资源部门办理相应手续，人力资源部门挤满了要讨个说法的职工，由于李苏不属于新公司董事会成员，未能参加决议会议，这件事情也使她措手不及，一方面要安抚职工的情绪；另一方面要说服职工按联席会议决议执行。由于职工在新公司人力资源部门得不到除了文件规定以外的其他信息，职工就到 D 酒厂人事部门去探听消息，回来之后就对李苏说，这次的决议 B 酒厂本来持反对意见，但迫于新公司董事会的压力才答应的，新公司不在乎工人，领导违反了原来两家全员接收的协议，还要把公司卖了，不在山东做了，卖了东西就撤资等。职工情绪非常激动。

李苏就协议的执行情况去询问总经理张明如何处理，张明说：公司的决议不是儿戏，一定要坚决执行。李苏反映了职工所说的问题，张明非常生气，要求李苏尽快把职工的情绪安定下来。李苏就带领她的员工和各部门中层干部协商如何说服，并在 2005 年 3 月 10 日和各部门的管理人员去车间和分厂说服相关人员。而由 B 酒厂传来的小道消息愈演愈烈，职工的情绪越来越激动，李苏疲于奔命，但由于涉及人员都是原公司的老职工，说服工作非常困难，而别的部门的管理人员在职工的骂声中都不是那么积极地去维护新公司的管理，李苏还要说服他们，因为人力资源管理一向没有受到重视，所以她的话也越来越没有说服力。

到 2005 年 3 月 15 日，相关人员就到总经理办公室去讨说法，由于他们要求休息的人员工资和在岗人员的工资一样，不能只发放基本生活费，还有部分职工要求休息可以，但要安排其子女上班等。总经理张明很生气，拒绝了他们的要求并试图说服他们，当天职工没有大的情绪波动，到 3 月 18 日，所有相关职工都到县政府上访，要求县政府出面处理，不能让国有企业职工随意休息。县政府以稳定第一为理由，要求公司改变原来的规定，公司董事会和 B 酒厂联席会议也不了了之，规定"流产"了！

在 2005 年 3 月 27 日，公司的生产和装酒车间的全体人员到新公司人力资源部门要求新公司接收职工的薪资管理和保险金等工作事宜并和 B 酒厂脱离开来。由于董事会的出尔反尔，李苏在职工中的威信下降，无论李苏怎么解释和安抚，职工都不相信，在人事部门的办公室和办公大楼里围着不肯走，也不去工作。李苏无奈，只好到总经理办公室要求辞职。

问题：
(1) 分析在此案例中，G 公司存在哪些沟通问题？
(2) 如果你作为公司总经理，如何在危机事件中做好沟通？
(3) 假如你是李苏，请设计一个能达到收回人力资源管理权力的沟通方案。

（资料来源：http://wenku.baidu.com/view/efb7e114ob4e767f5acfcef8.html.）

阅读材料

两种学校领导模式的沟通效果

A、B 两校均为同类的新建设高校，其规模、办学条件均相似，并位于同一地区。但是，由于学校领导管理观念的不同，形成了截然相反的领导模式。

A 校十分强调制度在管理中的作用，制定了一套十分完整、严密的规章制度。A 校依据上级教学管理要求，分解指标，层层落实，十分严格地要求教师如何教书、如何育人，并在分配制度中严格考核，拉开分配档次，依据各种指标评价教师。学校各级管理职责明确，责、权、利到位，教学秩序井然。总之，A 校做了管理科学所有需要做的事。然而不幸的是，A 校在每次教学质量的评估，外语、计算机技能等级的测试，毕业生的就业率，学校的社会影响力等方向，始终不甚理想，有些指标还处于偏下游状态。

B 校就管理制度而言，不如 A 校完整、严密。B 校领导用较多的精力做了其他方面的事。领导班子每周都召开各类座谈会，并十分欢迎教职工和学生到领导办公室交流各类问题。他们还设立了校长信箱、办了每周简报、公布领导的联系电话、定期召开教代会等。校长室在校园网上设了一个"我谈学校事"论坛，任何师生都能以匿名的方式，不经审查地在该论坛上发表自己的意见，领导成员则尽可能地以署名形式回答一些问题。论坛办得十分热闹，访问量日益递增。B 校的这些做法收到了意想不到的收获，不但干群关系密切，凝聚力强，而且在一些评估、统考和就业率等硬指标方面，全面位居同类学校前列。

分析：

案例中人们只看到 A 校的领导制定各项制度，要求教职工如何工作，看不到领导与教职工之间交流意见、沟通看法。这种典型的单向控制的管理方法违背了领导工作的科学规律。

在知识经济到来的形势下，尤其是在高校这一知识分子集中的环境中，这种缺乏沟通的领导方式必然事倍功半，甚至适得其反。总之，在领导活动中，沟通将代替控制而被人们广泛运用，而且领导者不再主要依赖权力，而是权力以外的影响力，这样下级才会亲和、追随、配合领导者，这种领导观念的变革将随着时代的发展越来越明显。

在传统的管理中，领导者是决策者和指挥者，主意一定，令旗一挥，下级执行即可。而在现代管理中，互动的领导观逐渐取代单向的领导观。这种新型的领导观认为领导的作用是双向的，整个领导活动都是互换的，是一种"特殊交易"，只是各自的影响方式、力度不同，而且领导者在施加影响力时，首先应注意"回应力"，即领导者首先是"被动的"，对下级的反映要求及时地给予响应、回应。也就是说，领导者首先要接受下级的影响，回应群众的要求，然后再影响下级。这在表象上看是被动的，实际上在施加影响时更加主动。这种双向互动的领导观在工作方式上的表现依然是沟通。

沟通是双向的。案例中B校领导每周抽出时间与师生交谈，就能够真实、深入地了解情况并互通信息，注意了沟通的反馈性、沟通的方式是多样的。除了传统的正式的沟通渠道(逐级反映情况)之外，还应有非正式的沟通渠道。例如，案例中B校利用校园网开设论坛，这种网上匿名交谈的形式十分适合现代人的需要和爱好，更能体现人情的交流，从而营造一种领导与师生之间融合交流的柔性管理氛围。沟通是一种长期的行为，不是一种短期的行为。如果公司有了大事才沟通，或者出现了流言蜚语才沟通，那种救火式的行为不是真正的沟通。

(资料来源：颜道胜. 倡导柔性的互动的领导观——从案例看领导活动中的沟通[J]. 宁波高等专科学校学报，2002，(03)：23～25.)

第 11 章 管理控制

教学目标

通过本章的学习，了解控制的基本理论，熟悉管理控制的含义、管理控制系统和管理控制的目标；明确管理控制的内容；理解管理控制的方法和有效管理控制的原则；掌握管理控制的基本类型与控制过程。

教学要求

知识要点	能力要求	相关知识
管理控制概述	(1) 管理控制的基本概念的概括和理解 (2) 管理控制基本概念的应用	(1) 管理控制的内涵 (2) 管理控制的目标 (3) 管理控制的内容
管理控制的分类	(1) 管理控制的分类方法的理解和掌握 (2) 各类管理控制含义的理解 (3) 不同类型管理控制的实际应用	(1) 事前控制、事中控制与事后控制 (2) 集中控制与分散控制 (3) 直接控制与间接控制 (4) 市场控制、制度控制与文化控制 (5) 其他控制类型
管理控制的步骤	(1) 管理控制步骤的理解 (2) 管理控制步骤的实际应用	(1) 拟定控制标准 (2) 衡量实际工作绩效的内容及其方法 (3) 矫正偏差的方法及注意事项
管理控制的方法	(1) 管理控制方法类型的理解 (2) 管理控制方法的实际应用	(1) 预算控制法 (2) 比率分析法 (3) 盈亏平衡分析法 (4) 审计控制法 (5) 程序控制法 (6) 全面质量管理

第 11 章 管理控制

续表

知识要点	能力要求	相关知识
有效控制的原则	(1) 有效控制原则的理解 (2) 控制原则的实际运用	(1) 控制与计划相一致的原则 (2) 控制同组织相适应的原则 (3) 控制的客观性原则 (4) 合理性和多重性原则 (5) 关键例外原则 (6) 灵活性原则 (7) 经济性原则

> 没有控制，组织就不起作用，企业的日常工作如果不通过有效的控制，使其在轨道上正常运转，最好的计划和决策都是要落空的。
>
> ——巴达维

基本概念

控制　管理控制　事前控制　事中控制　事后控制　直接控制　间接控制　制度控制　文化控制　市场控制　预算控制法　比率分析法　盈亏平衡分析法　审计控制法　程序控制法　全面质量管理　PDCA 循环

导入案例

哈勃太空望远镜

经过长达 15 年的精心准备，耗资 15 亿美元的哈勃太空望远镜最后终于在 1990 年 4 月发射升空。但是，美国国家航空航天局仍然发现望远镜的主镜片存在缺陷。由于直径达 94.5 英寸(1 英寸＝0.025 4 米)的主镜片的中心过于平坦，导致成像模糊，因而望远镜对遥远的星体无法像预期那样清晰地聚焦，结果造成一半以上的实验和许多观察项目无法进行。更让人觉得可悲的是，如果有一点更好的控制，这些是完全可以避免的。镜片的生产商珀金斯-埃尔默公司使用了一种有缺陷的光学模板来生产如此精密的镜片。具体原因是，在镜片生产过程中，进行检验的一种无反射校正装置没有设置好，校正装置上的 1.3 毫米的误差导致镜片被研磨、抛光成了错误的形状，但是没有人发现这个错误。具有讽刺意味的是，这个项目和许多其他的美国国家航空航天局项目不同的是，这一次并没有时间上的压力，有充分的时间发现镜片上的缺陷。事实上，镜片的粗磨早在 1978 年就开始了，直到 1981 年才抛光完成；由于"挑战者号"航天飞机的失事，完成后的望远镜又在地上待了两年。美国国家航空航天局中负责哈勃项目的官员对望远镜制造过程中的细节根本就漠不关心。事后一个由 6 人组成的调查委员会的负责人说："至少有 3 次有明显的证据说明问题的存在，但 3 次机会都失去了。"

(资料来源：斯蒂芬·P·罗宾斯. 管理学[M]. 4 版. 黄卫伟，等译. 北京：中国人民大学出版社，1997.)

 点评：控制是管理过程中不可分割的部分，错误的蔓延往往是从缺乏控制开始的。

控制是管理的一项重要职能，对组织人员、生产、财务、市场等各项活动的管理过程无法离开有效的控制，通过控制来约束个体或组织的行为，以保证组织目标的更好实现。本章主要介绍管理控制的基本概念、管理控制的分类、管理控制的步骤、管理控制的方法及有效控制的原则。

人类生活中的控制现象非常普遍，公司的严格的上下班考勤、请假制度，学校的上下课时间的规定，生产、运输的调度，体育比赛的裁判，国家的法律制度等，这些无不是对人们行为的控制和约束，正是依赖于这些控制才使人类社会处于一种秩序状态，不难想象如果缺少控制，这个社会将会是什么样子。在现代组织管理过程中，更是离不开有效的控制。组织的生存和发展依靠的是各种力量的耦合，一个人工作出了问题，会影响到整个部门，甚至影响到整个组织目标的实现。因此，要确保个人、部门和组织整体保持一致的方向，在管理中实施控制则必不可缺。那么如何更好地实施控制活动？组织中应该控制什么？应该如何控制？这些问题将在本章进行详细探讨。

11.1 管理控制概述

在组织中，通过计划职能来引导人们的行动，但计划的贯彻和执行还是要依靠控制，有了控制才能使实际活动与计划保持一致。

11.1.1 管理控制的内涵

1. 控制的基本理论

为了更好地理解管理中的控制职能，本书首先对控制的基本理论做简要介绍。

1) 控制论

控制论一词最初的意思是操舵术，即掌舵的方法和技术，1834 年法国物理学家安培写了一篇论述科学哲理的文章，把管理国家的科学称为控制论，在这个意义下，控制论一词被编入 19 世纪许多著作词典中。1948 年维纳发表了著名的《控制论》一书，此后，控制论的思想、概念和方法被许多学科广泛吸收并丰富了各自的理论体系。在控制论中，控制的定义是指为了改善某个或某些受控对象的功能或发展，需要获得并使用信息，以这种信息为基础而选出的、加于该对象上的作用。由此可见，控制的基础是信息，一切信息的传递都是为了控制，而任何控制又都依赖于信息反馈来实现。控制论的 3 个基本部分：①信息论，主要是关于各种通路(包括机器、生物机体)中信息的加工、传递和贮存的统计理论；②自动控制系统的理论，主要是反馈论，包括从功能的观点对机器和生物体中神经系统、内分泌及其他系统的调节和控制的一般规律研究；③自动快速电子计算机的理论，是与人类思维过程相似的自动组织逻辑过程理论。控制论为其他领域的科学研究提供了一套思想和技术，以至于在维纳创立控制论后几十年中，各种以控制论为名的边缘学科迅速发展，如工程控制论、生物控制论、神经控制论、经济控制论和社会控制论等，而管理更是控制论应用的一个重要领域，人们对控制论原理的最早认识和最初运用是在管理方面，在此基础上控制论又得到了充分的发展和应用，用控制论的概念和方法来分析管理的控制职能，更便于揭示和描述其内在机理。管理中最成功应用控制理论的是计算机集成制造系统，它首先是由美国国防部出巨资研发的，在一些制造企业使用，由管理信息系统(management information system，MIS)、计算机辅助设计和计算机辅助工艺设计(computer aided process planning，CAPP)、计算机辅助质量管理(computer aided quality，CAQ)、计算机辅助制造组成。计算机集成制造系统各个部分都有信息的相互传输，通过信息共享，使企业的全面管理、产品设计、生产过程的质量和过程控制合为一个统一的整体，极大地提高了生产的效率和控制系统的可靠性。

 知识链接

诺伯特·维纳(1894—1964)，美国应用数学家，控制论的创始人，在电子工程方面贡献很多。他是随机过程和噪声过程的先驱，又提出了控制论一词。维纳在其 50 年的科学生涯中，先后涉足哲学、数学、物理学和工程学领域，最后转向生物学领域，在各个领域中都取得了丰硕成果，称得上是恩格斯颂扬过的、20 世纪多才多艺和学识渊博的科学巨人。他一生发表论文 240 多篇，著作 14 本。他的主要著作有《控制论》、《维纳选集》和《维纳数学论文集》。维纳还有两本自传《昔日神童》和《我是一个数学家》。维纳对科学发展所做出的最大贡献是创立控制论。控制论是一门以数学为纽带，把研究自动调节、通信工程、计算机和计算技术，以及生物科学中的神经生理学和病理学等学科共同关心的共性问题联系起来而形成的边缘学科。1947 年 10 月，维纳写出划时代的著作《控制论》，1948 年出版后立即风行世界。维纳的深刻思想引起了人们的极大重视。《控制论》揭示了机器中的通信和控制机能与人的神经、感觉机能的共同规律；为现代科学技术研究提供了崭新的科学方法；从多方面突破了传统思想的束缚，有力地促进了现代科学思维方式和当代哲学观念的一系列变革。

2) 反馈理论

反馈的概念最初是由美国贝尔实验室的哈罗德·布朗克在 20 世纪 20 年代提出来的，其原意是把电子系统的输出信号全量或部分量回送到本系统的输入端。20 多年后，美国电信工程师维纳拓展了反馈的概念，将其发展为控制论的两大基本概念之一。在控制论中，反馈就是把施控系统的输入信号作用于被控系统后输出的结果，再送回到系统的输入端，并重新对系统的再输入发生影响的过程，这种利用系统活动的结果参与调整系统活动的方法叫做反馈方法。所谓反馈原理，就是根据因果相互作用的辩证法，通过事物调节中心输出信息的"返回传入"，实现事物自动控制或自动调节的原理。应用反馈方法对系统进行控制，一般会产生两种不同的效果：如果系统的输入信息和反馈信息之和加剧系统偏离目标的运动，这种反馈将使系统趋于不稳定状态，这种性质的反馈通常被称为正反馈；如果输入信息和反馈信息之和反抗系统偏离目标的运动，这种反馈就会使系统趋向稳定状态，这种性质的反馈被称为负反馈。反馈原理也被广泛应用在各种领域，它是控制论的基本原理，同时也是管理控制职能的基本原理，从反馈原理来讲，管理活动就是管理信息输入、输出和反馈不断循环的过程。

3) 时滞理论

反馈是在系统由于内外因素的变化和干扰而出现偏差后，发挥检测和纠正偏差的作用。也就是说，正、负反馈只有在系统出现偏差后才能起到作用。然而在现实中，任何系统的运行都存在惯性和时间延迟现象，即遇到干扰后需要一定的时间和过程偏差才能反映出来，而这种偏差一旦出现又不易很快得到纠正。因此，调控效果的显现往往存在滞后的现象，这种现象称为时滞。时滞对一个系统控制的影响是很大的，它的存在使组织很难实现实时控制，可能造成系统输出的剧烈波动和不稳定。

2. 管理控制的含义

管理组织中的控制活动称为管理控制，是指组织为了实现其各种目标而制订了相应的计划，但由于内外环境发生的变化使活动往往会偏离原来的计划标准，这就需要采取相应的技术和措施，纠正偏差以保证原始计划的顺利实施或者修改原始计划标准，使计划更加符合实际情况来消除偏差，从而达到组织的经营目标。管理控制由于涉及对人的行为控制，因而与一般的控制相比更复杂、更困难，可以从以下4个方面理解。

(1) 管理控制的根本目的是保障组织顺利运行。同其他管理工作一样，组织的控制工作也具有明显的目的性特征，控制的目的是使组织管理系统以更加符合组织需要的方式运行，使其更可靠、更便利也更经济。因此，控制所关心的不仅是与完成组织目标有直接关系的事件，而且还要使组织管理系统维持在一种能充分发挥其职能以达到这些目标的状态。管理控制不是管理者主观任意的行为，它总是受到一定的目标指引，服务于实现组织特定目标的需要。管理控制工作的意义在于通过发挥纠偏和调适功能，使组织更有效地实现其根本目标。

(2) 实现管理控制的主要手段是纠正实际与计划工作的偏差。控制是一个发现问题、分析问题和解决问题的过程。组织开展业务活动，由于受外部环境、内部条件的变化影响，以及人们认识问题、解决问题能力的限制，实际执行结果与预定目标完全一致的情况是不多见的。因此，对管理者来说，重要的不是工作有无偏差或是否可能出现偏差，而是能否预测和及时发现偏差。预测到可能出现的偏差或者及时发现偏差，才能分析造成偏差的原因、环节，采取针对性措施及时纠正偏差。

(3) 管理控制是一个内容复杂的动态过程，控制职能的完成需要一个科学的程序，一般需要3个基本步骤，即拟定控制标准、衡量实际工作绩效、纠正偏差。没有标准就不可能有衡量实际绩效的依据；没有比较分析就无法知道绩效的好坏及原因；不采取纠偏措施，整个控制工作就成为毫无意义的活动。每一轮控制的结束就是下一轮控制的开始，循环往复，使组织实际活动逐渐靠近控制标准。

  特别提示

管理控制的本质是不断地纠正偏差，使实际按照正确的计划方向进行，从而保障组织目标的实现。

  管理故事

邮购部的问题

蒋华是某书店邮购部经理。该邮购部每天要处理大量的邮购业务，在一般情况下，登记订单、按单备货、发送货物等都是由部门中的业务人员承担的。但在前一段时间，接连发生了多起A要的书发给了B，B要的书却发给了A之类的事，引起了顾客极大的不满。今天又有一大批书要发送，蒋华不想让这种事情再次发生。

(资料来源：于云波. 管理基础实务[M]. 北京：北京交通大学出版社，2009.)

3. 管理控制系统

管理控制是一项系统性的工作，由环境、目标计划系统、控制系统和执行系统共同组成了管理控制系统，其系统工作过程是：组织要根据环境因素确定目标、战略和具体的计划，为控制提供标准，管理控制系统按照上述标准对执行系统进行控制，及时纠正偏差；

另外，环境变化较大时，需要修改计划标准，并以此新标准来控制组织活动。管理控制系统如图 11.1 所示。

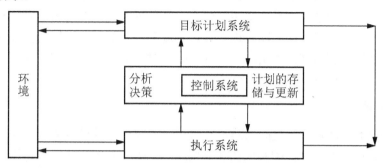

图 11.1 管理控制系统

管理控制系统与一般的控制系统相比有明显的特殊性，这种特殊性表现在以下 4 个方面。

(1) 管理控制系统以人为控制的主体。这是管理控制系统与一般控制系统，如工程控制系统不一样的关键所在，人在这个系统中是作为控制因素与被控制因素而出现的，人为因素的增加使得管理控制工作受到更多的干扰，如人的个性、文化、技术能力等，这些干扰有可能是正面的，也有可能是负面的，使控制工作变得更加困难。

(2) 管理控制系统充满不确定性。管理控制系统是由人、事和物共同组成的综合体，充满了随机性、模糊性、偶然性等不确定因素，给控制带来了难度。例如，同样的工作在面临不同的人员时，其控制作用、效果可能不一样；另外，一个企业能较好地控制其内部的工作，但企业外部环境中的众多因素，如国家政策、经济政治、居民收入、消费倾向等都不以企业的意志而转移。

(3) 管理控制系统的复杂性。完成一项计划需要组织全体成员协同工作，因而控制是组织全体成员的责任；此外，控制的对象也涉及组织活动的方方面面，既包括对人的控制，也包括对产品、设备、技术、市场等的控制，不同的管理阶层所面对的控制范围和内容不同，这都体现了管理控制系统的复杂性特征。

(4) 管理控制是一种最优控制。一个系统可以看成一个转换器，是物质、能量和信息的某种方式的结合与转换。控制的目的是以最低限度的输入实现最大的产出。例如，一个企业的生产管理部门不仅要如数生产合格产品，而且必须以最低成本组织生产过程。

特别提示

理解管理控制系统，就应该把它当做一个整体的系统来考虑，在这个系统里实现组织内部、外部之间的一致和统一，达到良好的控制效果。

11.1.2 管理控制的目标

1. 整合组织活动

在一个组织中，有很多不同的部门，这些部门在各自的专业范围内完成组织的一部分任务，但是要达到组织的经营目标，需要各部门配合，把分散的任务整合到一起。管理控制正是基于这一目标，利用生产、营销、会计、统计、业务、审计等部门的制度、规定及有关信息、报告等作为基本的控制依据，把各分散的部门活动放在统一的平台上进行协调沟通。整合的内容既包括对人员和资源的整合，又包括对组织活动内容和活动程序安排的整合。在整合活动中，管理控制既要遵守各项制度和控制的原则，同时又要注意授权和协调艺术的运用及组织和谐文化的培养。管理者要随时掌握业务部门的实际工作动态，及时实施控制，以达到整体目标的实现。

2. 适应环境变化

当今，再没有比环境变化更令人难以捉摸的了，这使组织的未来充满了更多的不确定性。而组织计划的执行和目标的实现往往需要经过一个较长的工作过程，无论最初的计划安排得有多么周详，一旦未来的环境发生改变，就会让计划的执行者感觉到无所适从，这时如果没有适当的控制，执行者就很容易犯错误，严重的错误甚至会导致整个计划的失败。此时，有效的控制系统不仅能够防止偏差的累积，还应能够帮助管理人员预测和把握内外环境的变化，并对这些变化带来的机会和威胁做出及时、正确、有力的反应，在必要时，对原有的计划和目标做出调整，甚至重新制订计划和目标，以将组织活动调整到与内外环境最相适应的状态。

3. 制约与激励组织成员

在一个组织里，如果组织成员既不犯错误，又能够积极努力地工作，那么这个组织一定会处于很好的发展状态，实际中要做到这两点就无法离开管理控制。员工在工作中会无意或者有意地犯下各种大大小小的错误，也会迟到、缺勤、对工作敷衍了事，这既有员工个人客观能力的原因，也有其主观观念的原因，无论什么原因，也无论是在什么样的组织里，都需要制定有效的控制措施来防止或减少这种现象的出现。组织中制定的各项规章制度、工作程序和方法，以及岗位职责、工作考核标准等，从各方面制约了员工能干什么和不能干什么。管理控制就是着眼于各项业务的执行是否符合组织及既定的规范标准，保证了各项经营活动做到活而有序。另外，通过管理控制对不同成员行为的制约，就能够真实地、公平地反映工作的实际业绩，并可以稳定员工的工作情绪，激发员工的工作热情及潜能，从而提高工作效率。因此，从这方面来看，管理控制在一定程度上也是一种激励员工努力工作的手段。

4. 及时纠正工作偏差

实际情况的复杂性和未来的不确定性都会导致组织的实际工作难免与计划之间存在偏差。短时间来看，这些小的偏差和失误并不明显，也不会立即就给组织带来严重的损害，因而常常会被忽略，但在组织运行一段时间后，小差错就会累积放大，往往造成实际工作显著偏离计划目标，最终导致计划目标无法实现，产生所谓的"破窗效应"。防微杜渐，及早地发现工作中潜存的错误和问题并进行处理，有助于确保组织按计划的要求开展工作。有效的管理控制系统应当能够及时地获取偏差信息，采取矫正偏差措施，以防止偏差的累积影响到组织目标的顺利实现。

第11章 管理控制

 知识链接

美国政治学家威尔逊和犯罪学家凯琳提出了一个"破窗效应"理论,该理论认为,如果有人打坏了一幢建筑物的窗户玻璃,而这扇窗户又得不到及时的维修,其他人就可能受到某些示范性的纵容打坏更多的窗户。久而久之,这些破窗户就给人造成一种无序的感觉,结果在这种公众麻木不仁的氛围中,犯罪就会滋生、猖獗。

 管理案例

蝴 蝶 效 应

1979年12月,洛伦兹在华盛顿的美国科学促进会的一次讲演中提出:一只蝴蝶在巴西扇动翅膀,有可能会在美国的得克萨斯引起一场龙卷风。他的演讲和结论给人们留下了极其深刻的印象。从此以后,所谓"蝴蝶效应"之说就不胫而走,名声远扬了。"蝴蝶效应"之所以令人着迷、令人激动、发人深省,不但在于其大胆的想象力和迷人的美学色彩,更在于其深刻的科学内涵和内在的哲学魅力。从科学的角度来看,"蝴蝶效应"反映了混沌运动的一个重要特征:系统的长期行为对初始条件的敏感依赖性。经典动力学的传统观点认为,系统的长期行为对初始条件是不敏感的,即初始条件的微小变化对未来状态所造成的差别也是很微小的。可混沌理论向传统观点提出了挑战。混沌理论认为在混沌系统中,初始条件的十分微小的变化经过不断放大,对其未来状态会造成极其巨大的差别,可以用在西方流传的一首民谣对此进行形象的说明。这首民谣说:

丢了一个钉子,坏了一只蹄铁;坏了一只蹄铁,折了一匹战马;折了一匹战马,伤了一位骑士;伤了一位骑士,输了一场战斗;输了一场战斗,亡了一个帝国。

马蹄铁上一个钉子是否会丢失,本是初始条件的十分微小的变化,但其长期效应却是一个帝国存与亡的根本差别。这就是军事和政治领域中所谓的"蝴蝶效应"。有点不可思议,但是确实能够造成这样的后果。一个明智的领导人一定要防微杜渐,看似一些极微小的事情却有可能造成集体内部的分崩离析,那时后悔已经晚了。横过深谷的吊桥,常从一根细线拴个小石头开始。

11.1.3 管理控制的内容

1. 组织人员

管理中最重要的因素就是人,人员是组织活动的主体,是组织计划的执行者,组织正是通过全体人员的工作来实现组织目标的。上层管理者要把工作任务安排布置给下属,并希望下属按照既定的方式工作,因而管理者需要对组织活动的相关人员进行有效的控制。对人员控制最常用的方法是直接巡视和实施评估。日常工作中管理者要观察员工的工作并纠正出现的问题,如车间主任发现一位员工操作不当,就应该指名正确的操作方法并指导该员工正确的工作方式。管理者对员工的工作进行系统化评估,是一种非正规的方法,这样每位员工的近期绩效都可以得到鉴定。如果绩效良好,员工应该得到奖励,如果绩效达不到标准,管理者应想办法解决。对人员的控制是管理控制活动中最重要也是最困难、最灵活的一项内容。对人员的有效控制要求管理人员首先要了解员工行为的驱动力,即有内在的动力,如知识技能、需要和动机、情感态度等,也有外在的动力,如家庭、社会环境、组织文化等。因此,一个有效的管理控制可以采取多种措施进行,如甄选聘用人员、实施目标管理、技能培训、制定相应制度政策、实施绩效评估、运用强化手段、宣扬组织文化等。

如今，随着知识经济时代的到来，知识型员工在组织中发挥出越来越大的作用，对知识型员工的管理又呈现出了一些新的特点。知识型员工一般都具有较高的个人素质，拥有较高的学历、较强的学习能力和宽泛的知识面，具有很高的自主性和创造性，具有强烈的个性和自我价值实现的愿望，高度重视成就和精神激励。知识型员工的工作主要是创造性活动，依靠大脑而非肌肉，劳动过程往往是无形的，而且可能发生在每时每刻和任何场所。加之工作并没有固定的流程和步骤，其他人很难知道应该怎样做，固定的劳动规则并不存在，因而对劳动过程的监控既不可能，也没有意义。因此，对知识型员工的控制很难利用传统的方法进行控制。组织应该给予知识型员工足够的工作空间和工作自由，鼓励其进行创新性的活动，利用工作目标来控制其行为，利用自我成就和价值方向来实施自我控制，而不是利用严格的工作规章制度进行控制。

可见，人是组织中的首要要素，但也是组织中最难以管理的要素，对人的控制很难有绝对化的标准和方式。在实践中，管理者会根据实际情况采用各种各样的具体方法来影响和控制组织员工的行为，以增大员工按计划工作的可能性。

 管理案例

电 子 监 控

某公司办公室安装了电子监控系统，目的是使管理者可以更好地、直接地进行管理和监控。安装之后，有一定的成效，但是并没有激发员工更多的热情。有些员工认为，系统固有的电子报告只是不必要地例行公事，因为最好的员工花费了很多时间了解客户，这种被称为"电子警察"的系统让他们感到很不高兴，管理者可以对他们所有的行动进行监视并通过"遥控"来威胁他们。管理得力的管理者通常是那些在员工和他们自己之间创造信任的人，但是电子监控系统破坏了信任关系。

2. 财务活动

企业要购买原材料、生产设备，要支付广告费用、员工的工资和各项管理费用等，组织的一切活动都离不开资金的支持。有没有资金支持、有多少资金支持，常常成为一项组织任务重要性的体现，也是组织任务能否顺利完成的重要保障。企业在经营中会产生利润，但也会有负债，如利润应该如何分配、负债比率如何控制等。上述的这些活动都是财务管理的重要内容，都可以用财务指标来衡量，可以毫不夸张地说，企业中几乎每一项活动都无法离开财务的范畴，财务控制可以直接影响到各项活动的成与败。企业为了追求利润，保持企业的正常运作，必须进行财务控制。具体来说，财务控制是为了实现企业预期财务目标，对企业财务活动的各个环节、各个方面，以及影响和制约公司财务绩效的各因素实施约束并对脱离预算或适度的偏差进行调节的一种管理活动。财务控制是通过审核各期的财务报表，把现金流量和债务负担控制在一个合理的水平，进而保障各项资产得到有效的利用。财务控制是企业财务管理的重要内容，也是当今企业需要解决的重要问题。许多企业因为财务控制薄弱导致经济效益低下，甚至导致企业破产。在财务管理活动中常用一些财务比率指标来考查组织在利用资产、负债和库存等方面的效率，如流动比率、速动比率、资产负债率、利息收益比、存货周转率、总资产周转率、销售利润率和投资收益率等。财务控制已经渗透到了管理控制的其他方面,如人员控制、生产控制等都涉及了一些财务指标,因而可以把财务控制看做管理控制的核心内容。企业在追求利润目标时,管理者借助财务控制,如管理者仔细查阅每月的收支报告,以发现多余的支出。管理者还进行财务指标计算,以保证已足够支付最近发生的费用,并使所有资产得到有效的利用,这就是财务控制降低成本并使资源充分利用。

3. 作业活动

组织的本质就是将劳动力、原材料、资本等资源转化成最终产品和服务提供给顾客,简单而言,组织就是把输入变成输出的过程,这个过程由一系列活动构成,形成了组织的作业链。迈克尔·波特的价值链理论与组织作业活动的完整过程如图11.2所示。

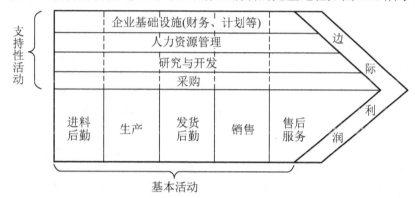

图 11.2 波特价值链与组织作业活动

在图11.2中,可以了解到组织的全部活动内容,它把组织的活动分为两大类:基本活动和支持性活动,其具体的内容分别如下。

基本活动的内容包括:①进料后勤,是指与接收、存储和分配相关联的各种活动,如原材料搬运、仓储、库存控制、车辆调度和向供应商退货;②生产,是指与将投入转化为最终产品形式相关的各种活动,如机械加工、包装、组装、设备维护、检测等;③发货后勤,是指与集中、存储和将产品发送给买方有关的各种活动,如产成品库存管理、原材料搬运、送货车辆调度等;④销售,是指与提供买方购买产品的方式和引导买方进行购买相关的各种活动,如广告、促销、销售队伍、渠道建设等;⑤售后服务,是指与提供服务以增加或保持产品价值有关的各种活动,如安装、维修、培训、零部件供应等。

支持性活动的内容包括:①采购,是指购买用于企业价值链各种投入的活动,采购既包括企业生产原料的采购,也包括支持性活动相关的购头行为,如研发设备的购买等,另外也包含物料的管理作业;②研究与开发,其每项价值活动都包含着技术成分,无论是技术诀窍、程序,还是在设备中所体现出来的技术;③人力资源管理,包括各种涉及所有类型人员的招聘、雇用、培训、开发和报酬等各种活动;④企业基础设施,它支撑了企业的价值链条,如会计制度、行政流程等。

两大部分共同构成了组织的整体作业活动,每一项活动都要具体到一个部门、一个人去完成,它们构成了组织控制的对象。作业控制的目的是通过实施作业管理来优化企业的作业链,即尽量地提高每个作业所创造的价值和降低该作业所消耗的资源。例如,订货控制；以尽可能低的价格提供生产所需的质量和数量的原材料；存货控制：保持合理的库存水平，以较低的存货成本保证组织生产经营的顺利进行；质量控制：通过建立质量标准，进行质量检查并对产品或服务出现的问题进行纠正，还有对生产设备、设施的控制；成本控制：同样涉及生产的全过程，生产过程前的成本控制主要是在产品设计和研制过程中，对产品的设计、工艺、工艺装备、材料选用等进行技术经济分析和价值分析，以及对各类消耗定额的审核，以求用最低的成本生产出符合质量要求的产品；生产过程中的成本控制主要是对日常生产费用的控制，其中包括材料费、各类库存品占用费用、人工费用和各类间接费用等。实际上，成本控制是从价值量上对其他各项控制活动的综合反映。因此，成本控制，尤其是对生产过程中的成本控制，必须与其他各项控制活动结合进行。

会议成本控制

日本太阳公司为提高开会效率，实行开会分析成本制度。每次开会时，总是把一个醒目的会议成本分配表贴在黑板上。成本的算法是会议成本＝每小时平均工资的3倍×2×开会人数会议时间(小时)。公式中平均工资之所以乘以3，是因为劳动产值高于平均工资；乘以2是因为参加会议要中断经常性工作，损失要以2倍来计算。因此，参加会议的人越多，成本越高。有了成本分析，大家开会态度就会慎重，会议效果也十分明显。如何节约时间，以最大限度地提高企业工作效率并节约成本是摆在各企业管理者面前的一个不容忽视的问题。很多企业，特别是国有企业，时常会把时间和精力浪费在无休止、无意义的会议上。这里倒不是说企业不开会更好。会议是一个企业统一思想、整顿形象的关键环节，可如果把更多的时间花在喊口号上，职工没有时间去做自己的工作。会议是要开的，一周开一次例会就差不多了，而且在开会时，要落实到具体的问题上。如果开一次会只是为了在会议室打一阵子瞌睡，喝两杯茶，这只能说明这次会议只是走了一下形式而已。

4. 信息

在信息化时代，信息成为组织的一项重要资源，信息遍布于组织活动的每个环节，如市场信息、技术信息、产品信息、原材料信息、人力资源信息等，信息影响着人们的判断和选择，及时、准确、全面的信息是管理者做出正确决策的前提。组织应该建立一个信息管理系统，对信息进行管理和控制，使其能在正确的时间、以正确的数量、为正确的人提供正确的数据信息。信息的控制是一个过程，包括信息来源控制、信息传递控制和信息反馈控制。信息来源控制是从信息的源头确保信息的准确性。信息技术越发达，人们信息来源的范围就越广，但也给信息的控制带来了很大的难度，信息在多大程度上是可靠的，需要管理者做出科学的判断，为此，严密的信息论证必不可少，管理者可以利用经验、专家意见等获得定性的判断，同时，也可以借助数学模型、计算机软件等对信息数据进行筛选。信息传递控制就是要尽可能地减少信息传递过程中的干扰和失真，一般通过缩短组织等级链、严格汇报制度、开放沟通平台、利用高科技的传递工具等提高信息传递的效率。信息反馈控制是对组织计划活动的执行情况和结果的掌握，常用的信息反馈方式有定期常规工作汇报制度、客户满意度评价制度、岗位工作考核制度等。

信息控制是通过制定完善的信息控制制度，采用现代化的信息技术，保证信息系统有效运转的工作过程。信息控制既有静态管理，又有动态管理，但更重要的是动态管理。它不仅仅要保证信息资料的完整状态，而且还要保证信息系统在"信息输入—信息输出"的循环中正常运行。

11.2 管理控制的分类

因为管理控制所涉及的对象和内容的复杂性，所以相应的管理控制类型也多种多样，下文基于不同角度对管理控制进行分类。

11.2.1 事前控制、事中控制和事后控制

按照控制在计划执行过程中实施的时间点，可以把控制分为事前控制、事中控制和事后控制，如图 11.3 所示。

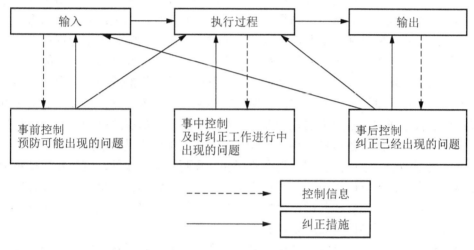

图 11.3 计划过程控制

1. 事前控制

事前控制又称预先控制或前馈控制，是在工作正式开始前对工作中可能产生的问题进行预测，并制定和采取防范措施，将可能的问题消除于产生之前的控制方式。事前控制通常会预先设置好一定的控制程序，并执行程序达到控制目的。例如，员工上岗前的岗位培训制度和程序，要求每位新到岗的员工都必须参加，目的是通过培训增加员工对岗位的职责和权力的了解，明确岗位的规章制度和工作关系，消除员工工作初始的陌生感，使员工尽快进入工作状态，避免因不了解情况而造成工作混乱或出错；为了保证产品的质量，企业对供应商制定了详细的产品或服务条款，设置原材料的检验程序；工厂实施定期检修设备和工艺流程制度；飞机飞行前的例行检查、乘客的安检等，这些都是把不安全的因素消除在工作开始之前，都属于事前控制。

事前控制的有利之处：可以防患于未然，避免因偏差发生造成的实际损失；控制的标准是根据活动的要求和条件预先设定好的，不会因执行人员的不同而改变，是就事论事而不是针对具体人员，因而不易造成管理方面的冲突，易于被员工接受并付诸实施。

事前控制的不利之处：事前控制对管理人员的要求较高，因为要提前设置控制程序和

标准,管理人员就需要对工作任务有比较充分的了解,并要求其对未来有一定的预测和判断能力,能够在一定程度上把握控制可能带来的成效和不良后果。例如,员工可能会认为限制条件过于僵硬,而无法放开自己完全投入到工作中,还有些控制条件可能会把员工的行为引向错误的方向。

因此,要做到事前控制,制定适度的控制标准非常重要,这要求管理人员必须掌握关于工作过程的充分、及时和准确的信息,准确了解事前控制因素对计划开展工作的影响,考虑到未来的不确定性和信息成本,而在现实中要做到这些是十分困难的,因而为保证控制工作达到令人满意的效果,组织必须综合运用其他的控制方式。

2. 事中控制

事中控制又称并行控制、现场控制,是指在计划执行阶段内进行,主要解决实际工作过程中发生的问题。事中控制要求管理人员亲临现场,发现偏差,及时发出纠偏信号,以保证实际过程按计划进行。事中控制是基层主管人员的主要控制工作方法,因而也是控制工作的基础。事中控制是现实中非常普遍的一种控制方式。例如,火车运行途中,列车员在车上检票,这样可以防止不买票就上车的乘客;道路上的红绿灯给行驶中的车和行人以指示;主管人员现场指导营业人员的销售活动,发现不符合标准或违反规定的立即予以纠正;车间主任的办公室设在车间内部,以便巡视和检查员工的工作,对员工的工作方式进行指导;企业根据在生产过程中的几个关键点对产品生产的情况进行抽查,发现产品质量出现异常情况就立即采取措施进行纠正,以保证生产出符合质量要求的产品等,这些都是事中控制的典型例子。事中控制同时具有监督和指导两方面的作用,监督是指按照预定的计划和标准检查正在进行的工作,及时纠正偏差以保证计划的正确执行;指导是指管理者亲临现场,针对工作中出现的问题,根据自己的经验指导下属改进工作,或与下属共同商讨,使下属能及时、正确地完成所规定的任务。

事中控制的优点:由于是在活动进行的期间和活动发生的现场,能够第一时间获得第一手的信息资料和信息,能做到对症下药,控制及时准确,造成的损失小;另外,事中控制能发挥现场的指导作用,有助于提高工作人员的工作能力和自我控制能力。

但事中控制也有其缺点:首先,事中控制的应用范围较窄,一般仅适用于工作过程简单、易于找出原因、结果容易衡量和评判的情况如基层员工的工作过程就很容易采用事中控制,但是管理性的工作、研究性的工作则很难在现场发现问题,一般不可能做到事中控制;其次,事中控制容易使被控制者产生挫折感,在控制者与被控制者之间形成对立情绪,伤害被控制者的工作积极性。最后,事中控制方式的运用直接受到管理者的时间、精力和业务水平的制约,管理者不可能时时事事都进行事中控制。因此,仅限于在关键项目上使用事中控制的方式。

3. 事后控制

事后控制又称反馈控制,是在计划执行结束后进行的控制活动。事后控制是指在同一个时期的组织活动已经结束以后,对本期的资源利用情况及其结果进行总结,重点集中于已完成工作或行为的结果上,通过对已形成的结果进行衡量、比较和分析,发现实际结果与计划目标之间存在的偏差,分析产生偏差的原因,针对性地提出具体的解决措施,并应用于今后的工作中以避免同样错误的发生。常见的事后控制的例子有很多。例如,机动车辆闯红灯、乱停乱放等行为会被罚款；学校对违纪学生进行处罚；企业发现不合格产品后追究当事人的责任且制定防范再次出现质量事故的新制度；当市场上产品销量下降时，企业会相应做出减产、转产或加强促销的决定；企业发现竞争对手推出新产品时，加大促销力度或降低产品的价格等，这些都属于事后控制。从一个控制周期看，采用事后控制的方法却使组织系统对运转过程中产生的偏差的纠正滞后了一个周期，即事后控制是一种等到问题发生后再进行纠正的控制方法。

事后控制的优点：利用结果可以比较全面地分析问题产生的原因，比较容易找出出现问题的根本原因所在，减少了管理者主观因素的影响；可以消除偏差进一步影响到后续活动过程，如产品在出厂前的质量检验，剔除不合格品，可避免这些产品流入市场后对顾客使用、品牌信誉和企业形象所造成的不利影响；利用事后控制还可以总结经验教训，知道哪些工作做得较好，哪些还存在不足，为下一轮工作的正确开展提供依据；另外，事后控制的标准也往往是对员工进行奖惩的依据，如企业中年度考核制度。

但事后控制的弊端也非常明显，就是对当期活动缺乏控制作用，不考虑计划执行前和执行过程如何，只是利用结果来判断和分析，在矫正措施实施之前，偏差、损失已经产生，只能"亡羊补牢"。因此，一次性的工作任务不适合事后控制，而连续性的、反复性的工作利用事后控制的效果较好。

 管理故事

扁鹊的医术

魏文王问名医扁鹊说："你们家兄弟三人，都精于医术，到底哪一位最好呢？"

扁鹊答："长兄最好，中兄次之，我最差。"文王再问："那么为什么你最出名呢？"扁鹊答："长兄治病，是治病于病情发作之前。由于一般人不知道他事先能铲除病因，所以他的名气无法传出去；中兄治病，是治病于病情初起时。一般人以为他只能治轻微的小病，所以他的名气只及本乡里；而我是治病于病情严重之时。一般人都看到我在经脉上穿针管放血、在皮肤上敷药等大手术，所以以为我的医术高明，名气因此响遍全国。"

管理启示：事后控制不如事中控制，事中控制不如事前控制，可惜大多数的事业经营者均未能体会到这一点，等到错误的决策造成了重大的损失才寻求弥补。而往往是即使请来了名气很大的"空降兵"，结果却于事无补。

(资料来源：于云波. 管理基础实务[M]. 北京：北京交通大学出版社，2009.)

11.2.2 集中控制与分散控制

根据控制的集中程度分类，可以分为集中控制和分散控制。

1. 集中控制

集中控制是指在整个系统中只设一个控制中心机构，来自内部和外部的信息均要到达这个控制中心，由控制中心进行信息的分类加工和处理，并进一步把信息传递到信息使用部门或个人，所有的控制指令也全部由控制中心统一下达。例如，学校的校园局域网的控制就是由学校信息中心来执行的，它对于学校办公室、学生宿舍的网络使用有基本的调控权力，控制着上网的速度、流量和范围；不少组织设置财务部门对整个组织的资金使用情况进行集中控制,无论个人还是单位的业务活动经费收入和支出、员工工资、奖金的发放等全部都需要财务部门来核算和控制。

集中控制的优点:所有信息都集中在一处,保证了信息的全面性和多样性,便于管理者进行比较和选择,权衡各种信息后做出的决策会更加周全,降低了决策的风险;控制目标容易协调和统一。集中控制的缺点:集中控制很难确切地掌握各个部门的真实、具体情况,控制的准确性有所降低;集中控制过于注重全面的平衡,而忽略了各部门的独立性和专业性,限制了各部门活动的自主性和灵活性。

2. 分散控制

分散控制也称多级控制,即在系统中设有多级和多个控制机构,上级控制机构对下一级控制机构进行控制,各下级控制机构则对本身系统进行控制,如事业部制组织结构就属于这种控制类型。上级主管领导授权给下级部门的领导,由下级部门的领导在各自的管辖范围内实施控制。例如,实行事业部制的企业中,各事业部对自己的进货、销售价格等均有自主决策的权力,这对总公司来说就是一种分散控制;总公司把员工考核评定、加薪升职等权力授予各部门经理,使其对员工进行控制。分散控制的特点与集中控制相反,不同的信息流入不同的控制机构,不同的控制指令由不同的控制机构发出,无论是在内容上还是控制方式上,它们是各自独立、互不影响的。

分散控制的优点:分散控制所面临的问题和要处理的信息有限,信息传递效率高,控制起来比较简单;分散控制把控制权力下放,使控制的内容更具体、更有针对性,增加了控制的有效性。分散控制的缺点是信息不完整,整体协调比较困难。因此,分散控制适用于系统组织较松散的部门,如城市各交叉路口的交通管理、企业集团的事业部、分公司等。

11.2.3 直接控制与间接控制

按照控制者与被控制者之间的关系分类,可以分为直接控制与间接控制。

1. 直接控制

直接控制是控制者与被控制者通过直接接触进行控制的形式,直接控制的重点在于提升主管人员的能力,使其能够熟练应用各种管理技术和方法改善管理工作,从而防止出现因管理不善而造成的不良后果。这种控制模式的特点是通过培训等形式,着力提高主管人员的素质、能力和责任感,以能够高效地实施控制和自我控制。直接控制的有效实施同样需要一套严密、科学的管理制度作为保证,如对主管人员工作绩效的客观公正的考核、评价等。

直接控制的优点:能够提升主管人员的基本素质和能力,使其对计划和目标的理解和分析更加准确和深刻,这奠定了有效控制工作的基础;可以加强主管人员的控制技能和技巧,使其控制方式更加科学合理,并能够及时、准确地发现偏差,并及时采取矫正偏差的措施;有助于培养主管人员的自我控制意识,提高自我控制能力,增强其控制工作的主动性和自觉性;有效的直接控制可以减少间接控制发生的费用和导致的损失。直接控制的缺点:见效慢、耗时长,主管人员素质和工作水平的提高是一个长期的、不断努力的过程;另外主管人员的培训也需要支付较高的成本。

2. 间接控制

间接控制是对实际工作的结果进行考核,找出实际与计划目标的偏差,分析出现偏差的原因,并追究责任者的个人责任以使其改进未来工作的一种控制方法,它是以所呈现的工作结果来实现对工作人员的控制的。间接控制多见于上级管理者对下级人员的工作过程的控制,是实际中非常普遍的一种控制形式。

间接控制的优点:根据所造成的失误和偏差结果来指出问题所在,标准统一,比较客观,有说服力,不易造成误解;可以使主管人员知道自己在什么地方欠缺,是缺乏知识、经验还是判断力,能帮助主管人员总结经验、吸取教训,并在以后加强学习来提高其知识、经验,提高判断能力和控制水平。但有效控制也有其缺点:控制发挥作用的条件要求苛刻,如工作成效可以准确的计量、能够明确人们对工作成效的具体责任、出现的偏差能够被及时发现、有关部门或人员将会采取纠正措施,如果以上条件不能完全满足,则间接控制很难有效发挥作用;另外,间接控制对于那些由于未来的不确定性因素造成的工作偏差也是无能为力的。因此,间接控制并不是普遍有效的控制方法,仍存在许多不完善之处。

11.2.4 市场控制、制度控制和文化控制

按照控制的标准来源分类,可以分为市场控制、制度控制和文化控制。

1. 市场控制

市场控制是指利用组织外在的市场情况,如产品价格、市场占有率、销售增长率等市场指标作为衡量标准,对组织活动进行控制。短期的市场控制是以迅速解决市场问题、快速提升销量为主要目的的,找出产品业绩提升的主要环节,分析带来威胁的主要因素,采取短期的进攻手段以达成组织目标;定期的市场控制则能够把握竞争趋势,从主观上确保市场业绩的持续提升,将竞争对手的增长控制在合理的范围内。市场控制的优点是市场指标简单直接,能够让组织很清楚地了解自己的行为和市场结果的关联,便于把握组织行动的方向和影响;市场控制的缺点是过分追求市场结果会导致一些短期逐利行为,而不考虑对长期发展的影响,另外,市场控制指标还过于笼统,在控制活动中需要进一步细化。

2. 制度控制

制度控制是指主要依靠组织的管理规章、制度、政策、预算等进行活动的控制,衡量活动的标准主要是看其是否符合组织的规章、政策等要求。例如,岗位工作制度主要包括工作的时间、工作的内容和责任等;质量控制制度主要是对企业产品的生产、检验、质量考核、质量事故、质量责任等做出详细的规范;综合性管理制度则包括账务处理程序制度、财务预算管理制度、会计稽核制度、内部牵制制度、财产清查制度、财务分析制度、会计档案管理办法等。制度控制是组织中最普通的一种方法,直接作用于人的行为,指导人们做什么和如何做,把指导和控制结合在了一起,约束着人们的日常工作行为,降低了其出现不良后果的可能性。但由于制度控制的标准过于单一、固定,不利于因人而异的灵活控制。

管理故事

决堤一定修堤吗?

春秋时期,楚国令尹孙叔敖在荀陂县一带修建了一条南北水渠。这条水渠又宽又长,足以灌溉沿渠的万顷(1 顷 ≈ 66 667 平方米)农田,可是一到天旱的时候,沿堤的农民就在渠水退去的堤岸边种植庄稼,有的甚至还把农作物种到了堤中央。等到雨水一多,渠水上涨,这些农民为了保住庄稼和渠田,便偷偷地在堤坝上挖开口子放水。这样的情况越来越严重,一条辛苦挖成的水渠被弄得遍体鳞伤、面目全非,因决口而经常发生水灾,变水利为水害了。面对这种情形,历代荀陂县的行政官员都无可奈何。每当渠水暴涨成灾时,便调动军队去修筑堤坝、堵塞溃洞。后来宋代李若谷出任知县时,也碰到了决堤修堤这个头疼的问题,他便贴出告示说:"今后凡是水渠决口,不再调动军队修堤,只抽调沿渠的百姓,让他们自己把决口的堤坝修好。"这告示贴出以后,再也没有人偷偷地去决堤放水了。

3. 文化控制

文化控制是指员工的行为依靠共同的价值、规范、传统、仪式、信念及组织文化等来调节控制。和其他控制方式相比,文化控制是一种内在的软控制,旨在从精神和心理层面上来影响员工的行为,通过共有的组织文化理念控制员工的行为,引导员工自主性的行为。

 管理故事

华为公司的"狼文化"

在业界,华为公司遐迩闻名,就连对手也要敬畏三分。特别是华为公司低调的性格与疯狂的行为使这匹诡异的土狼多了几分神秘,让人琢磨不定。华为公司在10多年前还是一个注册资金仅20 000元的民营小企业,而在2001年的销售额就高达255亿元,荣登电子百强前10位,成为世界级通信设备供应商。对华为公司而言,主业就是销售。销售表现出了狼性最为鲜活的一面,就是以整体力量向外攻击,为实现目标利用各种手段,争夺市场。它对胜利有着疯狂地追求,它对失败有着不懈地忍耐。在竞争中,华为公司的武器不一定是最好的,但是一定是最有效的,因为其竞争力根植于它的狼性。在研发方面,华为公司也表现了不屈不挠、奋勇拼搏的狼性。研究人员勤勤恳恳、埋头苦干,不害怕"冷板凳要坐10年",坚持从点点滴滴做起,研究问题不做广,而是要做深。因此,华为公司的技术总能在国内领先,这是科技产品抢占市场的利器。"胜则举杯相庆,败则拼死相救"是华为公司狼性的体现。在华为公司,这种狼性的训练是无时无刻不存在的,一向低调的华为公司时时刻刻把内部员工的神经绷紧。

管理实践中对控制的分类还可以从其他角度进行。

(1) 按信息反馈分类。按控制过程中是否存在信息反馈,可将控制分为开环控制和闭环控制。管理控制中,大量的是闭环控制。例如,通过用户对商品质量的反映来决定对供货厂商进行选择;通过销售月报反映销售收入下降,商店及时采取促销手段以增大销售,这些均属于事后控制。

(2) 按控制的范围不同分类,控制可分为全面控制和专业控制。全面控制是指对一个企业活动的全部进行控制。专业控制又称局部控制,是指对企业的某一个特定的对象进行控制,如工资管理、成本控制、现金管理等。

(3) 按控制的内容不同分类,控制可分为生产控制、库存控制、质量控制、成本控制、财务管理控制等。

总之,在现实的企业经营活动中,常常不是单一地采用一种控制方式,而是多种控制方式同时进行,构成一个复合控制系统。掌握管理控制的不同分类方式有利于人们更好地了解管理控制。

11.3 管理控制的步骤

控制过程由 3 个基本环节构成:拟定控制标准、衡量实际工作绩效和纠正偏差。这 3 个步骤构成一个封闭的回路。制定标准以后,就要将这些标准与实际成果进行比较,发现偏差,及时分析原因并采取相应措施予以纠正。接着,又制定新的标准,将这些新的标准和实际成果进行比较……如此周而复始,不断循环,不断上升。通过不断循环,标准不断提高,成果更加显著。管理控制的步骤如图 11.4 所示。

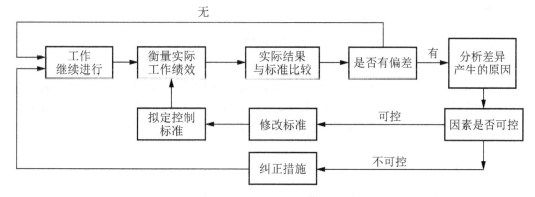

图 11.4 管理控制的步骤

11.3.1 拟定控制标准

标准是衡量实际或预期工作成果的尺度。控制标准反映工作计划和目标对实际工作的要求,是控制目标的表现形式,也是测定实际工作绩效的基础。对照控制标准,管理人员可以对工作状况是否与计划相一致及工作绩效好坏做出判断。没有一套完整的控制标准,衡量绩效和纠正偏差就会失去客观的依据。因此,拟定控制标准是控制工作的起点。

1. 有效控制标准的特征

一个有效的控制标准必须具备以下几个特征。

1) 客观全面

控制标准要能够客观地反映实际情况,不应掺杂个人的主观喜好和判断。同时,控制标准要能够全面反映工作的要求,制定的控制标准越全面,对组织行为的控制就越科学。

2) 简明适宜

控制标准要和所衡量的对象相匹配,适于衡量组织的活动状况,必须能够全面准确地反映执行计划和实现计划目标的要求,过高或过低的标准都不利于组织目标的实现。同时,对每一项工作衡量标准尽量数量化,可允许偏差范围也应该明确界定,以便能准确地划定组织活动的界限,便于管理人员运用。

3) 协调一致

管理控制工作覆盖组织活动的各个方面，制定出来的各项控制标准不可相互冲突，应该彼此协调一致。同时，控制标准应在所规定的范围内保持公平性，如果某项控制标准适用于每个组织成员，那就应该一视同仁。同一个控制对象的多重衡量标准之间也不能互相矛盾。

4) 具体可操作

太过笼统的目标计划使执行者感到茫然，一个好的标准应该便于实际工作绩效的衡量、比较、考核和评价，具体可操作性强的目标能及时衡量出计划进行中出现的偏差并使其得以及时地纠正。因此，控制标准的制定必须考虑到工作人员的技术水平、实际工作能力、生产环境条件、设备的先进程度等，要使绝大多数员工经过努力后可以达到，要便于对实际工作绩效的衡量、比较、考核和评价。

 管理故事

撞钟的标准

有一个小和尚担任撞钟一职，半年下来，他觉得无聊之极，"做一天和尚撞一天钟"而已。有一天，主持宣布调他到后院劈柴挑水，原因是他不能胜任撞钟一职。小和尚很不服气地问："我撞的钟难道不准时、不响亮？"老主持耐心地告诉他："你撞的钟虽然很准时，也很响亮，但钟声空泛、疲软、没有感召力。钟声是要唤醒沉迷的众生。因此，撞出的钟声不仅要洪亮，还要圆润、浑厚、深沉、悠远。"

2. 关键控制点

管理者必须选择需要特别关注的地方，以确保整个工作按计划要求执行。因此，需要特别关注的控制点应当是关键性的，是业务活动中的一些限定性不利因素，或是能使计划更好地发挥作用的有利因素。企业控制住了关键点，实际上也就控制了全局。关键控制点主要包括：①影响整个工作运行过程的重要操作与事项；②能在重大损失出现之前显示出差异的事项；③若干能反映组织主要绩效水平的时间与空间分布均衡的控制点；④关键控制点数量和分布要合适，应足以使管理者对组织总体状况形成一个比较全面的把握。

 管理故事

富翁的遗嘱

一个富翁得了重病，已经无药可救，而唯一的独生子此刻又远在异乡。他知道自己死期将近，但又害怕贪婪的仆人侵占财产，便立下了一份令人不解的遗嘱："我的儿子仅可从财产中先选择一项，其余的皆送给我的仆人。"富翁死后，仆人便欢欢喜喜地拿着遗嘱去寻找主人的儿子。富翁的儿子看完了遗嘱，想了一想，就对仆人说："我决定选择一样，就是你。"这个聪明的儿子立刻得到了父亲所有的财产。

"射人先射马，擒贼先擒王"，把握住得胜的关键则会收到事半功倍的效果，处理危机的关键在于破解病因的源头。

3. 控制标准的类别

组织控制工作涵盖的范围很广泛，为实行控制而拟定的标准也就有多种层次和多个方面。在实际工作中，按照不同的依据可以把标准分成不同的类型。

(1) 实物标准，又称物理标准。实物标准是非货币形式的衡量标准，普遍使用于基层单位，如使用原材料、雇用劳动力、提供产品或服务等的标准。这些标准可以反映任务或工作的数量方面，也可以反映任务或工作的质量方面，如单位产量定时、单位台时产量、劳动定额等。实物标准也可反映质量，如轴承面的硬度、公差的精密度、纺织品的耐久性等。

(2) 费用标准，又称成本标准。费用标准是货币形式的衡量标准，以货币价值来衡量因作业造成的消耗，即作业消耗的货币价值形式。同实物标准一样，费用标准也适用于基层单位，如单位产品的直接费用和间接费用、单位产品或工时的人工费用、单位产品的材料费用、机时费用等。

(3) 资金标准，又称资本标准。资金标准是费用标准的变种，是由货币计量实物项目而引起的。资金标准与投入一个企业的资金有关，而与经营费用无关。对于新的投资和综合控制而言，最广泛运用的标准是投资回收率。资产负债表通常还揭示其他资本标准，如流动比率、资产负债率、固定投资与总投资的比率、速动比率、短期负债或债券与股票的比率，以及存货周转率和存货规模的大小等。资金标准与损益表无关。

(4) 收入标准，又称收益标准。收入标准是销售额的货币价值形式，如组织的某类产品在一年内的销售收入、某一区域市场中每一位顾客的平均消费额等。

(5) 定性标准。定性标准是指有关下属的工作能力、组织的服务质量、组织形象等方面。这些方面一般难以量化。对于难以量化的标准通常会借助外部人员进行控制。例如，中国移动的"满意100分"活动，就是在服务人员提供服务后，系统自动设定让顾客进行打分，这样就把定性的服务质量转化成了定量的评判，便于考核和控制员工。

任何一项具体工作的衡量标准都应有利于组织目标的实现，对每一次具体工作都应有明确的时间、内容、要求等方面的规定。

4. 拟定标准的方法

拟定标准常用的方法有统计分析法、技术测定法和经验估计法。

(1) 统计分析法。统计分析法是指通过搜集、分析企业过去各个时期的历史数据资料及同类企业的水平，运用统计学方法来确定企业经营各方面工作的标准，从中找出规律性的信息并据此拟定现在或未来活动的标准。统计分析法的优点是简单易行，缺点是数据资料的准确性受统计数据分析方法的影响较大，方法不同所得出的结论就会有差异，影响标准的科学性；同时，由于统计资料只反映历史的情况而不反映现实条件的变化对标准的影响，没能考虑到现实的组织外部环境的现状，容易导致拟定的标准不符合组织实际情况，使标准低于竞争者的水平或同行业的平均水平，进而造成组织工作活动效率低下，降低组织的竞争能力。

(2) 技术测定法。技术测定法是通过对组织实际的工作情况进行客观定量的分析来进行的，是利用技术参数或实际测量数据建立的标准。例如，机械设备上标有设备的最大负荷、工作量及具体的工作参数标准，还可以通过观察、测量、分析正常情况下机器设备的被使用的最大产出量来确定机器的产出标准；另外，观察、测量工人的工作行为来确定工作的标准等。

(3) 经验估计法。经验估计法是根据管理人员和工作人员的实际工作经验，并参考有关技术文件或实物，评估计划期内条件的变化等因素，制定标准的方法。当所面临的活动比较复杂多变时，依靠历史统计资料或现实的测量都很难确定合理的标准，或者一项全新的工作根本无历史资料可查时，这时通常使用经验估计法。经验估计法属于定性的分析，其优点是简单易行，工作量小，但缺点是这对管理者提出了更高的要求，受主观因素影响大，准确性差。

11.3.2 衡量实际工作绩效

衡量实际工作绩效就是尽可能详细地收集能反映成果的资料与数据，并同事先制定的标准进行对照，这一阶段的具体内容包括以下4个方面。

1. 明确衡量的对象

衡量什么是衡量工作中最为重要的方面，要结合控制对象而定，管理者应该针对决定实际工作成效好坏的重要特征项进行衡量。例如，财务控制要求衡量组织的资金周转率、投资收益率等；人事控制要求衡量员工满意度、出勤率、离职率等；生产控制要求衡量产品的数量、质量、成本及个人工作绩效等；销售控制衡量的则是销售额、销售收入、广告支出、个人销售额、个人业绩等。衡量的对象越明确，衡量的结果就越准确。

2. 确定衡量的方法

按照管理者获取信息的方式可以把衡量的方法归纳如下。

(1) 现场观察法。就是管理者亲自去工作现场，通过直接与员工交流、观察员工的工作现状了解工作的进展情况和存在的问题。现场观察法可以使管理者直接获得第一手的资料，减少信息传递过程的丢失，但由于时间和精力的限制，管理者不可能对所有工作活动都进行亲自观察。

(2) 报告法。报告法是指通过下属口头的、书面的报告或者计算机统计报告获得的相关信息，这种方式在管理活动中较为普遍，而且管理者所处的层次越高越是更多地依赖这种方式来获取信息。报告法可以节约时间，但报告质量的高低决定了管理者所获信息的是否准确和全面。

(3) 抽样调查法。即从整批调查对象中抽取部分样本进行调查，并把结果看成整批调查对象的近似代表，抽样调查法可节省调查成本及时间。

(4) 会议法。让各部门主管汇报各自的工作近况及遇到的问题，这既有助于管理者了解各部门工作的情况，又有助于加强部门间的沟通和协作。

在衡量实际工作绩效的过程中必须多种方法结合使用，以确保所获取信息的质量。

3. 落实进行衡量和检查的人员

控制工作最终要落实到人，人是控制活动的主体，离开人组织的控制活动将无法实施。在控制活动过程中，组织需要根据工作的性质和特点，确定衡量和检查人员，利用相应的衡量方法来检查工作的执行情况，这些人员可以是一线的员工，也可以是基层管理者或者高层管理者。

4. 分析偏差信息

通过将实际业绩与控制标准进行比较，可确定这两者之间有无差异。若无差异，工作按原计划继续进行。若有差异，首先要了解偏差是否在控制标准允许的范围之内，若偏差在允许范围之内，则在分析偏差原因的基础上进行改进；若偏差在允许范围之外，则应深入分析产生偏差的原因。有些偏差可能是由计划本身和执行过程中的问题造成的，而另一些偏差则可能是由偶然的暂时的局部性因素引起的，不一定会对组织活动的最终结果产生重要影响。在采取纠正措施以前，必须对反映偏差的信息进行评估和分析。管理者必须把精力集中于查清问题的原因上，既要查清内部的因素，也要查清外部环境的影响，寻找问题的本质。评估和分析偏差信息时，首先要判别偏差的严重程度，判断其是否会对组织活动的效率和效果产生影响；其次要探寻导致偏差产生的主要原因。

另外，在衡量过程中要注意以下几个方面的问题：①衡量的成果应尽可能地定量化，并与标准的口径保持一致；②所收集的资料必须及时，防止因延误而带来的不可挽回的损失；③反映衡量成果的信息要及时传送给合适的负责单位或人，以便及时、有效地得到处理；④对成果的预见往往能使偏差不发生或使偏差消失在萌芽阶段。

11.3.3 纠正偏差

1. 纠正偏差的方法

针对产生偏差的主要原因，在纠偏工作中采取的方法主要有以下3个方面。

(1) 对于由工作失误而造成的问题，需要加强指导、监督、培训，提高员工的工作态度和工作能力，减少工作中的失误，确保工作能够有序进行。

(2) 对于由计划或目标不切合实际而造成的偏差，需要按实际情况修改计划和目标。

(3) 对于因外部环境发生重大变化导致计划难以执行，需要启动备用计划或根据环境的要求重新制订新的计划。

管理人员可以运用组织职能重新分派任务来纠正偏差；还可以采用增加人员，更好地选拔和培训下属人员，或是最终解雇、重新配备人员等办法来纠正偏差；另外，管理人员还可以对工作做出更全面的说明和采用更为有效的领导方法来纠正偏差。

2. 需要注意的问题

(1) 纠偏方案应该具有经济性。管理人员应该衡量纠偏工作的成本和偏差可能带来的损失两者之间的大小，如果成本大于损失，组织就应该放弃纠偏行动，否则得不偿失。另外，管理者应该制定多个纠偏方案，通过对各种纠偏方案的比较，找出其中追加投入最少、成本最小、解决偏差效果最好的方案来组织实施。

(2) 充分考虑原先计划实施的影响。计划执行过程中，环境的客观变化或者管理者对于环境的主观认识能力有了提高，可能会导致对部分原先计划，甚至全部计划的否定，从而要求对企业活动的方向和内容进行重大的调控。但是，这是企业外部的经营环境或内部的经营条件已经由于初始计划的执行而有所改变，是"非零起点"。因此，在制定和选择新的修改方案时，要充分考虑到伴随着初始计划的实施已经消耗的资源，以及这种消耗对客观环境造成的种种影响和人员思想观念的转变。

(3) 平衡组织成员对纠偏措施的态度。纠正偏差的过程会涉及组织结构、人员关系、活动方式等多方面的变动，也会涉及资源或利益的重新分配。因此，这样势必会有部分人赞同、支持，但也不可避免地会引起另一部分人的抵触或反对，控制人员要充分考虑到组织成员对纠偏措施的不同态度，特别是要注意消除执行者的疑虑，争取更多的人理解、赞同和支持纠偏措施，以避免在纠偏方案实施过程中可能出现的人为障碍。

 管理故事

留个缺口给他人

一位著名企业家在做报告时，一位听众问："你在事业上取得了巨大的成功，请问，对你来说，最重要的是什么？"

企业家没有直接回答。他拿起粉笔在黑板上画了一个圈，只是并没有画圆满，留下一个缺口。他反问道："这是什么？"

"零"、"圈"、"未完成的事业"、"成功"，台下的听众七嘴八舌地答道。

他对这些回答未置可否："其实，这只是一个未画完整的句号。你们问我为什么会取得辉煌的业绩，道理很简单，我不会把事情做得很圆满，就像画个句号，一定要留个缺口，让我的下属填满它。"

11.4 管理控制的方法

根据管理控制内容的差异，人们在实际工作中探索并总结出了许多有效的管理控制的方法，可以利用预算实施预算控制；还可以利用管理经济学和管理会计所提供的一些专门方法，如比率分析法和盈亏平衡分析法等对实际系统进行经济分析；此外，还可以借用行政手段监测、控制受控系统，主要包括实地观察、资料统计、报告、企业诊断、制度规范与培训；另外，审计控制法也是一种有效的控制方法；而近年来一些新的管理观念(目标管理、全面质量管理等)的兴起、信息技术的迅猛发展都对管理控制活动的方式和方法产生着重大影响。同时，还可以看到这些控制方法与计划的编制方法密不可分，甚至有些既是计划方法，又是控制方法，对于计划中提到的方法，这里不再赘述，下面介绍几种主要的控制方法。

11.4.1 预算控制法

1. 预算的概念及特征

预算是一种计划，是用数字编制来反映组织在未来某一个时期的综合计划，也可以简单地理解为预算是计划的数量体现，即用数字来表明预期的结果。预算预估了组织在未来时期的经营收入或现金流量，也限定了各项活动的资金、人、材料、设施、能源等方面的支出额度。从这个概念可以看出预算的一些具体特征。

(1) 预算是一个比较宽泛的概念。预算不仅是计划收支预计，还应该是计划数量的反映。预算贯穿于组织的一切活动中，是按财务项目或非财务项目来表明组织的预期成果。其中的财务项目有收入、费用及资金等，非财务项目有直接工时、材料及实物销售量等。

(2) 预算是一种计划。为了实现计划目标，预算首先要确定各种管理工作的收入与产出各是多少,还要明确为什么必须收入(产出)这么多数量,以及为什么需要收入(产出)这么多数量,然后计划什么时候实现收入(产出)以及什么时候收入(产出),必须使得收入与产出取得平衡。

(3) 预算通过财务形式将组织未来一定时期的经营收入、支出、现金流量数字化,并将其分解落实到组织的各层次和各部门,有利于主管人员以预算规定的收支标准检查和监督各部门的生产经营情况,发现偏差并及时采取纠正措施,保证组织各个部门的费用支出得到有效约束,各种资源得到合理利用,最终实现计划规定的目标。

(4) 预算不仅是一种有效的控制手段,而且可以影响主管人员的工作态度和工作作风,执行预算时有可能预先发现可能出现的问题并及时采取纠正措施,改进组织的活动。

(5) 预算还可以帮助组织的各个部门和组织成员了解自己未来的工作任务和职责,明确工作内容和权限,并增进部门间和成员间的相互了解,形成意见沟通的网络,更好地协调组织内部的活动。

2. 预算控制体系

预算控制体系是指通过编制预算并以预算规定的收入和产出标准为基础,来检查、监督和控制组织各个部门的生产经营活动,在活动过程中比较预算和实际的差距及原因,以保证各种活动或各个部门在充分达成既定目标、实现利润的过程中对经营资源的利用,从而使费用支出受到严格有效的约束。组织中的预算控制体系见表 11-1。

表 11-1　组织中的预算控制体系

组织层次	管理控制的内容
公司层次	利润、在行业中的位置、方针、组织结构、销售、采购、财务、研究与发展
分公司层次	产出、原材料和人工成本、产品质量
运作层次	人工标准、原材料标准、间接变动成本、废品
职能层次	销售:产品、广告、赊销、销售人员、产品组合 采购:质量、成本、存货 财务:现金、应收账款和应付账款、资本支出、资本结构 研究与开发:纯理论和应用型、新产品、降低成本、单个项目 人事:选拔和培训、激励、工资和薪水

由此可见,预算是一个整体体系,是可以为组织内部的每一个分部、部门编制的,无论这些单位的规模多小,只要是执行独立的项目和功能,就应该编制预算,组织在未来时期的几乎所有活动都可以利用预算来进行控制。通过编制预算有助于改进计划工作,更有效地确定目标和拟定标准。当为组织的各个职能部门都编制了预算时,就为协调组织的活动奠定了基础。同时,由于对预期结果的偏离将更容易被查明和评定,预算也为控制工作中的纠偏措施奠定了基础,因而预算可以引起更好的计划和协调,并为控制提供基础。此外,要使预算对主管人员具有指导和约束作用,预算就必须反映组织的机构状况。只有充分按照各部门业务工作的需要来制订、协调并完善计划,才有可能编制一个足以作为控制手段的分部门预算。上述控制项目大部分都是可以数字化的,这有助于主管人员清楚地看到哪些资金将由谁来使用,将由哪些单位使用,并涉及哪些费用开支计划、收入计划和以实物表示的投入量和产出量计划。主管人员明确了这些情况,就可以放手地授权下属,以便使其在预算的限度内实施计划。

3. 预算的种类

不同的组织、同一组织的不同时期，由于其经营活动的不同，预算表中的项目会有所差异。一般来说预算的种类主要包括以下几个方面。

(1) 收支预算。这是从财务的角度，即以货币表示的企业经营管理的收支计划，即企业日常发生的各项基本活动的预算。收支预算主要包括：销售预算，是销售预测的详细说明，即通过分析企业过去的销售情况、目前和未来的市场需求，比较竞争对手和本企业的经营实力，确定企业未来时期内，为了实现目标和利润必须达到的销售水平；生产预算，是组织在预算期内生产多少产品产量才能满足销售和期末存货需要的预计，是按产品品种、数量分别编制的；直接材料采购预算、直接人工预算(即直接工资及其他直接支出预算)和制造费用预算，这3项预算构成对企业生产成本的统计；而推销及管理费用预算包括制造业务范围以外预计发生的各种费用明细项目。

(2) 时间、地点、原材料和产品预算，这种预算一般以产品单位或直接工时为单位的预算，如直接工时数、台时数、单位原材料、划拨的平方米面积和生产数量等。这是一种以实物单位进行的预算，在预算控制中，有时用实物单位表示更好。

(3) 资本预算，是对企业固定资产的购置、扩建、改造、更新等在可行性研究基础上编制的预算。资本预算的基本内容包括何时进行投资、投资多少、资金从何处取得、何时可获得收益、每年的现金净流量为多少、需要多少时间收回全部投资等。投资预算应力求和企业的战略及长期计划相结合。

(4) 现金预算。这实质上是一种现金收支预算，主要反映计划期间预计的现金收支的详细情况。完成初步的现金预算后，就可以知道企业在计划期间内需要多少资金，财务主管人员就可以预先安排和筹措，以满足资金的需求。

(5) 资产负债预算，可用来预测将来某一特定时期的资产、负债和资本等账户的情况，或用来反映企业在计划期末那一天预计的财务状况。资产负债预算的编制是以计划期间开始日的资产负债表为基础的，然后根据计划期间各项预算的有关资料进行必要调整而形成的。

4. 预算的编制

组织要建立预算制度并保证编制的预算具有切实效果，需要在组织机构、人员、基础性工作等方面提供切实的保证。具体来讲：一是必须建立权责明确的预算组织管理机构，拟定完善的组织政策作为编制预算的基础；二是建立有关预算项目的预测制度，以获得编制预算的资料；三是建立有效的记录，以便能估计各部门的费用并能根据过去的记录检查目前的情况。

建立预算制度后，一个组织可参考下述步骤来编制预算：第一步，高层主管人员将可能列入预算或影响预算的计划和决策提交预算管理机构；第二步，负责编制预算的主管人员向各部门主管人员提出有关预算的建议并提供必要的信息和帮助；第三步，各部门主管人员根据企业的总计划和部门的实际工作情况，编制出本部门的预算，并由更高层主管和预算管理机构协调部门间可能发生的矛盾；第四步，组织负责编制预算的主管人员将各部门的预算汇总整理成总预算，并预拟资产负债表及损益表计算书，以揭示组织未来预算期限中的财务状况；最后，将预算草案提交预算委员会和上层主管人员核查批准。

第11章 管理控制

5. 预算的改进方法

预算的改进方法主要包括以下两个方面。

(1) 弹性预算。弹性预算是在固定预算模式的基础上发展起来的一种预算模式。弹性预算是根据计划或预算可预见的多种不同的业务量水平，分别计算其相应的预算额，以反映在不同业务量水平下所发生的费用和收入水平的财务预算编制模式。由于弹性预算随业务量的变动而做相应调整，考虑了计划期间内业务量可能发生的多种变化，故又称变动预算。弹性预算的编制可适应任何业务要求，甚至在计划期间结束后也可使用。也就是说，企业可视该期间所达到的业务要求编制弹性预算，以确定在该业务要求下应有的成本是多少。弹性预算的编制采用弹性预算方法编制财务预算有效地弥补了固定预算方法的不足。由于弹性预算的出现，不同的财务经济指标水平或同一经济指标的不同业务量水平有了相应的预算额。因此，在实际业务量发生后，可将实际发生量同与其相适应的预算数进行对比，以揭示生产经营过程中存在的问题。

(2) 零基预算。零基预算法的含义大体可以表述如下：在每个预算年度开始时，将所有还在进行的管理活动都看做重新开始，即以零为基础，根据组织目标重新审查每项活动对实现组织目标的意义和效果，并在费用-效果分析的基础上，重新排出各项管理活动的优先次序，并据此决定资金和其他资源的分配。零基预算也有不足之处。例如，预算本身要投入大量的人力、物力、财力；在安排项目的优先次序上存在着主观性等。

6. 预算的作用及其局限性

(1) 预算的作用：使企业在不同时期的活动效果和不同部门的经营绩效具有可比性；预算的编制为企业的各项活动确立了财务标准；通过为不同职能部门和职能活动编制预算，也为协调企业活动提供了依据；数量形式的预算标准极大地方便了控制过程中的绩效衡量工作。

(2) 预算的局限性：只能帮助企业控制那些可以用货币计量的活动，不能对那些不能计量的企业文化、企业形象的改善加以重视；编制预算通常参照上期的预算项目和标准，从而会忽视本期活动的实际需要；在企业的外部环境不断变化中，编制收入和产出的预算有点不合时宜；对于项目预算和部门预算一般限制了费用的支出，使得主管在活动中精打细算，不可超支，因而不能做任何想做的事情。

 管理故事

缺乏预算会怎么样？

程某是一家有一定规模的中小企业的经营者，这几年在艰难的创业过程中渡过了一个又一个难关、克服了一个又一个困难，及时抓住了市场机遇，使企业在很短的时间内得以迅速成长壮大。但是，随着企业规模的不断扩大，管理上常显得捉襟见肘。例如，明明账上有利润，但在接一项重要订单时，突然发现资金周转不过来。又如，在进行某一业务时，总认为会有一定的利益，但结果又往往与预想不符。无独有偶，李某经营着一家化工厂，生意做得红红火火的，有了一定的资金积累。这几年李某看到房地产赚钱，于是投资办了一家房地产公司，但楼盖到一半，突然发现资金不够用，原因是每一项工程费用都超出计划费用，原已筹集的资金已不敷使用，而银行看到该公司停工，也不再贷款，原来的贷款又到了期，李某焦头烂额。不难看出，这两家企业的问题都和他们没有预算意识、没用预算控制好企业有直接关系。

11.4.2　比率分析法

比率分析法是一种必需的控制技术。一般可以把这些比率分为财务比率分析和经营比率分析。

1. 财务比率分析

财务比率分析主要用来分析财务结构、控制财务状况，并通过这种资金形式来集中对整个系统进行控制，有助于直接控制企业的经营活动。财务比率分析主要有以下几个方面。

(1) 流动比率：企业流动资产和流动负债的比率，反映了企业流动负债的能力。流动比率普遍被用来衡量企业短期偿债能力，流动比率越高，表示短期偿债能力越强。

(2) 负债比率：企业负债总额和资产总额的比率，反映了企业所有者提供的资金与外部债权人提供的资金的比率关系。负债比率用来衡量企业利用债权人提供的资金进行经营活动的能力，也反映了债权人借出资金的安全程度。

(3) 盈利比率：企业利润与销售额或全部资金等相关因素的比例关系，反映了企业在一定时期从事某种经营活动的盈利程度。例如，销售利润率反映了企业在一定时期的产品销售中是否获得了足够利润为企业控制经营活动提供信息；资金利润率反映了企业是否从全部投入资金的利用中实现了足够的利润，企业可以利用这一比率来考虑如何调控资金的投入、分配，可以获得最大的利润。

2. 经营比率分析

经营比率(活力比率)是与资源利用有关的几种比例关系，它反映了企业经营效率的高低和各种资源是否得到了充分利用，为企业管理控制工作提供依据。例如，库存周转率是指销售总额与库存平均价值的比例关系，反映了与销售收入相比库存数量是否合理；固定资产周转率是指销售总额与固定资产的比例关系，反映了单位固定资产能够提供的销售收入，表明了企业固定资产的利用程度。

11.4.3　盈亏平衡分析法

盈亏平衡分析法是进行经济分析的一种重要工具，也称量本利分析或保本分析。盈亏平衡分析是根据对生产成本、销售利润和产品数量3者之间相互制约关系的综合分析，来掌握盈亏变化的规律，指导企业选择能够以最小的成本生产出最多产品并可以使企业获得最大利润的经营方案。

盈亏平衡分析法的核心是盈亏平衡点的分析，即通过盈亏平衡点的分析，可以预先判定产量或销售量达到什么水平才能保证企业不亏损。所谓盈亏平衡点，是指盈亏平衡，即不赢也不亏、不赚也不赔，收入和支出刚好平衡，利润为零。盈亏平衡分析如图11.5所示。TR是企业的总收入曲线，随着企业的产量的增加，总收入不断上升。一般情况下，TR表现为一条直线。TC是企业的总成本曲线，受可变成本的影响，不可能是一条直线。TR和TC相交于$Q=x$。由图11.5可以看出，当产量$Q<x$时，总成本高于总收入，这时，企业还不能实现盈利；当产量$Q=x$时，总收入=总成本，企业既没盈利，也没亏损；当产量$Q>x$时，总收入＞总成本，企业开始出现盈利。在$Q=x$上，总收入=总成本，称这个点为盈亏平衡点。

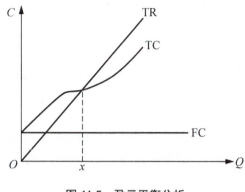

图 11.5　盈亏平衡分析

盈亏平衡分析可以用来进行成本控制。它将固定成本与变动成本分列，容易发现实际费用与预算的背离情况，可将注意力集中于可能采取纠正行动的那些领域。

11.4.4　审计控制法

审计控制是对反映企业资金运动过程及其结果的会计记录及财务报表进行审核、鉴定，以判断组织有关的经济活动的真实、合法和效益，从而为控制和管理组织活动提供依据。根据审查的内容和主体不同，可将审计划分为由外部机构进行的外部审计、由内部专职人员对企业财务控制系统进行全面评估的内部审计、由外部和内部审计人员对管理政策及其绩效进行评估的管理审计。

1. 外部审计

外部审计由外部机构(国家审计机关或社会审计机构)选派的审计人员对企业财务报表及其反映的财务状况进行独立的评估。外部审计人员通过抽查企业的基本财务记录，来检查财务报表及其反映的资产与负债的账面情况是否与企业的真实情况相符。外部审计是对企业内部弄虚作假、欺骗行为的一个重要而系统的检查，从而迫使企业自觉控制自己的经营行为。外部审计的优点是由独立于被审计单位以外的审计机构所进行的，可以不受任何干涉地独立地行使审计监督权，因而能够比较客观地、公正地对被审计单位或案件做出正确的评价，得到社会的信任。但外部审计人员由于不了解组织内部的结构、生产经营特点及组织内部人员的不配合，因而增加了审计工作的难度。

2. 内部审计

内部审计是在一个组织内部，对各种经济活动、管理制度是否合规、合理及有效所进行的独立评价系统，以确定既定的政策和程序是否贯彻、建立的标准是否遵循、资源的利用是否合理有效，以及单位的目标是否达到。适当的组织目标和合理的评价标准是管理和内部审计工作走向规范的标志。没有合理的评价标准，内部审计工作的展开也就无法真正发挥其作用，以风险评估为基础的风险导向审计属于开放式的模型。当审计人员开始一项审计项目时，必须首先评估组织面临的经营、管理、财务、风险，考虑组织目标是否适当和是否有相应的控制，这不仅体现在具体项目及与部门的相互沟通方面，而且还反映在宏观上审计目标的不断演变。由此可见，内部审计人员根据风险评估的思路开展对内部控制的评价，以组织目标为起点和核心，能够更加有效地发挥建设性作用，完成由监督控制到风险评估，为组织做好服务。

3. 管理审计

管理审计是以企业的管理活动为审计检查的内容的，对其组织机构、计划、决策的科学性、可行性、效益性等进行审核检查，从而评价其管理素质的审计行为。相对于外部审计和内部审计，管理审计的对象和范围更广，它是一种对企业所有管理工作及其绩效进行全面系统地评价和鉴定的方法。管理审计虽然也可以由组织内部的有关部门进行，但为了保证某些敏感领域得到可观评价，企业通常聘请外部专家来进行。

11.4.5 程序控制法

程序控制法就是借助于程序的设定、执行来进行管理控制的一种控制方法。对例行性或反复出现的问题设计一定的程序，可以使问题发生时自动进入相应程序并得到解决。在运用程序控制法时，需注意以下问题。

1. 要避免程序控制方法的滥用

程序控制法适用于例行性问题的处理，如果超出这一范围，则会造成组织对变化反应迟钝、丧失创造性等问题。

2. 确保程序的计划性

程序的设计必须考虑到有助于实现整个组织的(而不是个别部门的)目标和提高整个组织的效率。

3. 对程序进行系统分析和设计

必须从整体的角度分析和设计程序，务必使各种程序的重复、交叉和矛盾现象降低到最低限度。

4. 将程序简化到最低限度

只应保留必要的程序，并在保证程序有效性的前提下尽量简化程序。

5. 注意保证程序的权威性

程序的指定和发布必须由权威人士做出，领导人员要带头执行程序，同时要对程序的实施进行检查和监督，这样才能使程序控制真正发挥作用。

11.4.6 全面质量管理

1. 全面质量管理的含义

全面质量管理作为一种全新的质量管理观点和方式，是企业为了保证和提高产品质量，综合运用一整套质量管理体系、手段和方法所进行的系统性管理活动。具体地说，全面质量管理就是组织企业全体职工和有关部门参加，综合运用现代科学和管理技术成果，控制影响产品质量的全过程和各因素，经济地研制生产和提供用户满意的产品的系统管理活动。全面质量管理于20世纪60年代产生于美国，后来在西欧与日本逐渐得到推广与发展。全面质量管理应用数理统计方法进行质量控制，使质量管理实现定量化，变产品质量的事后检验为生产过程中的质量控制。全面质量管理通过计划—实施—检查—处理的质量管理循环，提高质量管理效果，保证和提高产品质量。因此，全面质量管理比传统的质量检验、统计质量控制等质量管理更加完善与全面。全面质量管理是一个系统化、综合化的管理方法，是一套能够控制质量、提高质量的管理技术和科学技术。

2. 全面质量管理的基本内容

(1) 对全面质量的管理。全面质量是指所有质量，即不仅是产品质量，还包括工作质量、服务质量，其中产品质量是核心，企业应以产品质量为中心。

(2) 对全过程的管理。对产品的质量管理不限于制造过程，而是扩展到市场研究、产品开发、生产准备、采购、制造、检验、销售、售后服务全过程。

(3) 由全体人员参与的管理。企业把"质量第一、人人有责"作为基本指导思想，将质量责任落实到全体职工，人人为保证和提高质量而努力。

3. 全面质量管理工作程序

全面质量管理工作程序又称 PDCA 循环工作法，用 4 个阶段、8 个步骤来展示反复循环的工作程序，如图 11.6 所示。第一，计划阶段(plan)：①找出质量存在的问题；②找出产生质量问题的原因；③找出主要原因；④根据主要原因，制定解决对策。第二，执行阶段(do)：按制定的解决对策认真付诸实施。第三，检查阶段(check)：调查分析对策在执行中的效果。第四，处理阶段(action)：①总结执行对策中成功的经验，并整理为标准巩固；②总结执行对策中不成功或遗留的问题转下一个 PDCA 循环解决。

图 11.6　PDCA 循环工作程序

PDCA 循环对全企业可划大圈循环，对各部门、各车间班可在大圈循环中又有各自范围的小圈循环，形成大圈套小圈。PDCA 每循环一次，质量提高一步，不断循环则质量不断提高。

4. 全面质量管理的实施措施

(1) 采用科学的系统的方法。目前，全面质量管理的很多方法和技术都引起了广泛的重视。例如，可以成立质量管理小组定期的讨论解决在实施该项工作中遇到的问题，找出解决办法；实施业务外包，把公司内部职能承包给相关领域内较强的外部单位；简化工作周期；持续改进等；另外，还包括统计质量控制技术和方法、质量功能展开和六西格玛法等这些定量的分析。

(2) 以预防为主，实施事先控制。预防性质量管理是全面质量管理区别于质量管理初级阶段的特点之一。进入 20 世纪 90 年代以后，新的生产模式，包括准时制生产、精良生产、敏捷制造等对事先控制提出了更高的要求，在产品的生产阶段，除了统计过程控制外，新的基于计算机的预报、诊断技术及控制技术受到越来越广泛的重视，这些新技术使生产过程的预防性质量管理更为有效，同时，80%的产品质量问题是在产品设计阶段发生的。预防性质量管理在设计阶段更为重要。在产品设计阶段采用故障模式、影响分析和失效树分析等方法找出产品薄弱环节、加以改进消除隐患已成为全面质量管理的重要内容。

(3) 计算机支持的质量信息管理。及时、正确的质量信息是企业制定质量政策、确定质量目标和措施的依据，质量信息的及时处理和传递也是生产过程中质量控制的必要条件，信息技术、计算机集成制造的发展为企业实施全面质量管理提供了有力的支持。计算机辅助质量系统及集成质量系统在计算机网络及数据库系统的支持下不仅可以及时地获得正确的质量信息、有效地实现对全过程的管理，而且还使企业的全体人员以先进的、高效率的方式参与全面质量管理。

(4) 突出人的因素。与质量检验阶段和统计质量管理阶段相比较，全面质量管理阶段格外强调调动人的积极因素的重要性。实现全面质量管理必须调动人的积极因素，加强质量意识，发挥人的主观能动性。在这一方面日本的汽车工业获得了成功，发展了一整套日本模式。例如，采用质量管理小组方式将职工组织在一起，激发职工的主动精神和协作精神，最大限度地发挥每个职工的聪明与天才。企业注重发展管理者和职工之间牢固的信任关系，形成家族式结合关系，公司利益与个人利益息息相关，每一个职工都为提高产品质量、满足用户需要献计、献策。

六西格玛法，即 6 个标准差(six sigma6σ)，意即实际上消除企业在每一项产品、制程及互动方面的误差，以接近其品质目标标准的品质顶尖水准程度，并减少不良品质成本、缩短交期、增进顾客满意度的管理过程和企业衡量。摩托罗拉公司在 20 世纪 80 年代后期到 90 年代中期，首先推动六西格玛法行动。基本上，六西格玛法采取预防导向的问题解决办法、强调主动性的行为、基于资料而做决定、采取长程的规划、将人力视为资产而非成本，并且强调团队的授权与标杆学习。实施六西格玛法的公司，能够一致地将产程的误差率控制在百万分之三点四以下，成为接近完美品质的标准。

11.5 有效控制的原则

白虎公司的有效控制

美国白虎公司的领导者在对公司进行控制的过程中明白，并不是所有的控制都能达到预期目标，为此，领导者有意识地对企业进行控制。一次在经营财务上出现 2 万美元的偏差，对于白虎公司来说，这点偏差对企业并不算影响,但领导者责成必须马上采取措施加以纠正,并把责任追查到底;对于经营活动的控制,领导们也要求必须有控制范围、程度、频度的规定;对于企业经营活动状况及其变化规定每个月要开会进行客观评估等。

为了达到对计划的有效控制,在控制执行工作中要遵循以下原则。

1. 控制与计划相一致的原则

在管理活动中,控制工作和计划工作有着紧密的联系。控制是按照计划标准来衡量各项活动的,目的也是使一切管理活动都能按计划进行。计划和控制是一个问题的两个方面,在孔茨和韦里克合著的《管理学》中,把计划工作和控制工作看成一把剪刀的两片刃,没有任何一刃,剪刀就没有用了。控制的目的是实现计划,没有计划的控制是毫无目的的控制,是一种无效控制,毫无疑问,计划越明确、完整和系统化,控制技术越能反映计划执行的进展,控制也就越有效果。例如,一个企业如果没有一定时期的产量计划,生产部门就不知道在这一时期内该生产多少产品,产量控制也就没有意义。对产品质量没有计划,也就没有质量标准,没有质量标准而来控制产品质量只是一句空话。同时,计划也要依靠控制来实施,没有控制,计划实施就失去了保障。不同的计划有不同的特点,所需要的控制信息也不同。例如,为了财务计划的实施,必须针对财务活动的内容来制定相应的财务控制系统;为了实施营销计划,必须结合市场营销活动的特征来制定相应的营销控制系统,而且财务控制系统与营销控制系统完全不同,两者关注的是组织活动的不同方面。

2. 控制同组织相适应的原则

控制工作需要依靠组织中的各单位、各部门及全体成员来实施。因此,控制系统和控制方法应当与组织的特点相适应,这主要反映在组织的几个方面。

1) 控制要与组织结构相适应

组织结构是根据企业的目标与任务设计的,一定的组织结构是实现企业目标与任务的保证,一个分工合理、责权明确的组织结构是实现有效控制的保证,组织结构越科学、越清晰,控制的效率越高。有效的管理控制必须要能够反映一个组织的结构状况并通过健全的组织结构予以保证,否则,只能是空谈。

2) 控制与人员的责任要相符合

控制工作必须有人负责,缺乏责任人员,控制就无法实施,对每项工程的控制必须有专人负责,工作没完成,组织有关人员的责任便不得放弃或被取消。行使控制的首要责任理所当然地落在负责有关具体计划的执行者身上,责任和责任者是不可错位的。一个企业中,集体负责等于无人负责;经理人员经常变更,组织控制标准就很难得到一致的贯彻。

3) 控制要与管理职位相符合

管理组织系统中,管理者的权力与责任的大小体现在职位的高低上,不同职位的控制是有区别的。一个企业的总经理、主管副经理、车间主任等不同职位等级的管理者的控制工作和方法有很大不同,高层管理者通常采用组织战略、目标等引导组织的行为,实现宏观方向的控制;中层管理者则倾向于使用组织既定的规章、制度、政策等来约束下属的行为;而基层管理者则通过技术指导、监督等来进行现场控制。

管理故事

麦当劳：把所有经理的椅子靠背锯掉

麦当劳快餐店创始人雷·克罗克，是美国社会最有影响的十大企业家之一。他不喜欢整天坐在办公室里，大部分工作时间都用在"走动管理"上，即到所有各公司各部门走走、看看、听听、问问。麦当劳公司曾有一段时间面临严重亏损的危机，克罗克发现其中一个重要原因是公司各职能部门的经理有严重的官僚主义，习惯躺在舒适的椅背上指手画脚，把许多宝贵时间耗费在抽烟和闲聊上。于是克罗克想出一个奇招，将所有经理的椅子靠背锯掉，并立即照办。开始很多人骂克罗克是个疯子，不久大家明白了他的一番"苦心"。经理纷纷走出办公室，深入基层，开展"走动管理"，及时了解情况，现场解决问题，终于使公司扭亏转盈。

3. 控制的客观性原则

控制最终体现为人对人的管理，由于人的因素，控制常有许多主观成分，这种主观成分是管理的一大忌，往往使控制达不到预期的效果。例如，企业的规章制度很多，但真正执行的没几条，这也是目前企业管理水平低下的一个重要原因；对一名下属人员业绩的评定，不应不切实际地加以评定，否则将会影响判断结果的正确与否。因此，控制必须客观。控制的客观性表现在控制标准的客观性、评定手段的科学性、纠正偏差的严肃性。其中，控制标准的客观性是指有效的控制需要有客观的、准确的和适用的标准，这就要求在控制工作中，能制定标准的尽量制定具体的标准，能定量化的尽量使标准定量化；评定手段的科学性是指有确切评定业绩的手段，如用电子考勤机来准确评定员工的上班情况、用计算机进行档案管理在一定程度上提高了评定业绩的水平；纠正偏差的严肃性是指只要明确偏差，就要及时找出产生偏差的原因和纠正偏差的方法，并及时、公正地纠正偏差。

4. 合理性和多重性原则

在管理活动中，主管人员制定的控制标准要合理可行，如果标准不合理控制工作就无法进行；此外，对于有些控制的指标如果单一的标准无法全面衡量，需建立多项控制标准。例如，流水线岗位工人可以通过出勤率、次品率、人际关系等多方面来衡量其工作能力及对工作计划所要产生的影响。

5. 关键例外原则

凡对达到组织目标没有重要意义的项目与事务，不应该经常核查，而只是应以防止情况恶化为限，应该严格地用例外来控制。在任何一系列需要控制的因素中，总是存在少数相当重要的因素，而其他许多因素是无关紧要的。因此，在控制工作中有必要对那些重要的点和位置进行重点控制，而无须对所有的点、过程和位置进行控制。如果管理者能关心其下级工作的关键领域，他的下级也会这样做，如果管理者只关心琐事而忽略了工作的关键领域，其下级也会同样如此。个人监督应当是周期性、系统性的，并辅以随机性的个人关注。在随机性检查中，管理者必须寻找那些可能出现差错的、不寻常的、例外的事件。控制关键点原理意味着必须注意那些需要观察的点，而例外原则强调必须观察在这些点上所发生的偏差的大小(特别好或特别差)。

第11章 管理控制

6. 灵活性原则

如果要使原有控制有效的话,则控制系统必须具有灵活性,以适应变化了的环境和计划。例如,一个预算控制系统可以预计一定数量的人员工资,并授权管理人员在此标准内支付工资,但是如果企业面临的市场需求比预料的要大,原计划下的产量就不能满足市场的需要,计划要更改。计划的更改包括人员工资总额的调整,在这种情况下,这种预算控制就缺乏灵活性。如果某一种控制既能反映销售量变化,又能反映其他方面,这种控制就是一个较为灵活有效的控制。

7. 经济性原则

控制是要支出费用的,这就要求控制不仅要考虑效果,还要考虑经济实用,即控制的效率,即做到以较低的控制成本来获得最大的控制效益,或者说要使控制活动物有所值。一项控制系统无论设计的多么完美,如果需要耗费大量的人力和物力,都是不可取的。控制系统一定要适合企业的业务和规模。有效的控制是以经济、合理的支出保证计划的实施的。

管理案例

苹果公司的控制

1977 年,技术专家史狄夫·渥兹尼克和销售天才史狄大·雅可布创立了苹果公司(原为苹果电脑公司),很快公司就取得了非凡的成功。但是,成功没能持续很久,部分原因是 IBM 个人计算机的问世。

在 20 世纪 80 年代早期,一些观察家认为,苹果公司需要更加严格的控制和更为专业化的管理方法。百事可乐公司的约翰·斯科利被请到苹果公司来做指导。为控制苹果公司,斯科利采用了降低成本的方法来改善赢利状况,并与此同时增加了研究和开发费用以便使苹果公司能保持技术上的领先地位。可后来,斯科利却受到指责,说他研究和开发费用投入不够,广告费用投入过多。为减少重复环节、降低损益平衡点及部门间的摩擦,苹果公司进行了重组。为提高效益和效率,苹果公司引入了新的汇报程序。此外,在控制库存方面也做了大量的工作,而库存问题又往往是公司面对的主要问题。这些措施,连同苹果公司将 macintosh(MAC,麦金塔电脑)引入 IBM 占主导的商务公司这样一个成功的战略及桌面印刷的普及,使苹果公司 1986 年财政年度的收入增加了 150%之多。

本 章 小 结

控制是监视各项活动的运作,及时纠正活动中出现的偏差,使活动按计划进行的过程。控制运用在管理活动中就称为管理控制,它是管理工作的一项基本职能。适时、有效的控制有助于组织达到预期的目标。掌握管理控制的不同分类方式有利于人们更好地了解各类控制的特征,搞好控制工作。本章主要介绍了管理控制概述、管理控制的分类、管理控制的步骤、管理控制的方法和有效控制的原则几部分内容。管理控制概述主要介绍了控制的基本理论,控制的概念,管理控制的含义、目标和内容等基本管理控制理论;管理控制的分类主要按照不同的角度分别解释了事前控制、事中控制与事后控制,集中控制与分散控制,直接控制与间接控制,市场控制、制度控制与文化控制等不同类型控制的概念及应用;管理控制的步骤则把控制过程分为拟定控制标准—衡量实际工作绩效—纠正偏差 3 个阶段;管理控制方法则重点分析了预算控制、比率分析法、盈亏平衡分析法、审计控制法、程序控制法和全面质量管理几种方法的基本概念及其应用范围;有效控制的原则介绍了控制与计划相一致的原则、控制同组织相适应的原则、控制的客观性原则、合理性和多重性原则、关键例外原则、灵活性原则、经济性原则等内容。

名人名言

管理的控制工作是务必使实践活动符合于计划。

——戈茨

有效的管理者应该始终督促他人,以保证应该采取的行动事实上已经在进行,保证他人应该达到的目标事实上已经达到。

——斯蒂芬·P. 罗宾斯

目标管理的最大好处是,它使管理者能够控制他们自己的成绩。这种自我控制可以成为更强烈的动力,推动他尽最大的力量把工作做好。

——巴纳德

如果计划从来不需要修改,而且是在一个全能的领导人的指导之下,由一个完全均衡的组织完美无缺地来执行的,那就没有控制的必要了。

——亨利·西斯克

一、复习题

1. 判断题

(1) 任何组织都需要控制。   (   )
(2) 限制偏差的积累是管理控制的目标之一。   (   )
(3) 管理控制可以不考虑环境的变化。   (   )
(4) 事前控制的最大的优点是可以防患于未然。   (   )
(5) 事中控制最大的缺点是容易引起冲突。   (   )
(6) 事中控制最大的优点是防患于未然。   (   )
(7) 事后控制最大的缺点是损失已经造成。   (   )
(8) 为了提高控制效果,控制标准应该越高越好。   (   )
(9) 建立的控制标准应该有一定的弹性。   (   )
(10) 管理控制过程应该避免目标扭曲。   (   )

2. 单选题

(1) 除了(   ),都是管理控制的目标。
　　A. 限制偏差的积累　　　　　　　　　B. 强调制度的严肃性
　　C. 适应环境变化　　　　　　　　　　D. 降低成本,提高营运效能
(2) 年初制订的业务计划属于(   )。
　　A. 事前控制　　　B. 事中控制　　　C. 事后控制　　　D. 环境控制
(3) 护士查房属于(   )。
　　A. 事前控制　　　B. 事中控制　　　C. 事后控制　　　D. 环境控制
(4) 根据绩效考核年底对员工做出奖惩属于(   )。
　　A. 事前控制　　　B. 事中控制　　　C. 事后控制　　　D. 环境控制
(5) 企业把单位产品的原材料成本作为控制对象,其所选择的关键控制点属于(   )。
　　A. 费用标准　　　B. 资金标准　　　C. 收入标准　　　D. 计划标准
(6) 企业把资产负债率作为控制对象,其所选择的关键控制点属于(   )。
　　A. 费用标准　　　B. 资金标准　　　C. 收入标准　　　D. 计划标准
(7) 企业把平均销售额作为控制对象,其所选择的关键控制点属于(   )。
　　A. 费用标准　　　B. 资金标准　　　C. 收入标准　　　D. 计划标准

(8) 企业把计划进度作为控制对象，其所选择的关键控制点属于( )。
   A．费用标准　　　　B．资金标准　　　　C．收入标准　　　　D．计划标准
(9) 学校督导老师听课，属于( )。
   A．事前控制　　　　B．事中控制　　　　C．事后控制　　　　D．环境控制

3. 多选题

(1) 管理控制的目标是( )。
   A．限制偏差的积累　　　　　　　　B．强调制度的严肃性
   C．适应环境变化　　　　　　　　　D．降低成本，提高营运效能
   E．减少环境的变化
(2) 管理控制过程经历了3个阶段，分别是( )。
   A．分析环境变化　　B．拟定控制标准　　C．确定组织目标
   D．衡量实际工作绩效　E．矫正偏差
(3) PDCA 循环中 P、D、C、A 分别指的是( )。
   A．计划　　　　　　B．执行　　　　　　C．检查
   D．处理　　　　　　E．控制
(4) 按照控制的侧重点不同，可以将控制划分为( )。
   A．事前控制　　　　B．环境控制　　　　C．事中控制
   D．自我控制　　　　E．事后控制
(5) 影响组织目标实现的重要因素有( )。
   A．环境特点及其发展趋势　　　　　B．组织活动
   C．资源投入　　　　　　　　　　　D．组织目标
   E．组织绩效
(6) ( )是需要组织重点控制的。
   A．组织人员　　　　B．财务活动　　　　C．作业活动
   D．信息　　　　　　E．组织绩效
(7) 组织衡量工作绩效时需要满足( )。
   A．精确　　　　　　B．实用　　　　　　C．可靠
   D．及时　　　　　　E．经济
(8) ( )可以提高衡量工作绩效的有效性。
   A．利用预警指标　　　　　　　　　B．确定合适的衡量频度
   C．及时处置衡量结果　　　　　　　D．建立信息管理系统
   E．监控环境变化

4. 简答题

(1) 简述完整的控制过程包括哪些环节。
(2) 简述什么是 PDCA 循环。
(3) 按照控制的侧重点不同将控制分为3类，举例说明3种类型的含义及特点。
(4) 简述管理控制的特点。
(5) 简述拟定控制标准时有什么具体要求。
(6) 简述组织衡量实际工作绩效的方法有哪些。
(7) 简述有效控制的原则。

5. 论述题

论述管理控制对提高管理效率的作用。

二、案例应用分析

格力有效控制与经营成功

格力耗时 8 年与春兰争夺业界第一,终于在 1997 年分出胜负,格力至 1998 年 8 月底出售 150 万台,产销量、出口、市场占有率第一,比 1997 年增长 30%,格力却以广告宣传、低调著称,对于格力获胜的原因,众说纷纭,记者深入格力集团发现:除了专业化经营、科学营销网络,最重要的是格力的质量控制体系。

变频空调在世界空调器中已占 70%的份额,中国在这方面刚刚起步,却已有不少厂家推出。而作为业界老大的格力却迟迟未见动静。总经理朱江洪认为,目前变频空调变频时会有噪声,而且受电磁波干扰,容易造成麻烦。格力终于在 2000 年 10 月攻克这一技术难题,才推出格力变频空调与消费者见面,一定不能拿消费者做试验品,朱江洪认为,推出不成熟的新产品,也许会在短期内占领市场,但让消费者付出实验、市场反馈再做改进的代价,往往得不偿失,企业损失更大。

格力并不是一开始就重视质量控制问题。到 1993 年时,格力和其他国产空调一样存在着噪声等问题,当时格力对此争论也颇多,一种意见认为格力和春兰、科龙比较质量并不差,没有必要在这问题上花更大力气,应该在规模上、价格上向同类对手发起攻击。朱江洪也认为质量改进是缓慢进行的过程。但一件小事改变了格力人的看法,当时一个意大利公司进口的 20 台格力空调全部遭遇退货,原因是其中一台室外机的外壳在使用 3 个月后出现了一个锈斑。格力人认识到在国际市场有一个更高的标准存在。格力必须把质量控制放在国际与未来市场的标准上来重新考虑这个问题。朱江洪不仅把国内空调普遍使用的轧钢板全部换成镀锌钢板,而且还考虑构筑格力的质量体系。1995 年 3 月,格力成立了独一无二的筛选工厂,600 人的工厂不产生效益,只负责对进货的所有零件进行 100%的筛选,然后提供给组装车间。这看似人员和财力极大浪费,格力人却有自己的见解:朱江洪认为只要有 1%的零件不合格,那么生产出来的整机便 100%不合格。尽管是"笨方法",但是筛选工厂的资金省不得,因为即使一部整机一个零件出问题,商家再怎么维修好、再怎么服务好,消费者心中都会有抹不去的阴影与不舒服感。

筛选工厂对格力的质量控制起了很大作用,也为格力在 1996 年扩大规模、获得空调界第一打下基础。目前格力空调在社会上保有量已达 600 万台。如果一旦 1%出问题,其维修量是其他厂家的 3 倍多,而筛选工厂正可以保证格力在质量得到严格控制条件下,迅速轻松地扩大规模。筛选工厂成为格力法宝,记者要求进入该厂参观,被以"商业机密"理由拒绝。

技术厂长朱江洪在格力车间,与众不同的是每一道流水线的工序都有检测室和两名检测员,而不是和其他厂在终端有检测员。检测员非常严肃、小心,因为一旦漏过一个机器或未检测出问题,查到一律开除。

除了筛选工厂,格力总共有 400 多个检测员。格力以零缺陷工程著称,试图把问题消灭在最初的环节。朱江洪是搞技术出身的,制定了严格的 18 条总裁禁令。其中一条甚至专门规定海棉条贴法,称要两头按好,中间一抹,这样才服帖,才能减少噪声。禁令规定任何工人少这一抹,发现两次立即开除。在格力车间,工人因朱江洪的严厉质量要求,称其为质量宪兵队队长。

格力的管理分工非常明确,副总经理董明珠负责销售,另一位副总经理冯先生负责生产,而朱江洪亲自负责质量控制和产品开发。格力认为,质量控制不仅包括产品品质的稳定,还要包括新产品开发过程的控制。格力新产品开发以"开发一代、预研一代、生产一代"为标准,当年在与春兰争夺市场时,格力就以面目变化多、新产品开发著称。1994 年格力彻底解决了空调噪声问题,现在格力不仅有彩色空调,还有移动式分体空调等 300 个新品种,主抓质量与开发的朱江洪认为格力只做空调,而且目前是空调行业唯一的专业厂,没有退路可言,使得格力只有在空调技术开发上下工夫,今后 10 年的市场才有保证,正是专业化的劣势促成了专业化的优势。朱江洪谈空调不仅滔滔不绝几个小时,有"疯魔"状态,而且是空调业中最懂技术的厂长。鲜为人知的是格力 1/3 的技术专利是朱江洪发明的,如格力灯箱式空调的专利来源于朱江洪的灵机一动。朱江洪最大的特色是好动,往往是单独一个人拎着一个包就出发,坐在飞机经济舱内在全国考察产品、市场,全然不像每年上交 2 亿元利税的公司老总,对空调产品质量与反馈一清二楚,在日本考察的 10 天，朱江洪 7 天泡在日本厂车间，3 天在日本市场。格力已投资 2 亿元兴建科技大楼，其中模拟环境实验室将有助于解决空调零下 20℃的开机运作问题，一旦解决，格力可望在东北市场加长空调使用时间，从而促进销售。格力在市场宣传方面从来没有炒作新闻之类的想法，连其广告语"好空调，格力造"也是平淡无奇。格力认为，一个好企业不可能像一个事件或一个策划来发展、来渲染，只能在每个管理细节中下工夫。格力在广告投入上远远低于海尔和春兰，1998 年中央电视台招标，董明珠给自己定下了 1 000 万元/季度的界限，超过不做，结果只拿了一个季度的小标，在地方媒体中，格力只对地方报纸感兴趣，而海尔则是多方位、多种媒体同时投入。

朱江洪认为，每一个产品就是最好的广告。在近 8 年中，格力既没有发起过一次价格战，也没有一次广告攻势，却稳稳坐上了中国空调老大的宝座。目前格力价格仍高于同类产品。在目前价格战、广告战盛行的中国市场，格力是个例外。

问题：
(1) 分析格力采用的控制方式。
(2) 格力对质量控制的标准和做法有什么特点？

(资料来源：http://jpkc.ywu.cn/glx/News/News.asp?Id=1694.)

 阅读材料

GE 在管理控制领域对至善主义的追求

回顾管理控制历史，漏掉 GE 显然是不合适的。今天，在管理控制领域一些非常流行的方法不少源于 GE，如 ABC(activity based classification，重点管理)、VE(value engineering，价值工程)等，均来自于 GE 的创造。

1. 通力合作，培养价值观——至善的氛围

通力合作是 GE 文化的核心。GE 的目标是给每一位员工带来自信，领导的目标是集中全体成员的智慧，并保证提升最好的人才并使其得到奖励。GE 的 CEO(chief executive officer，首席执行官)韦尔奇把 GE 的员工分成 4 类：①认同 GE 的价值观并担当起各种责任；②既不接受 GE 的价值观又不负责任；③赞成 GE 的价值观但不能担负责任；④能担负责任但不接受公司的价值观。韦尔奇认为 GE 不存在第二类员工，应鼓励第一类、培训改造第三类、消除第四类。为了创造一个全体成员有效沟通的环境，领导者必须站在全体员工面前，真正地倾听员工的意见，其目的是让员工更多地参与公司事务的决策。韦尔奇认为，允许员工参与公司的业务决策，他们会更加尽责从而主动地提高生产效率。因此，GE 创造了两种方法努力实现这种通力合作。其一是召开通力合作会议。由员工自愿参加，围绕管理或业务某一方面问题群策群力。主席首先介绍优势与劣势，然后退场回避，分组(每组 8～12 人)对报告和会议的意义及如何改进业务做出各种评论和建议，最后由主管对各种建议当场表态。这种会议打破了传统的管理控制程式。通过通力合作会议开展后，GE 收到 3 个方面效果：生产效率大幅度提高、不必要的工作被削减、员工满意度增加。其二是 360°评价制度。GE 在各事业部使用 360°评价图，以全面评估员工的业绩。360°评价图从"愿景"、"以客户或质量为中心"、"正直"、"承担义务"、"沟通或影响"、"共享所有权或无边界"、"团队建设或授权"、"知识、技能、智慧"、"创新、速度"和"全球思维" 10 个方面进行无记名打分或由员工做自我评价，经理根据上交的测评表结果与有关员工进行讨论，把全体员工行为分为卓越、良好、较差 3 种。最终研究表现卓越的员工是否得到相应回报，而表现较差的员工是否报酬过高，从而调整分配机制。这样，GE 的所有成员互相监督、评估、帮助，共同发展，形成了一种比较畅通和自我改善的全面沟通机制。

2. 创造无边界——开拓至善自由空间

韦尔奇发现 GE 存在着很多界限，阻隔了成员的交流，在 GE 与顾客之间拉上了一层牢牢的铁丝网。韦尔奇认为，正是这些界限，阻碍了 GE 的发展。于是，韦尔奇明确地提出，GE 必须成为无界限企业，其目标是使 GE 成为地球上生产率最高的公司。于是，韦尔奇分别从速度、弹性、整合程度和创新 4 个方

面，用 1~5 的计量方式，对公司纵向界限是否健康、横向界限是否和谐、领导是否有效做出评估，从而找出公司没有必要存在的各种边界。1986 年，公司建立了专门适应无边界管理控制的机构——公司执行委员会，让各个部门、事业部、地区负责人每 3 个月碰一次头，他们不只是讨论数字，还充分交流主意，讨论的议题从存货到新产品不一而足，公司执行委员会的全部职责是在组织内扩展主意，发现存在于公司的一些具体问题，挑选适合 GE 的好主意并向领导提出建议。而一旦公司打破了以前存在的行政、产品、人际关系等边界，成员之间的交流顷刻成了一种相互学习的关系。在这种关系中，没有谁一定是领导者，也没有固定的被批评者。从而，GE 形成了一种好学之风，从而使公司成为一个真正具有生命力的学习型组织。

3. 6σ——追求至善的利器

6σ 是一个质量控制用语，大意是每 100 万单位中差错不能超过 3.4σ。韦尔奇原以为，通力合作必然引起产品质量的提高，他的 3S 理念即自信(self confidence)、简化(simplicity)与速度(speed)一旦实现，公司的产品质量自然优异。然而，当 1995 年员工一致告诉韦尔奇"我们迫切地需要一次质量行动"时，韦尔奇才知道质量现状很不乐观。至此，韦尔奇才明白，对于产品质量，光靠理念和沟通是远远不够的，还必须辅之以有效的管理控制方法。6σ 正是此时引起韦尔奇的兴趣并在 GE 大力推行的。为防止 6σ 在实施中流于形式，韦尔奇制定了一份 6σ 方案实现时间表，要求 GE 在未来 4 年内成为一家 6σ 公司，这对 1996 年年初质量水平还未达到 3.5σ 的 GE 确实提出了一个非常严峻的挑战。1997 年 5 月，韦尔奇向 500 位高级主管发布了一条关于将 6σ 培训结果与晋升机会相联系的命令，并把 120 位副总裁 40% 的奖金与落实质量计划的成果挂钩。在实施过程中，GE 建立了客户满意度、低质量成本、供货质量、内部表现、生产能力设计 5 项评价标准，用于测定各单位实施 6σ 的进展及效果。结果，1998 年 GE 已近 5σ，近 2 个 σ 的差距意味着每年给 GE 带来减少 80~120 亿美元费用的巨大效益。随着 6σ 管理的深入，韦尔奇深切地感受到了带给 GE 的革命性冲击："6σ 管理法永远地改变了 GE。所有的人从 6σ 管理法的热心者到工程师、审计员、科学家，甚至把公司领向新环境的高层领导，都是 6σ 管理法——公司现在运作方法的忠实信徒。"最后，6σ 竟已成了 GE 全体员工的自觉追求。GE 因而成为全世界公司的榜样，GE 的每个产品成为同类产品的佼佼者，GE 的员工成为高素质员工的代名词。而韦尔奇，更成了国际 CEO 界的"超级明星"。事实上，6σ 推广至今的实践意义已使之失去了原始意义上的控制色彩，而是演变成了一种实现公司战略和管理控制的有效方法。正如《六西格玛是什么》一书，把 6σ 的工作目标归结为真正关注顾客、以数据和事实驱动管理、主动采取措施应对过程、预防性管理、无边界合作及力求完善但容忍失败 6 个主题。这样的 6σ 管理无疑是现代管理控制的一种伟大创举。

(资料来源：杨雄胜. 管理控制实践发展的透视与思考[J]. 中国注册会计师，2006，(09)：56~61.)

参 考 文 献

[1] 周三多，等．管理学——原理与方法[M]．5 版．北京：高等教育出版社，2011．
[2] [美]Lewicki R J. International Business Negotiation[M]. New York: McGraw-Hill Education, 2008.
[3] [加]Goffman F. The presentation of self in everyday life[M]. NY: Anchor Press Doubleday, 1959.
[4] [美]斯蒂芬·P·罗宾斯，等．组织行为学[M]．13 版．北京：清华大学出版社，2010．
[5] 杨文士，等．管理学[M]．3 版．北京：中国人民大学出版社，2009．
[6] 李先国．销售管理[M]．2 版．北京：中国人民大学出版社，2009．
[7] 于干千，卢启程．管理学基础[M]．北京：北京大学出版社，中国林业出版社，2007．
[8] 唐华山．受益一生的励志课[M]．北京：人民邮电出版社，2010．
[9] 陈树文．领导学[M]．北京：清华大学出版社，2011．
[10] [美]海因茨·韦里克，等．管理学——全球化与创业视角[M]．13 版．马春光，译．北京：经济科学出版社，2011．
[11] 田玉兰，王豪杰．管理学基础[M]．北京：北京大学出版社，2006．
[12] 曹嘉晖，赵元凤．管理学[M]．南京：南京大学出版社，2011．
[13] 李杰，等．管理学原理[M]．北京：清华大学出版社，2011．
[14] 李鼎新，李海峰．简明管理学教程(修订版)[M]．北京：科学出版社，2006．
[15] [美]Robbins S P, Coulter M. Management[M]．8 版．北京：清华大学出版社，2006．
[16] [美]海因茨·韦里克，哈罗德·孔茨．管理学——全球化视角[M]．11 版．马春光，译．北京：经济科学出版社，2004．
[17] 吴照云，等．管理学[M]．5 版．北京：中国社会科学出版社，2006．
[18] [美]雷恩．管理思想的演变[M]．孙耀君，等译．北京：中国社会科学出版社，1986．
[19] [加]亨利·明茨伯格．经理工作的性质[M]．孙耀君，等译．北京：中国社会科学出版社，1986．
[20] 戴淑芬．管理学教程[M]．2 版．北京：北京大学出版社，2005．
[21] 康青．管理沟通教程[M]．2 版．上海：立信会计出版社，2005．
[22] [美]安东尼，等．管理控制系统[M]．11 版．赵玉涛，等译．北京：机械工业出版社，2004．
[23] 朱晓杰．一生必知的 101 个管理寓言[M]．北京：中国商业出版社，2004．
[24] 张维迎，李其．激励与领导艺术[M]．上海：上海人民出版社，2005．
[25] [美]理查德·L·达夫特．领导学：原理与实践[M]．2 版．杨斌，译．北京：机械工业出版社，2005．
[26] [美]加里·德斯勒．人力资源管理[M]．6 版．刘昕，吴雯芳，等译．北京：中国人民大学出版社，1999．
[27] [美]卡明斯，沃里．组织发展与变革[M]．7 版．李剑锋，等译．北京：清华大学出版社，2003．
[28] [美]迈克尔·波特．竞争优势[M]．陈小悦，译．北京：华夏出版社，1997．
[29] 邱菀华．现代项目管理导论[M]．北京：机械工业出版社，2009．
[30] 李立．计划学原理[M]．北京：中国统计出版社，1990．